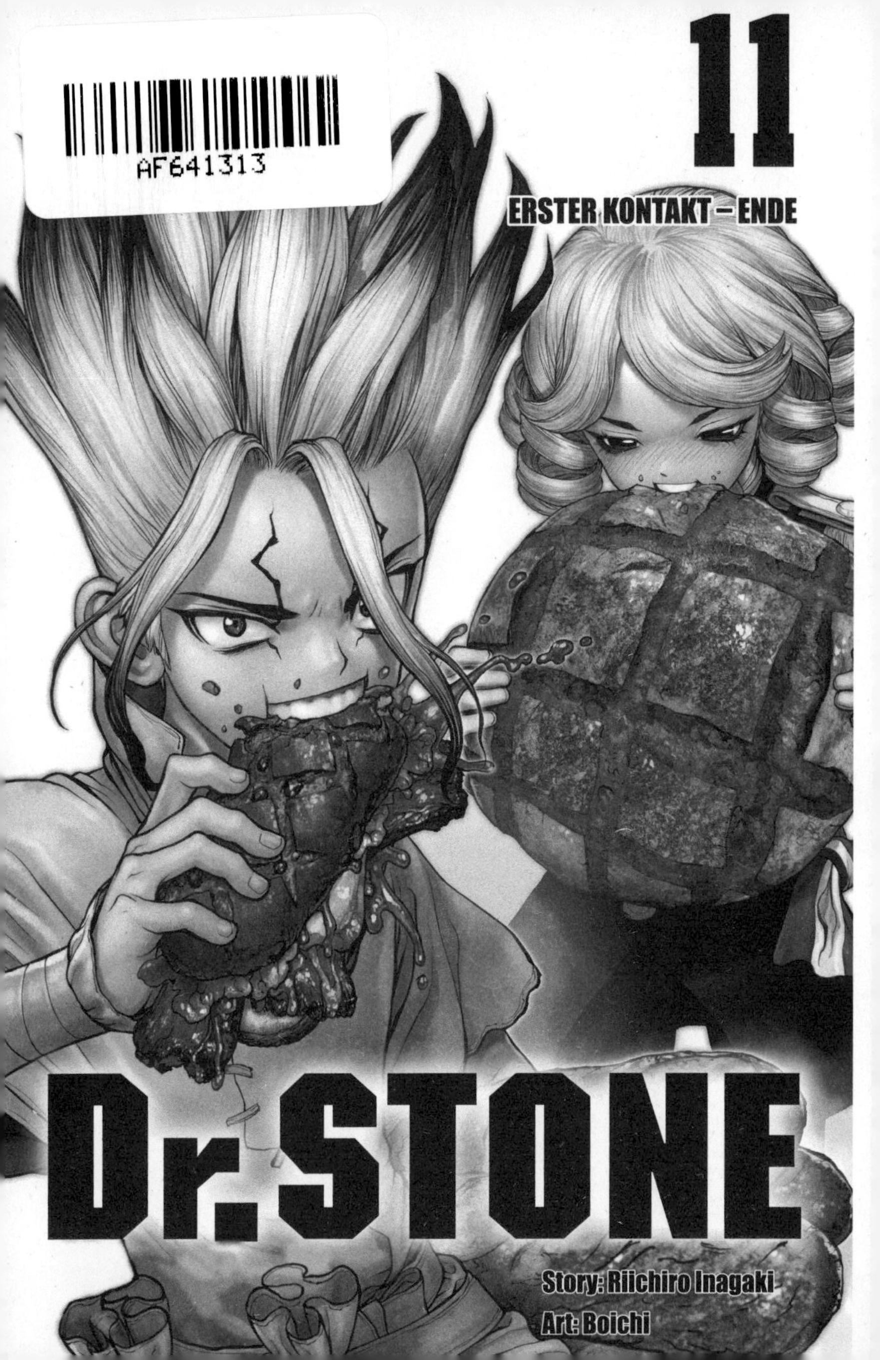
11
ERSTER KONTAKT – ENDE
Dr.STONE
Story: Riichiro Inagaki
Art: Boichi

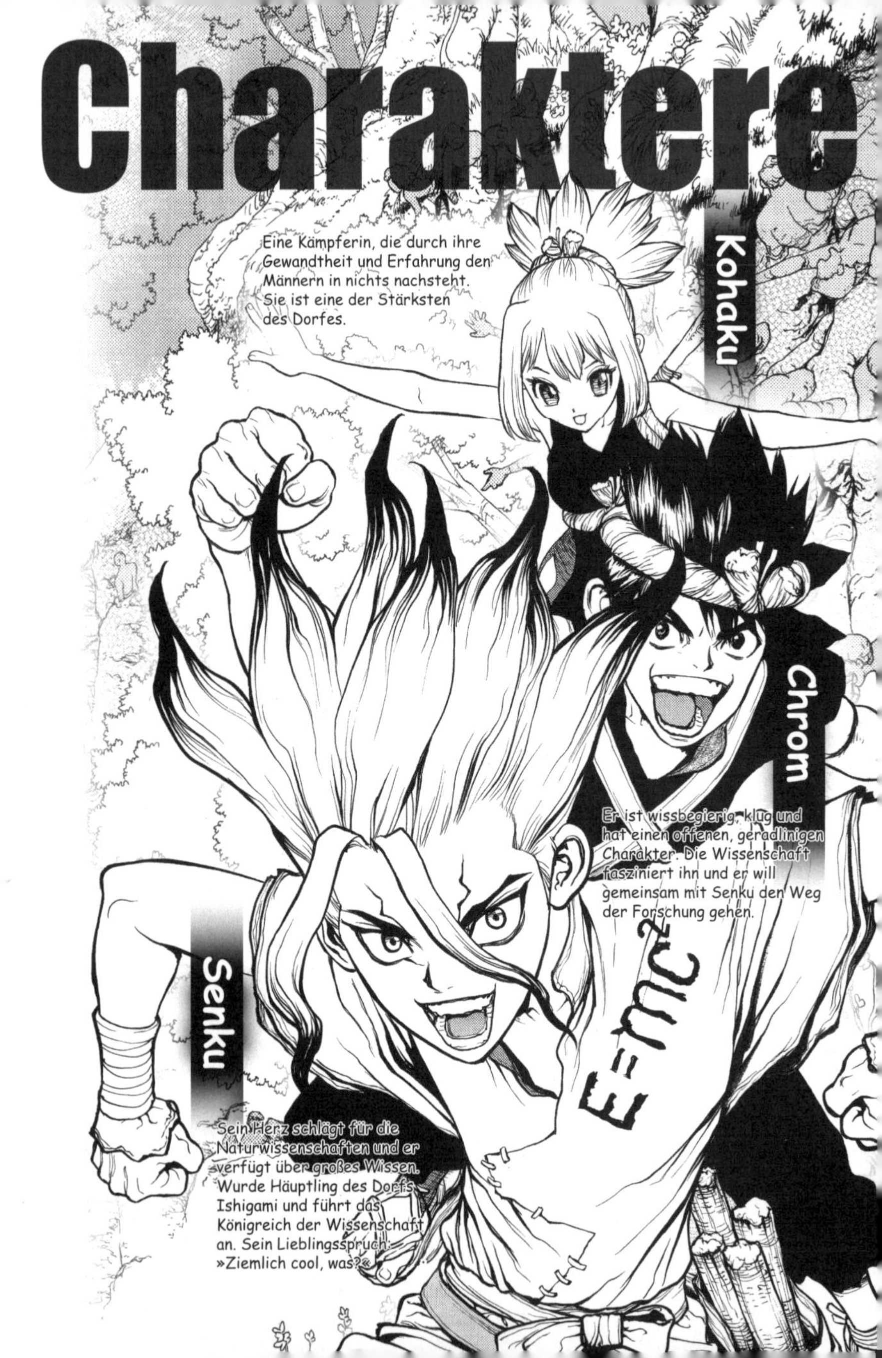
Charaktere
Kohaku
Eine Kämpferin, die durch ihre Gewandtheit und Erfahrung den Männern in nichts nachsteht. Sie ist eine der Stärksten des Dorfes.
Chrom
Er ist wissbegierig, klug und hat einen offenen, geradlinigen Charakter. Die Wissenschaft fasziniert ihn und er will gemeinsam mit Senku den Weg der Forschung gehen.
Senku
Sein Herz schlägt für die Naturwissenschaften und er verfügt über großes Wissen. Wurde Häuptling des Dorfs Ishigami und führt das Königreich der Wissenschaft an. Sein Lieblingsspruch: »Ziemlich cool, was?«
E=mc2

# Dr. STONE

## STORY

Eines Tages wird die gesamte Menschheit durch ein rätselhaftes Licht versteinert. Mehrere tausend Jahre später durchbrechen die Highschool-Schüler Senku und Taiju ihre Versteinerung und erwachen wieder zum Leben. Die beiden beschließen, Wissenschaft und Zivilisation von Grund auf neu aufzubauen und die Menschheit zu retten. Doch dann wird Senku von Tsukasa, dem stärksten Highschool-Schüler aller Zeiten, der die Wissenschaft verneint, beinahe umgebracht.

Senku überlebt im Geheimen und baut im Dorf Ishigami das Königreich der Wissenschaft auf, gerät dabei aber in einen Kampf gegen das Tsukasa-Imperium. Die beiden Lager können schließlich Frieden schließen, doch Hyoga greift Tsukasa an und verletzt ihn schwer. Um die Zeit zu gewinnen, die nötig ist, um eine rettende Behandlungsmethode für Tsukasa zu finden, versetzt Senku ihn in einen Kälteschlaf.

Senku ist davon überzeugt, Tsukasas Wunden heilen zu können, wenn das Rätsel um das Versteinerungsphänomen gelöst wird, und plant, mit einem Schiff ans andere Ende der Welt zu fahren, wo die Versteinerungsstrahlen ursprünglich auftraten. Dafür erwecken Senku und seine Leute mit dem übrig gebliebenen Entsteinerungsserum den begnadeten, aber charakterlich fragwürdigen Seefahrer Ryusui zum Leben und bauen schließlich einen Heißluftballon, um sich aus der Luft auf die Suche nach kostbaren Materialien zu machen!

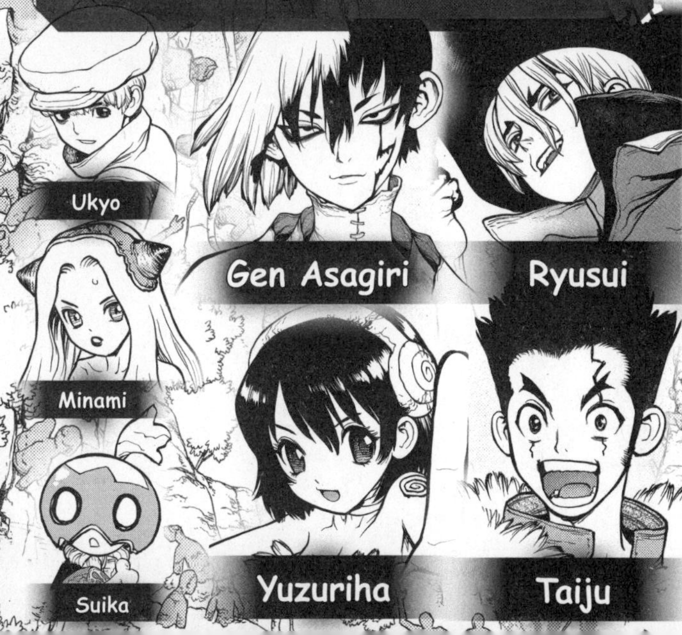

# INHALT



# 11

## ERSTER KONTAKT – ENDE

# Z=89 Abenteurer

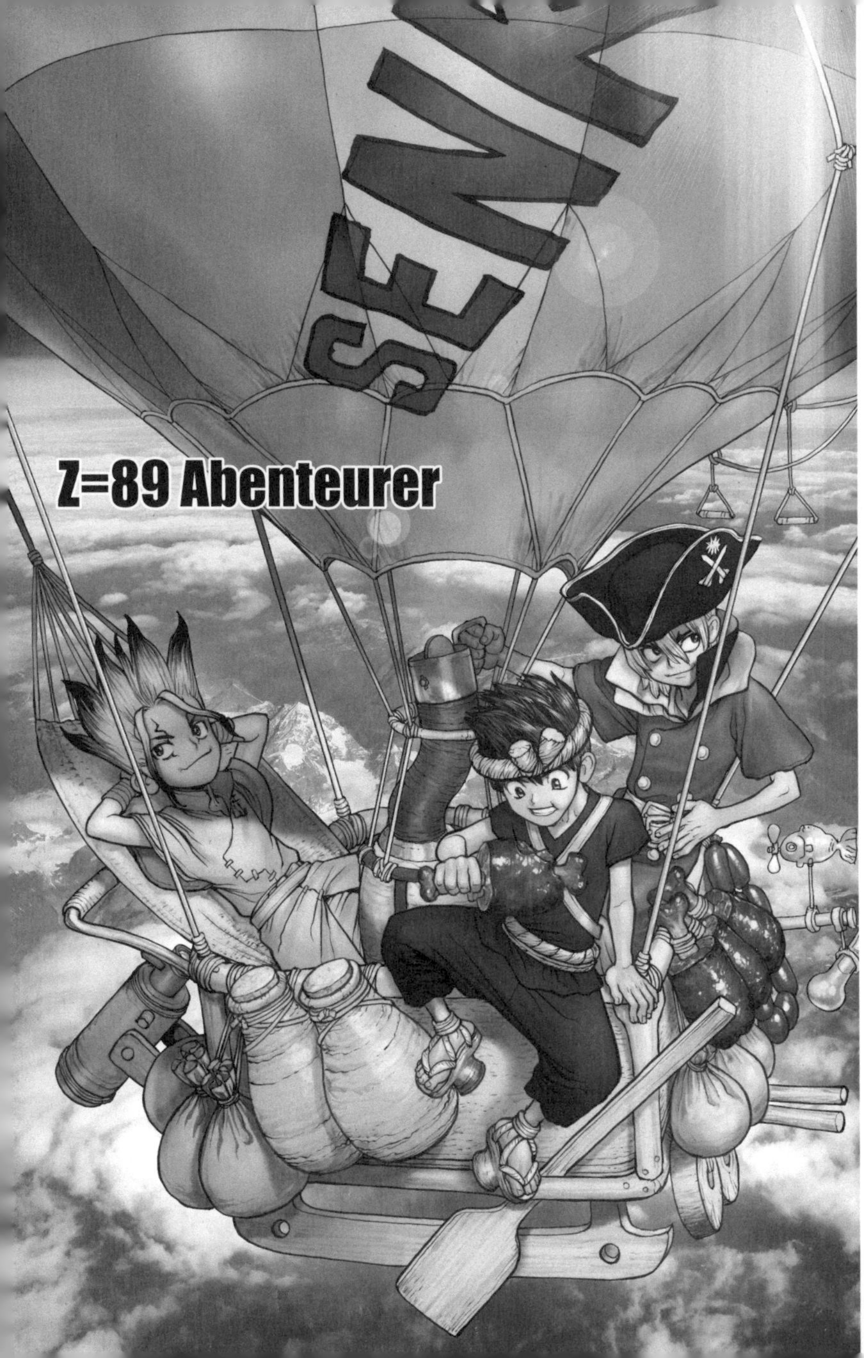

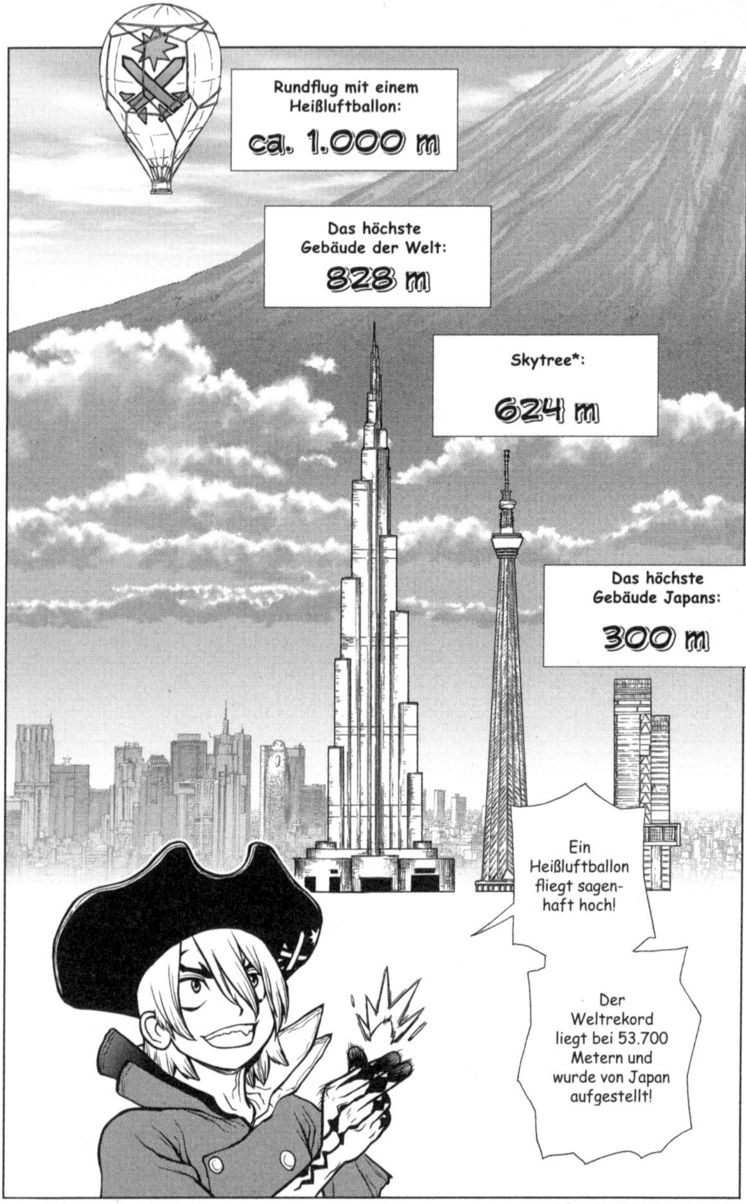


* Fernseh- und Rundfunkturm in Tokyo

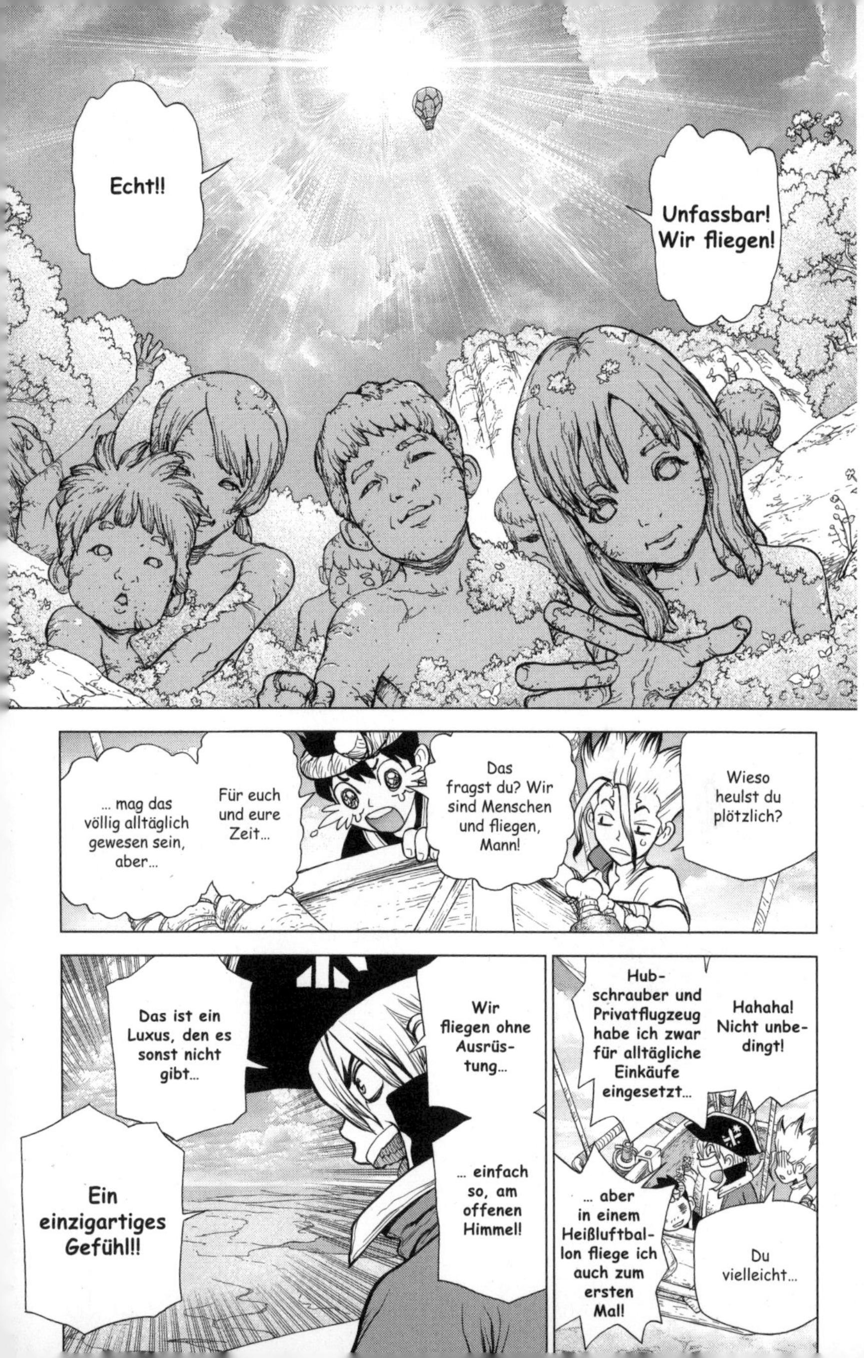
Unfassbar! Wir fliegen!
Echt!!
Wieso heulst du plötzlich?
Das fragst du? Wir sind Menschen und fliegen, Mann!
Für euch und eure Zeit…
… mag das völlig alltäglich gewesen sein, aber…
Hahaha! Nicht unbedingt!
Hubschrauber und Privatflugzeug habe ich zwar für alltägliche Einkäufe eingesetzt…
… aber in einem Heißluftballon fliege ich auch zum ersten Mal!
Du vielleicht…
Wir fliegen ohne Ausrüstung…
… einfach so, am offenen Himmel!
Das ist ein Luxus, den es sonst nicht gibt…
Ein einzigartiges Gefühl!!

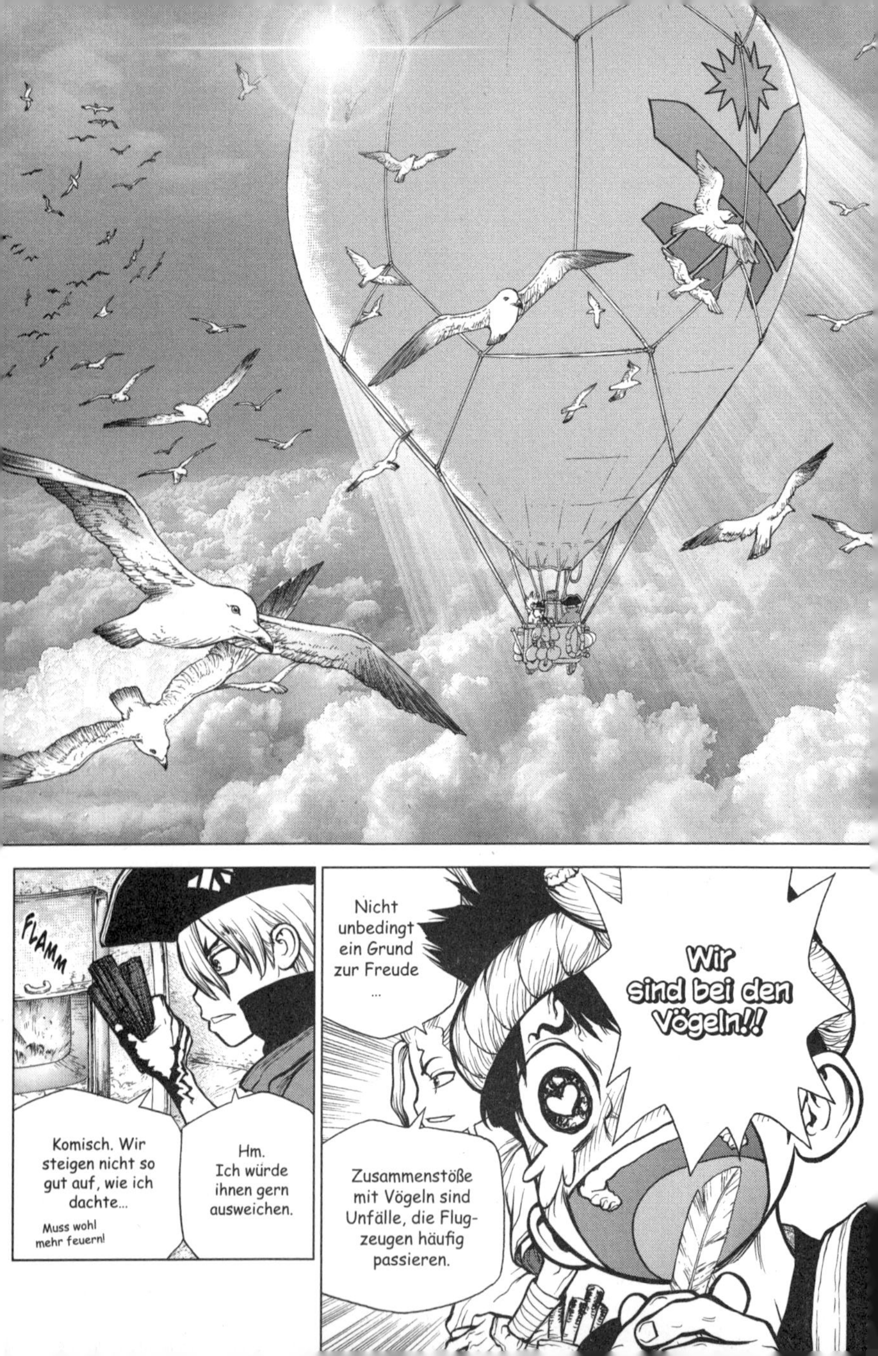
Wir sind bei den Vögeln!!
Nicht unbedingt ein Grund zur Freude ...
Zusammenstöße mit Vögeln sind Unfälle, die Flugzeugen häufig passieren.
Hm. Ich würde ihnen gern ausweichen.
Komisch. Wir steigen nicht so gut auf, wie ich dachte...
Muss wohl mehr feuern!
FLAMM

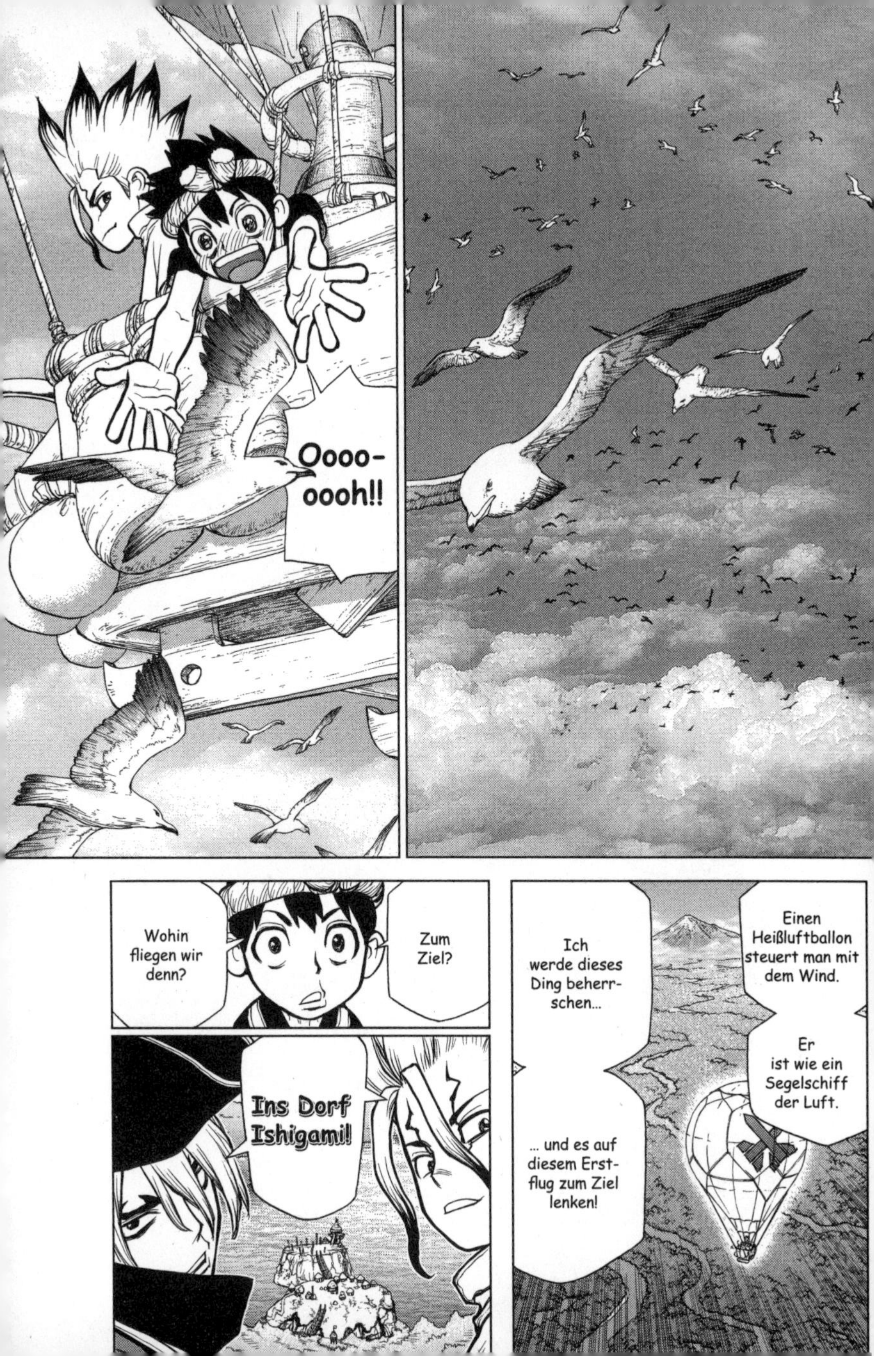
Oooo-
oooh!!
Einen Heißluftballon steuert man mit dem Wind.
Er ist wie ein Segelschiff der Luft.
Ich werde dieses Ding beherr-schen...
... und es auf diesem Erst-flug zum Ziel lenken!
Zum Ziel?
Wohin fliegen wir denn?
Ins Dorf Ishigami!

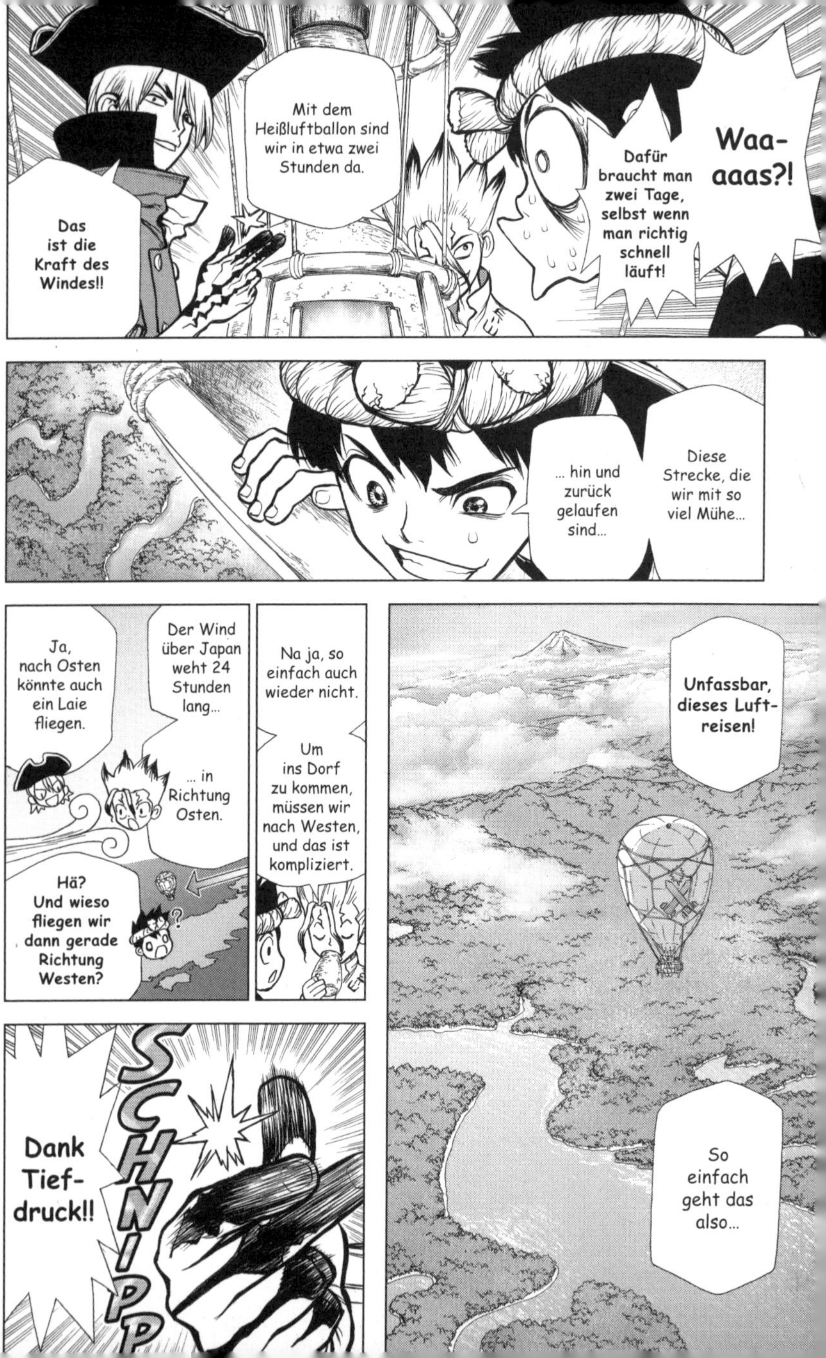
Waa-aaas?!
Dafür braucht man zwei Tage, selbst wenn man richtig schnell läuft!
Mit dem Heißluftballon sind wir in etwa zwei Stunden da.
Das ist die Kraft des Windes!!
Diese Strecke, die wir mit so viel Mühe...
... hin und zurück gelaufen sind...
Unfassbar, dieses Luftreisen!
So einfach geht das also...
Na ja, so einfach auch wieder nicht.
Um ins Dorf zu kommen, müssen wir nach Westen, und das ist kompliziert.
Der Wind über Japan weht 24 Stunden lang...
... in Richtung Osten.
Ja, nach Osten könnte auch ein Laie fliegen.
Hä? Und wieso fliegen wir dann gerade Richtung Westen?
SCHNIPP
Dank Tief-druck!!

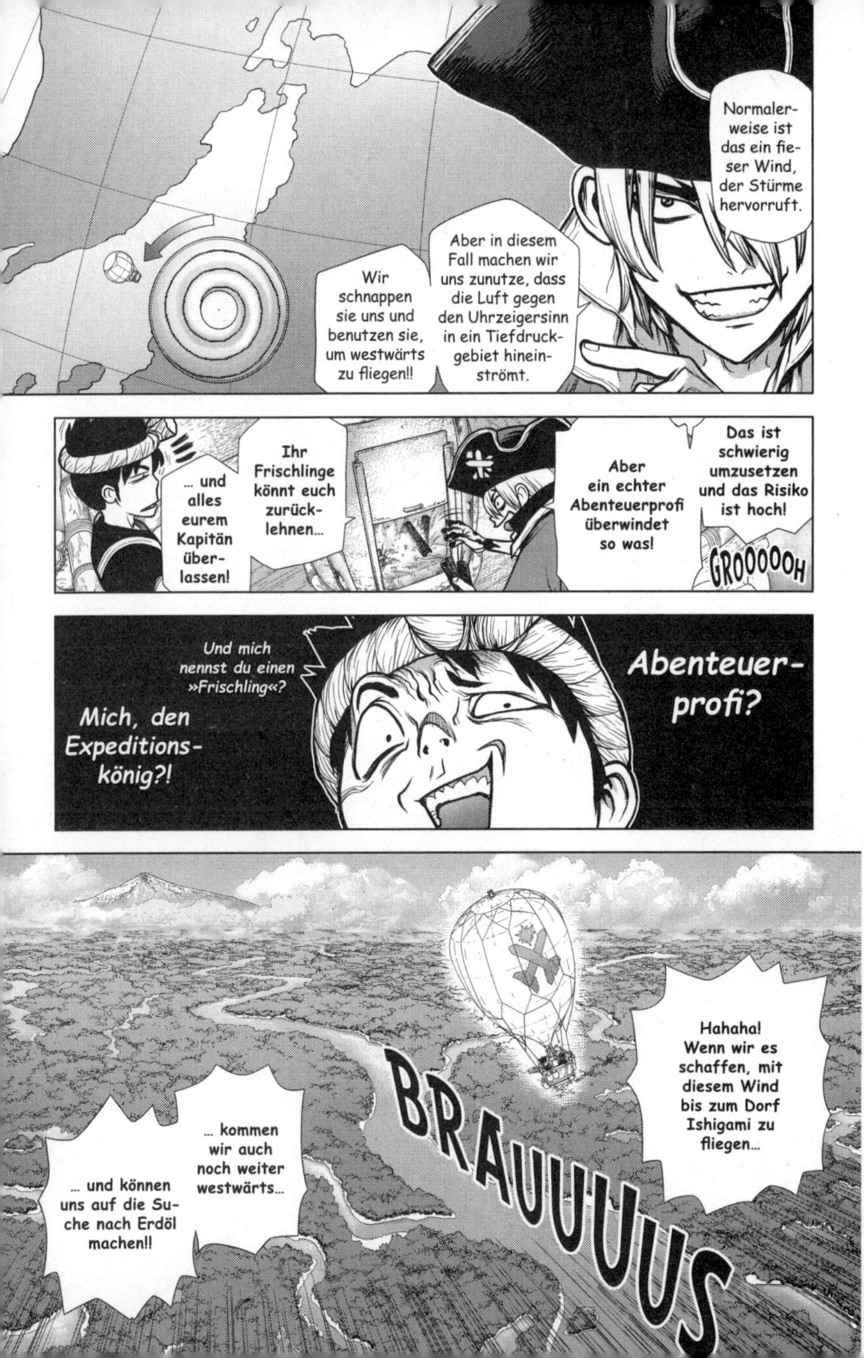
Normalerweise ist das ein fieser Wind, der Stürme hervorruft.
Aber in diesem Fall machen wir uns zunutze, dass die Luft gegen den Uhrzeigersinn in ein Tiefdruckgebiet hineinströmt.
Wir schnappen sie uns und benutzen sie, um westwärts zu fliegen!!
Das ist schwierig umzusetzen und das Risiko ist hoch!
GROOOOOH
Aber ein echter Abenteuerprofi überwindet so was!
Ihr Frischlinge könnt euch zurücklehnen…
… und alles eurem Kapitän überlassen!
Abenteuerprofi?
Und mich nennst du einen »Frischling«?
Mich, den Expeditionskönig?!
Hahaha! Wenn wir es schaffen, mit diesem Wind bis zum Dorf Ishigami zu fliegen…
BRAUUUUUS
… kommen wir auch noch weiter westwärts…
… und können uns auf die Suche nach Erdöl machen!!

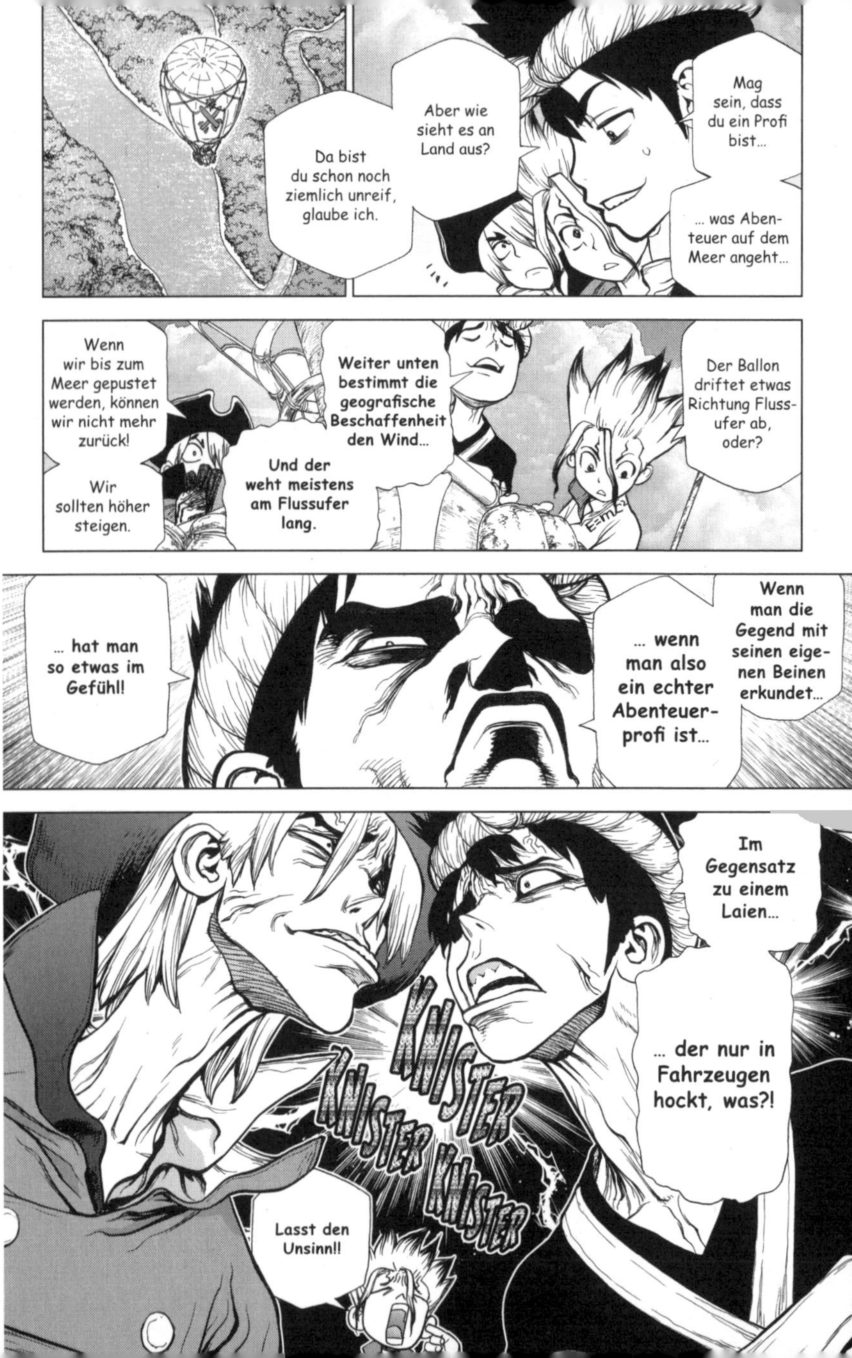
Mag sein, dass du ein Profi bist...
... was Abenteuer auf dem Meer angeht...
Aber wie sieht es an Land aus?
Da bist du schon noch ziemlich unreif, glaube ich.
Der Ballon driftet etwas Richtung Flussufer ab, oder?
Weiter unten bestimmt die geografische Beschaffenheit den Wind...
Und der weht meistens am Flussufer lang.
Wenn wir bis zum Meer gepustet werden, können wir nicht mehr zurück!
Wir sollten höher steigen.
Wenn man die Gegend mit seinen eigenen Beinen erkundet...
... wenn man also ein echter Abenteuerprofi ist...
... hat man so etwas im Gefühl!
Im Gegensatz zu einem Laien...
... der nur in Fahrzeugen hockt, was?!
KNISTER
KNISTER KNISTER KNISTER
Lasst den Unsinn!!

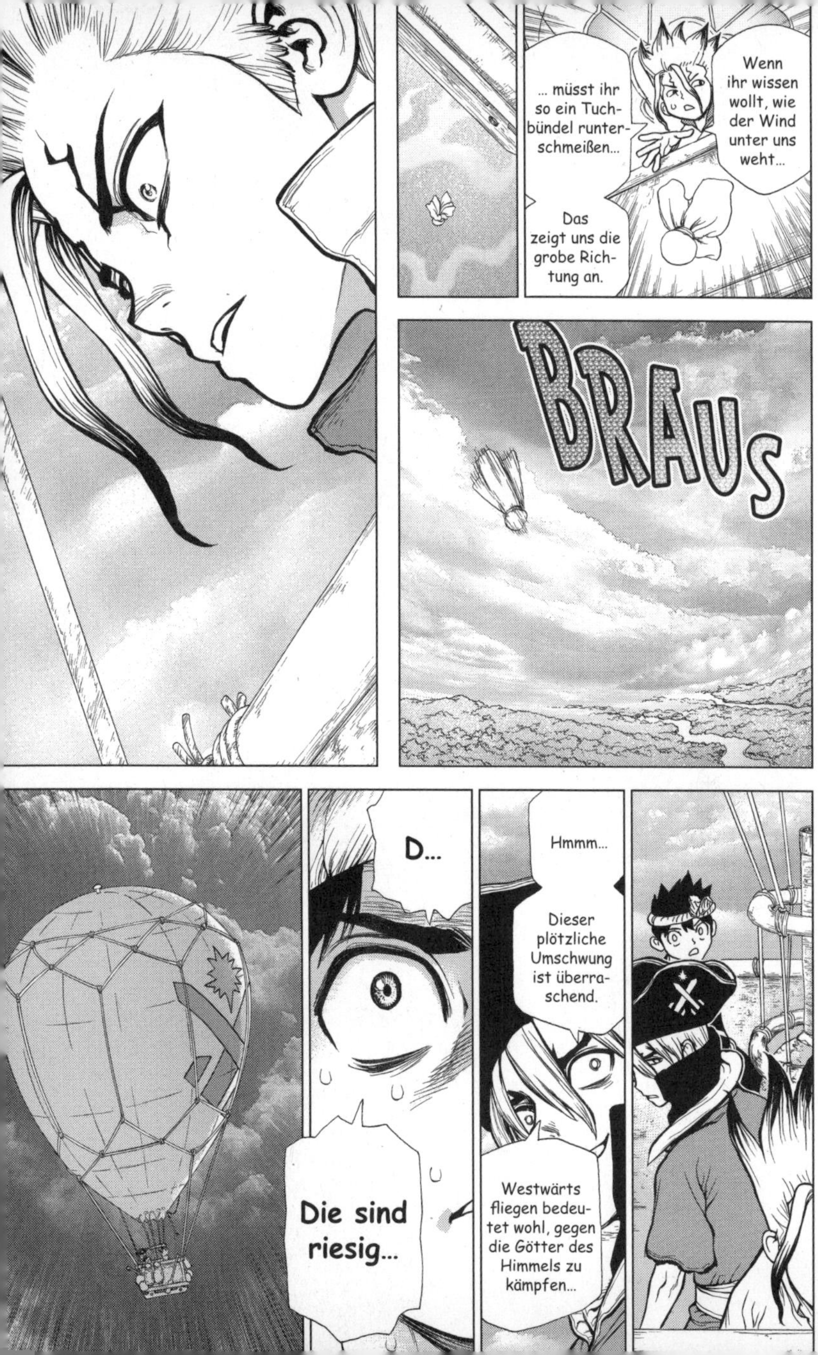

Wenn ihr wissen wollt, wie der Wind unter uns weht...
... müsst ihr so ein Tuchbündel runterschmeißen...
Das zeigt uns die grobe Richtung an.
BRAUS
Hmmm...
Dieser plötzliche Umschwung ist überraschend.
Westwärts fliegen bedeutet wohl, gegen die Götter des Himmels zu kämpfen...
D...
Die sind riesig...

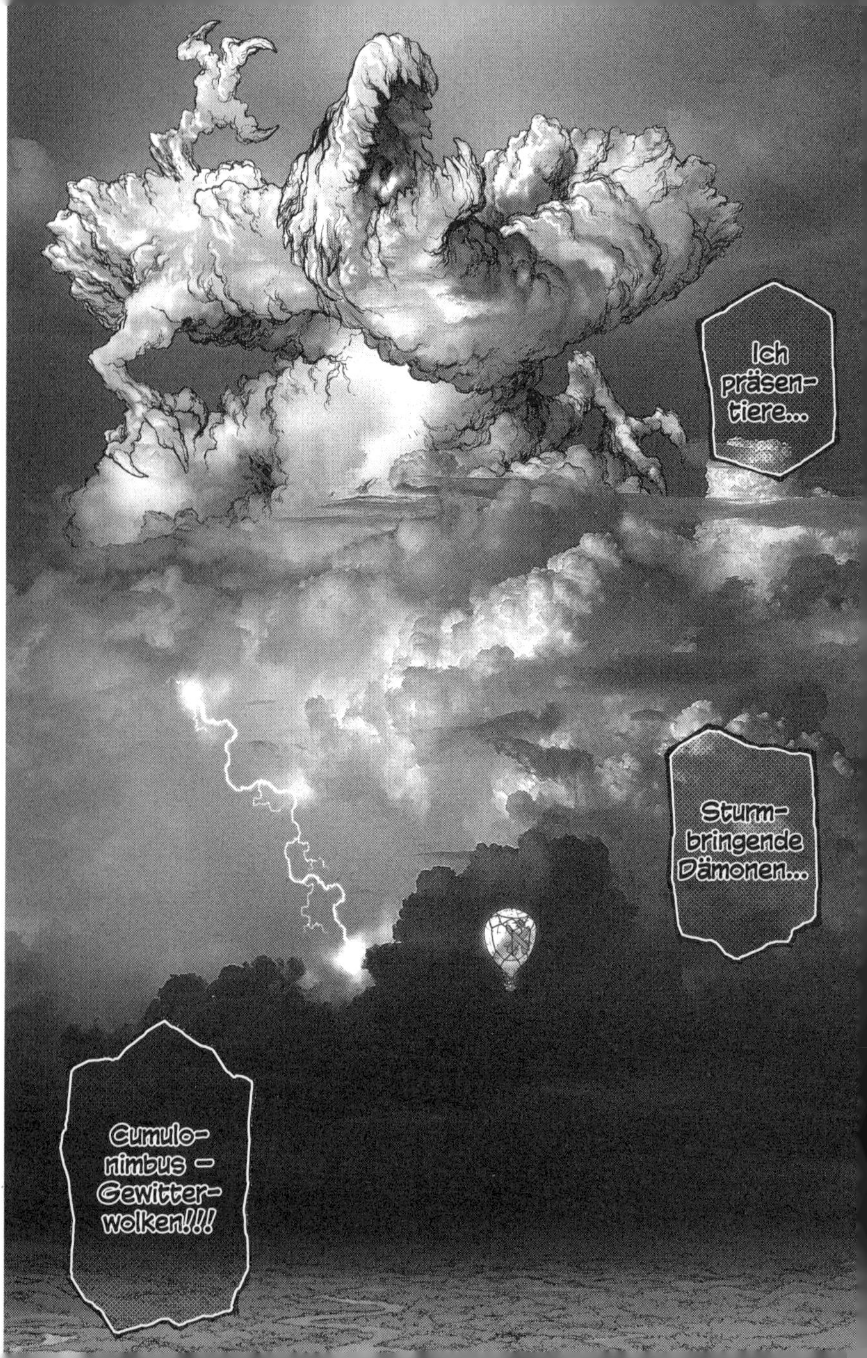
Ich präsentiere...
Sturmbringende Dämonen...
Cumulonimbus – Gewitterwolken!!!

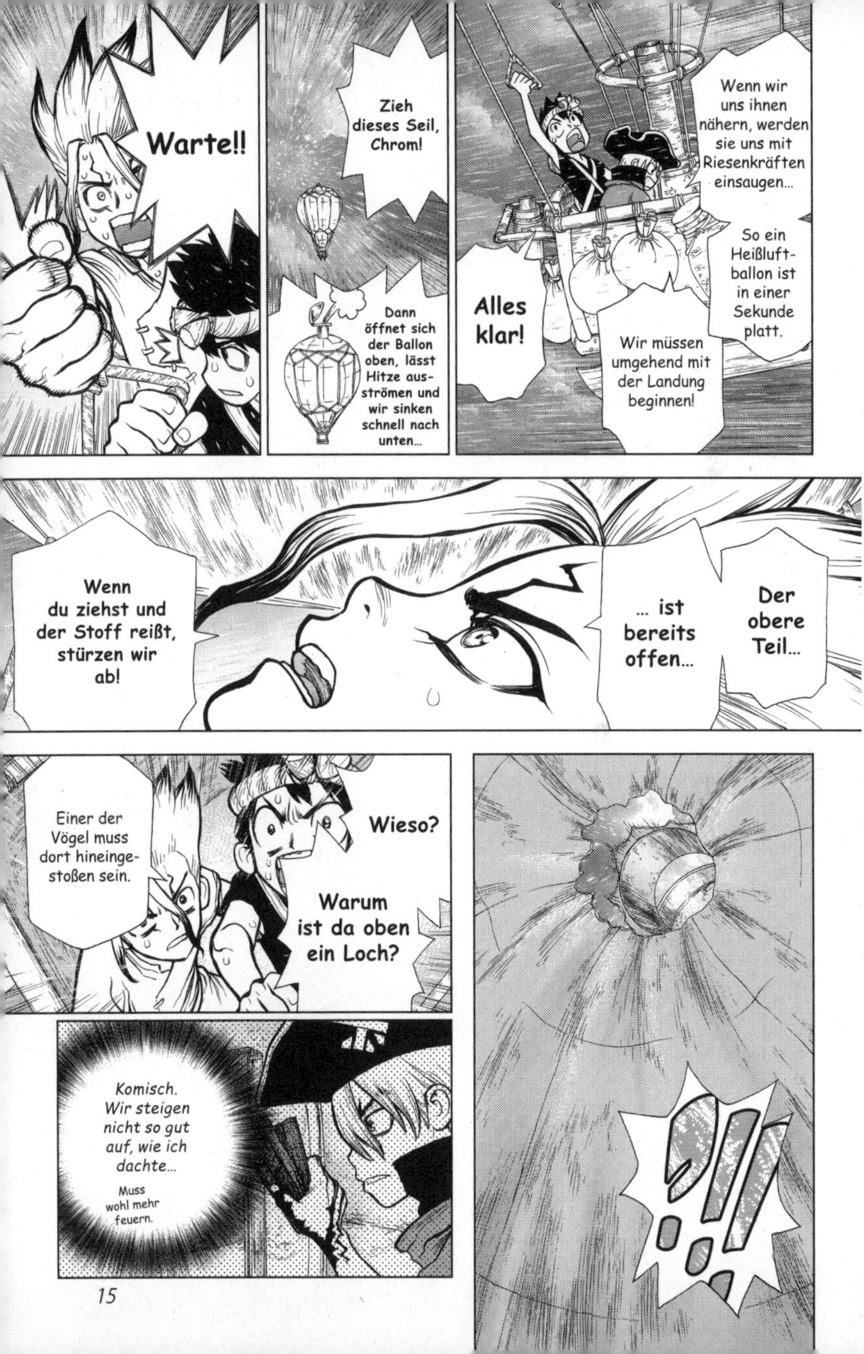
Wenn wir uns ihnen nähern, werden sie uns mit Riesenkräften einsaugen…
So ein Heißluftballon ist in einer Sekunde platt.
Wir müssen umgehend mit der Landung beginnen!
Alles klar!
Zieh dieses Seil, Chrom!
Dann öffnet sich der Ballon oben, lässt Hitze ausströmen und wir sinken schnell nach unten…
Warte!!
Der obere Teil…
… ist bereits offen…
Wenn du ziehst und der Stoff reißt, stürzen wir ab!
!!
Wieso?
Warum ist da oben ein Loch?
Einer der Vögel muss dort hineingestoßen sein.
Komisch. Wir steigen nicht so gut auf, wie ich dachte…
Muss wohl mehr feuern.

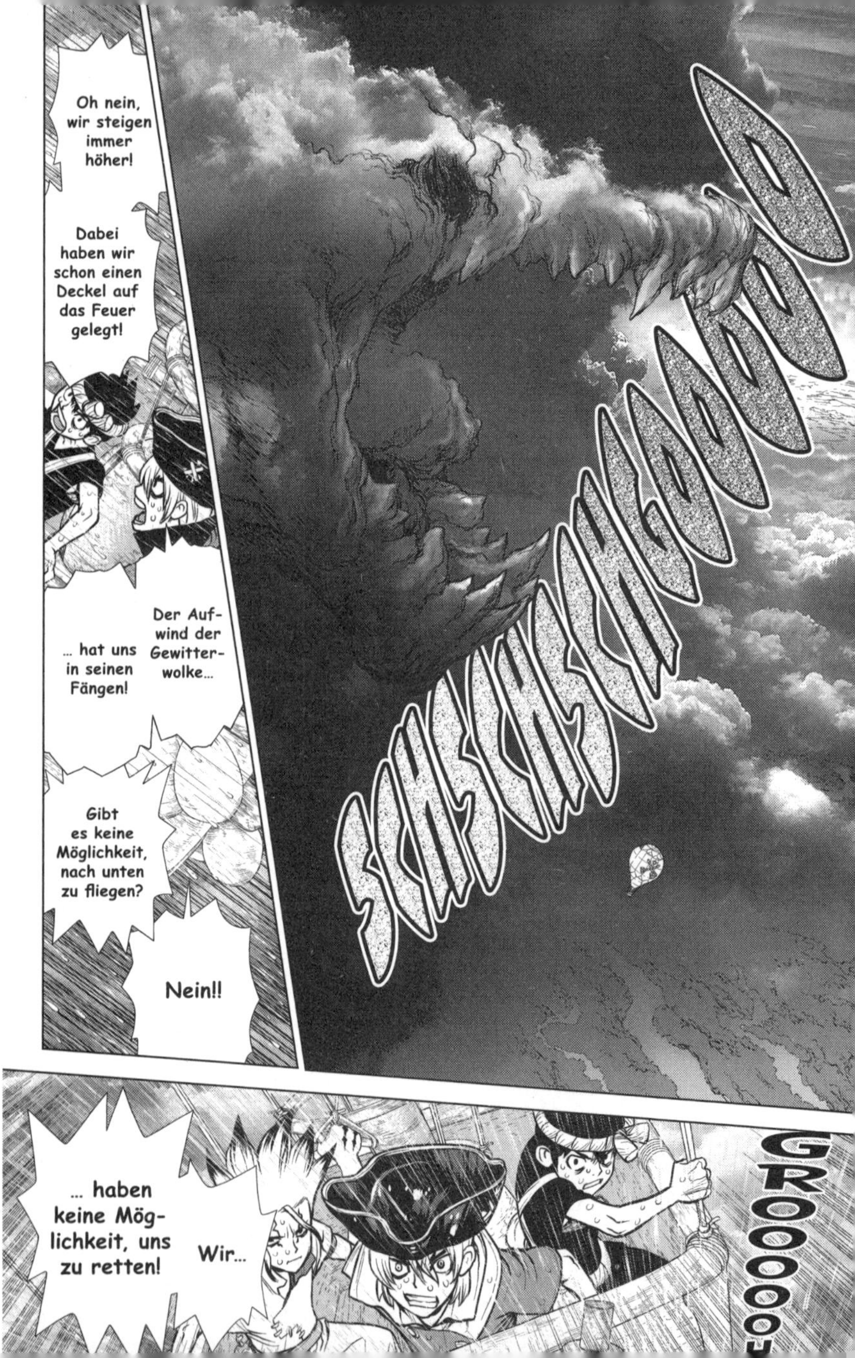
Oh nein, wir steigen immer höher!
Dabei haben wir schon einen Deckel auf das Feuer gelegt!
Der Aufwind der Gewitterwolke...
... hat uns in seinen Fängen!
Gibt es keine Möglichkeit, nach unten zu fliegen?
Nein!!
Wir...
... haben keine Möglichkeit, uns zu retten!

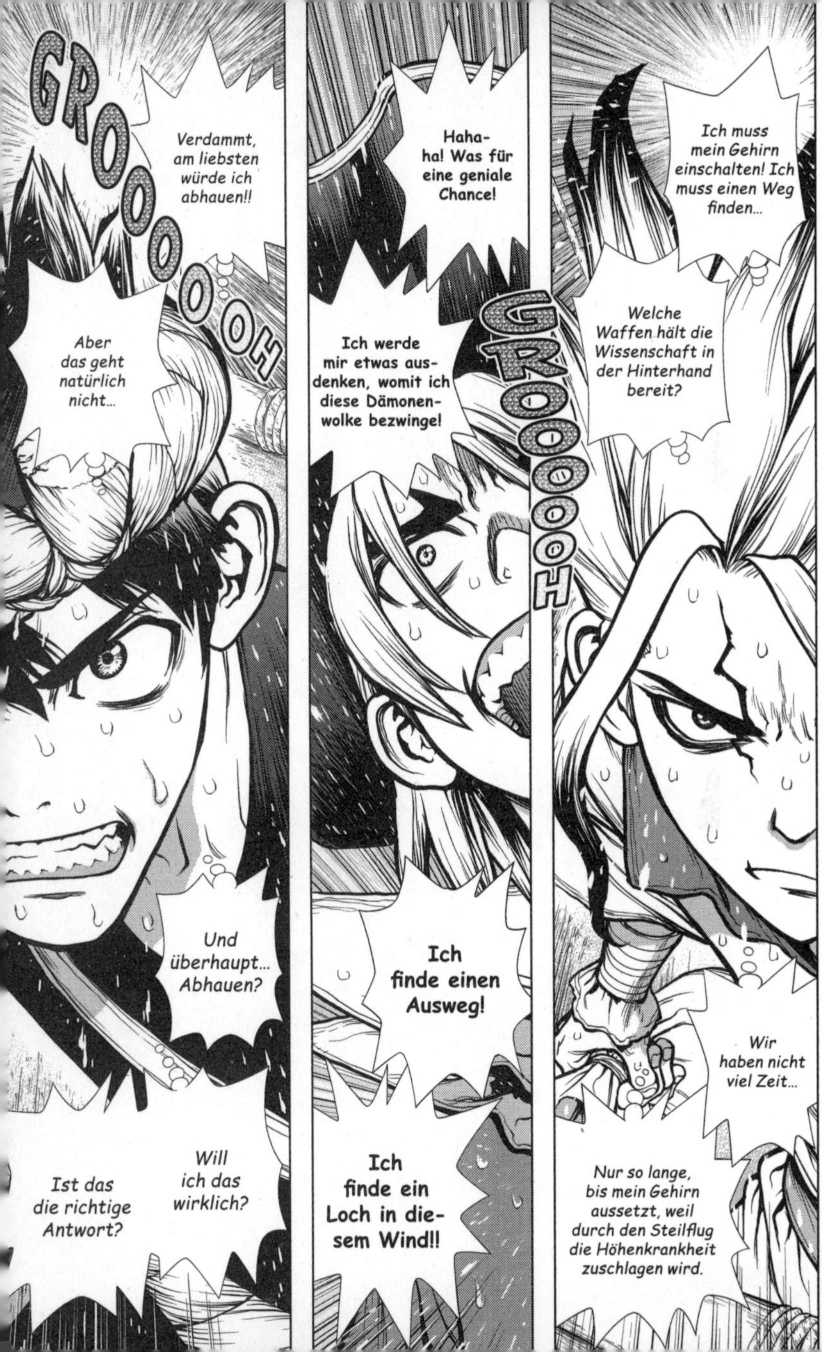
Ich muss mein Gehirn einschalten! Ich muss einen Weg finden...
Welche Waffen hält die Wissenschaft in der Hinterhand bereit?
Wir haben nicht viel Zeit...
Nur so lange, bis mein Gehirn aussetzt, weil durch den Steilflug die Höhenkrankheit zuschlagen wird.
Haha-ha! Was für eine geniale Chance!
GROOOOOOOH
Ich werde mir etwas aus-denken, womit ich diese Dämonen-wolke bezwinge!
Ich finde einen Ausweg!
Ich finde ein Loch in die-sem Wind!!
GROOOOOOOH
Verdammt, am liebsten würde ich abhauen!!
Aber das geht natürlich nicht...
Und überhaupt... Abhauen?
Will ich das wirklich?
Ist das die richtige Antwort?

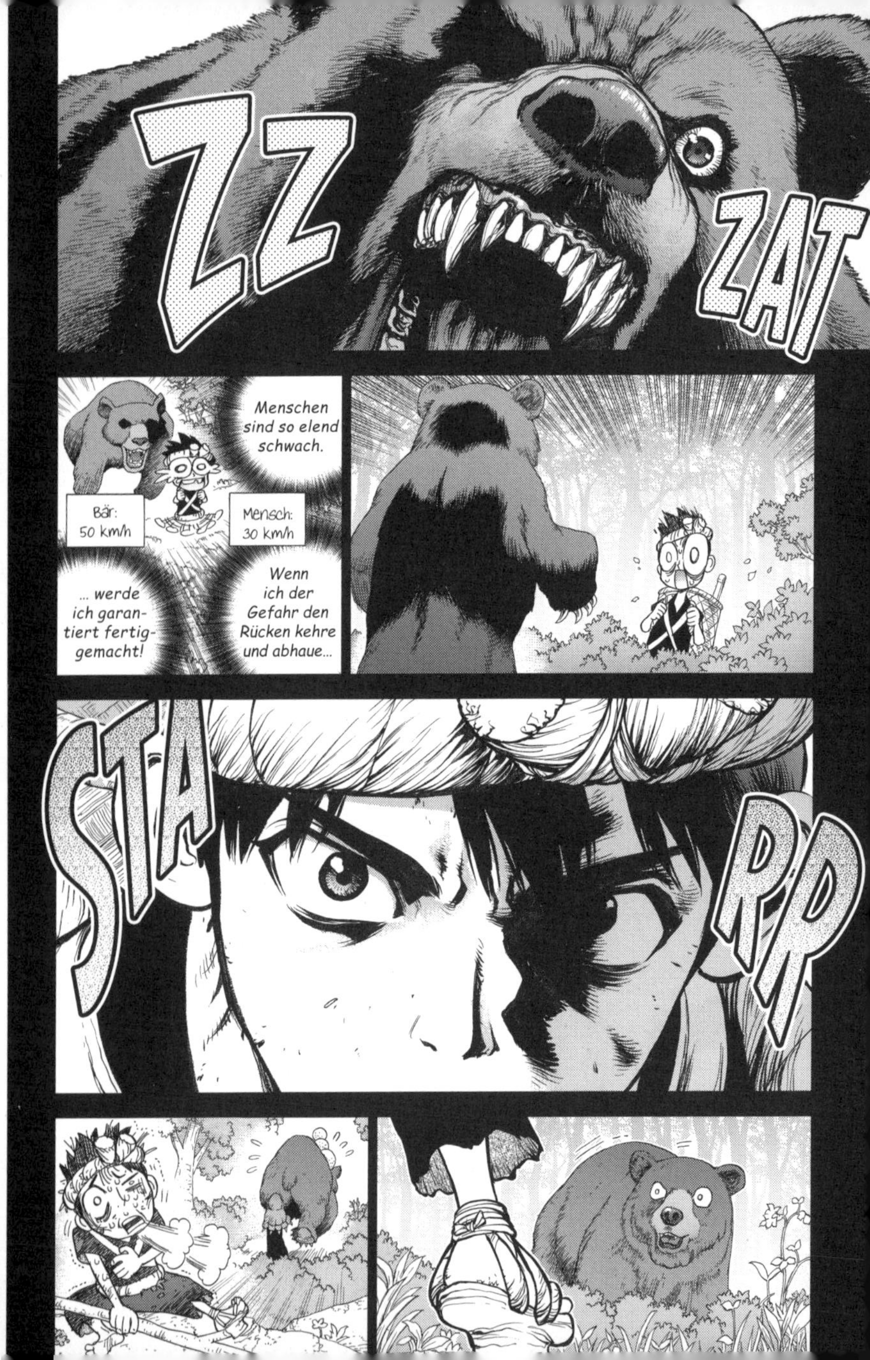
ZZ
ZAT
Menschen sind so elend schwach.
Bär: 50 km/h
Mensch: 30 km/h
Wenn ich der Gefahr den Rücken kehre und abhaue...
... werde ich garantiert fertiggemacht!
STA
RR

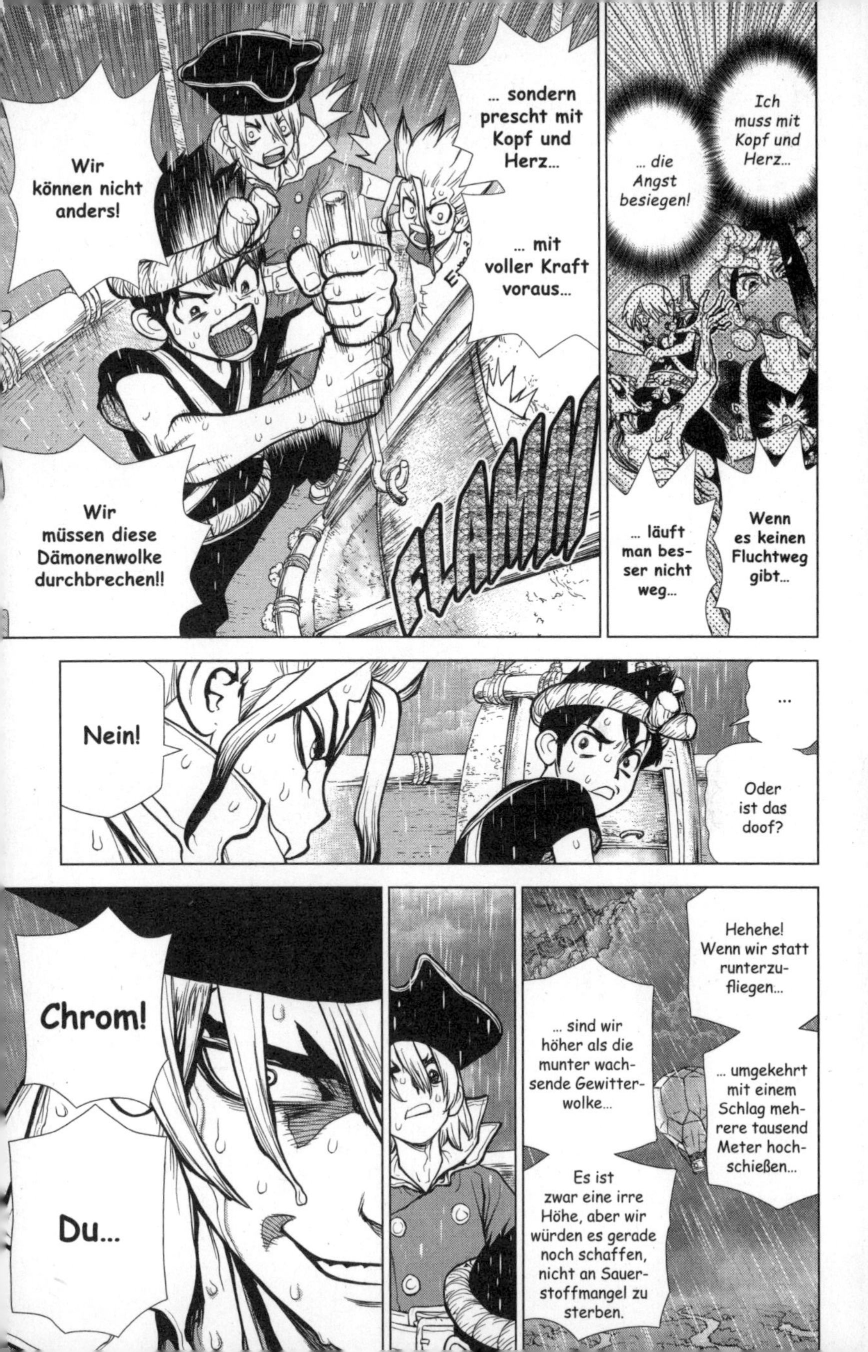
Ich muss mit Kopf und Herz...
... die Angst besiegen!
Wenn es keinen Fluchtweg gibt...
... läuft man besser nicht weg...
... sondern prescht mit Kopf und Herz...
... mit voller Kraft voraus...
FLAMM
Wir können nicht anders!
Wir müssen diese Dämonenwolke durchbrechen!!
...
Oder ist das doof?
Nein!
Hehehe! Wenn wir statt runterzufliegen...
... umgekehrt mit einem Schlag mehrere tausend Meter hochschießen...
... sind wir höher als die munter wachsende Gewitterwolke...
Es ist zwar eine irre Höhe, aber wir würden es gerade noch schaffen, nicht an Sauerstoffmangel zu sterben.
Chrom!
Du...

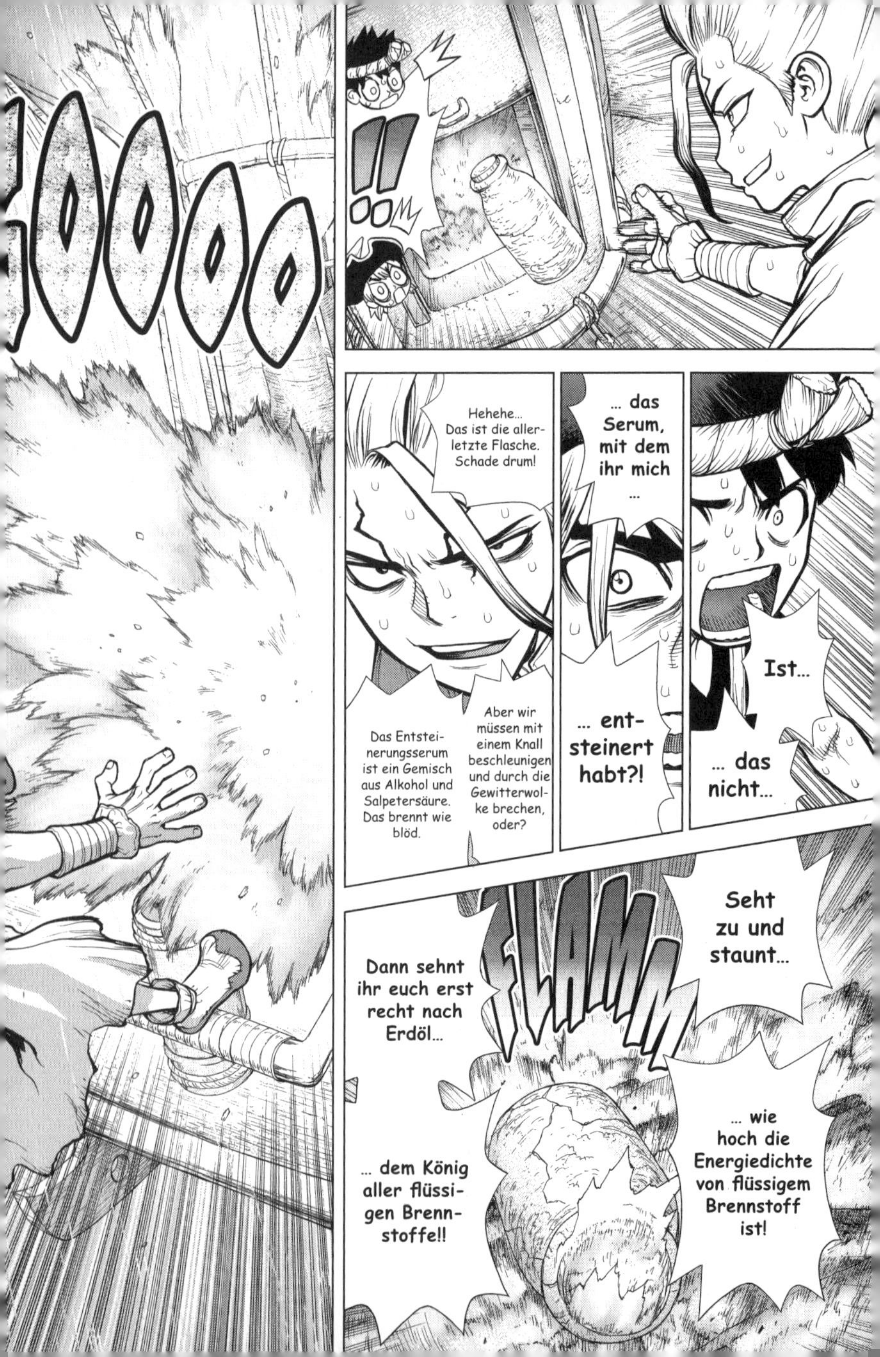
Ist...
... das nicht...
... das Serum, mit dem ihr mich ...
... ent-steinert habt?!
Hehehe... Das ist die aller-letzte Flasche. Schade drum!
Aber wir müssen mit einem Knall beschleunigen und durch die Gewitterwolke brechen, oder?
Das Entsteinerungsserum ist ein Gemisch aus Alkohol und Salpetersäure. Das brennt wie blöd.
Seht zu und staunt...
... wie hoch die Energiedichte von flüssigem Brennstoff ist!
FLAMM
Dann sehnt ihr euch erst recht nach Erdöl...
... dem König aller flüssigen Brennstoffe!!

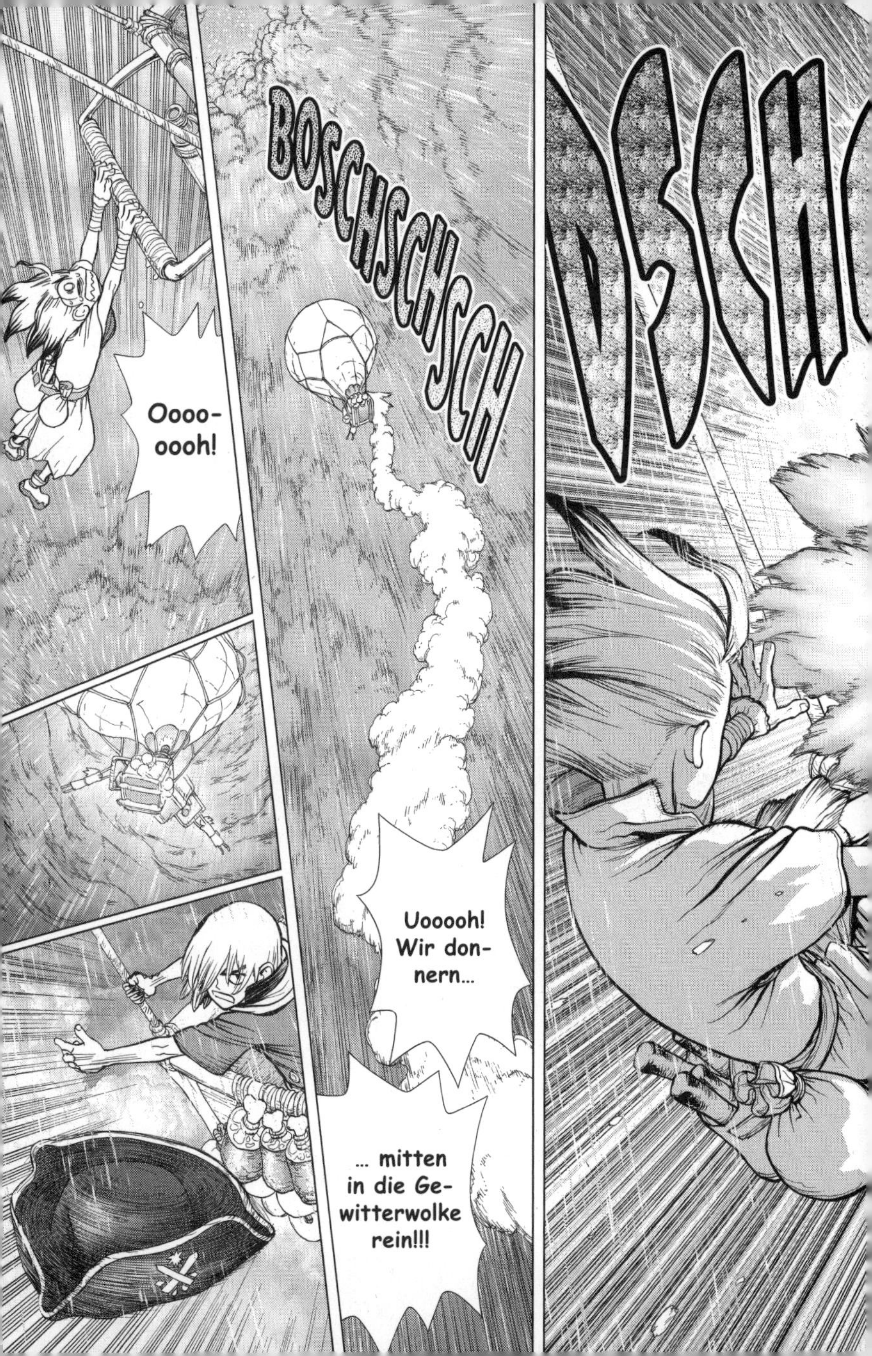

DSCH
BOSCHSCHSCH
Uooooh! Wir donnern...
... mitten in die Gewitterwolke rein!!!
Oooo-oooh!

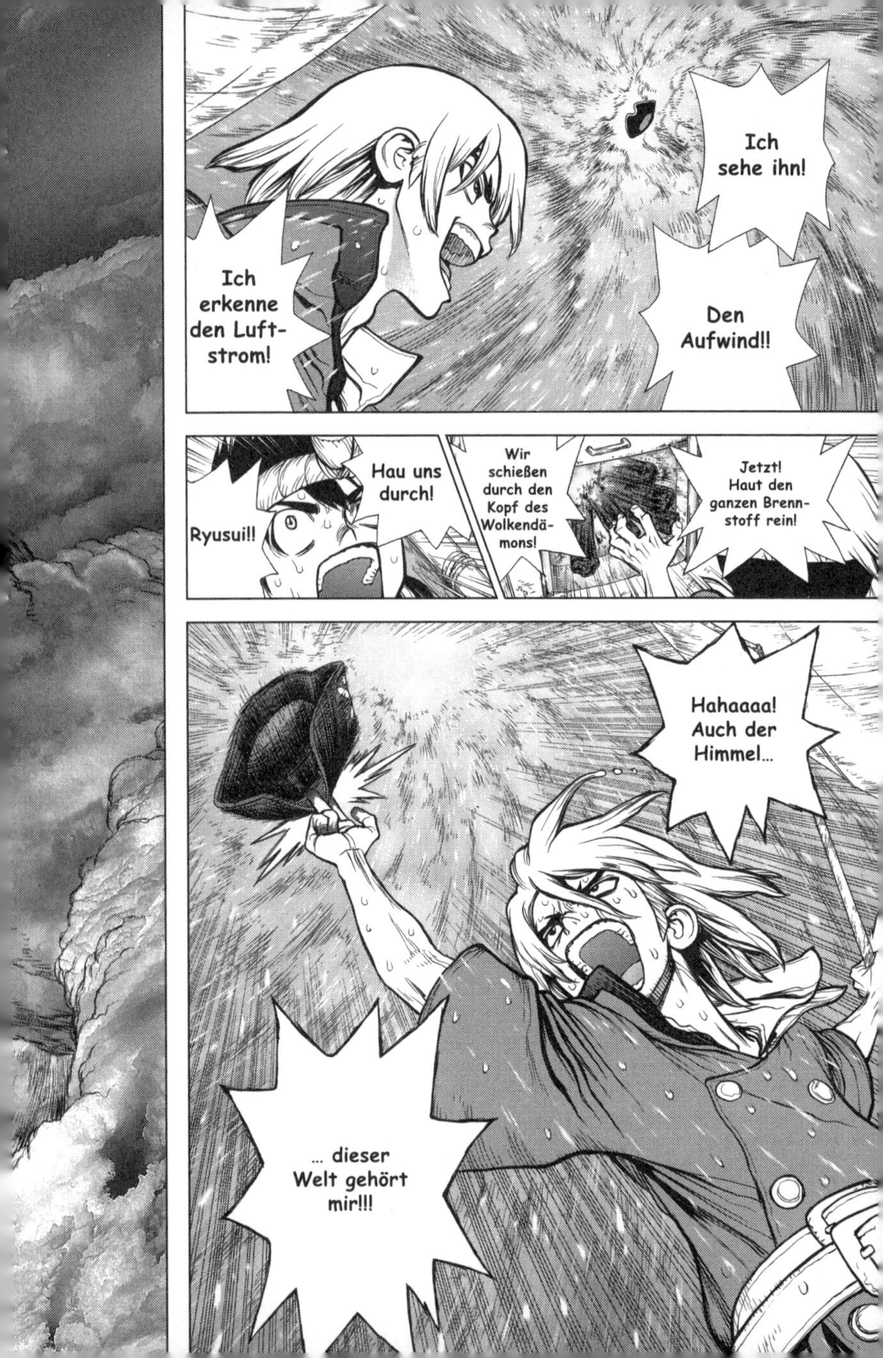
Ich sehe ihn!
Den Aufwind!!
Ich erkenne den Luftstrom!
Jetzt! Haut den ganzen Brennstoff rein!
Wir schießen durch den Kopf des Wolkendämons!
Hau uns durch!
Ryusui!!
Hahaaaa! Auch der Himmel...
... dieser Welt gehört mir!!!

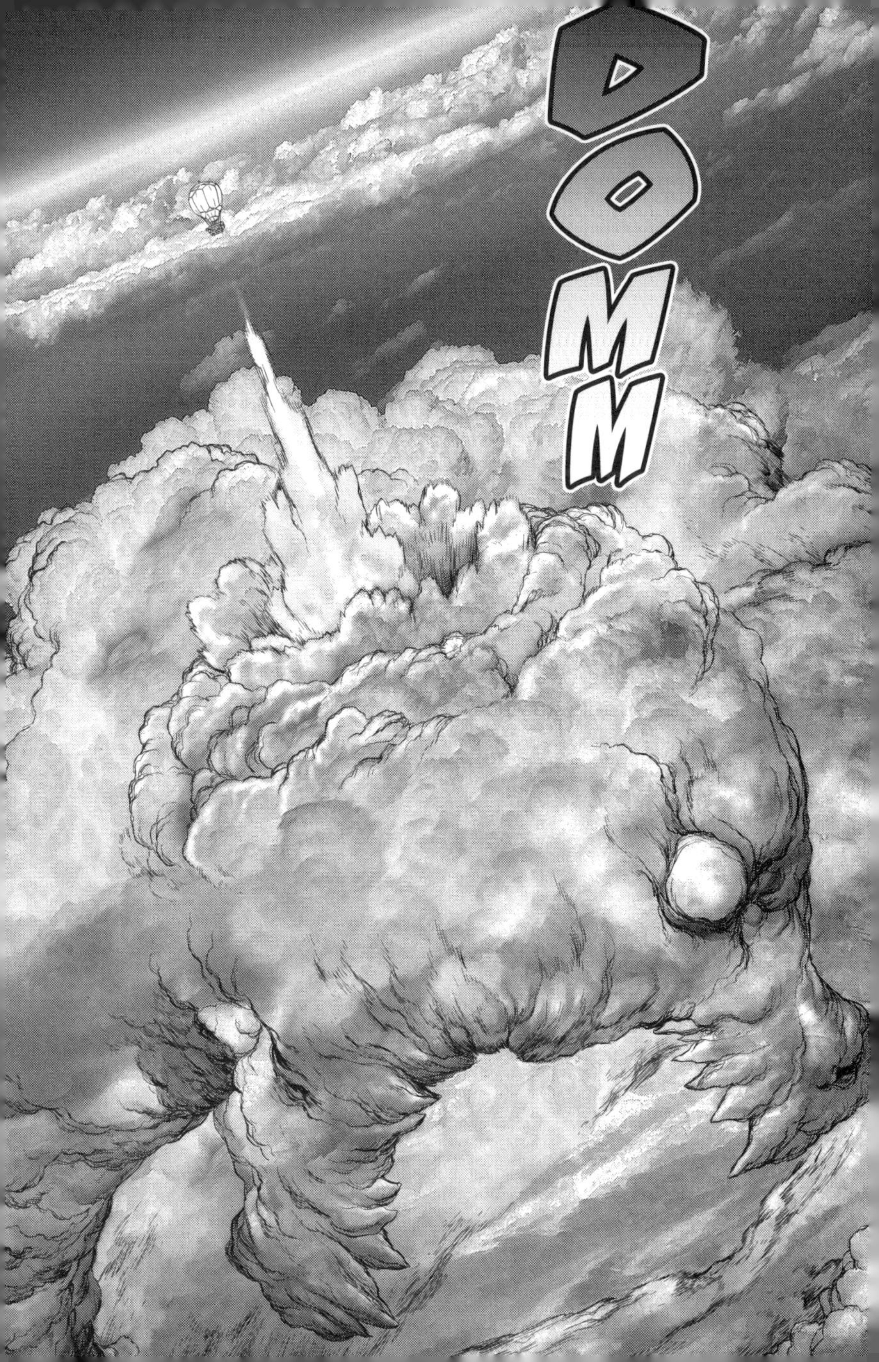
DOMM

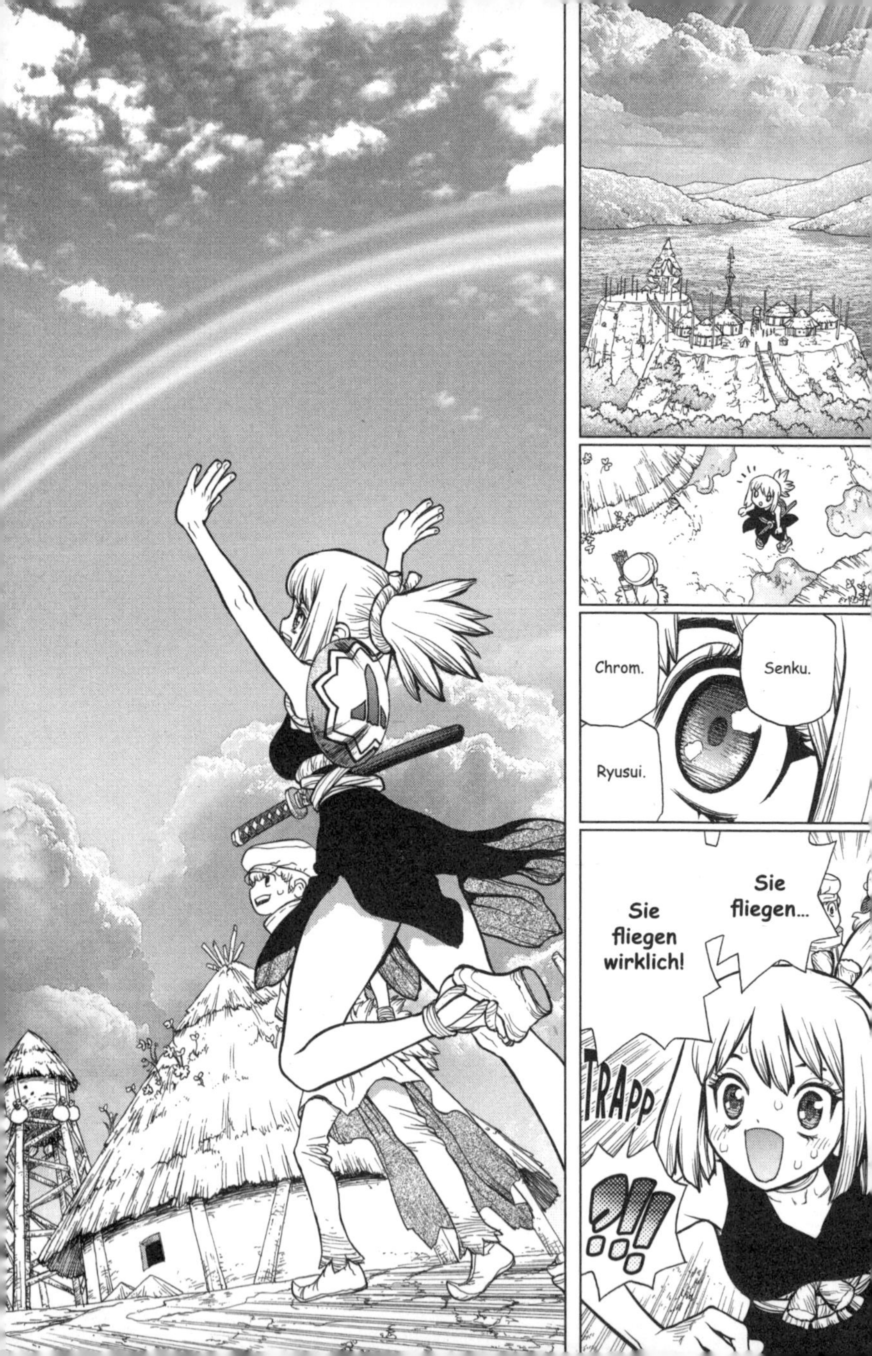
Senku.
Chrom.
Ryusui.
Sie fliegen…
Sie fliegen wirklich!
TRAPP

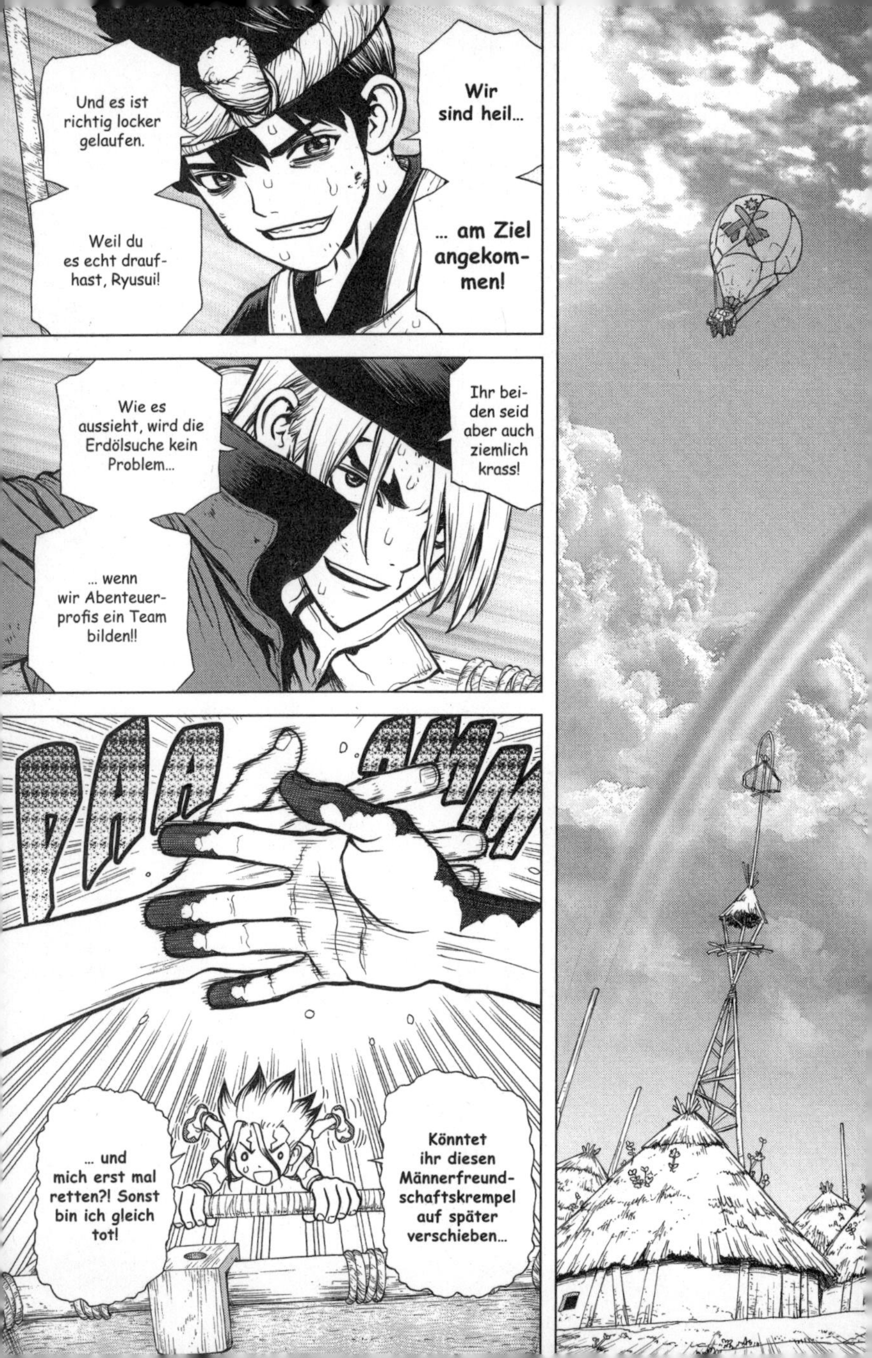
Wir sind heil... ... am Ziel angekommen!
Und es ist richtig locker gelaufen. Weil du es echt draufhast, Ryusui!
Ihr beiden seid aber auch ziemlich krass!
Wie es aussieht, wird die Erdölsuche kein Problem... ... wenn wir Abenteuerprofis ein Team bilden!!
Könntet ihr diesen Männerfreundschaftskrempel auf später verschieben...
... und mich erst mal retten?! Sonst bin ich gleich tot!

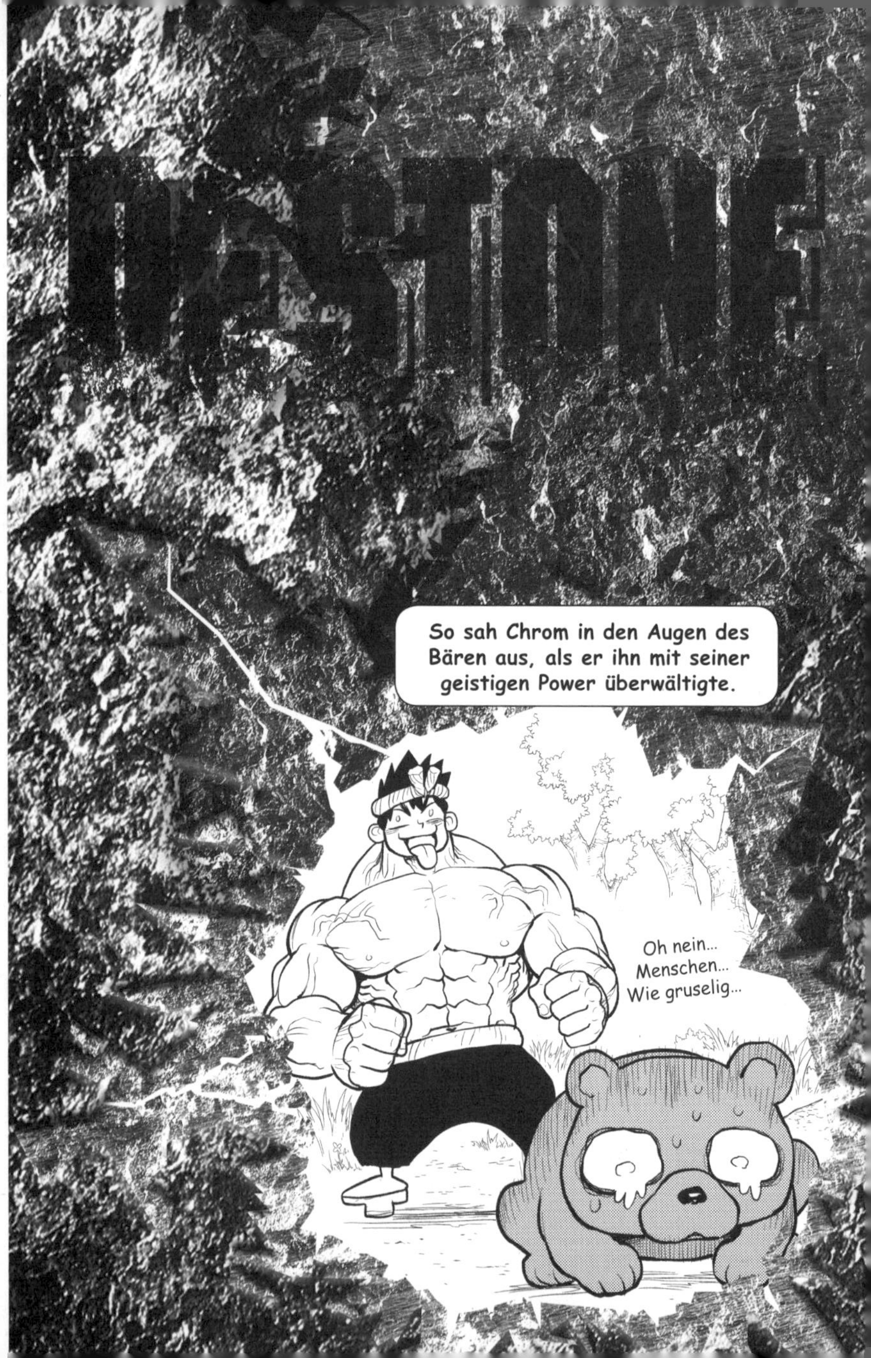
DR.STONE
So sah Chrom in den Augen des Bären aus, als er ihn mit seiner geistigen Power überwältigte.
Oh nein... Menschen... Wie gruselig...

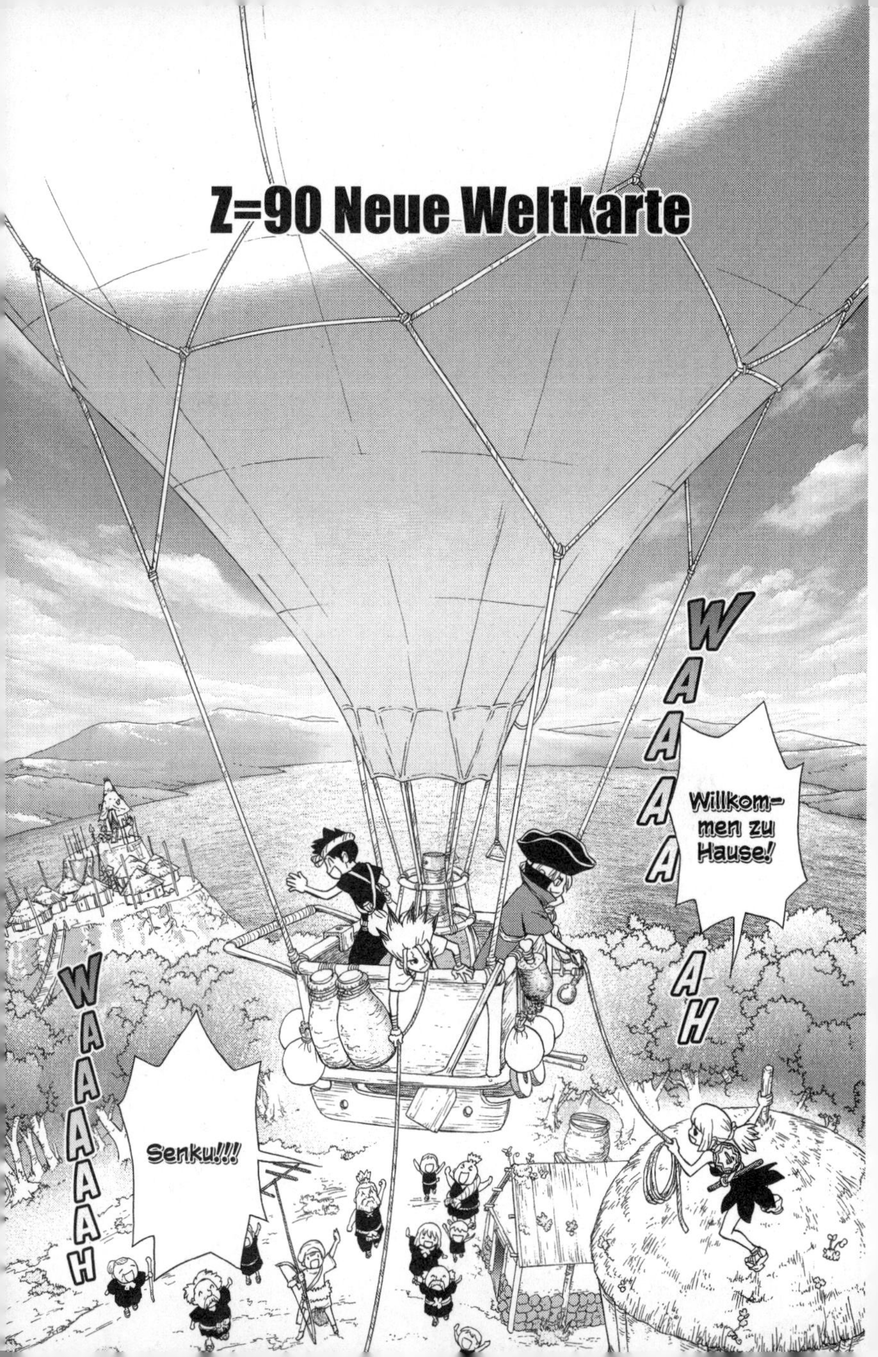
Z=90 Neue Weltkarte
WAAAAAAAH
Willkommen zu Hause!
WAAAAAAAH
Senku!!!

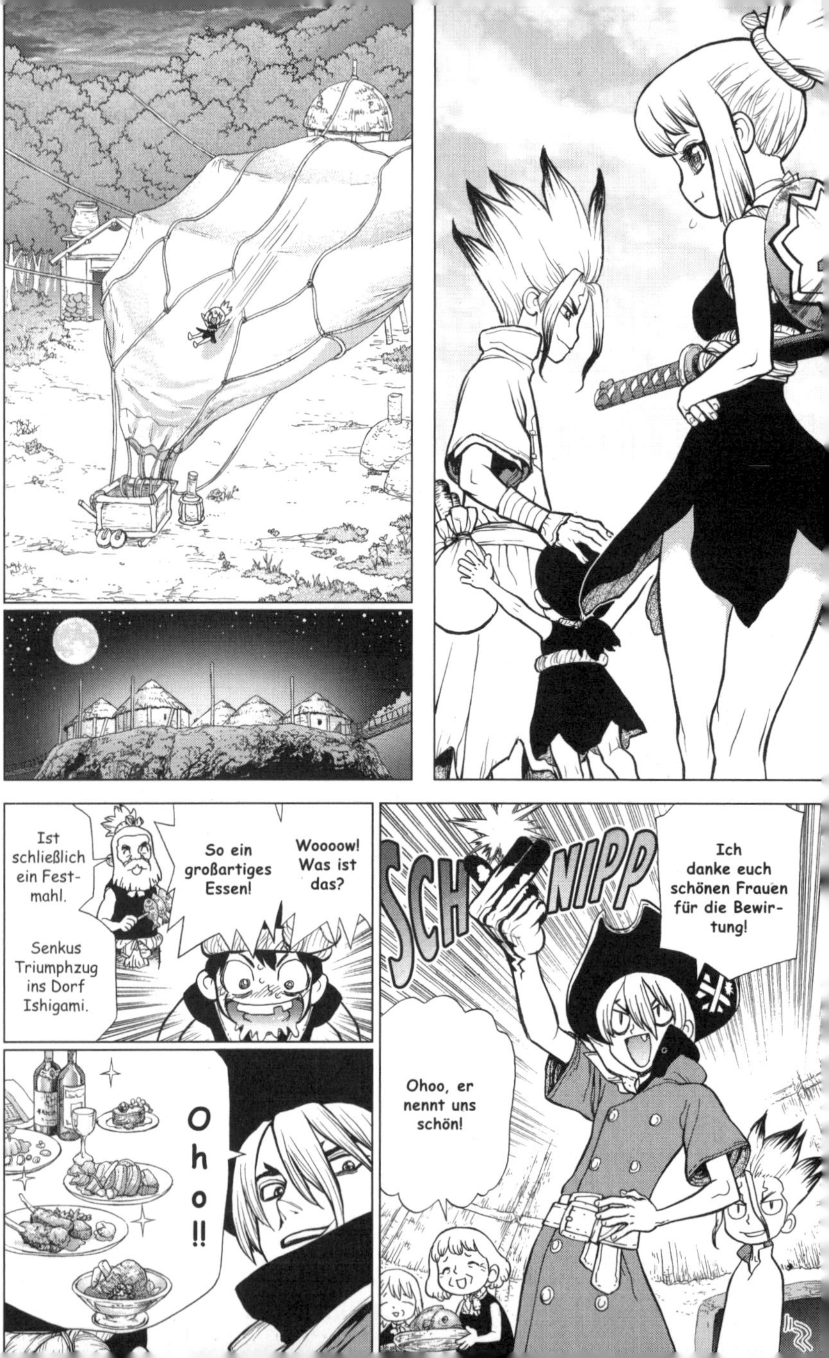
Woooow! Was ist das?
So ein großartiges Essen!
Ist schließlich ein Festmahl.
Senkus Triumphzug ins Dorf Ishigami.
SCHNIPP
Ich danke euch schönen Frauen für die Bewirtung!
Oho!!
Ohoo, er nennt uns schön!

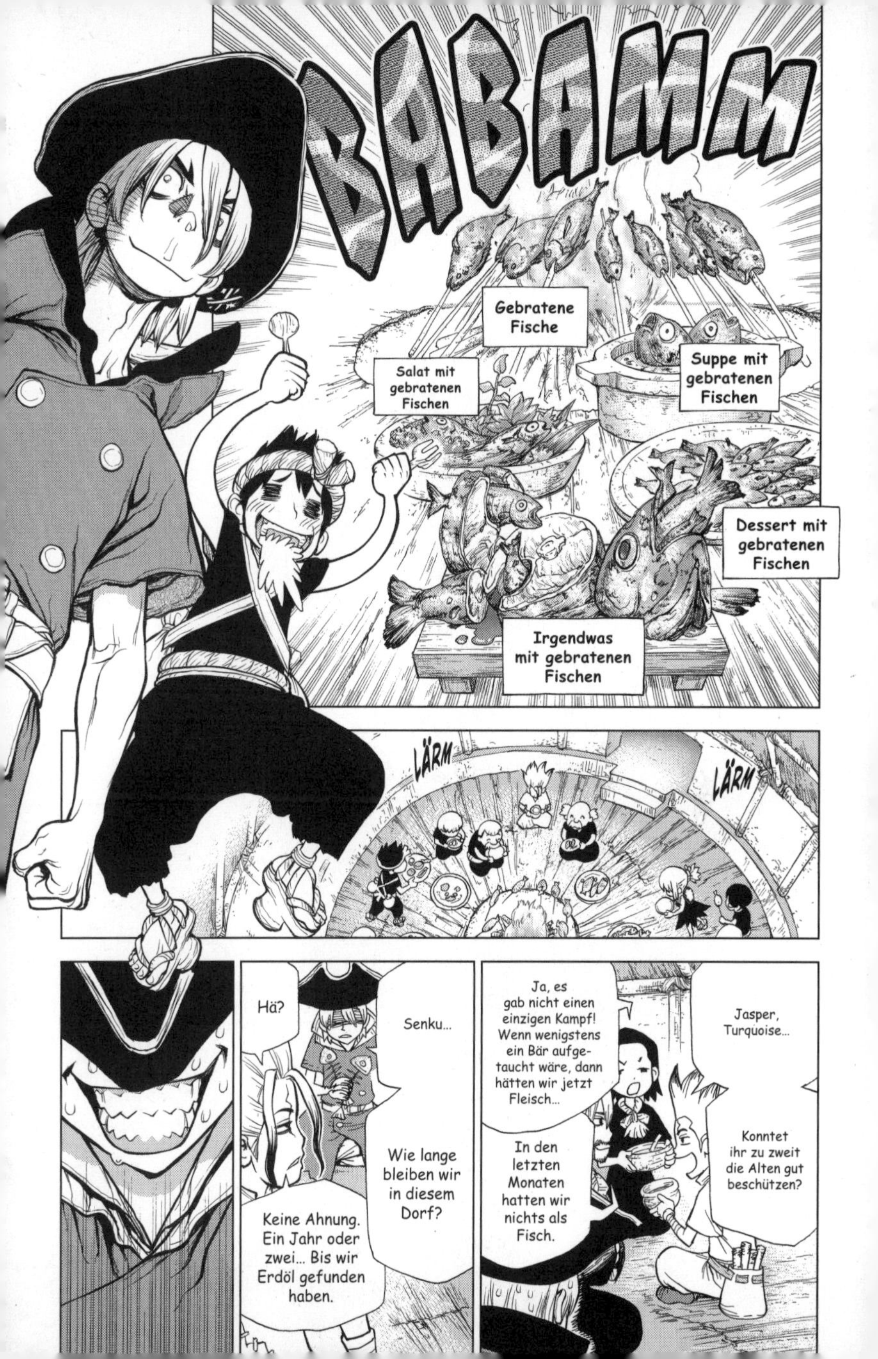
BABAMM
Gebratene Fische
Salat mit gebratenen Fischen
Suppe mit gebratenen Fischen
Dessert mit gebratenen Fischen
Irgendwas mit gebratenen Fischen
LÄRM
LÄRM
Jasper, Turquoise...
Konntet ihr zu zweit die Alten gut beschützen?
Ja, es gab nicht einen einzigen Kampf! Wenn wenigstens ein Bär aufgetaucht wäre, dann hätten wir jetzt Fleisch...
In den letzten Monaten hatten wir nichts als Fisch.
Senku...
Wie lange bleiben wir in diesem Dorf?
Hä?
Keine Ahnung. Ein Jahr oder zwei... Bis wir Erdöl gefunden haben.

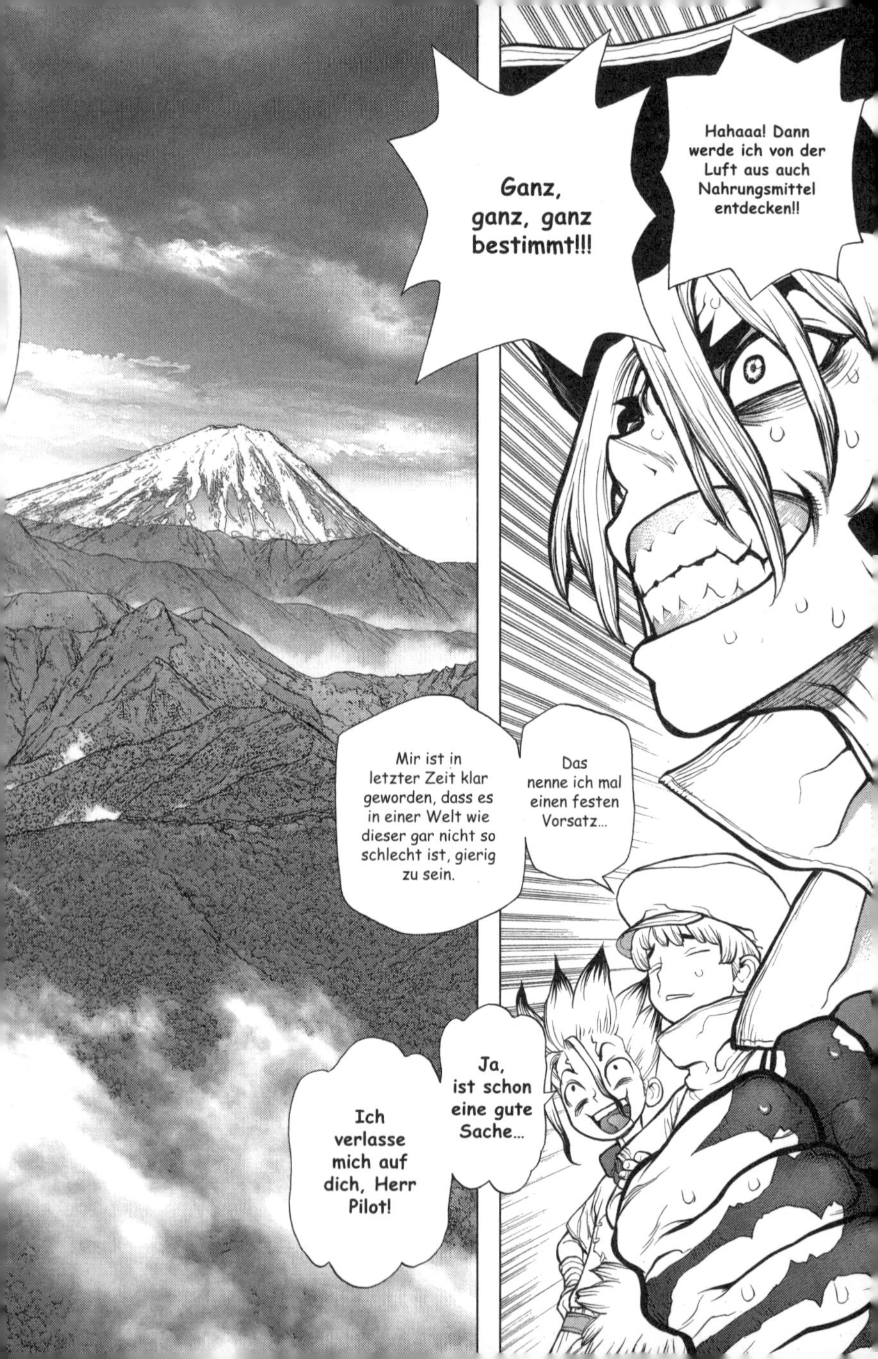

Hahaaa! Dann werde ich von der Luft aus auch Nahrungsmittel entdecken!!
Ganz, ganz, ganz bestimmt!!!
Das nenne ich mal einen festen Vorsatz...
Mir ist in letzter Zeit klar geworden, dass es in einer Welt wie dieser gar nicht so schlecht ist, gierig zu sein.
Ja, ist schon eine gute Sache...
Ich verlasse mich auf dich, Herr Pilot!

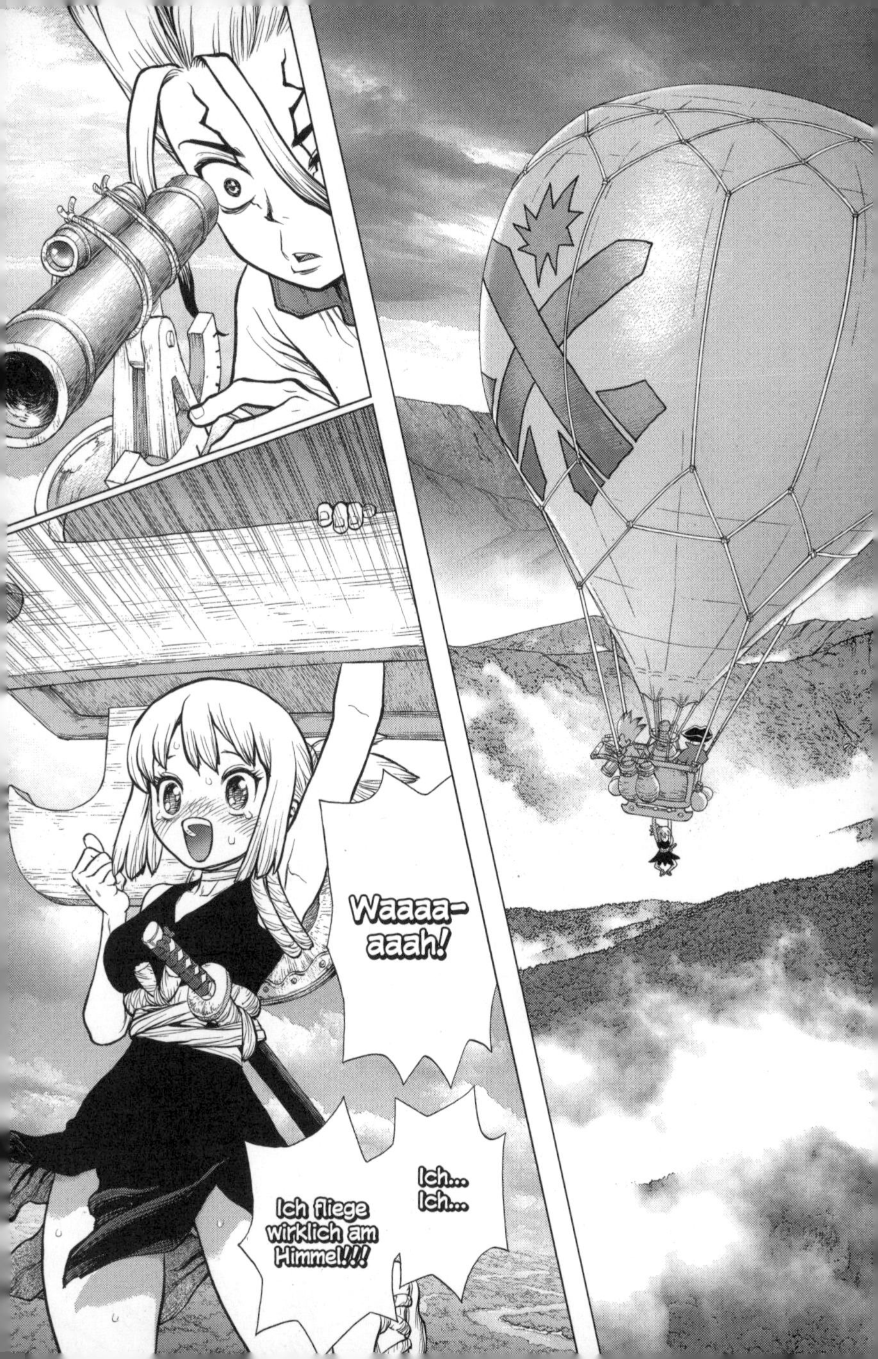
Waaaa-
aaah!
Ich...
Ich...
Ich fliege
wirklich am
Himmel!!!

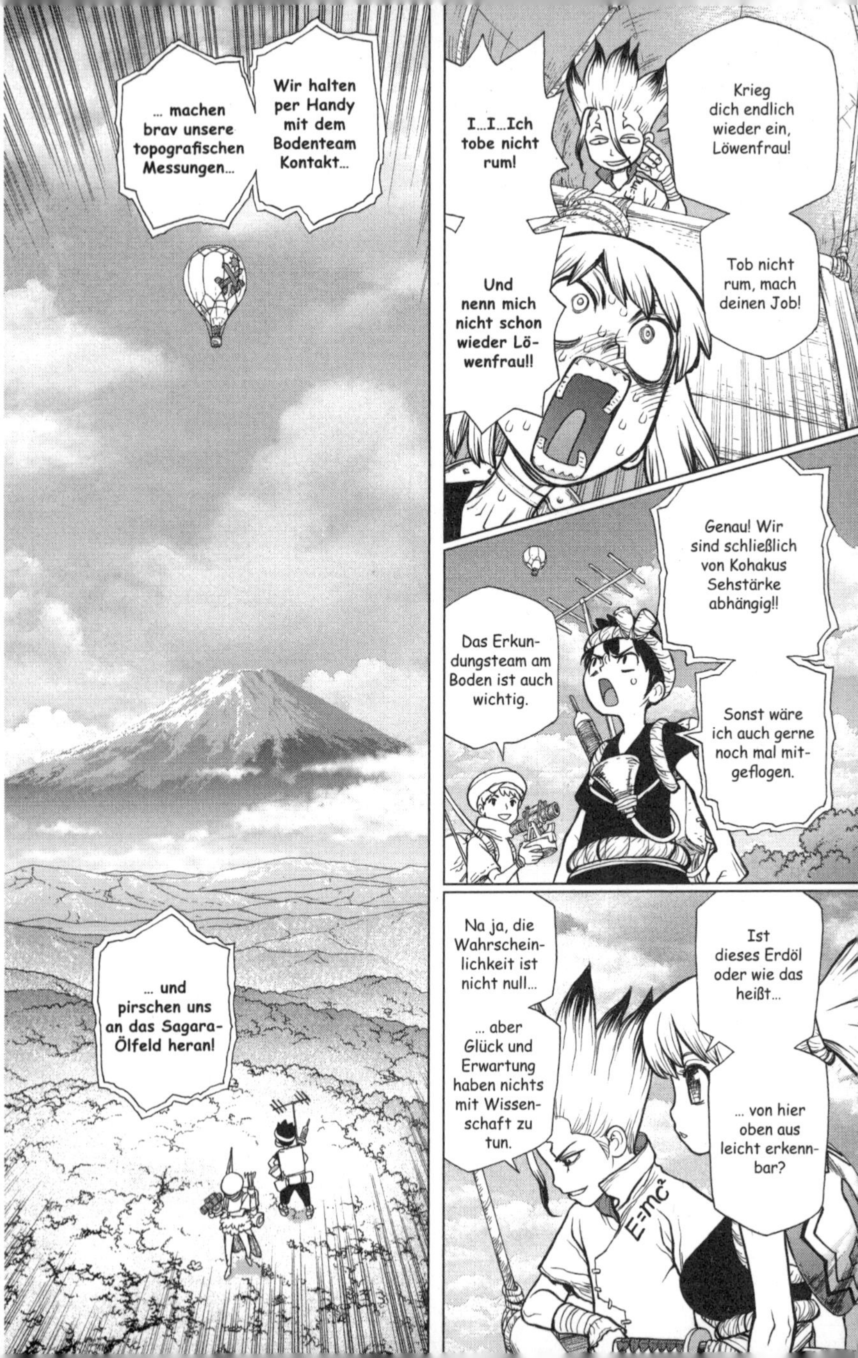
Krieg dich endlich wieder ein, Löwenfrau!
I...I...Ich tobe nicht rum!
Tob nicht rum, mach deinen Job!
Und nenn mich nicht schon wieder Löwenfrau!!
Genau! Wir sind schließlich von Kohakus Sehstärke abhängig!!
Sonst wäre ich auch gerne noch mal mitgeflogen.
Das Erkundungsteam am Boden ist auch wichtig.
Ist dieses Erdöl oder wie das heißt...
... von hier oben aus leicht erkennbar?
Na ja, die Wahrscheinlichkeit ist nicht null...
... aber Glück und Erwartung haben nichts mit Wissenschaft zu tun.
E=mc²
Wir halten per Handy mit dem Bodenteam Kontakt...
... machen brav unsere topografischen Messungen...
... und pirschen uns an das Sagara-Ölfeld heran!

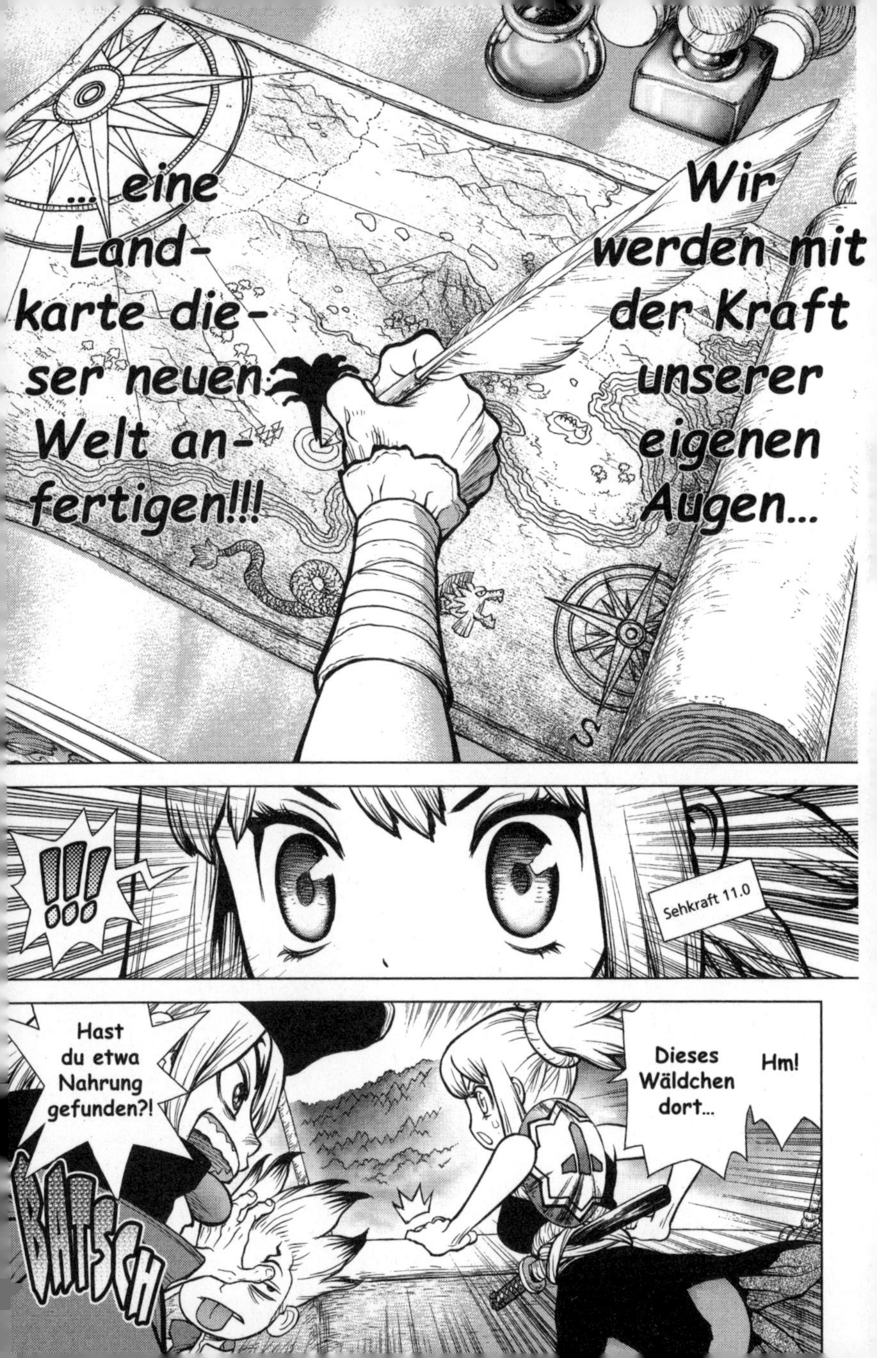
Wir werden mit der Kraft unserer eigenen Augen...
... eine Landkarte dieser neuen Welt anfertigen!!!
!!!
Sehkraft 11.0
Hm!
Dieses Wäldchen dort...
Hast du etwa Nahrung gefunden?!
BATSCH

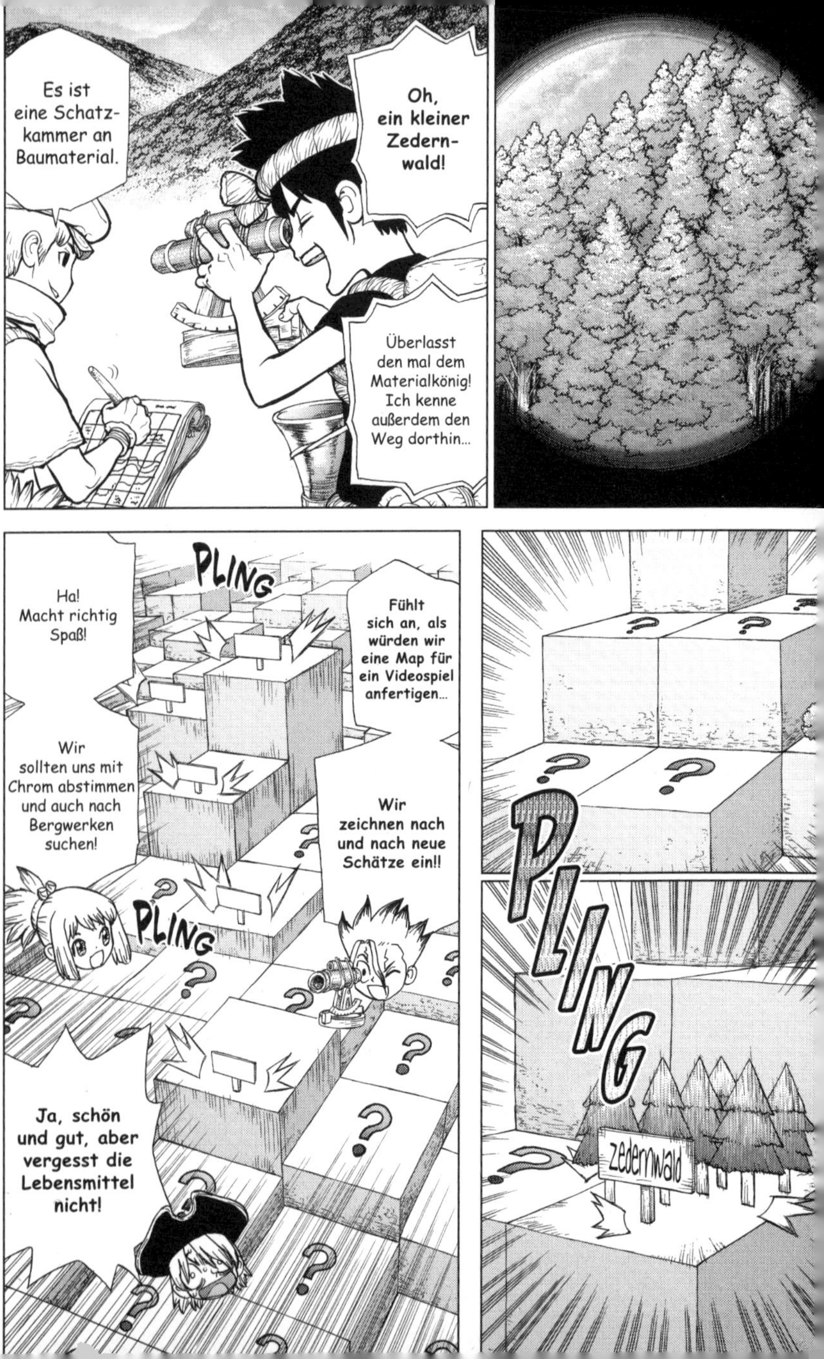

Oh, ein kleiner Zedern-wald!
Es ist eine Schatz-kammer an Baumaterial.
Überlasst den mal dem Materialkönig! Ich kenne außerdem den Weg dorthin...
Fühlt sich an, als würden wir eine Map für ein Videospiel anfertigen...
PLING
Ha! Macht richtig Spaß!
Wir zeichnen nach und nach neue Schätze ein!!
Wir sollten uns mit Chrom abstimmen und auch nach Bergwerken suchen!
PLING
Ja, schön und gut, aber vergesst die Lebensmittel nicht!
PLING
Zedernwald

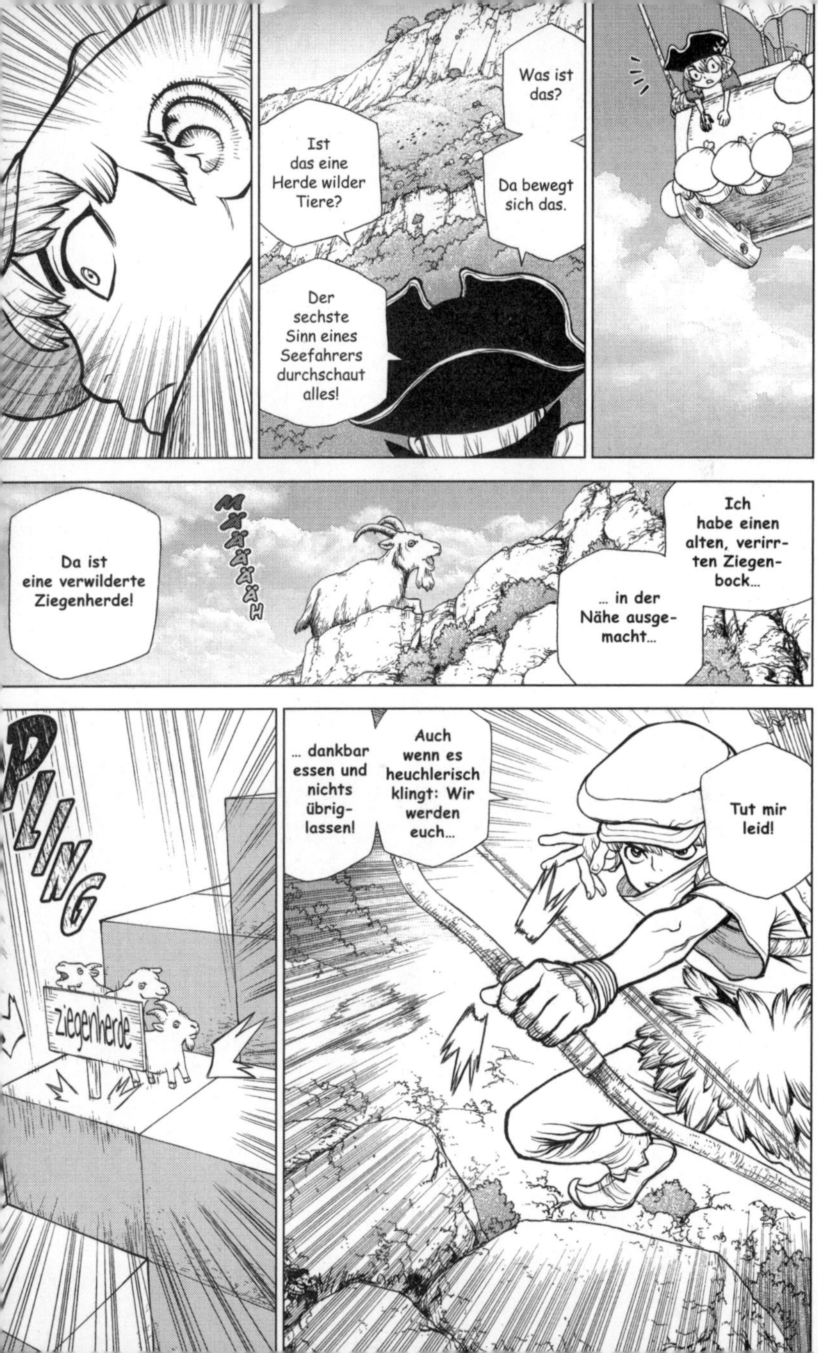
Was ist das?
Da bewegt sich das.
Ist das eine Herde wilder Tiere?
Der sechste Sinn eines Seefahrers durchschaut alles!
Ich habe einen alten, verirrten Ziegenbock...
... in der Nähe ausgemacht...
MÄÄÄÄÄH
Da ist eine verwilderte Ziegenherde!
Tut mir leid!
Auch wenn es heuchlerisch klingt: Wir werden euch...
... dankbar essen und nichts übriglassen!
PLING
Ziegenherde

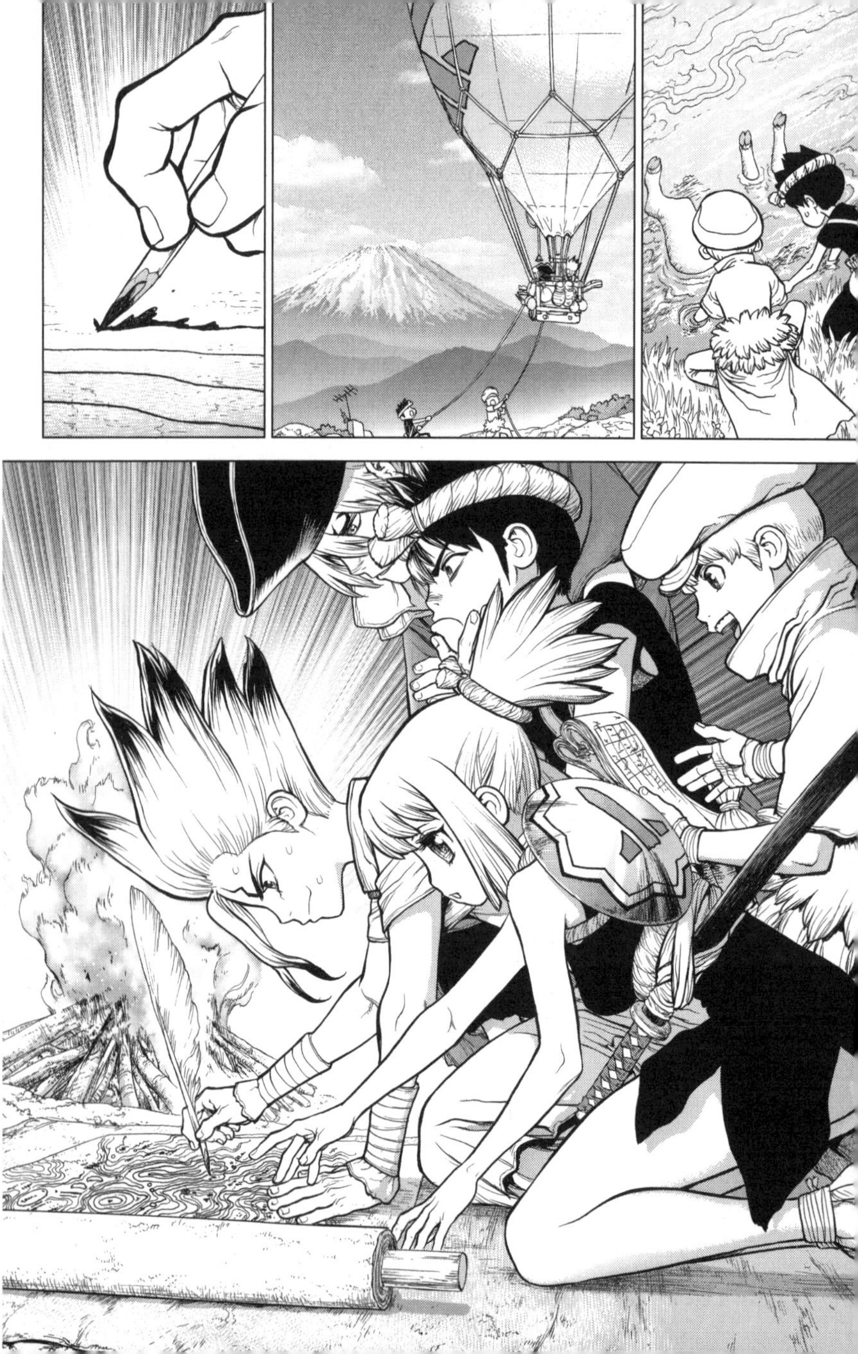

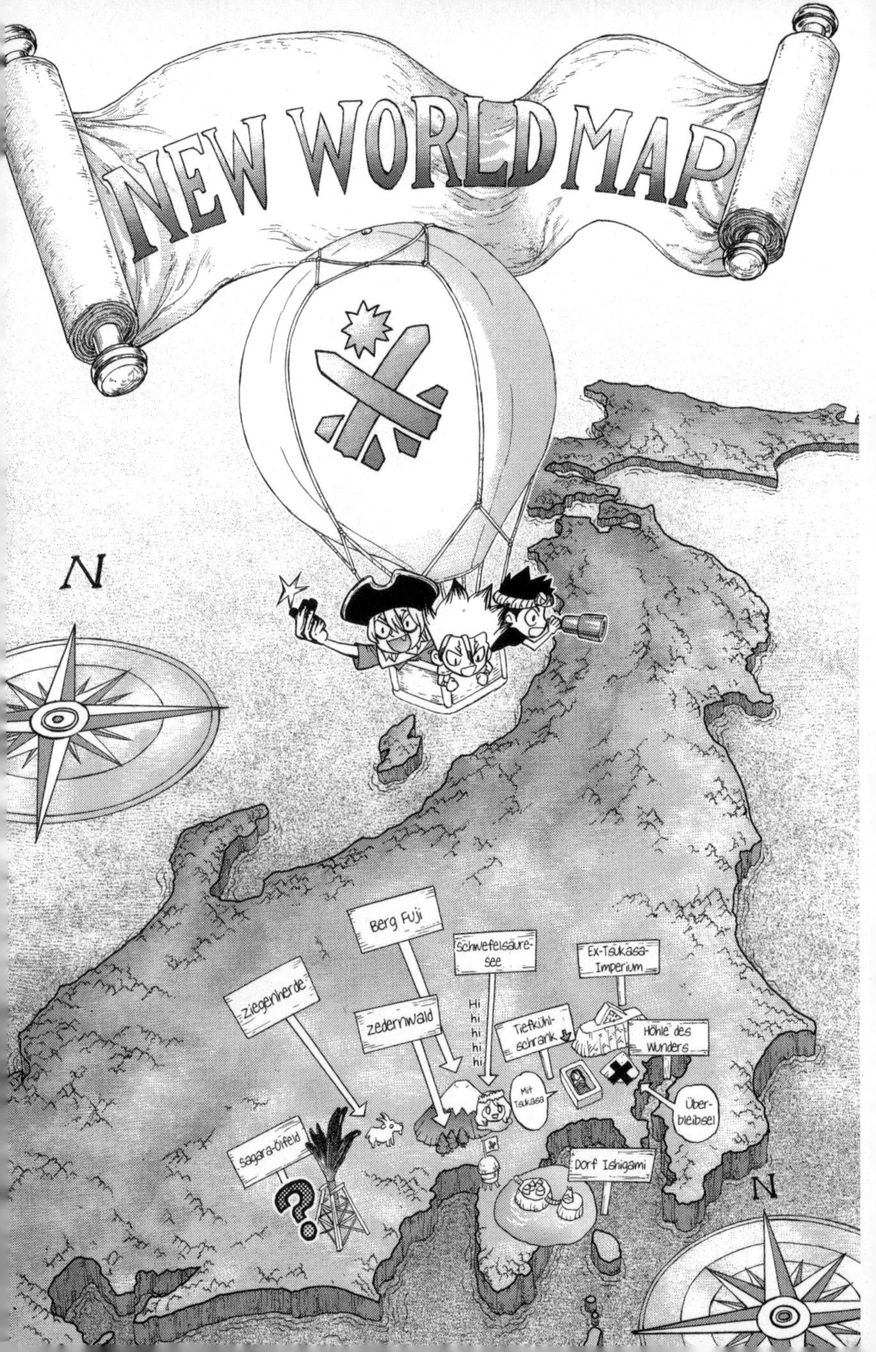
NEW WORLD MAP
N
Berg Fuji
Schwefelsäure-see
Ex-Tsukasa-Imperium
Ziegenherde
Zedernwald
Hi hi hi hi hi
Tiefkühl-schrank
Höhle des Wunders
Mit Tsukasa
Über-bleibsel
Sagara-Ölfeld
Dorf Ishigami
N

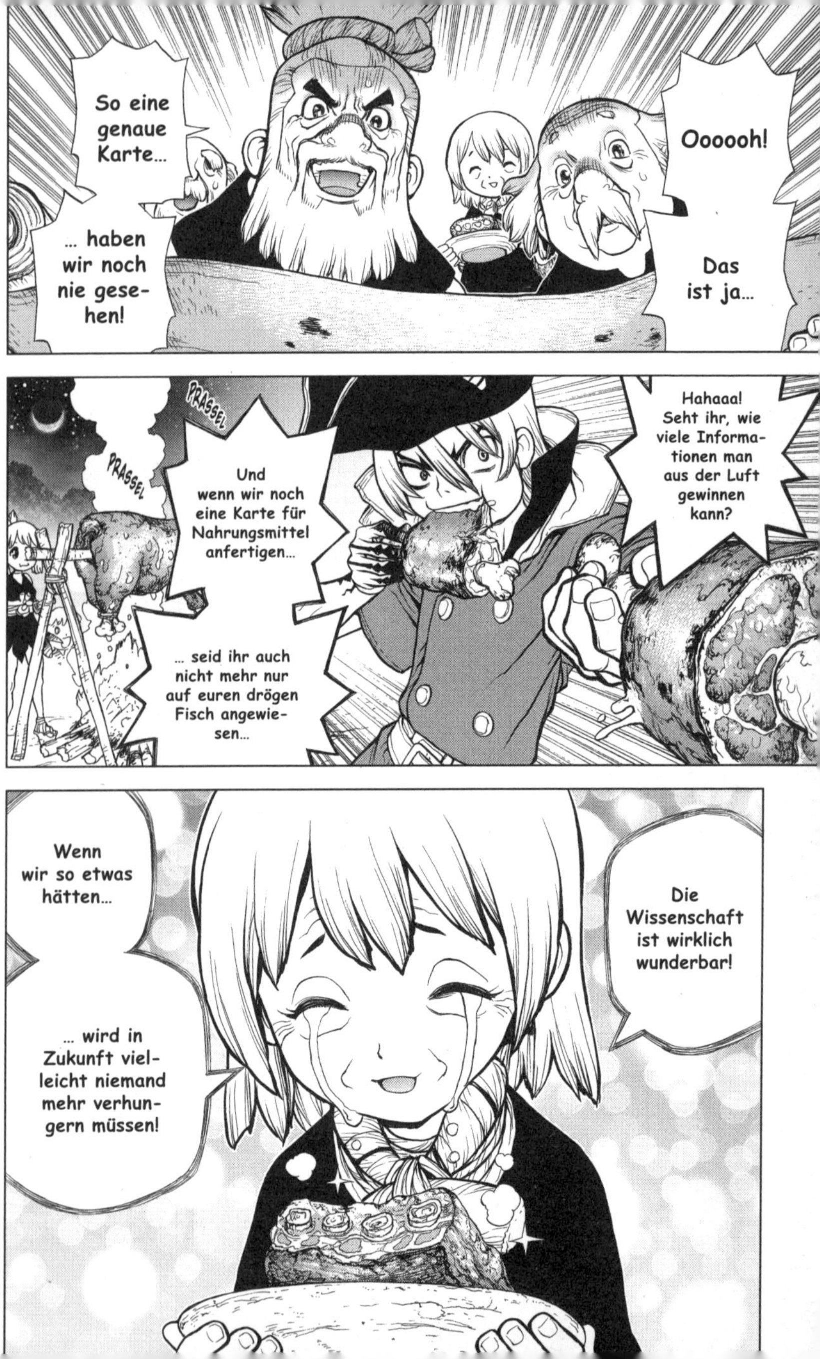
Ooooh!
Das ist ja...
So eine genaue Karte...
... haben wir noch nie gesehen!
Hahaaa! Seht ihr, wie viele Informationen man aus der Luft gewinnen kann?
Und wenn wir noch eine Karte für Nahrungsmittel anfertigen...
... seid ihr auch nicht mehr nur auf euren drögen Fisch angewiesen...
PRASSEL
PRASSEL
Die Wissenschaft ist wirklich wunderbar!
Wenn wir so etwas hätten...
... wird in Zukunft vielleicht niemand mehr verhungern müssen!

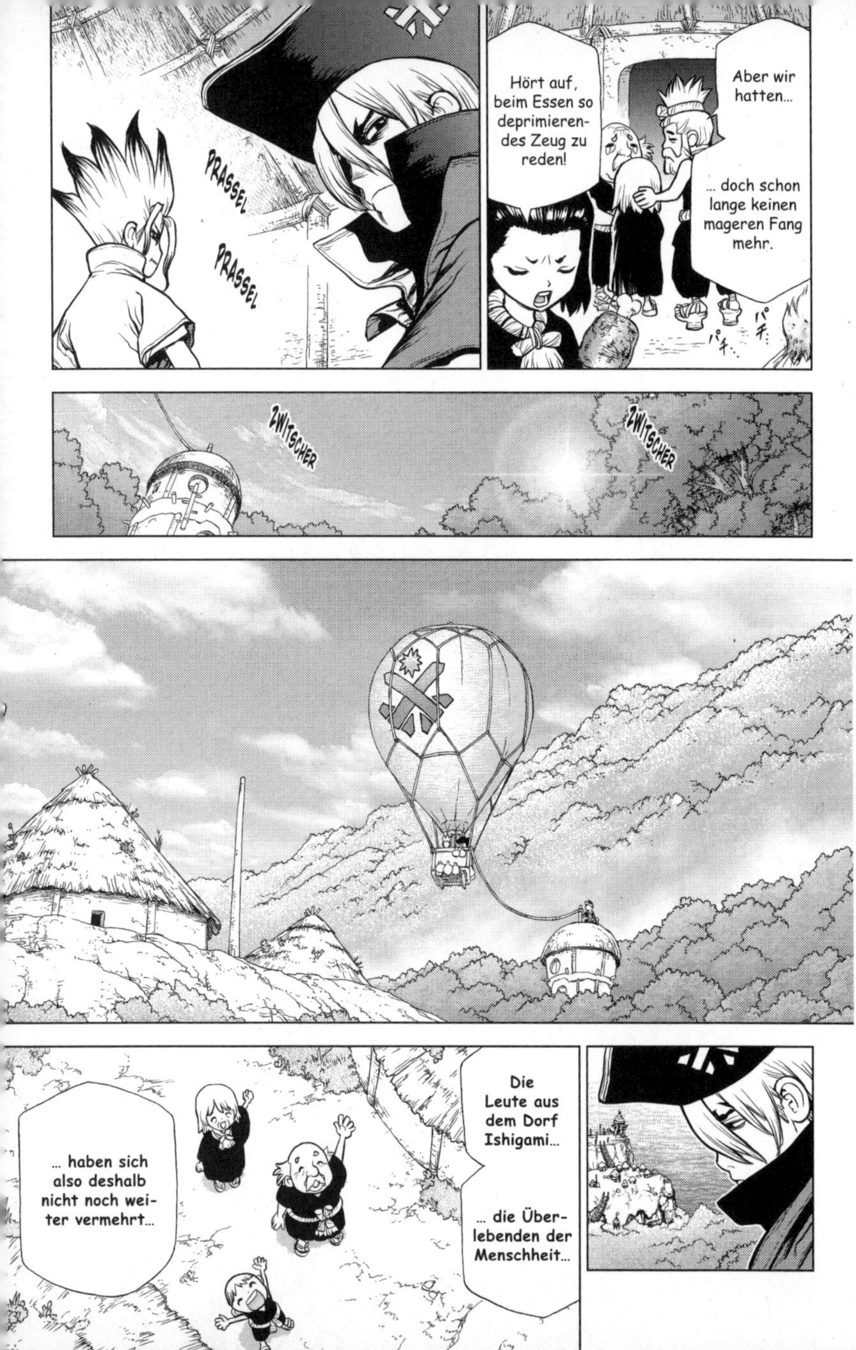
Aber wir hatten...
... doch schon lange keinen mageren Fang mehr.
Hört auf, beim Essen so deprimierendes Zeug zu reden!
PRASSEL
PRASSEL
ZWITSCHER
ZWITSCHER
Die Leute aus dem Dorf Ishigami...
... die Überlebenden der Menschheit...
... haben sich also deshalb nicht noch weiter vermehrt...

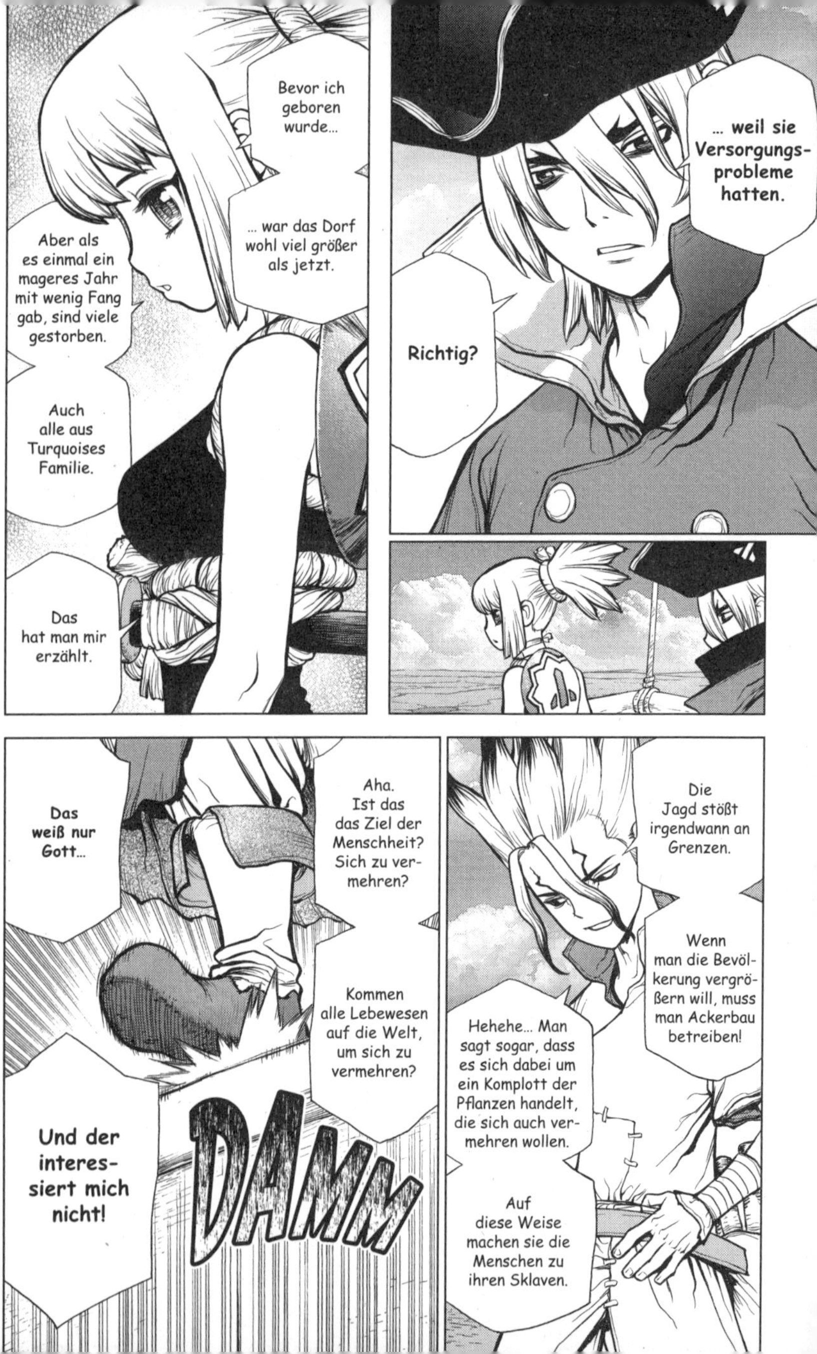

Bevor ich geboren wurde...
... war das Dorf wohl viel größer als jetzt.
Aber als es einmal ein mageres Jahr mit wenig Fang gab, sind viele gestorben.
Auch alle aus Turquoises Familie.
Das hat man mir erzählt.
... weil sie Versorgungsprobleme hatten.
Richtig?
Die Jagd stößt irgendwann an Grenzen.
Wenn man die Bevölkerung vergrößern will, muss man Ackerbau betreiben!
Hehehe... Man sagt sogar, dass es sich dabei um ein Komplott der Pflanzen handelt, die sich auch vermehren wollen.
Auf diese Weise machen sie die Menschen zu ihren Sklaven.
Aha. Ist das das Ziel der Menschheit? Sich zu vermehren?
Kommen alle Lebewesen auf die Welt, um sich zu vermehren?
Das weiß nur Gott...
Und der interessiert mich nicht!
DAMM

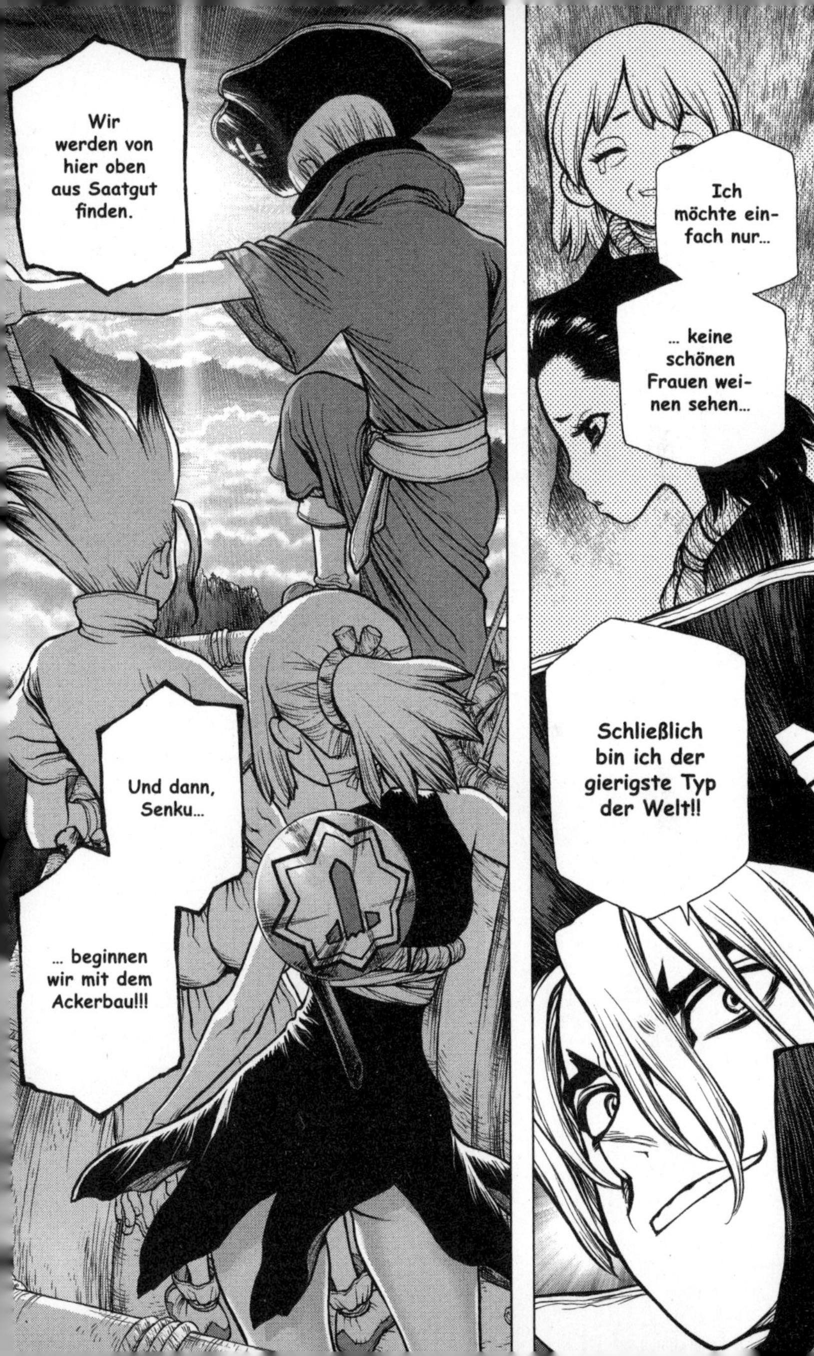
Ich möchte ein-
fach nur...
... keine schönen Frauen wei-
nen sehen...
Schließlich bin ich der gierigste Typ der Welt!!
Wir werden von hier oben aus Saatgut finden.
Und dann, Senku...
... beginnen wir mit dem Ackerbau!!!

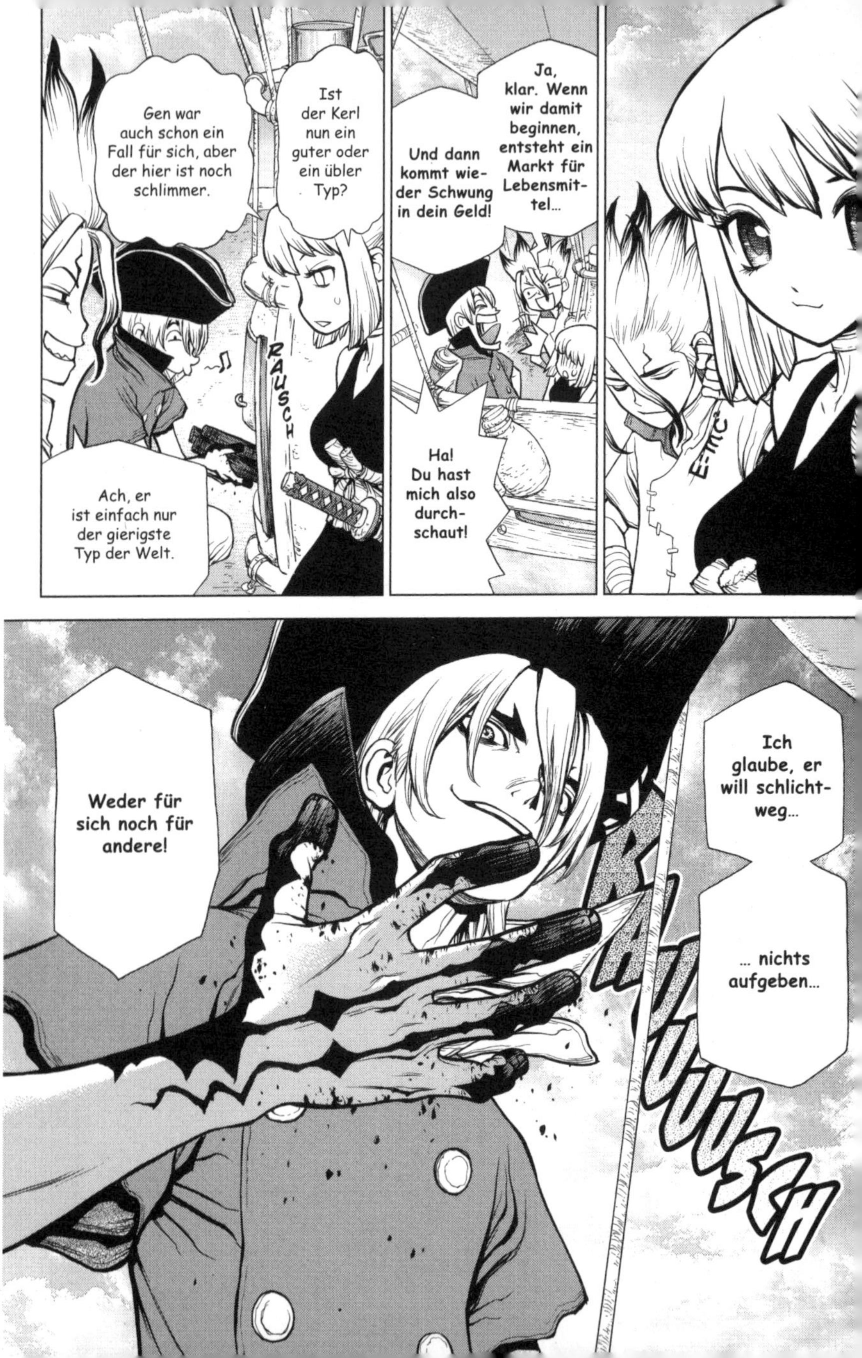
Ja, klar. Wenn wir damit beginnen, entsteht ein Markt für Lebensmittel...
Und dann kommt wieder Schwung in dein Geld!
Ha! Du hast mich also durchschaut!
Ist der Kerl nun ein guter oder ein übler Typ?
Gen war auch schon ein Fall für sich, aber der hier ist noch schlimmer.
RAUSCH
Ach, er ist einfach nur der gierigste Typ der Welt.
Ich glaube, er will schlichtweg...
... nichts aufgeben...
Weder für sich noch für andere!
RAUUUSCH

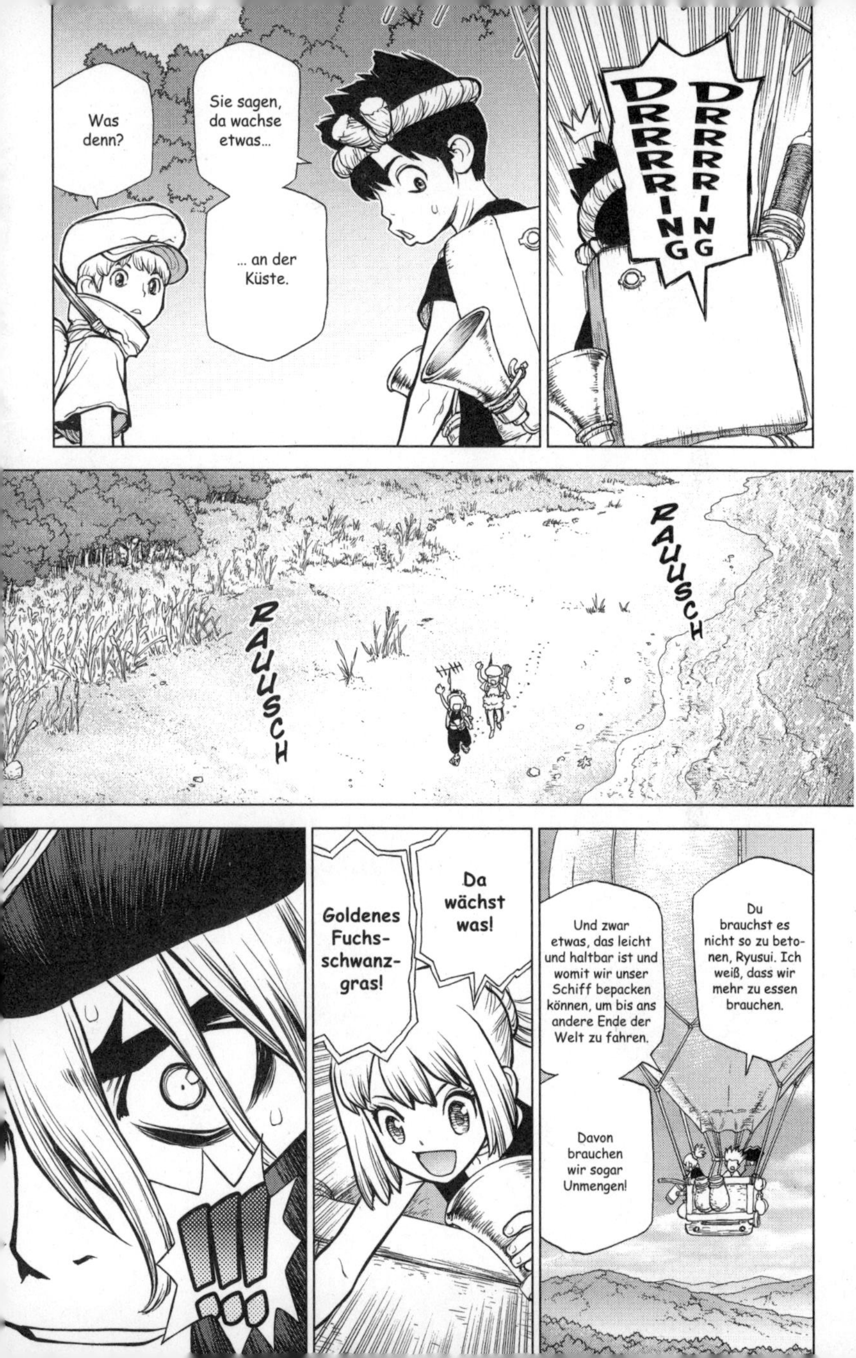
DRRRRING
DRRRRING
Sie sagen, da wachse etwas...
... an der Küste.
Was denn?
RAUUSCH
RAUUSCH
Du brauchst es nicht so zu beto-nen, Ryusui. Ich weiß, dass wir mehr zu essen brauchen.
Und zwar etwas, das leicht und haltbar ist und womit wir unser Schiff bepacken können, um bis ans andere Ende der Welt zu fahren.
Davon brauchen wir sogar Unmengen!
Da wächst was!
Goldenes Fuchs-schwanz-gras!

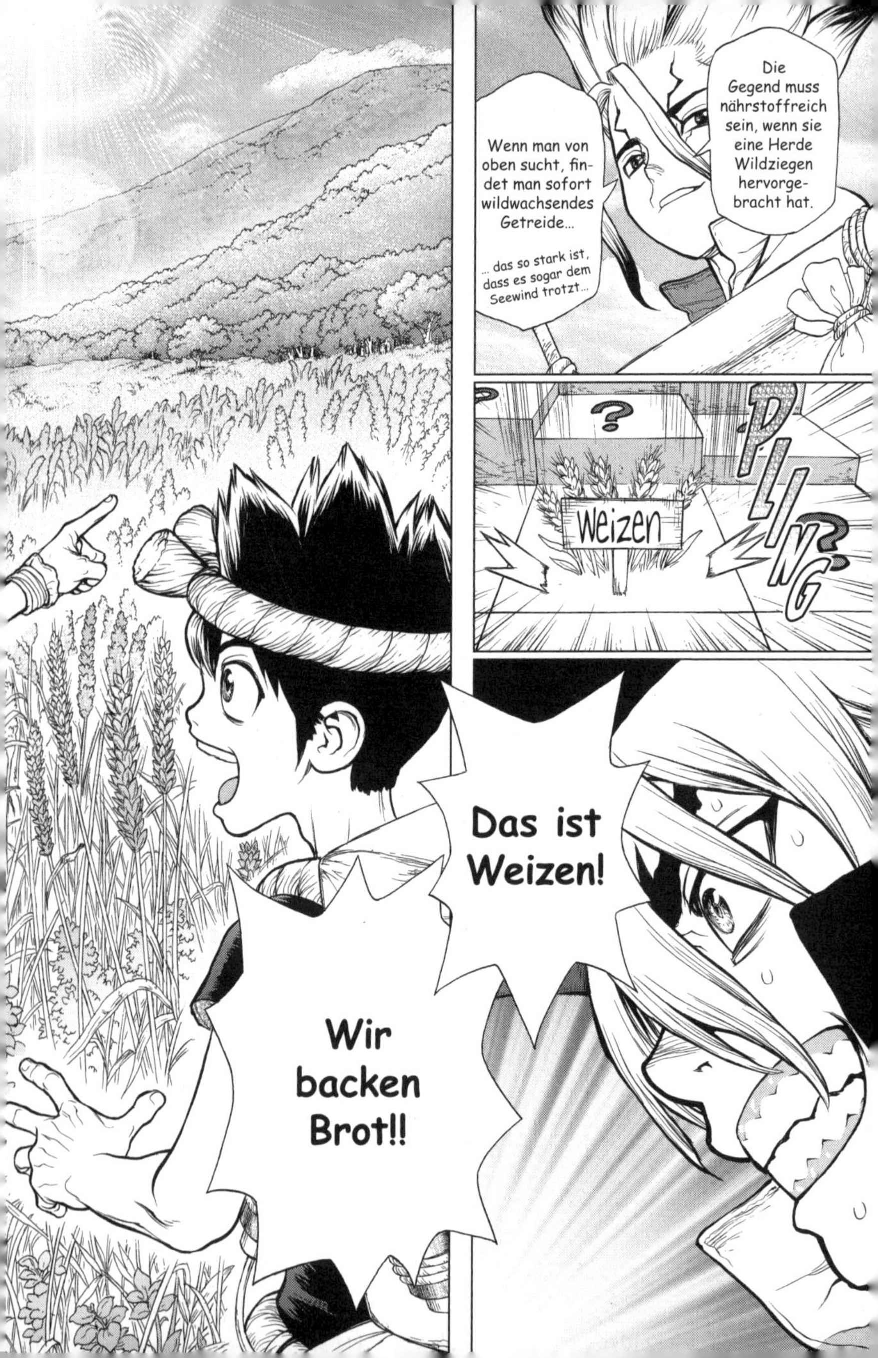
Die Gegend muss nährstoffreich sein, wenn sie eine Herde Wildziegen hervorgebracht hat.
Wenn man von oben sucht, findet man sofort wildwachsendes Getreide...
... das so stark ist, dass es sogar dem Seewind trotzt...
PING
Weizen
Das ist Weizen!
Wir backen Brot!!

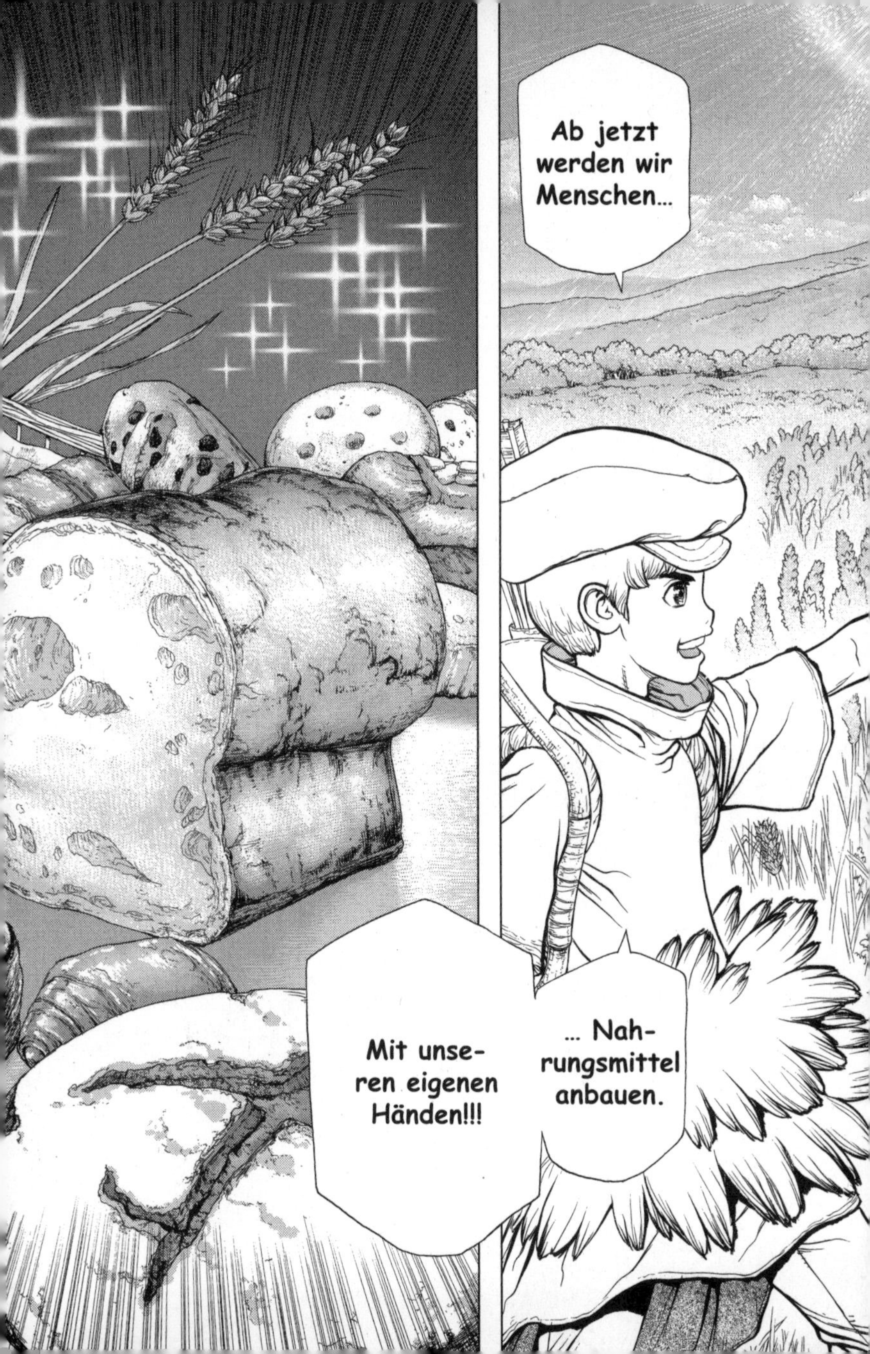
Ab jetzt werden wir Menschen...
... Nahrungsmittel anbauen.
Mit unseren eigenen Händen!!!

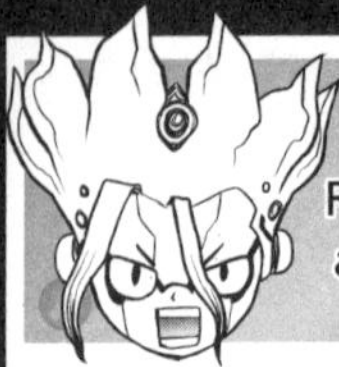

Der Robo-Senku antwortet!

# FAQ

SUCHE

Fragen und Antworten

Ryusui hat gesagt, alle Frauen seien schön.
Aber welchen Typ mag er am liebsten?

Von Ami aus Tokyo

SUCHE

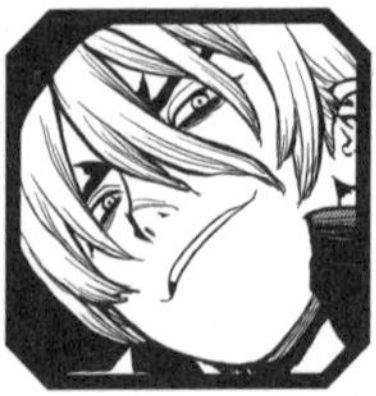

**Alle! Und dich auch!!**

Welchen Frauentyp mag Ryusui nicht?

Von M. I. aus Tokyo

SUCHE

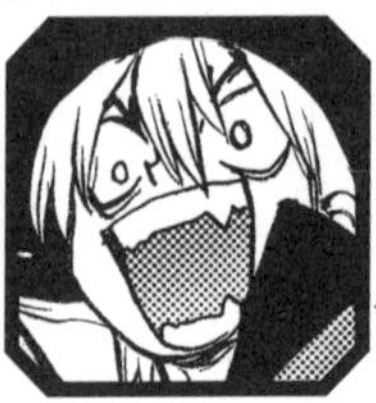

**Gibt es nicht!!**

Mit wie vielen Mädchen war Ryusui bisher zusammen?

Von K. Y. aus Kanagawa

SUCHE

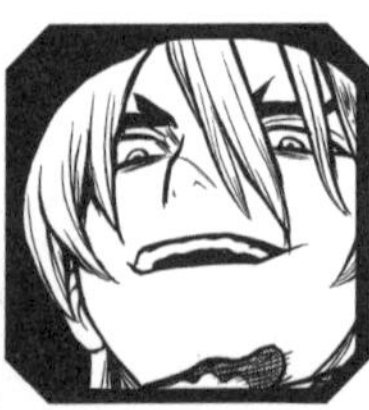

Jede einzelne Frau ist ein völlig eigenständiges Wesen, anders als die anderen, und attraktiv... (Das gilt auch für Männer!) Deswegen kann ich nicht alle in einen Topf schmeißen und zählen. Stimmt's?

# Z=91 Wenn wir kein Brot haben, bauen wir eben Weizen an

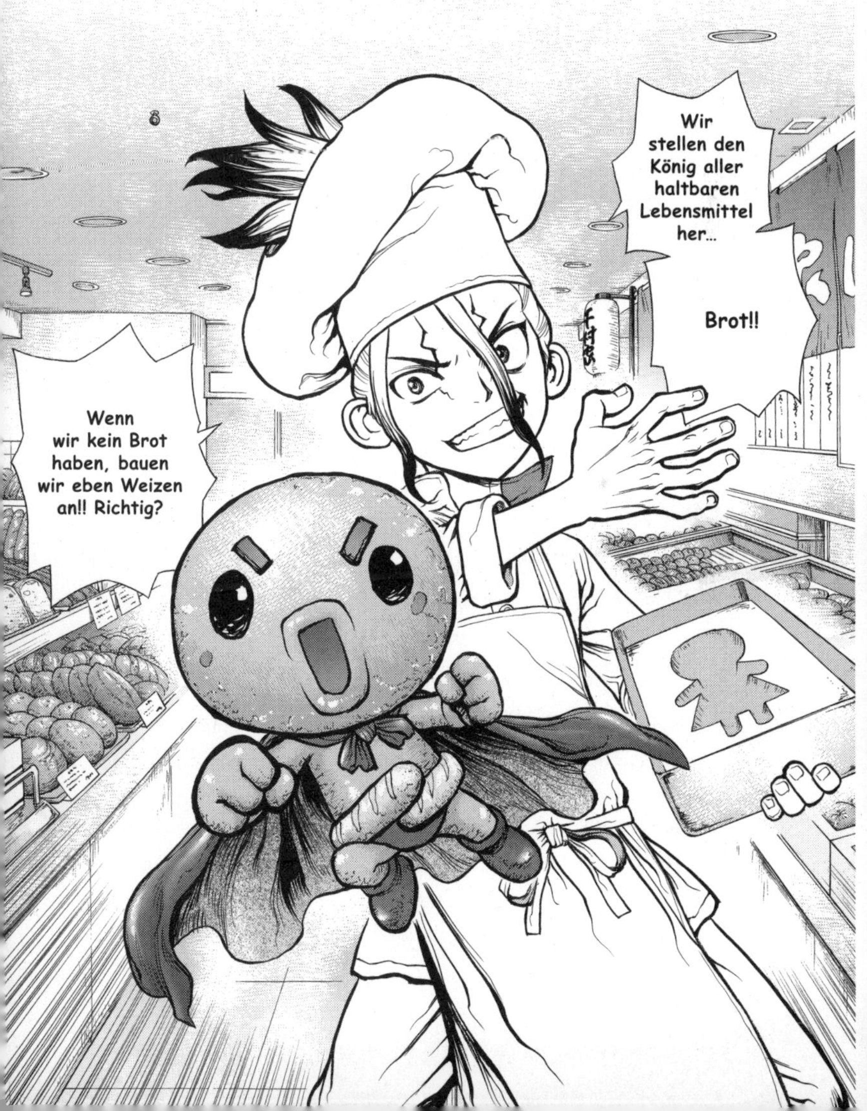

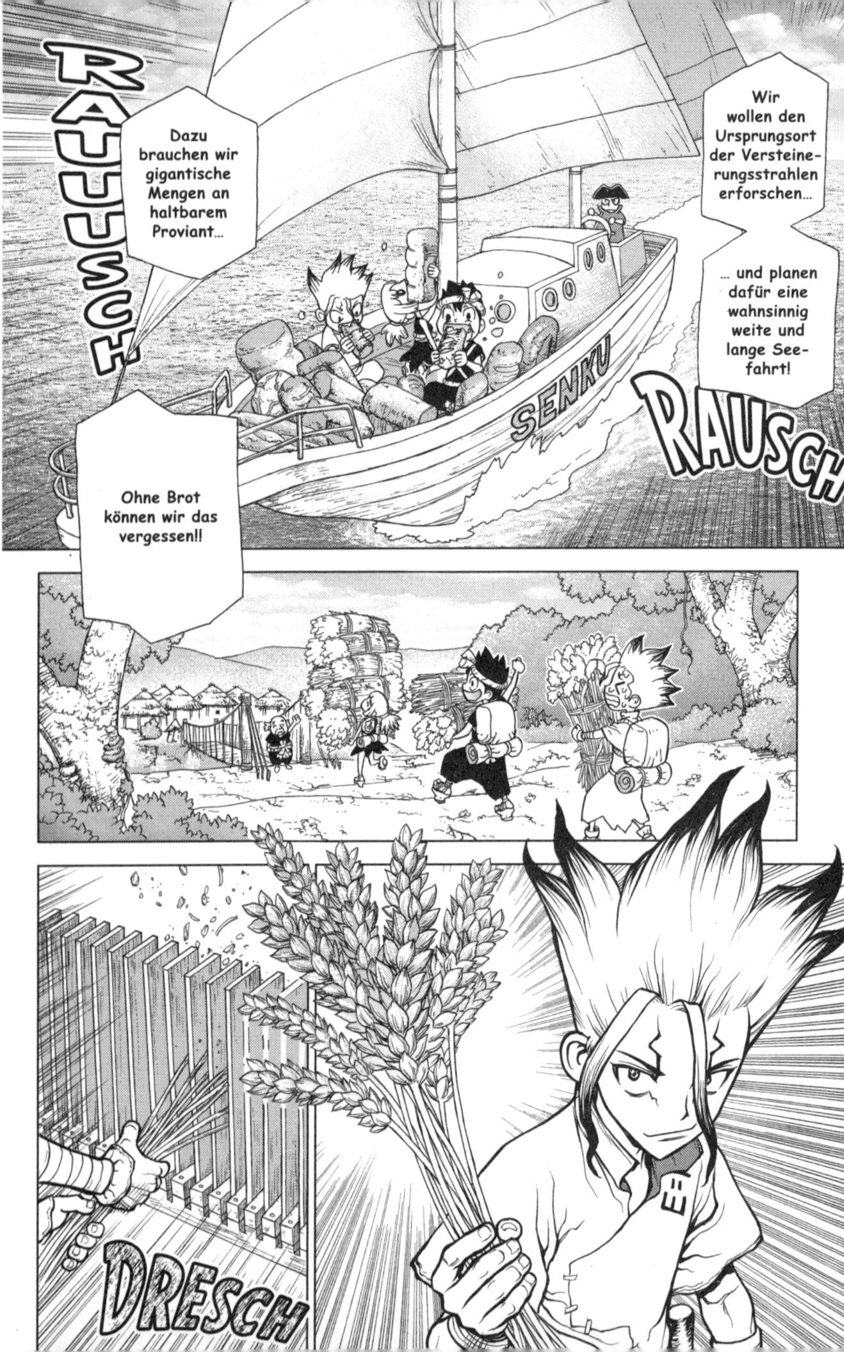
Wir wollen den Ursprungsort der Versteinerungsstrahlen erforschen…
… und planen dafür eine wahnsinnig weite und lange Seefahrt!
RAUSCH
Dazu brauchen wir gigantische Mengen an haltbarem Proviant…
RAUUUSCH
SENKU
Ohne Brot können wir das vergessen!!
DRESCH

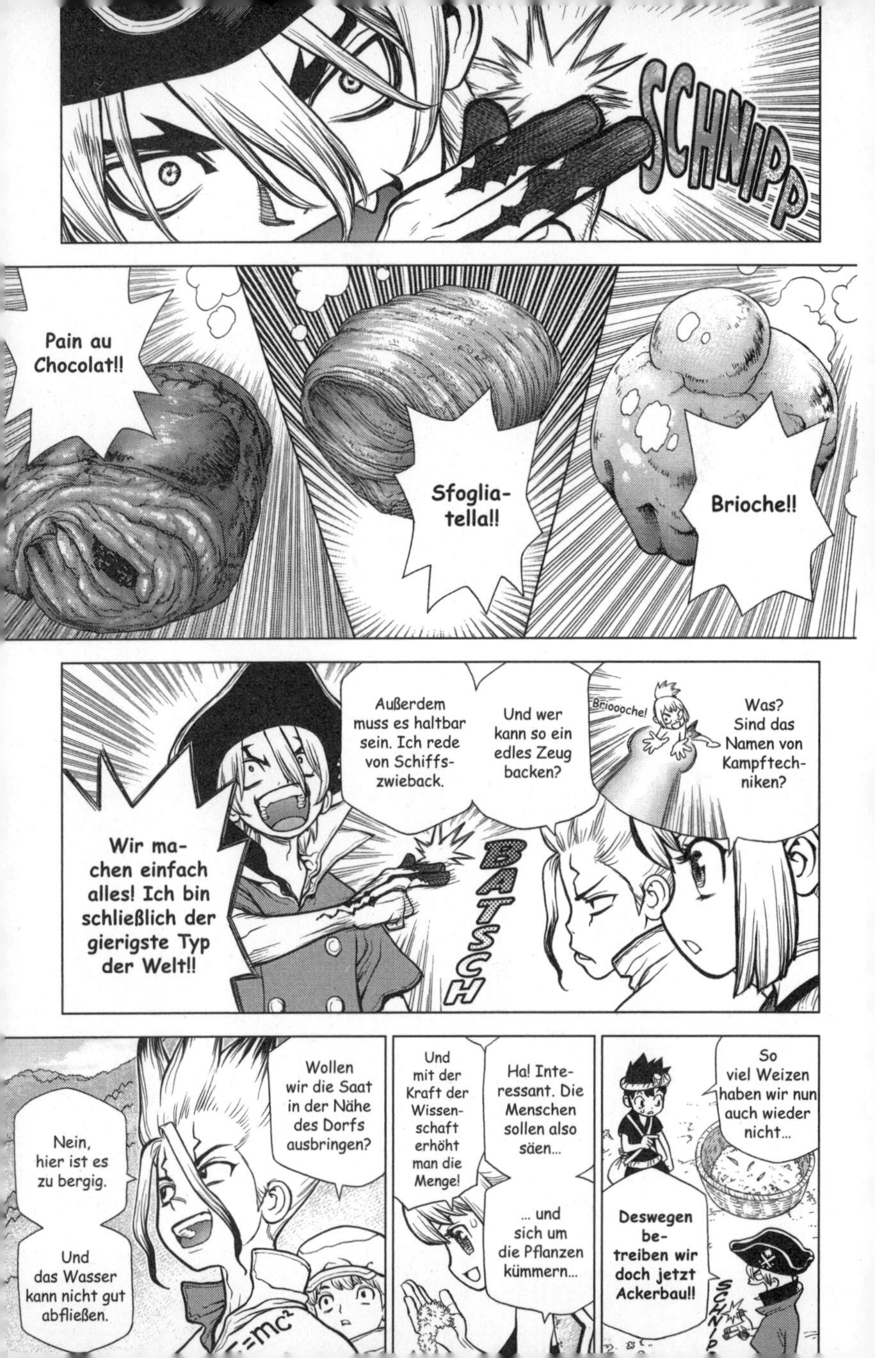
SCHNIPP
Pain au Chocolat!!
Sfogliatella!!
Brioche!!
Was? Sind das Namen von Kampftechniken?
Brioooche!
Und wer kann so ein edles Zeug backen?
Außerdem muss es haltbar sein. Ich rede von Schiffszwieback.
Wir machen einfach alles! Ich bin schließlich der gierigste Typ der Welt!!
BATSCH
Wollen wir die Saat in der Nähe des Dorfs ausbringen?
Nein, hier ist es zu bergig.
Und das Wasser kann nicht gut abfließen.
Ha! Interessant. Die Menschen sollen also säen…
Und mit der Kraft der Wissenschaft erhöht man die Menge!
… und sich um die Pflanzen kümmern…
So viel Weizen haben wir nun auch wieder nicht…
Deswegen betreiben wir doch jetzt Ackerbau!!
SCHNIPP

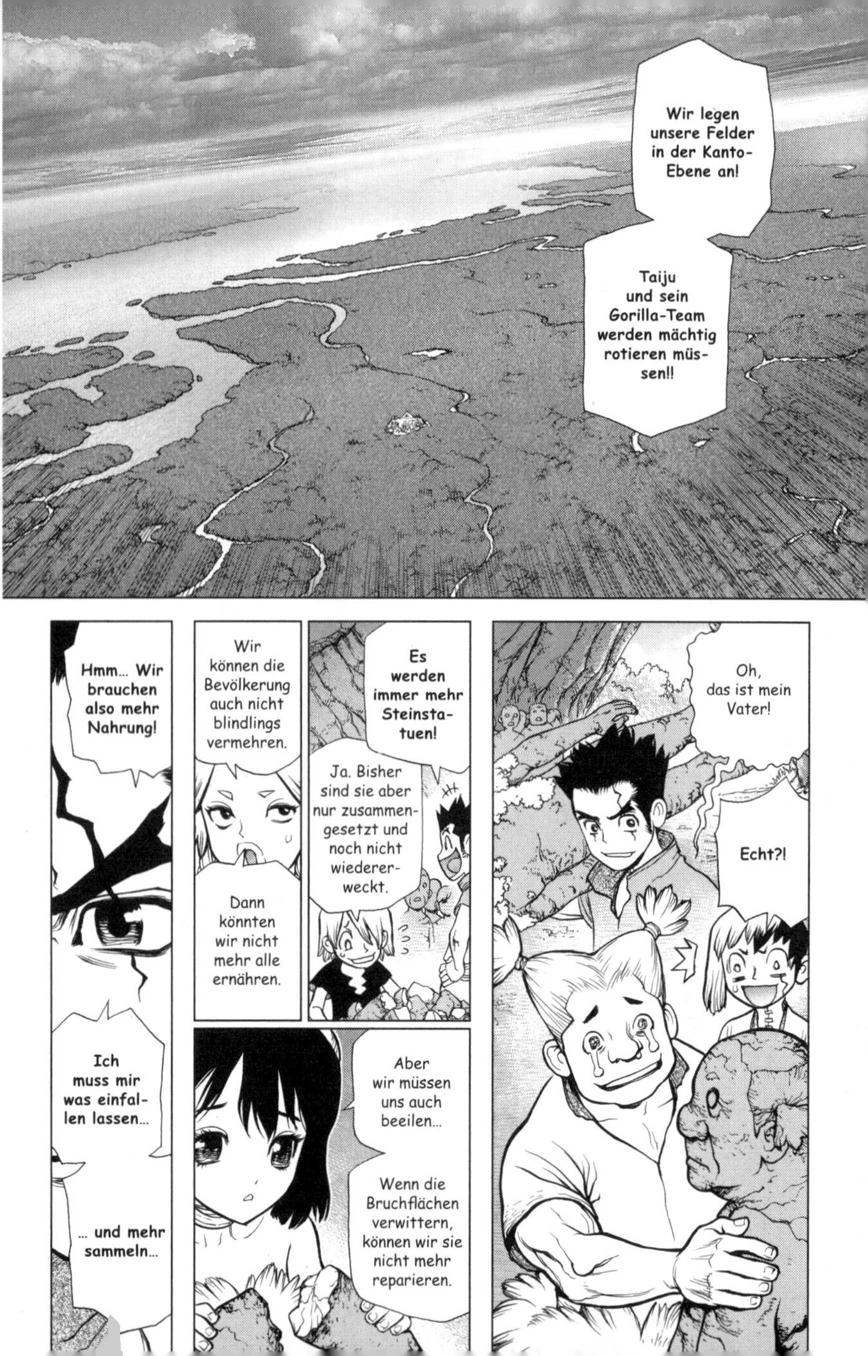
Wir legen unsere Felder in der Kanto-Ebene an!
Taiju und sein Gorilla-Team werden mächtig rotieren müssen!!
Oh, das ist mein Vater!
Echt?!
Es werden immer mehr Steinstatuen!
Ja. Bisher sind sie aber nur zusammengesetzt und noch nicht wiedererweckt.
Wir können die Bevölkerung auch nicht blindlings vermehren.
Dann könnten wir nicht mehr alle ernähren.
Hmm… Wir brauchen also mehr Nahrung!
Ich muss mir was einfallen lassen…
… und mehr sammeln…
Aber wir müssen uns auch beeilen…
Wenn die Bruchflächen verwittern, können wir sie nicht mehr reparieren.

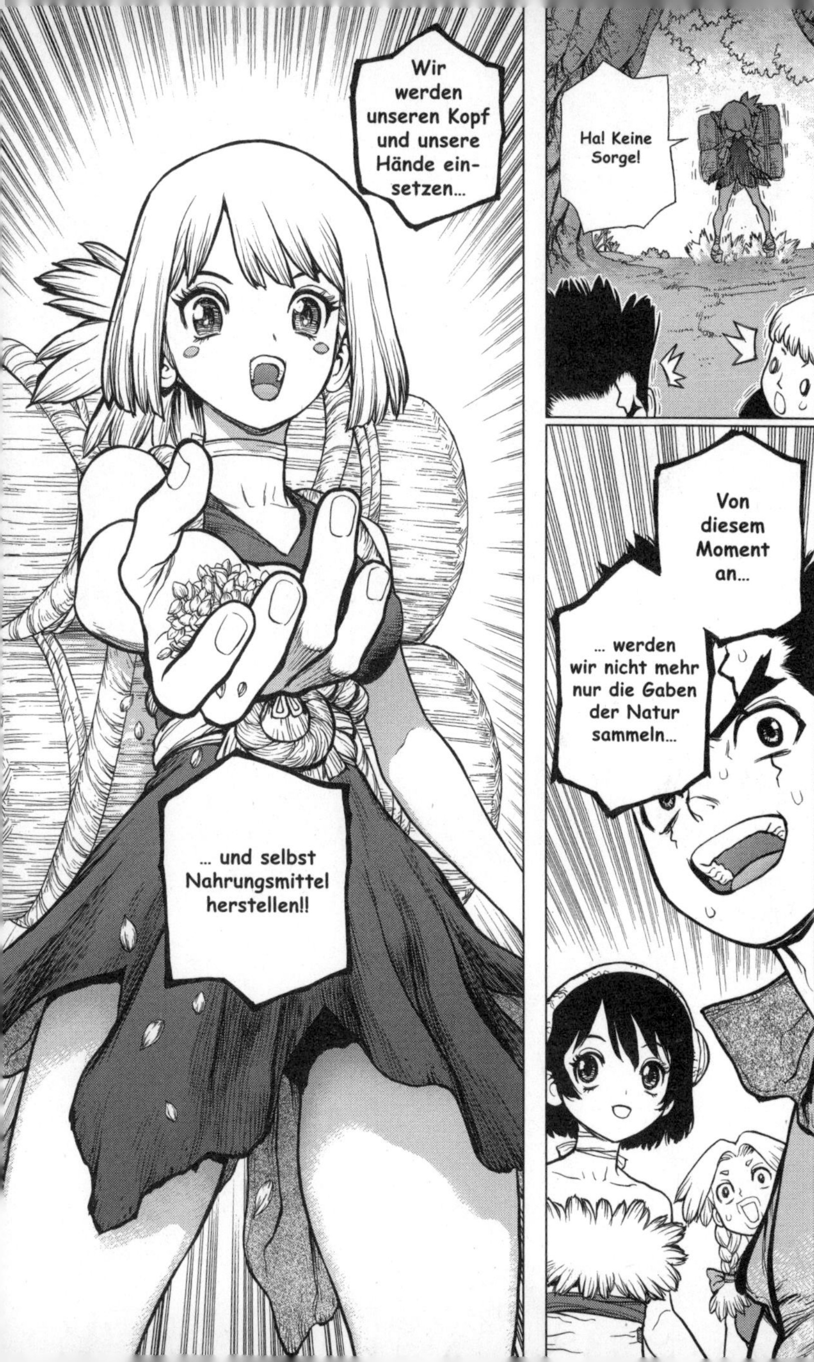
Ha! Keine Sorge!
Von diesem Moment an...
... werden wir nicht mehr nur die Gaben der Natur sammeln...
Wir werden unseren Kopf und unsere Hände ein-setzen...
... und selbst Nahrungsmittel herstellen!!

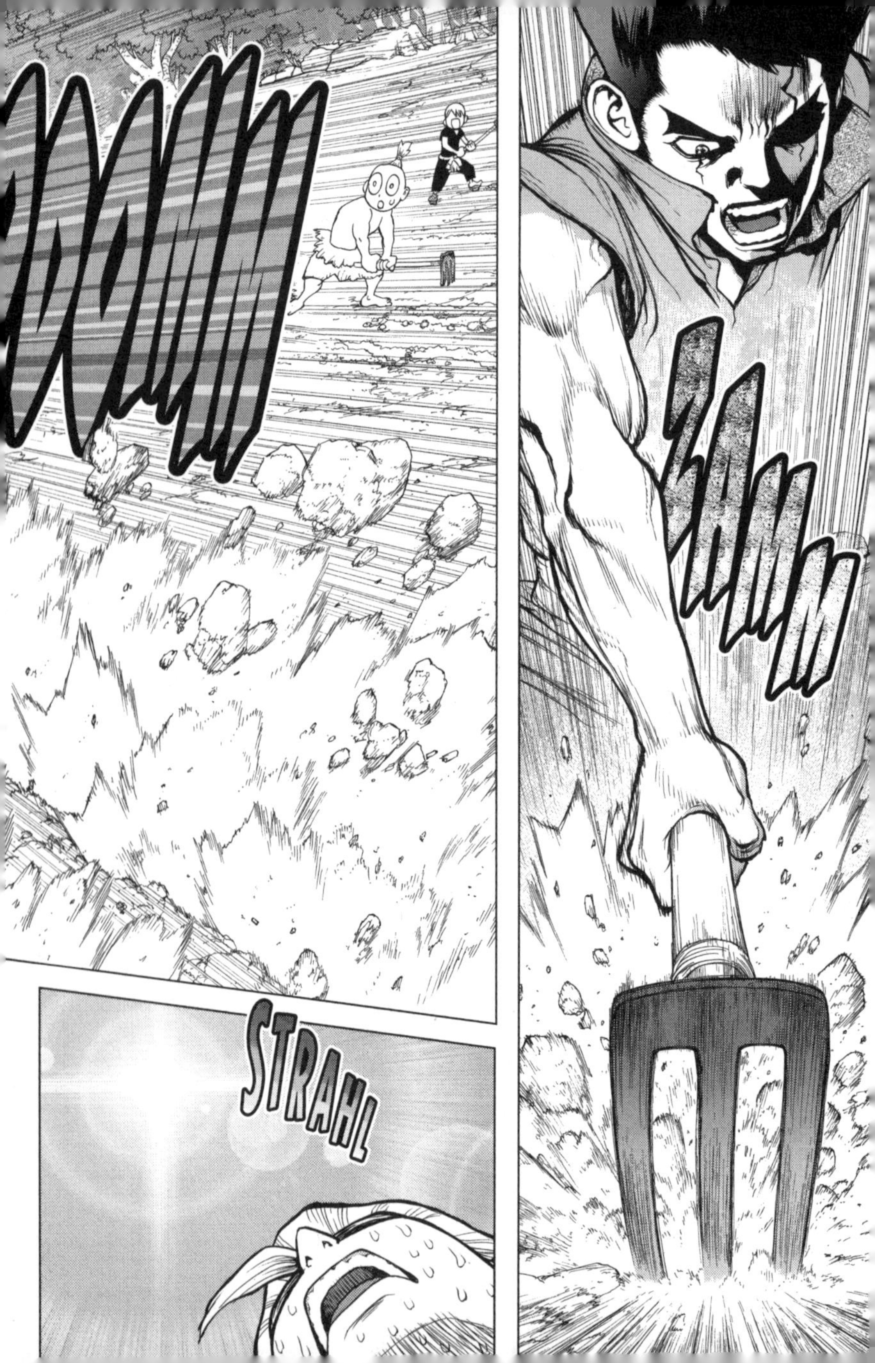
STRAHL

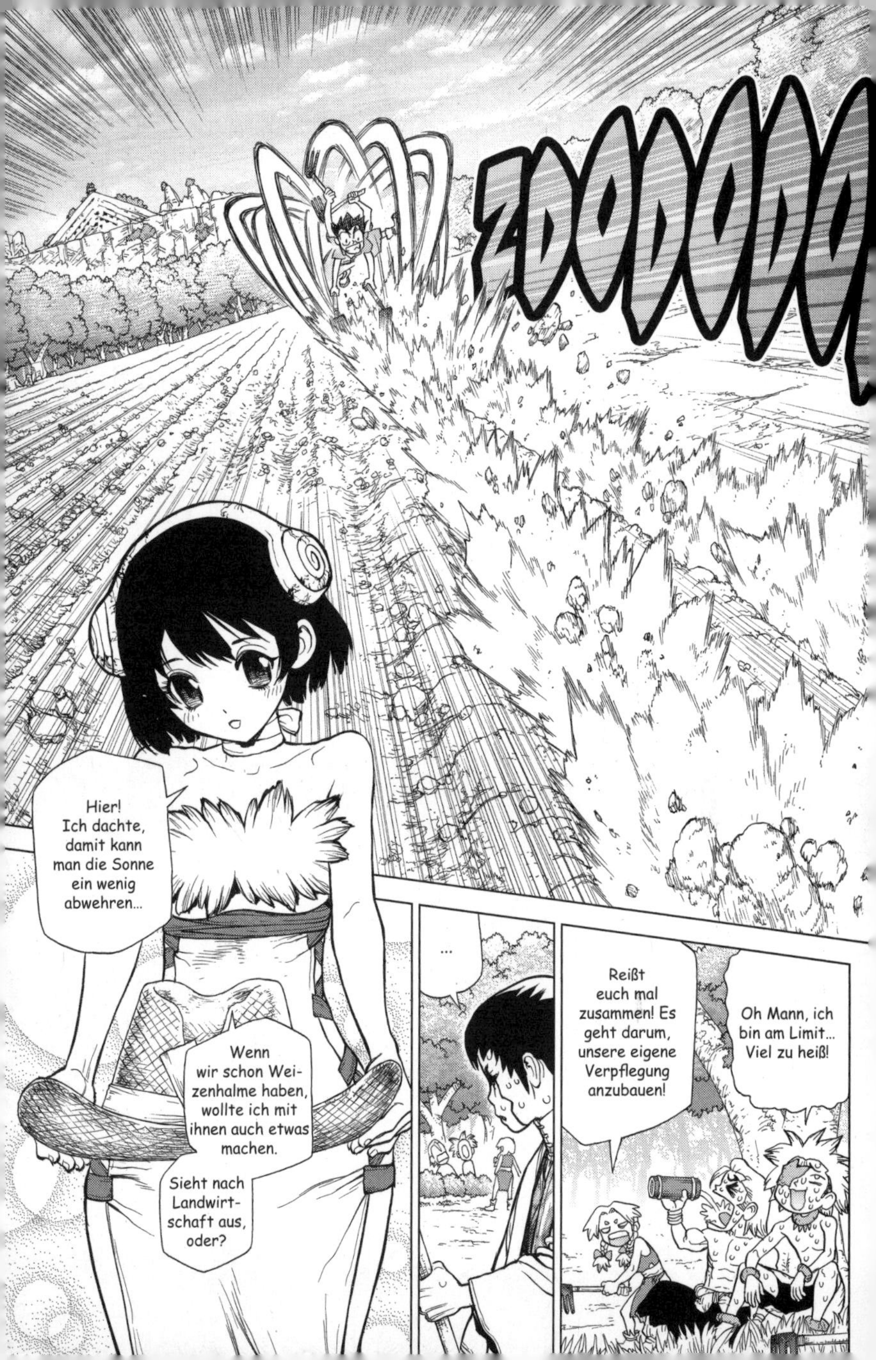
ZDODODO
Hier! Ich dachte, damit kann man die Sonne ein wenig abwehren...
Wenn wir schon Weizenhalme haben, wollte ich mit ihnen auch etwas machen.
Sieht nach Landwirtschaft aus, oder?
...
Oh Mann, ich bin am Limit... Viel zu heiß!
Reißt euch mal zusammen! Es geht darum, unsere eigene Verpflegung anzubauen!

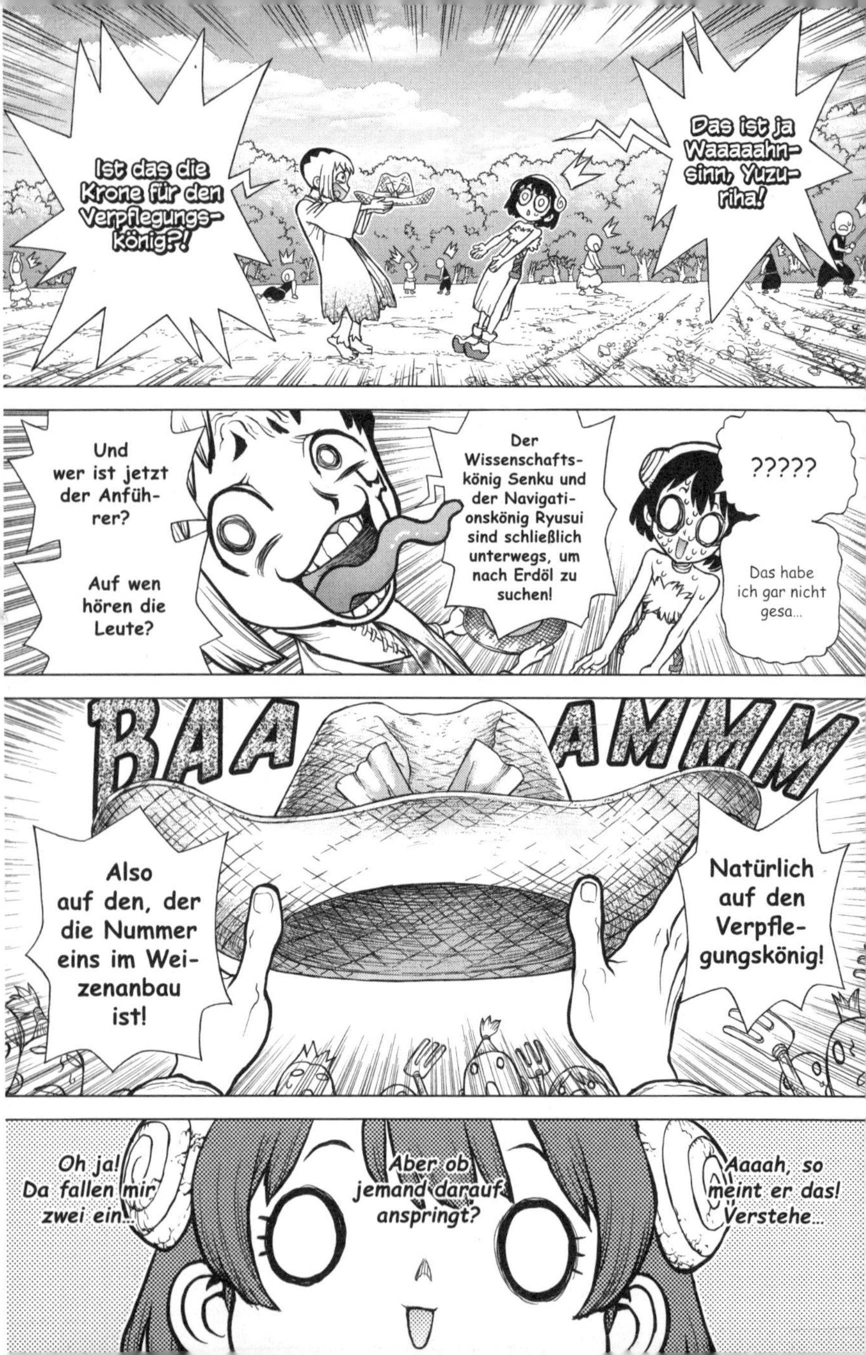
Das ist ja Waaaaahnsinn, Yuzuriha!
Ist das die Krone für den Verpflegungskönig?!
Der Wissenschaftskönig Senku und der Navigationskönig Ryusui sind schließlich unterwegs, um nach Erdöl zu suchen!
Und wer ist jetzt der Anführer?
Auf wen hören die Leute?
?????
Das habe ich gar nicht gesa…
BAAAMMM
Natürlich auf den Verpflegungskönig!
Also auf den, der die Nummer eins im Weizenanbau ist!
Aaaah, so meint er das! Verstehe…
Aber ob jemand darauf anspringt?
Oh ja! Da fallen mir zwei ein…

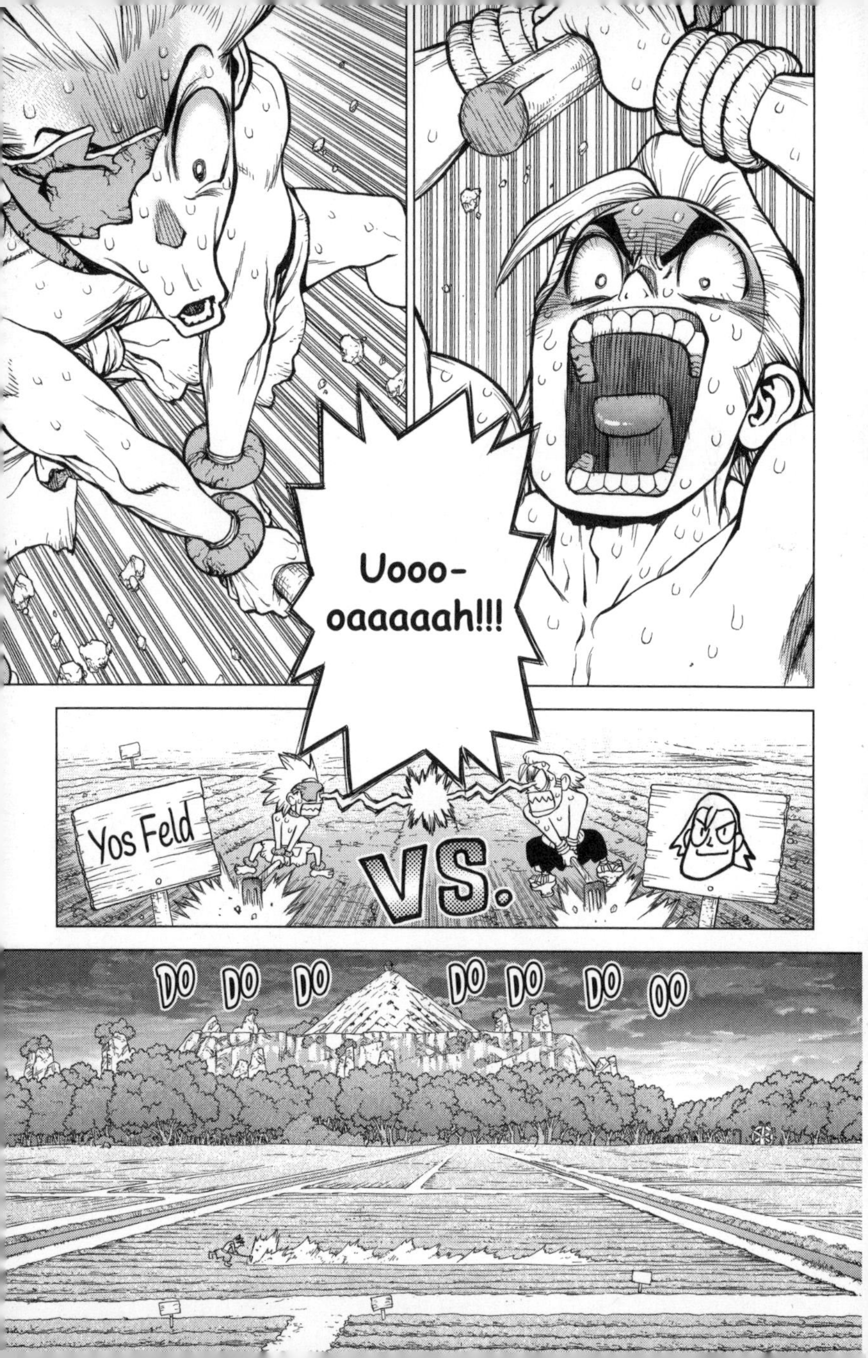
Uooo-
oaaaaah!!!
Yos Feld
VS.
DO DO DO DO DO DO OO

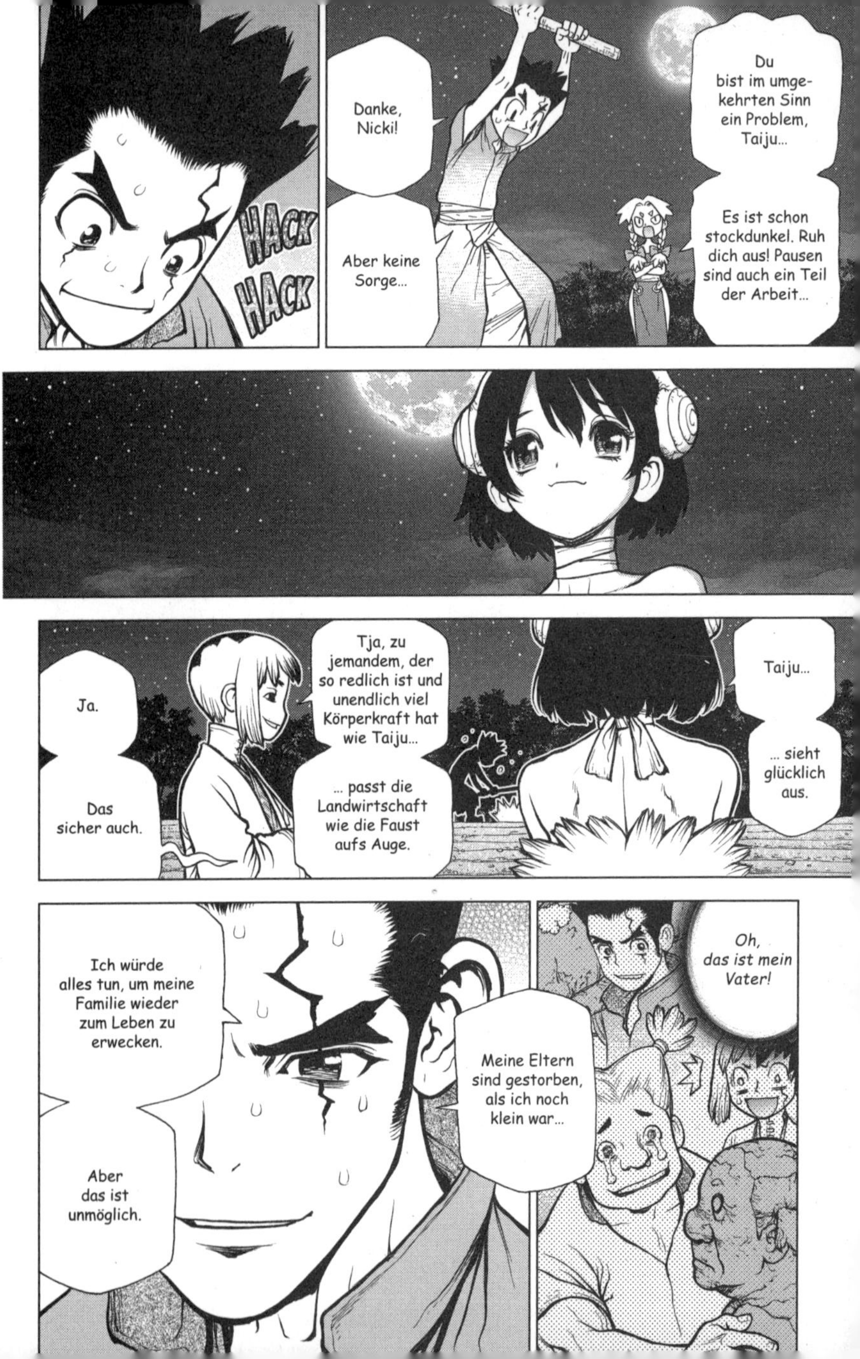
Du bist im umgekehrten Sinn ein Problem, Taiju...
Es ist schon stockdunkel. Ruh dich aus! Pausen sind auch ein Teil der Arbeit...
Danke, Nicki!
Aber keine Sorge...
HACK HACK
Taiju...
... sieht glücklich aus.
Tja, zu jemandem, der so redlich ist und unendlich viel Körperkraft hat wie Taiju...
... passt die Landwirtschaft wie die Faust aufs Auge.
Ja.
Das sicher auch.
Oh, das ist mein Vater!
Meine Eltern sind gestorben, als ich noch klein war...
Ich würde alles tun, um meine Familie wieder zum Leben zu erwecken.
Aber das ist unmöglich.

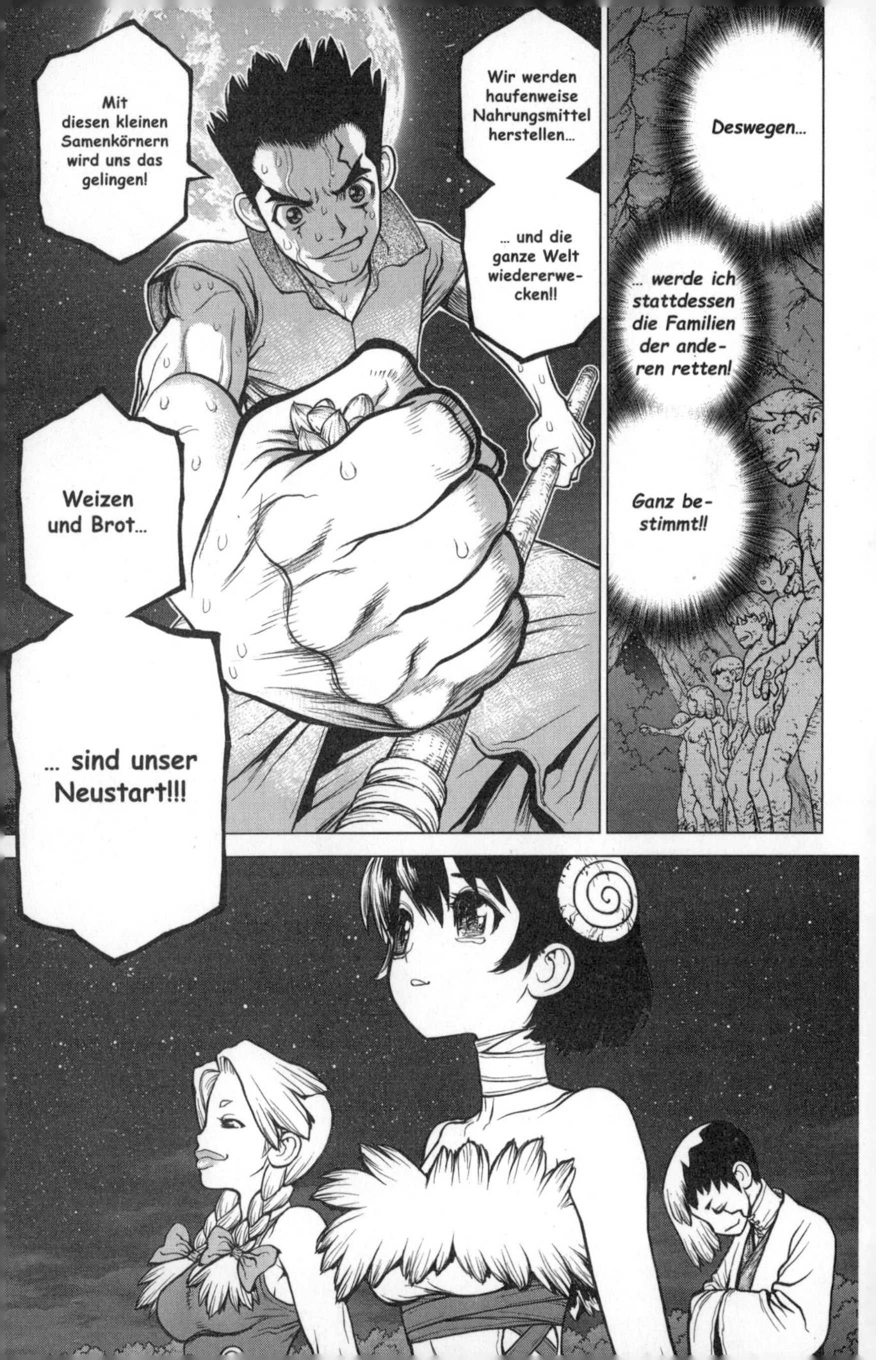
Deswegen...
... werde ich stattdessen die Familien der anderen retten!
Ganz bestimmt!!
Wir werden haufenweise Nahrungsmittel herstellen...
... und die ganze Welt wiedererwecken!!
Mit diesen kleinen Samenkörnern wird uns das gelingen!
Weizen und Brot...
... sind unser Neustart!!!

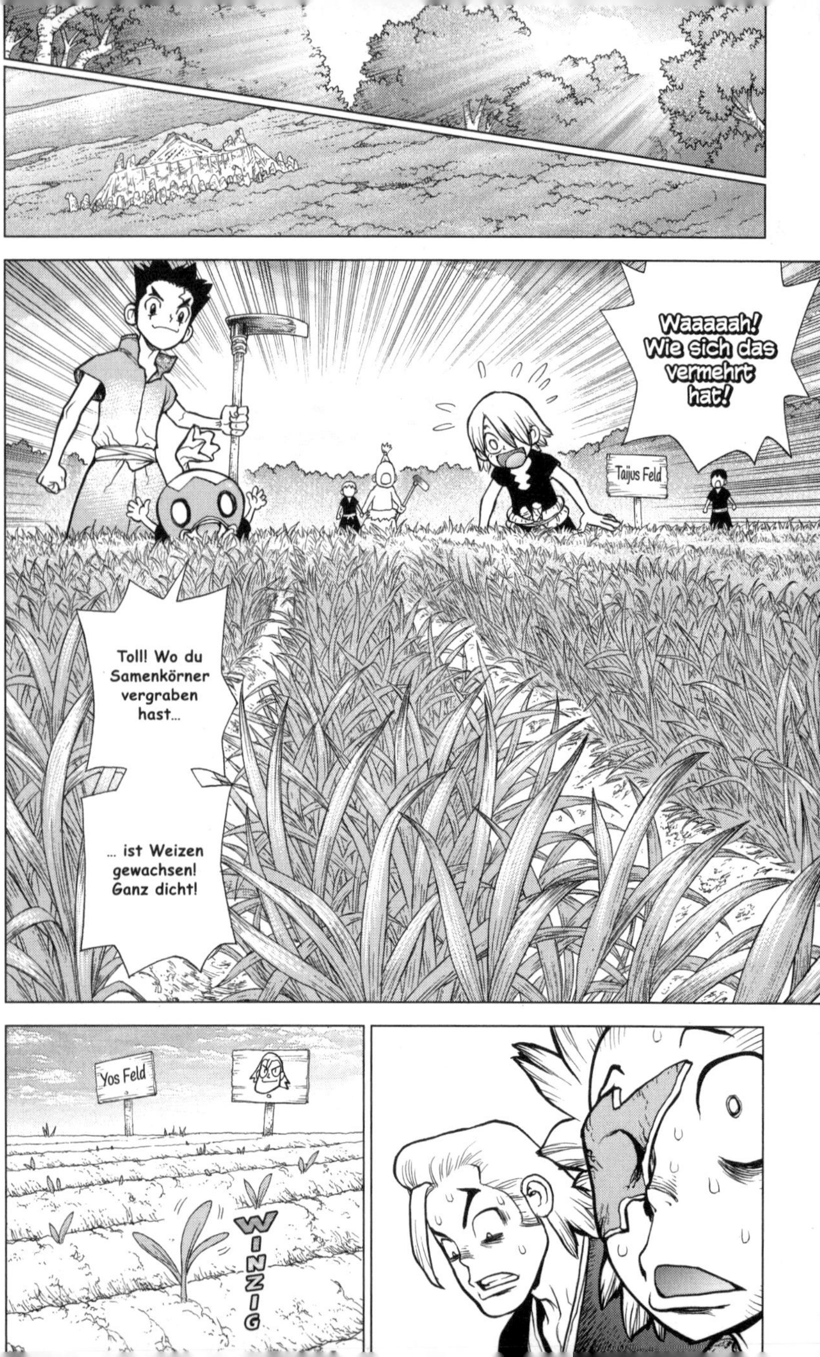
Waaaaah! Wie sich das vermehrt hat!
Taijus Feld
Toll! Wo du Samenkörner vergraben hast...
... ist Weizen gewachsen! Ganz dicht!
Yos Feld
WINZIG

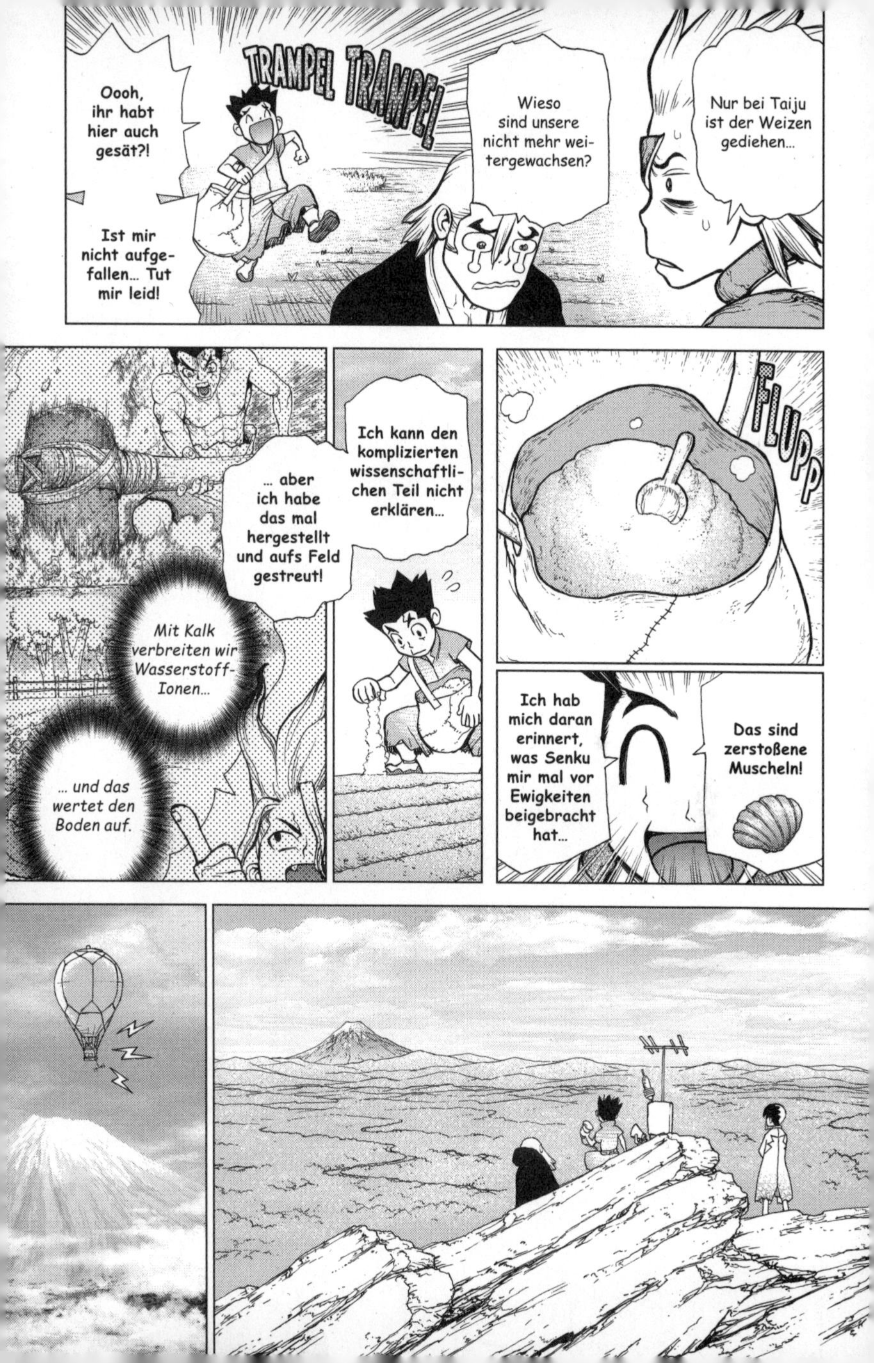
Nur bei Taiju ist der Weizen gediehen...
Wieso sind unsere nicht mehr weitergewachsen?
TRAMPEL TRAMPEL
Oooh, ihr habt hier auch gesät?!
Ist mir nicht aufgefallen... Tut mir leid!
FLUPP
Das sind zerstoßene Muscheln!
Ich hab mich daran erinnert, was Senku mir mal vor Ewigkeiten beigebracht hat...
Ich kann den komplizierten wissenschaftlichen Teil nicht erklären...
... aber ich habe das mal hergestellt und aufs Feld gestreut!
Mit Kalk verbreiten wir Wasserstoff-Ionen...
... und das wertet den Boden auf.

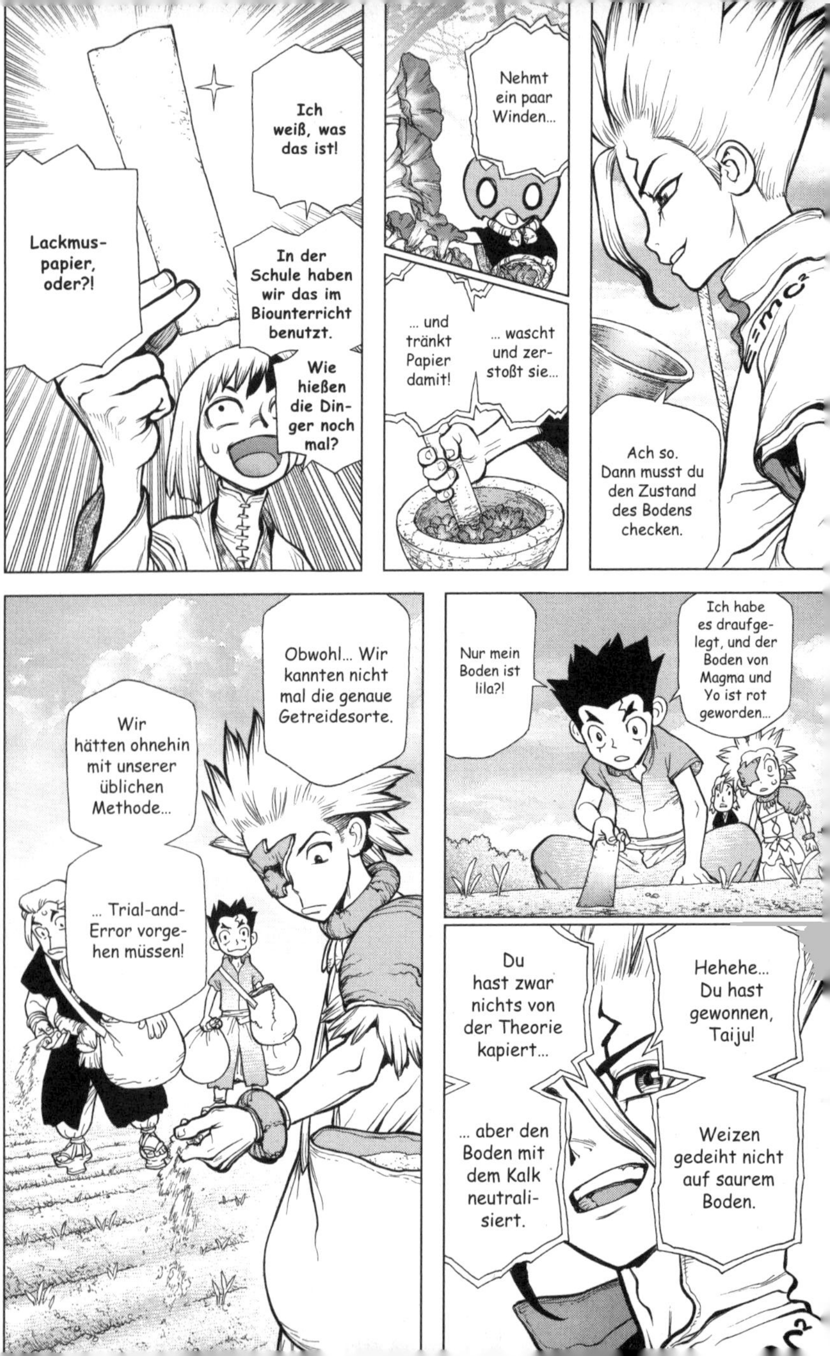

Ach so. Dann musst du den Zustand des Bodens checken.
Nehmt ein paar Winden...
... wascht und zerstößt sie...
... und tränkt Papier damit!
Ich weiß, was das ist!
In der Schule haben wir das im Biounterricht benutzt.
Wie hießen die Dinger nochmal?
Lackmuspapier, oder?!
Ich habe es draufgelegt, und der Boden von Magma und Yo ist rot geworden...
Nur mein Boden ist lila?!
Hehehe... Du hast gewonnen, Taiju!
Weizen gedeiht nicht auf saurem Boden.
Du hast zwar nichts von der Theorie kapiert...
... aber den Boden mit dem Kalk neutralisiert.
Obwohl... Wir kannten nicht mal die genaue Getreidesorte.
Wir hätten ohnehin mit unserer üblichen Methode...
... Trial-and-Error vorgehen müssen!

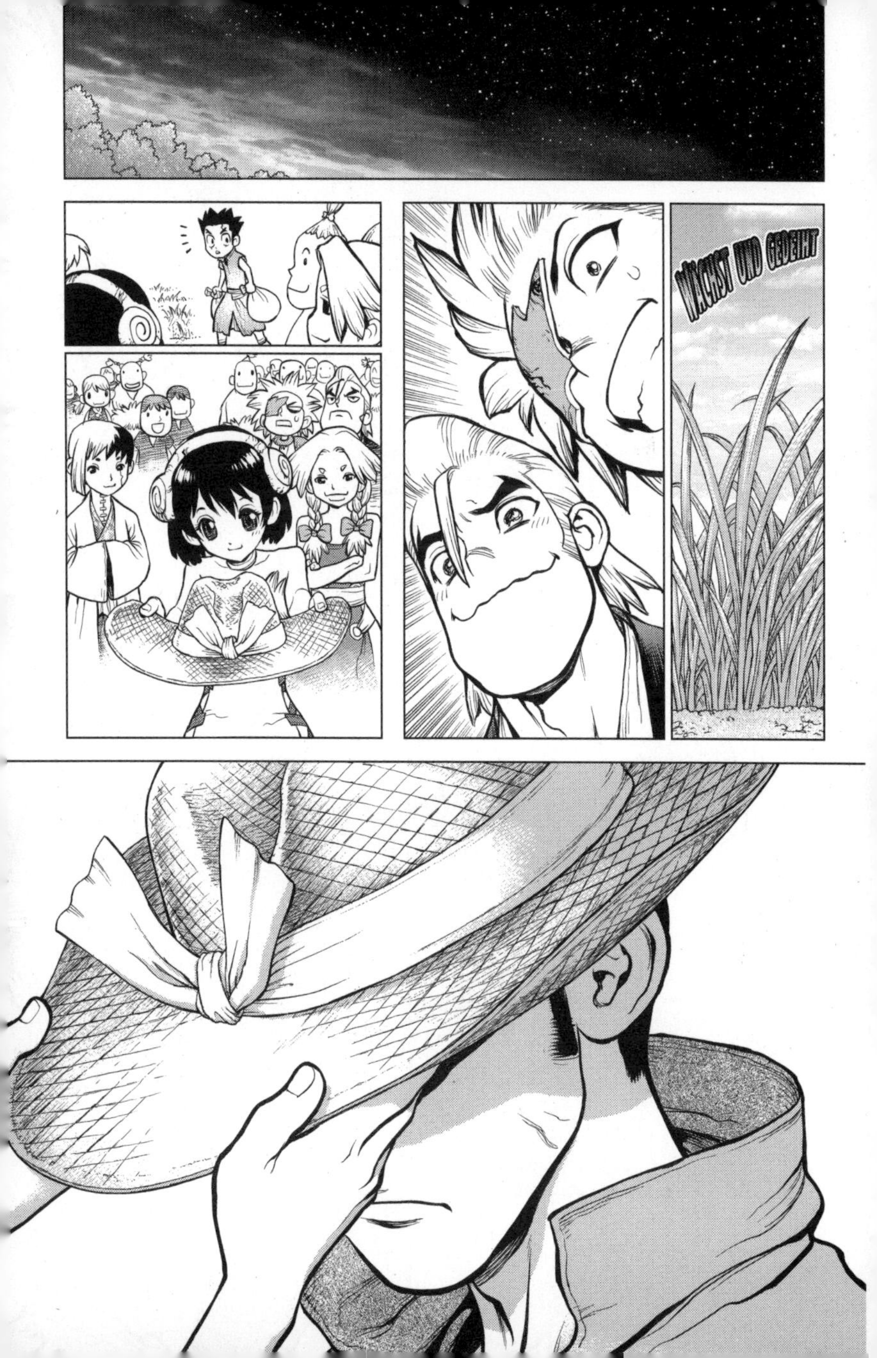
WÄCHST UND GEDEIHT

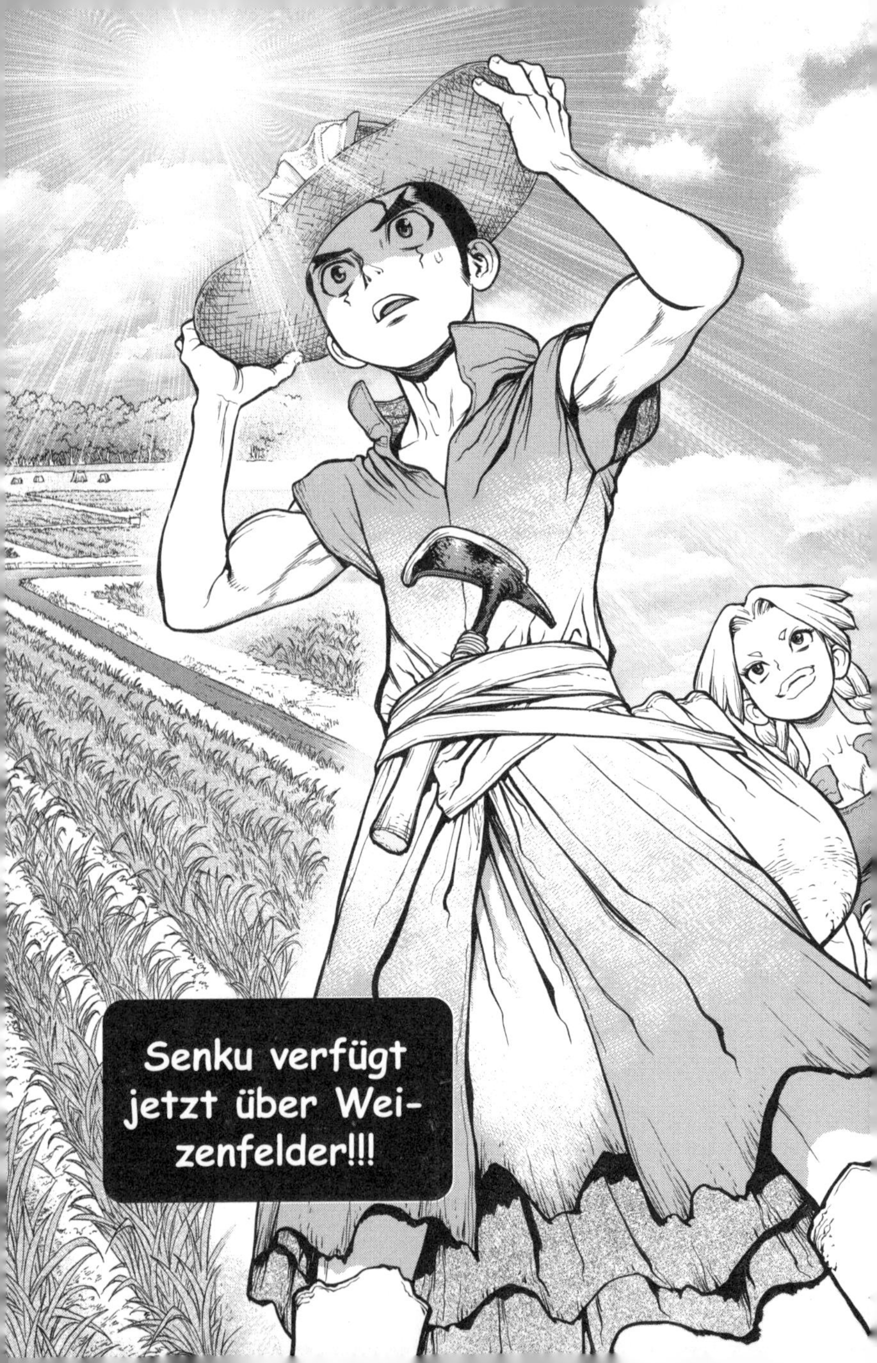
Senku verfügt jetzt über Weizenfelder!!!

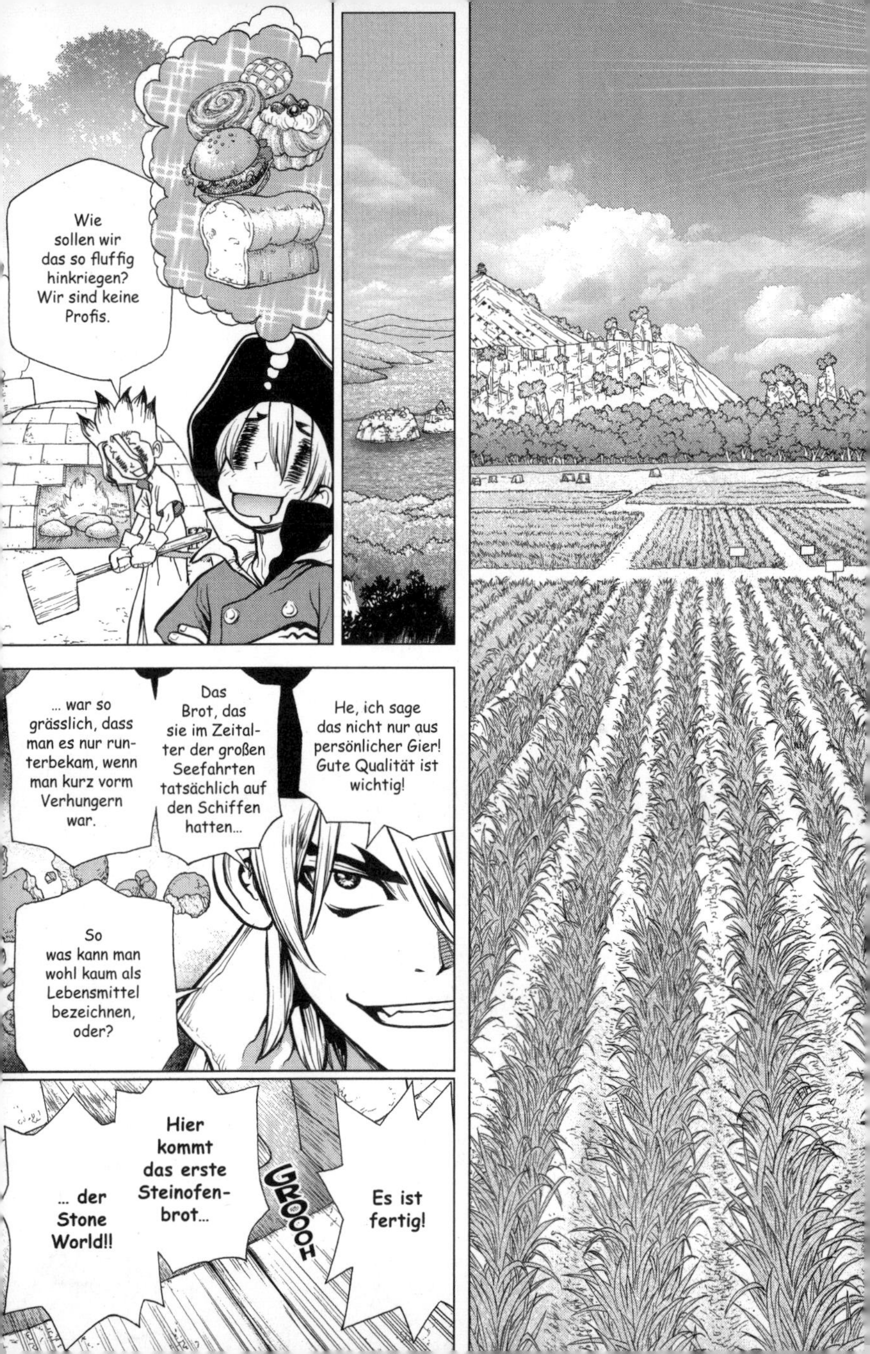
Wie sollen wir das so fluffig hinkriegen? Wir sind keine Profis.
He, ich sage das nicht nur aus persönlicher Gier! Gute Qualität ist wichtig!
Das Brot, das sie im Zeitalter der großen Seefahrten tatsächlich auf den Schiffen hatten...
... war so grässlich, dass man es nur runterbekam, wenn man kurz vorm Verhungern war.
So was kann man wohl kaum als Lebensmittel bezeichnen, oder?
Es ist fertig!
GROOOH
Hier kommt das erste Steinofenbrot...
... der Stone World!!

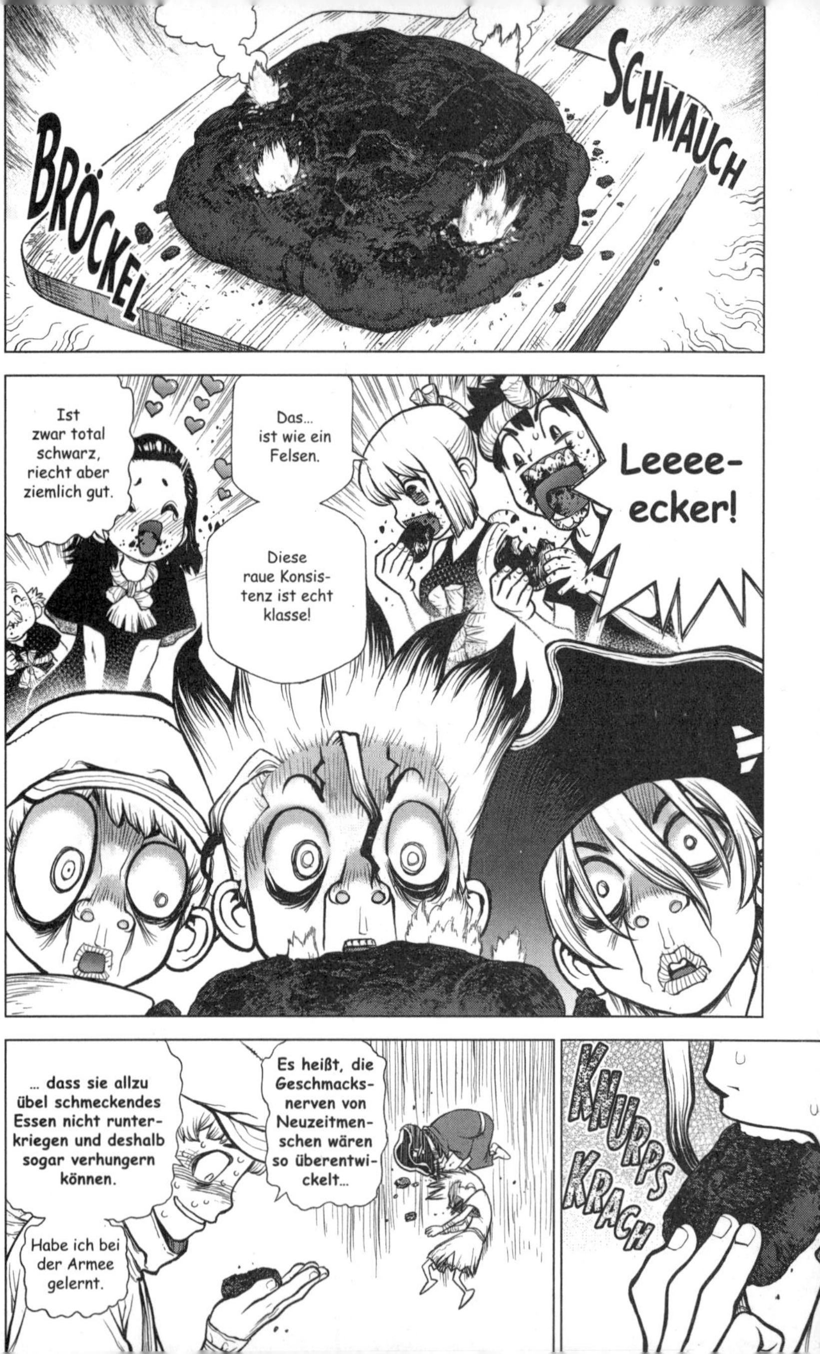
SCHMAUCH
BRÖCKEL
Leeeee-ecker!
Das... ist wie ein Felsen.
Diese raue Konsistenz ist echt klasse!
Ist zwar total schwarz, riecht aber ziemlich gut.
KNURPS KRACH
Es heißt, die Geschmacksnerven von Neuzeitmenschen wären so überentwickelt...
... dass sie allzu übel schmeckendes Essen nicht runterkriegen und deshalb sogar verhungern können.
Habe ich bei der Armee gelernt.

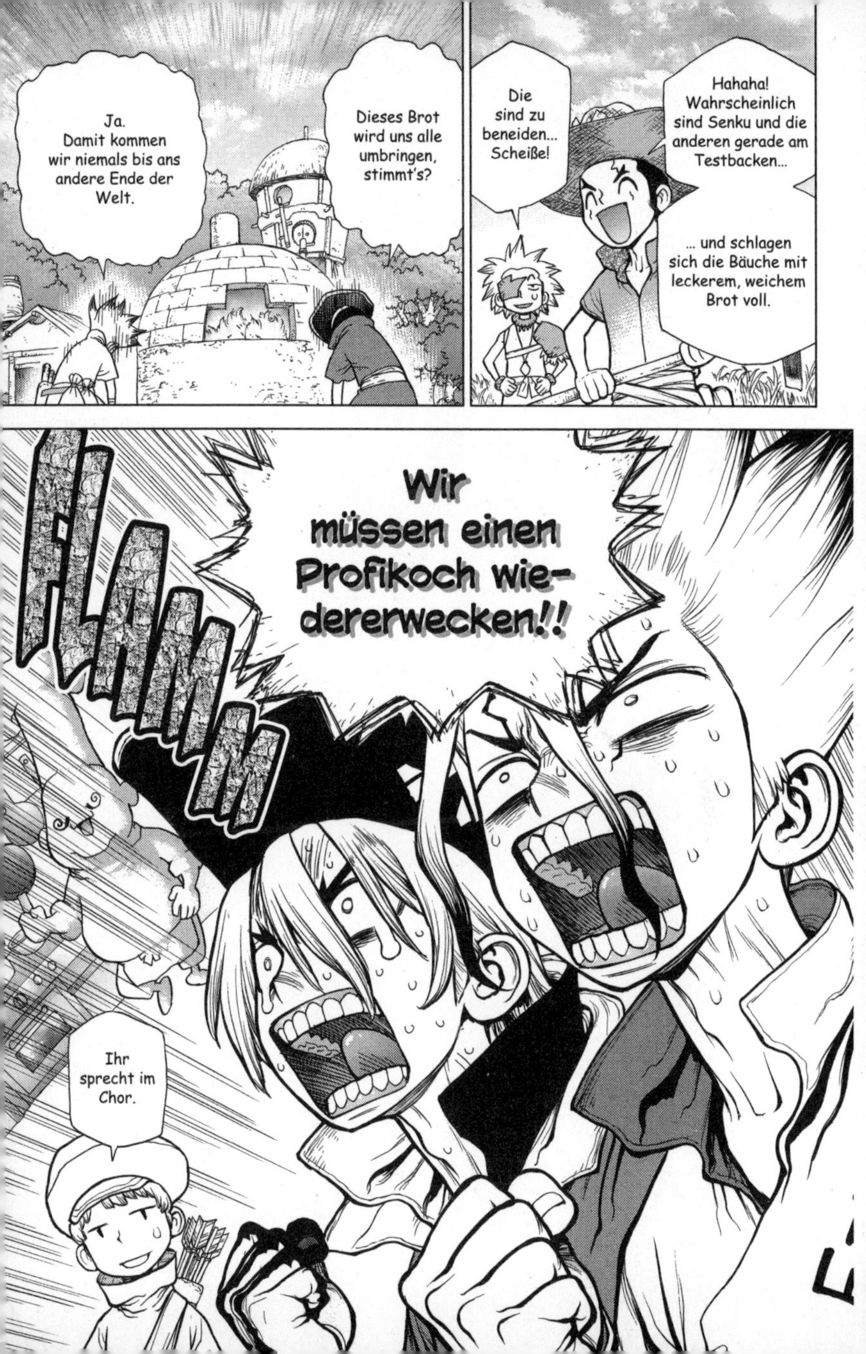
Hahaha! Wahrscheinlich sind Senku und die anderen gerade am Testbacken...
... und schlagen sich die Bäuche mit leckerem, weichem Brot voll.
Die sind zu beneiden... Scheiße!
Dieses Brot wird uns alle umbringen, stimmt's?
Ja. Damit kommen wir niemals bis ans andere Ende der Welt.
Wir müssen einen Profikoch wie- dererwecken!!
FLAMM
Ihr sprecht im Chor.

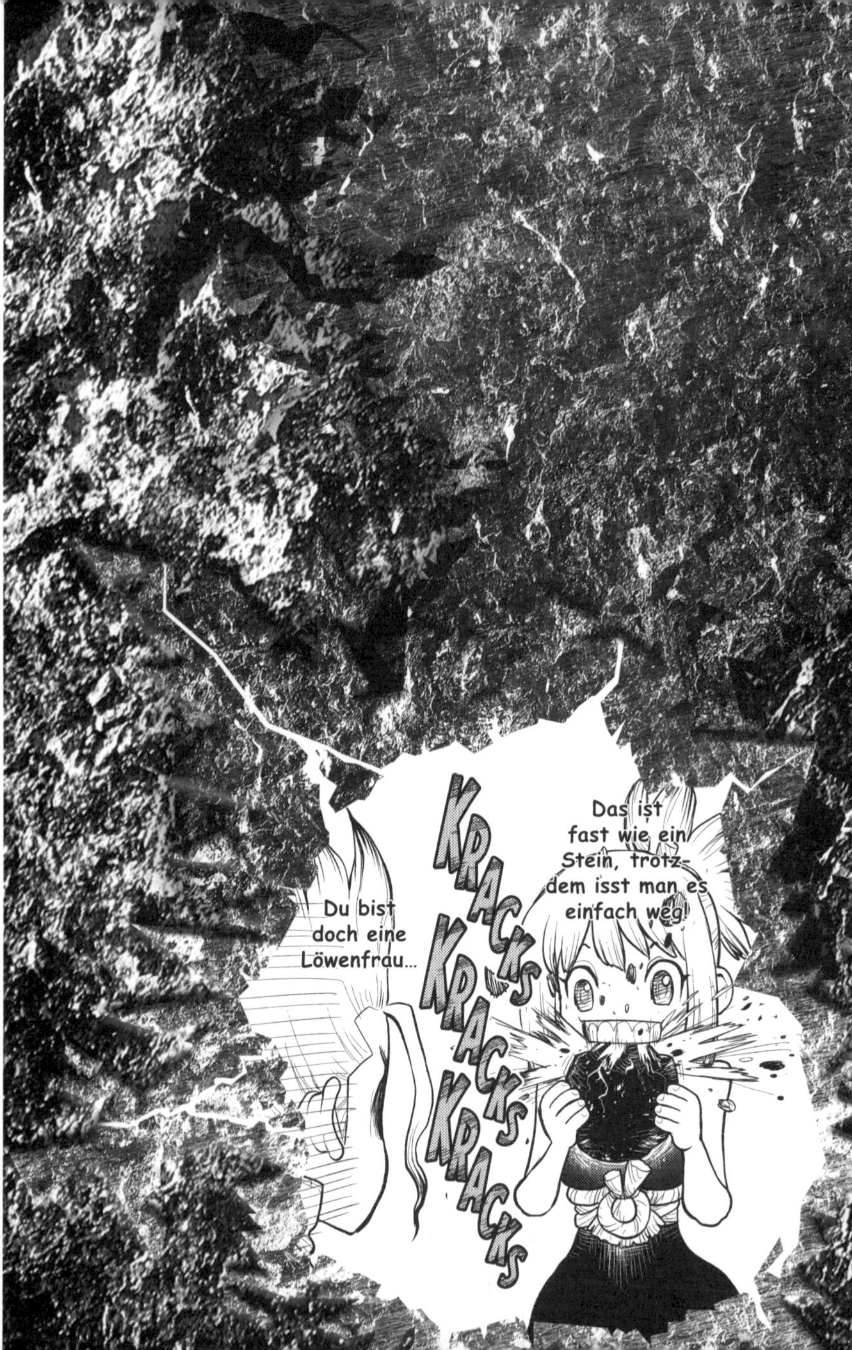
Das ist fast wie ein Stein, trotz-dem isst man es einfach weg!
KRACKS KRACKS KRACKS
Du bist doch eine Löwenfrau...

# Z=92 »Mehr« bedeutet: Wohlstand für alle

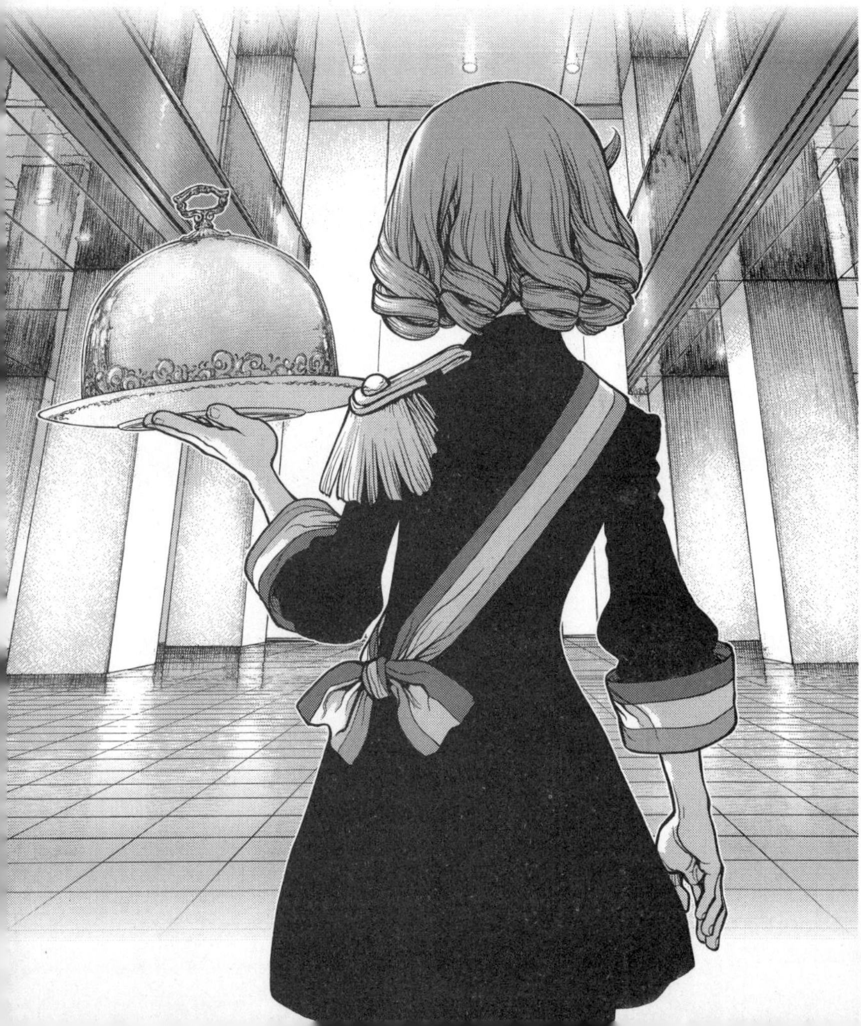

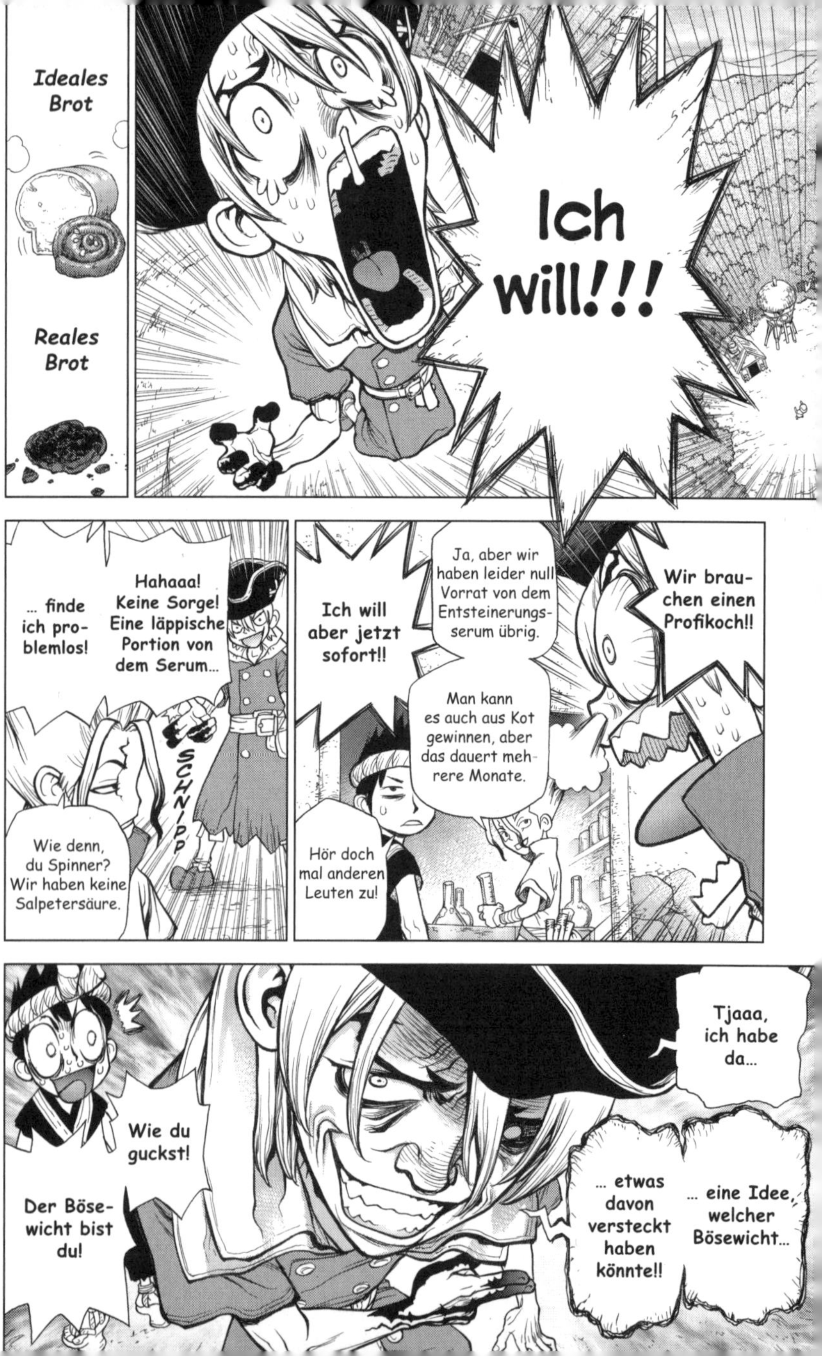
Ideales Brot
Reales Brot
Ich will!!!
Wir brauchen einen Profikoch!!
Ja, aber wir haben leider null Vorrat von dem Entsteinerungsserum übrig.
Man kann es auch aus Kot gewinnen, aber das dauert mehrere Monate.
Ich will aber jetzt sofort!!
Hör doch mal anderen Leuten zu!
Hahaaa! Keine Sorge! Eine läppische Portion von dem Serum...
... finde ich problemlos!
SCHNIPP
Wie denn, du Spinner? Wir haben keine Salpetersäure.
Tjaaa, ich habe da...
... eine Idee, welcher Bösewicht...
... etwas davon versteckt haben könnte!!
Wie du guckst!
Der Bösewicht bist du!

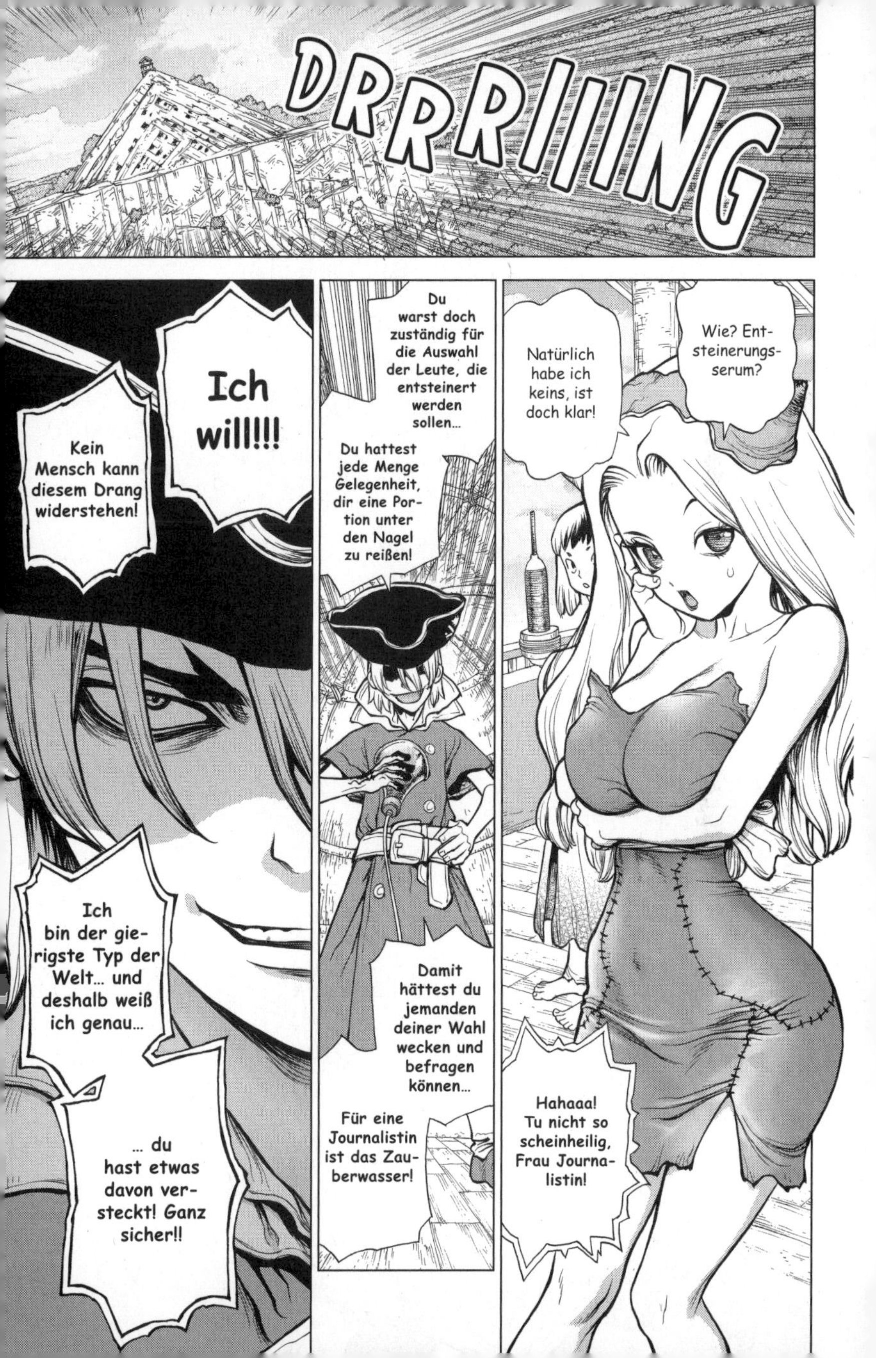
DRRRIIING
Wie? Entsteinerungsserum?
Natürlich habe ich keins, ist doch klar!
Hahaaa! Tu nicht so scheinheilig, Frau Journalistin!
Du warst doch zuständig für die Auswahl der Leute, die entsteinert werden sollen…
Du hattest jede Menge Gelegenheit, dir eine Portion unter den Nagel zu reißen!
Damit hättest du jemanden deiner Wahl wecken und befragen können…
Für eine Journalistin ist das Zauberwasser!
Ich will!!!
Kein Mensch kann diesem Drang widerstehen!
Ich bin der gierigste Typ der Welt… und deshalb weiß ich genau…
… du hast etwas davon versteckt! Ganz sicher!!

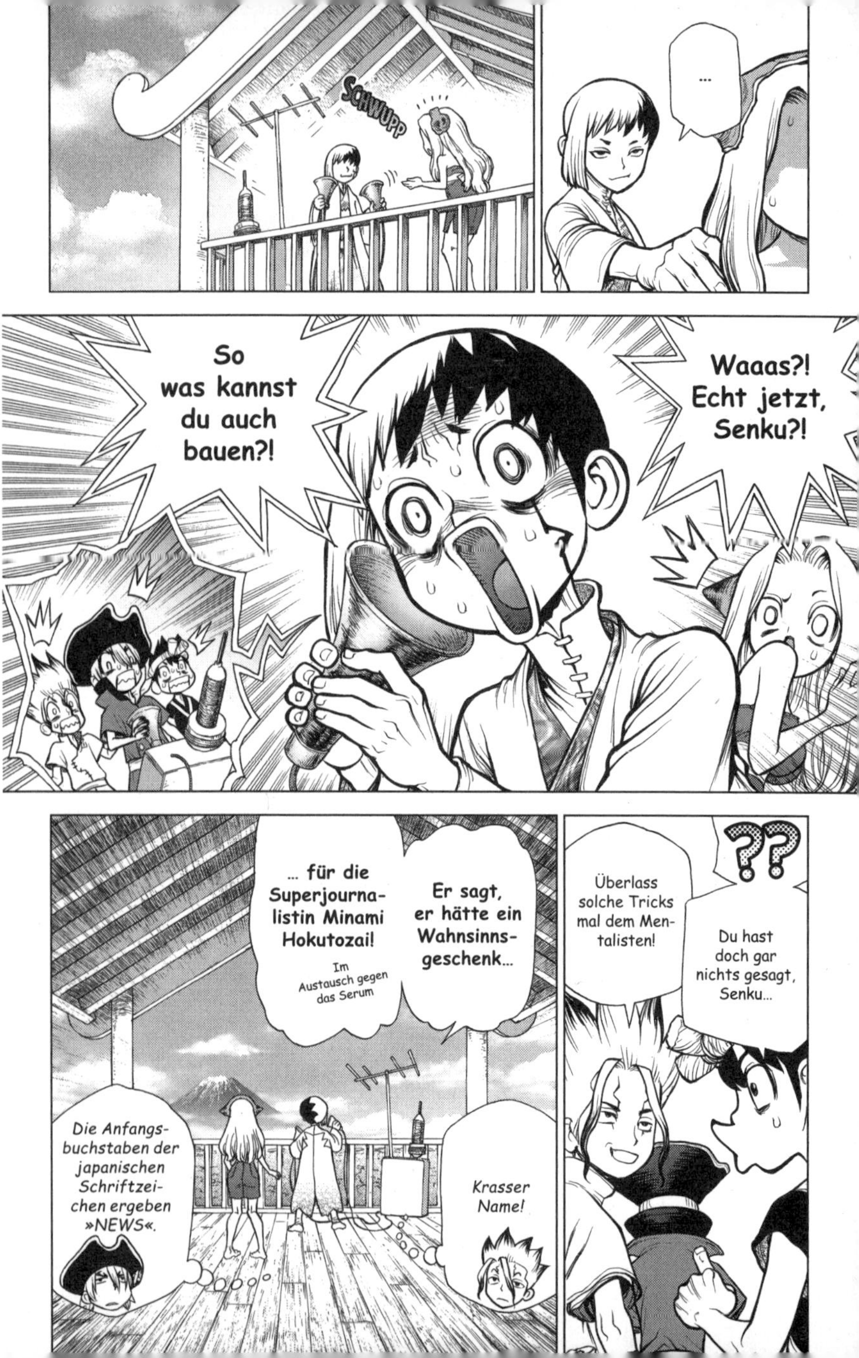
...
SCHWUPP
Waaas?! Echt jetzt, Senku?!
So was kannst du auch bauen?!
??
Du hast doch gar nichts gesagt, Senku...
Überlass solche Tricks mal dem Mentalisten!
Er sagt, er hätte ein Wahnsinnsgeschenk...
... für die Superjournalistin Minami Hokutozai!
Im Austausch gegen das Serum
Krasser Name!
Die Anfangsbuchstaben der japanischen Schriftzeichen ergeben »NEWS«.

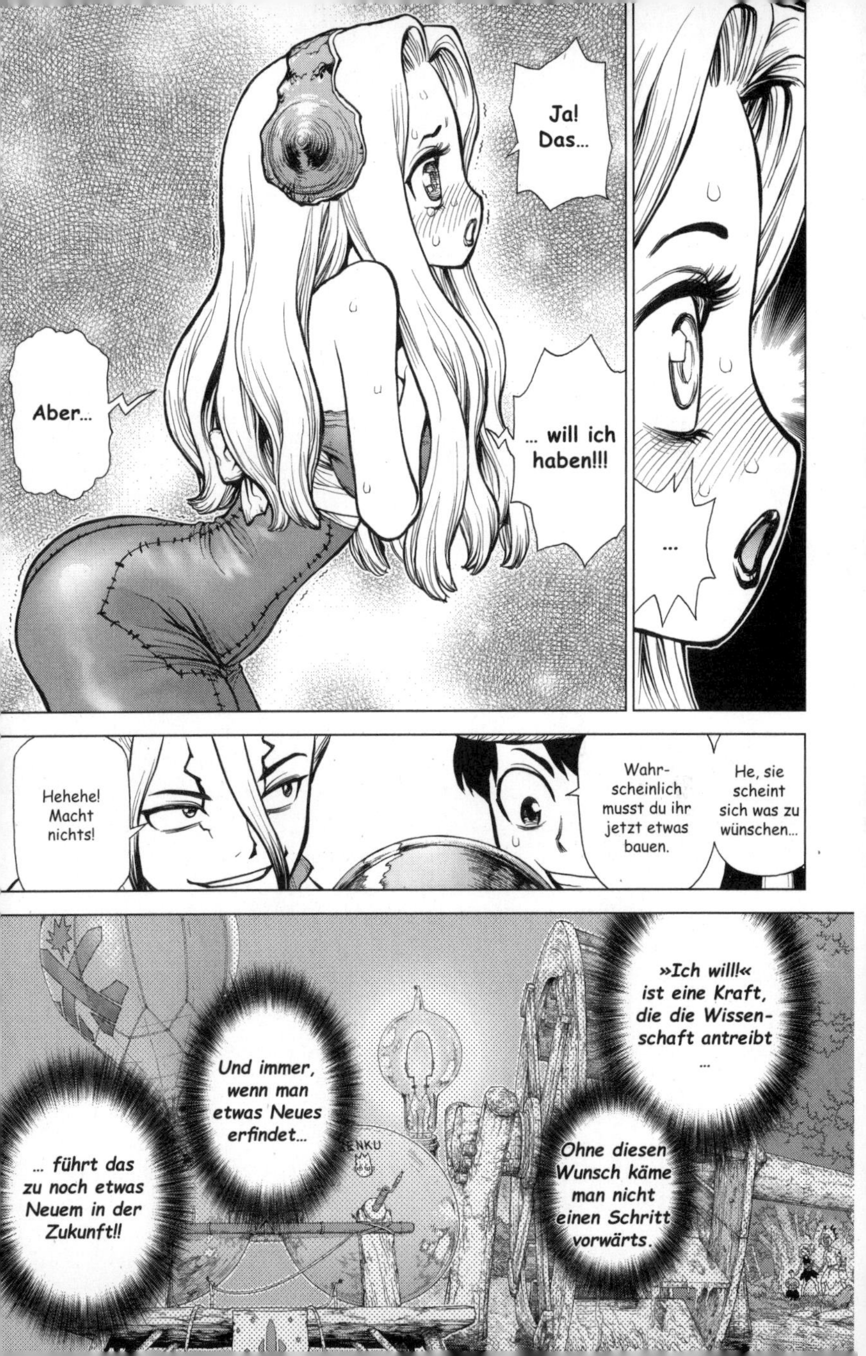
Ja! Das…
… will ich haben!!!
Aber…
…
He, sie scheint sich was zu wünschen…
Wahr-scheinlich musst du ihr jetzt etwas bauen.
Hehehe! Macht nichts!
»Ich will!« ist eine Kraft, die die Wissen-schaft antreibt …
Ohne diesen Wunsch käme man nicht einen Schritt vorwärts.
Und immer, wenn man etwas Neues erfindet…
… führt das zu noch etwas Neuem in der Zukunft!!

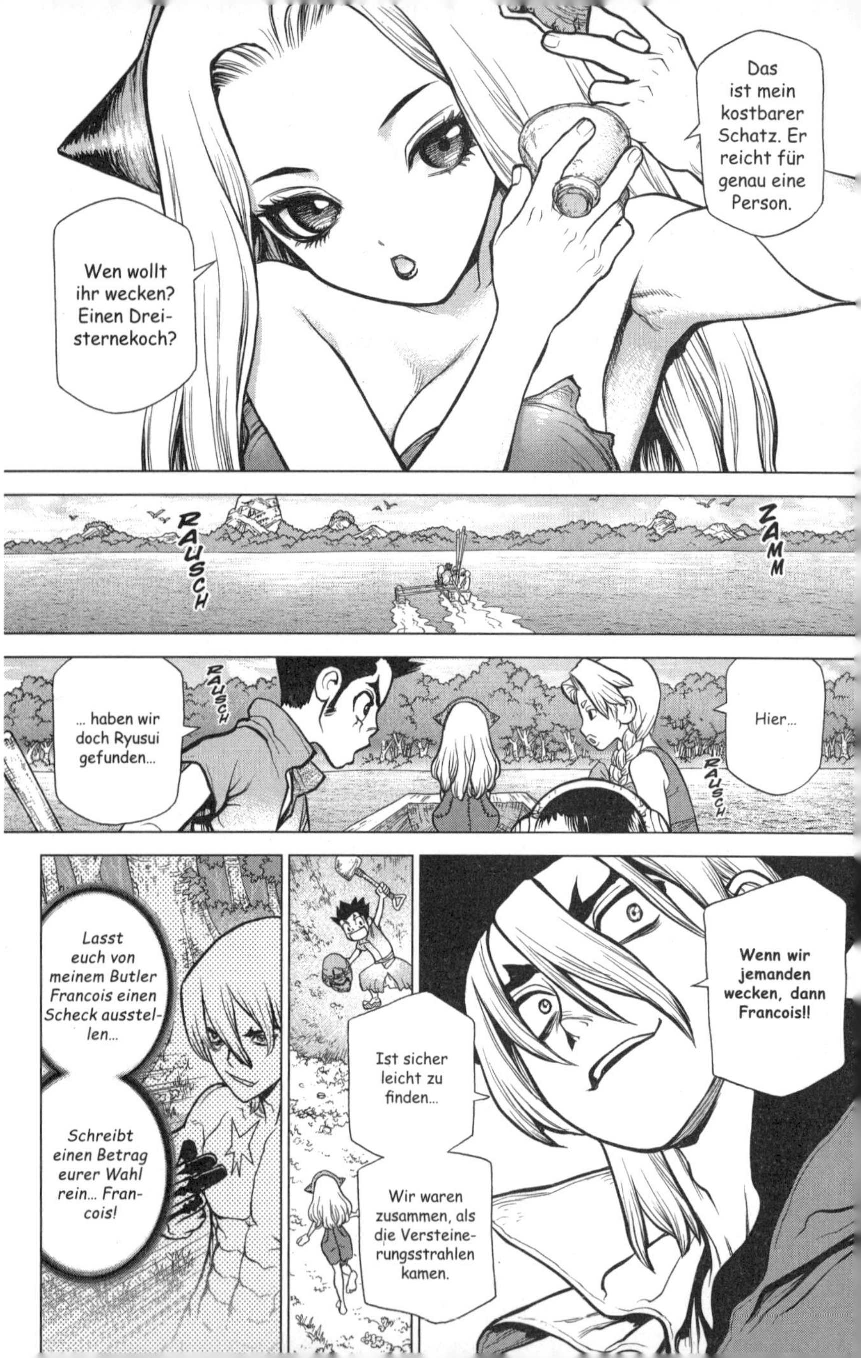
Das ist mein kostbarer Schatz. Er reicht für genau eine Person.
Wen wollt ihr wecken? Einen Dreisternekoch?
ZAMM
RAUSCH
Hier...
RAUSCH
... haben wir doch Ryusui gefunden...
RAUSCH
Wenn wir jemanden wecken, dann Francois!!
Ist sicher leicht zu finden...
Wir waren zusammen, als die Versteinerungsstrahlen kamen.
Lasst euch von meinem Butler Francois einen Scheck ausstellen...
Schreibt einen Betrag eurer Wahl rein... Francois!

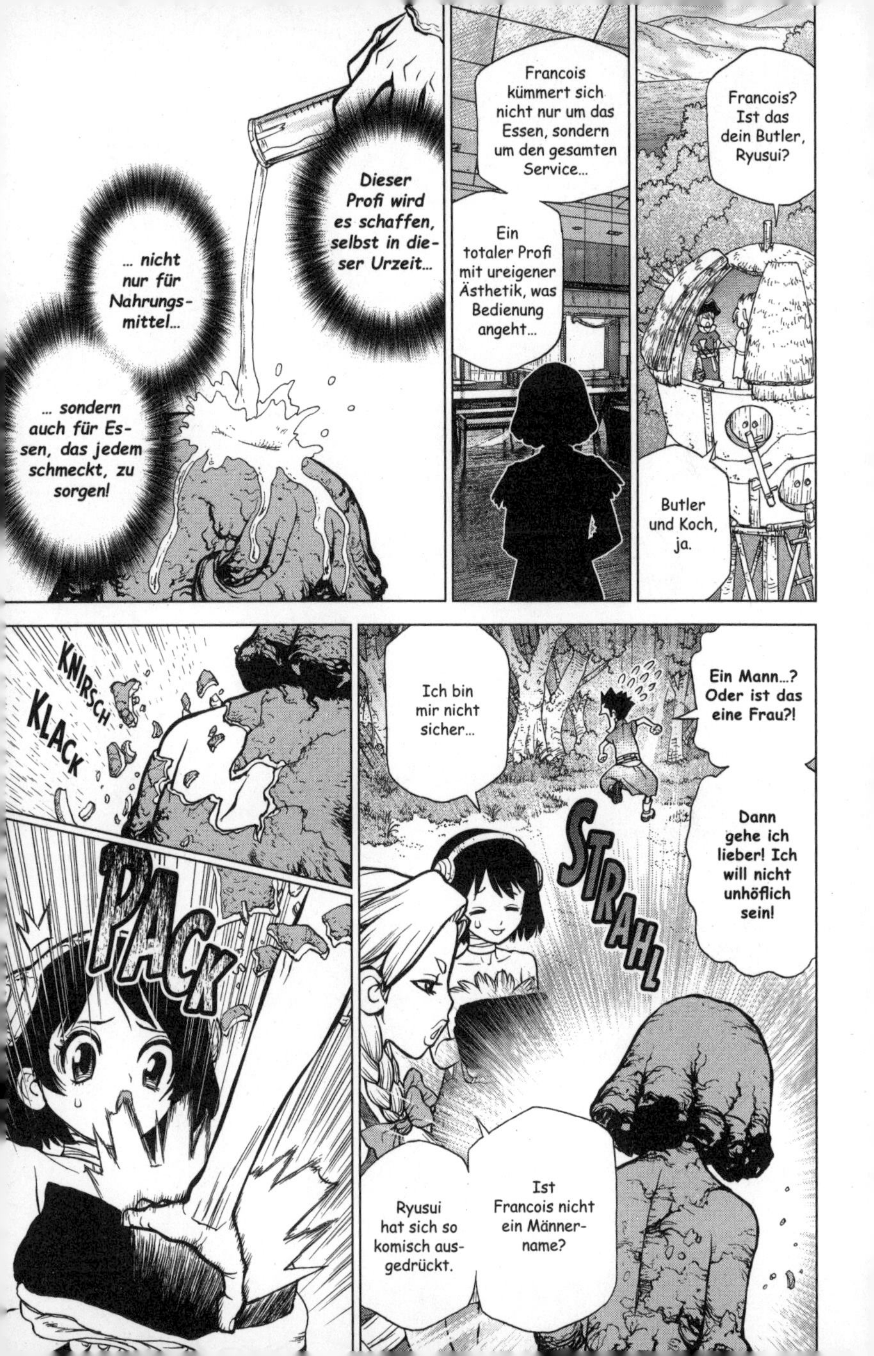

Francois? Ist das dein Butler, Ryusui?
Butler und Koch, ja.
Francois kümmert sich nicht nur um das Essen, sondern um den gesamten Service...
Ein totaler Profi mit ureigener Ästhetik, was Bedienung angeht...
Dieser Profi wird es schaffen, selbst in dieser Urzeit...
... nicht nur für Nahrungsmittel...
... sondern auch für Essen, das jedem schmeckt, zu sorgen!
Ein Mann...? Oder ist das eine Frau?!
Dann gehe ich lieber! Ich will nicht unhöflich sein!
Ich bin mir nicht sicher...
STRAHL
Ist Francois nicht ein Männername?
Ryusui hat sich so komisch ausgedrückt.
KNIRSCH
KLACK
PACK

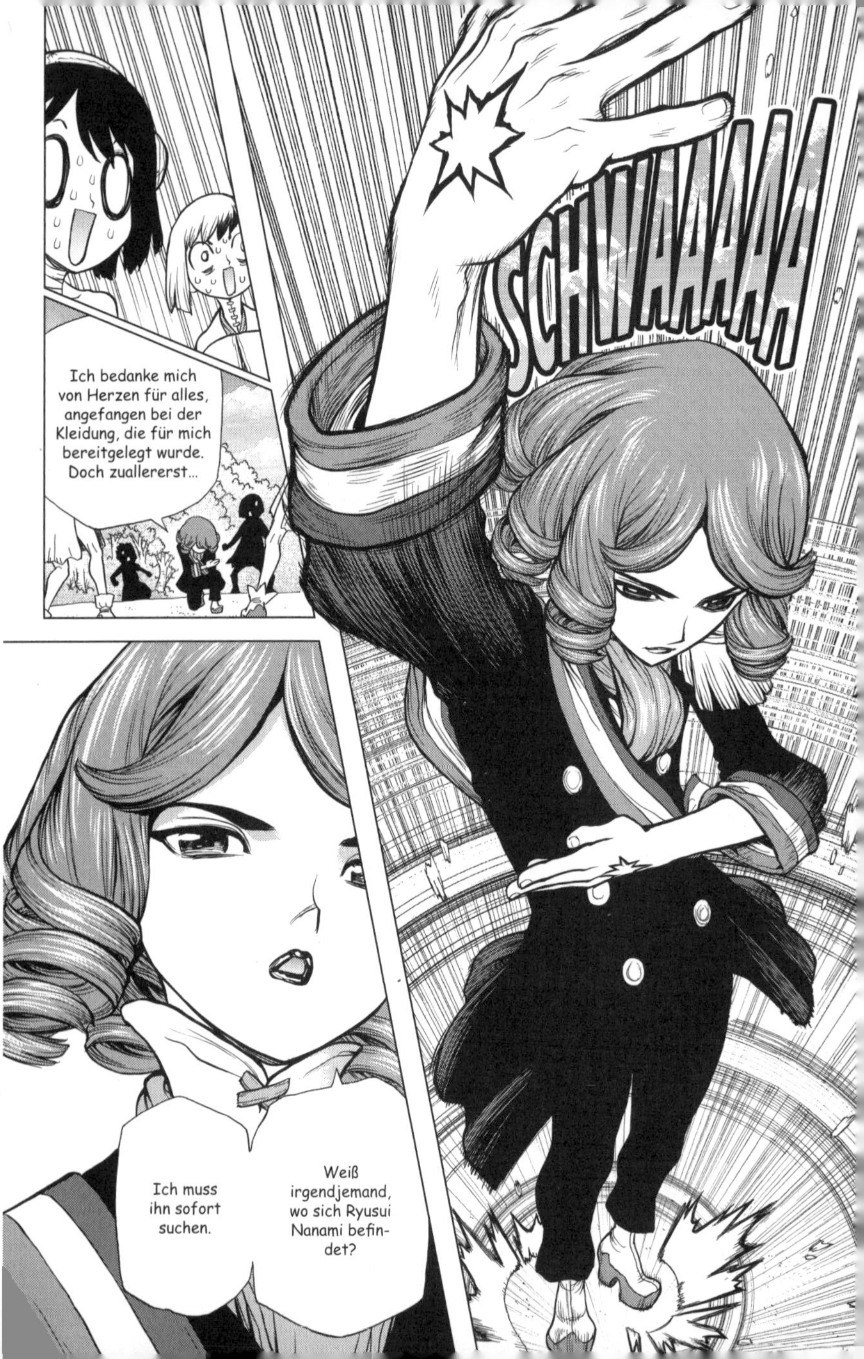

Ich bedanke mich von Herzen für alles, angefangen bei der Kleidung, die für mich bereitgelegt wurde. Doch zuallererst...
SCHWAAAAA
Weiß irgendjemand, wo sich Ryusui Nanami befindet?
Ich muss ihn sofort suchen.

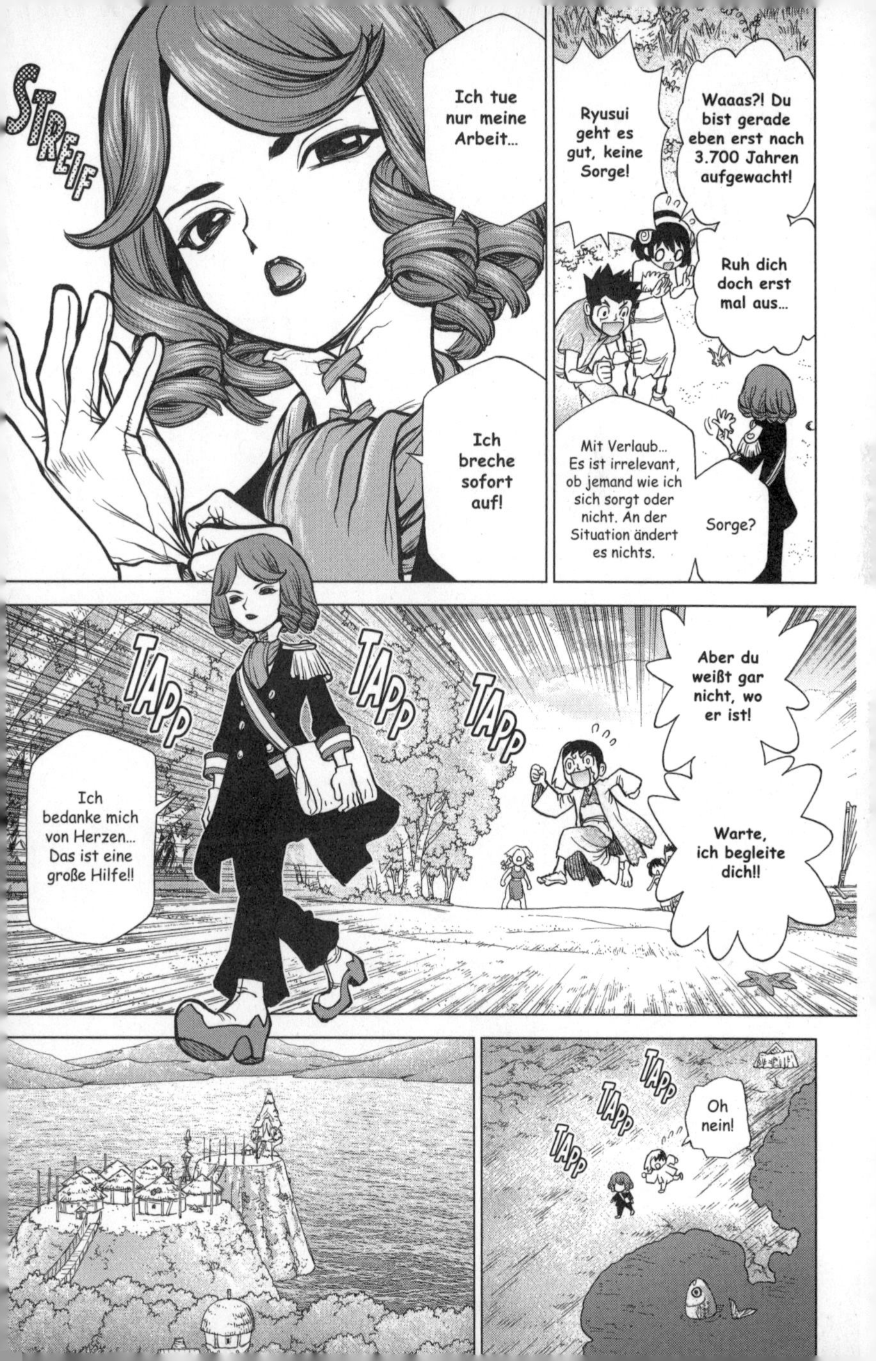
Waaas?! Du bist gerade eben erst nach 3.700 Jahren aufgewacht!
Ryusui geht es gut, keine Sorge!
Ruh dich doch erst mal aus...
Sorge?
Mit Verlaub... Es ist irrelevant, ob jemand wie ich sich sorgt oder nicht. An der Situation ändert es nichts.
Ich tue nur meine Arbeit...
STREIF
Ich breche sofort auf!
Aber du weißt gar nicht, wo er ist!
Warte, ich begleite dich!!
TAPP
TAPP
TAPP
Ich bedanke mich von Herzen... Das ist eine große Hilfe!!
Oh nein!
TAPP
TAPP
TAPP

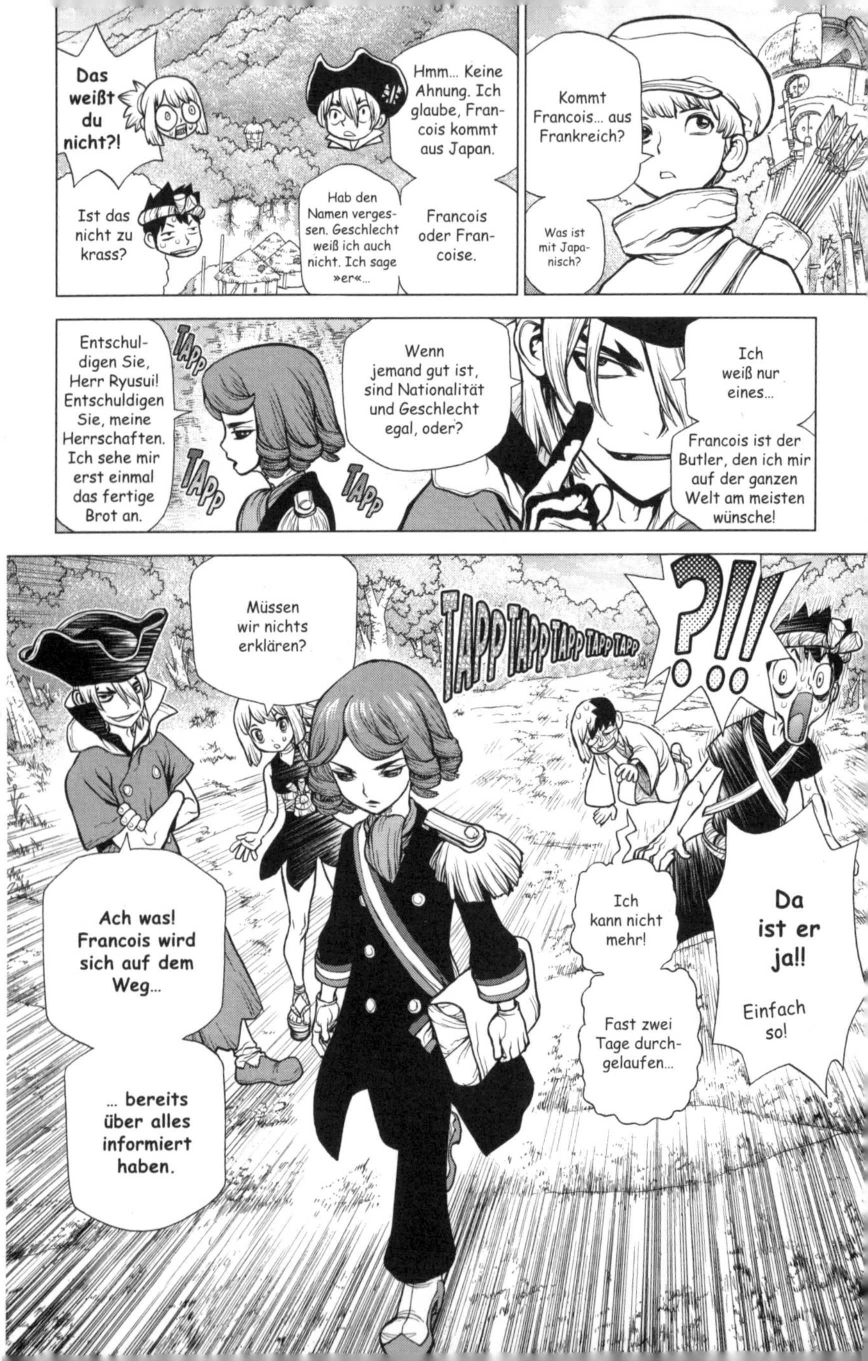

Kommt Francois... aus Frankreich?
Was ist mit Japanisch?
Hmm... Keine Ahnung. Ich glaube, Francois kommt aus Japan.
Francois oder Francoise.
Hab den Namen vergessen. Geschlecht weiß ich auch nicht. Ich sage »er«...
Das weißt du nicht?!
Ist das nicht zu krass?
Ich weiß nur eines...
Francois ist der Butler, den ich mir auf der ganzen Welt am meisten wünsche!
Wenn jemand gut ist, sind Nationalität und Geschlecht egal, oder?
TAPP
Entschuldigen Sie, Herr Ryusui! Entschuldigen Sie, meine Herrschaften. Ich sehe mir erst einmal das fertige Brot an.
TAPP
TAPP
?!!
TAPP TAPP TAPP TAPP TAPP
Müssen wir nichts erklären?
Da ist er ja!!
Einfach so!
Ich kann nicht mehr!
Fast zwei Tage durchgelaufen...
Ach was! Francois wird sich auf dem Weg...
... bereits über alles informiert haben.

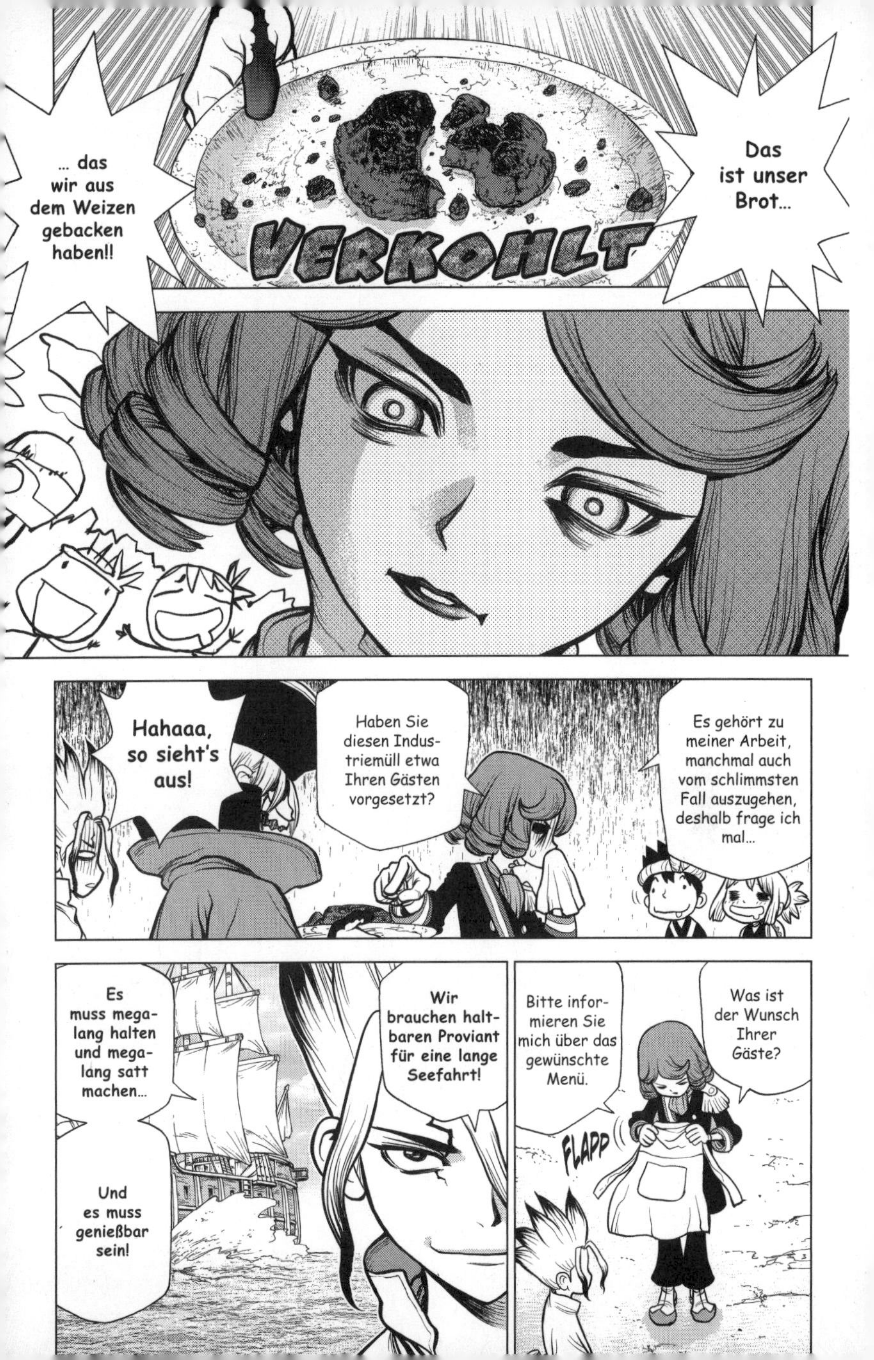
Das ist unser Brot...
VERKOHLT
... das wir aus dem Weizen gebacken haben!!
Es gehört zu meiner Arbeit, manchmal auch vom schlimmsten Fall auszugehen, deshalb frage ich mal...
Haben Sie diesen Industriemüll etwa Ihren Gästen vorgesetzt?
Hahaaa, so sieht's aus!
Was ist der Wunsch Ihrer Gäste?
Bitte informieren Sie mich über das gewünschte Menü.
FLAPP
Wir brauchen haltbaren Proviant für eine lange Seefahrt!
Es muss megalang halten und megalang satt machen...
Und es muss genießbar sein!

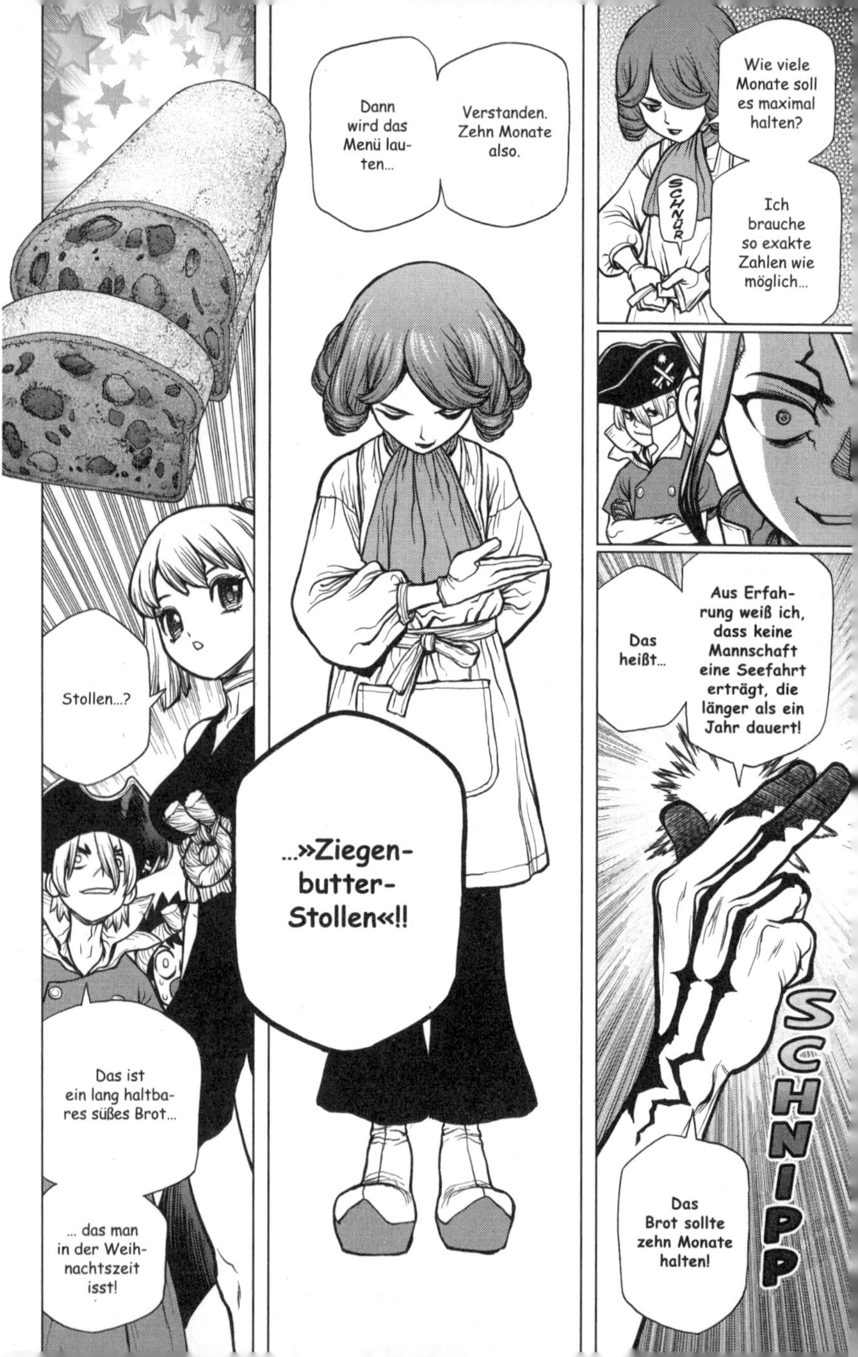

Wie viele Monate soll es maximal halten?
SCHNÜR
Ich brauche so exakte Zahlen wie möglich...
Aus Erfahrung weiß ich, dass keine Mannschaft eine Seefahrt erträgt, die länger als ein Jahr dauert!
Das heißt...
SCHNIPP
Das Brot sollte zehn Monate halten!
Verstanden. Zehn Monate also.
Dann wird das Menü lauten...
...»Ziegenbutter-Stollen«!!
Stollen...?
Das ist ein lang haltbares süßes Brot...
... das man in der Weihnachtszeit isst!

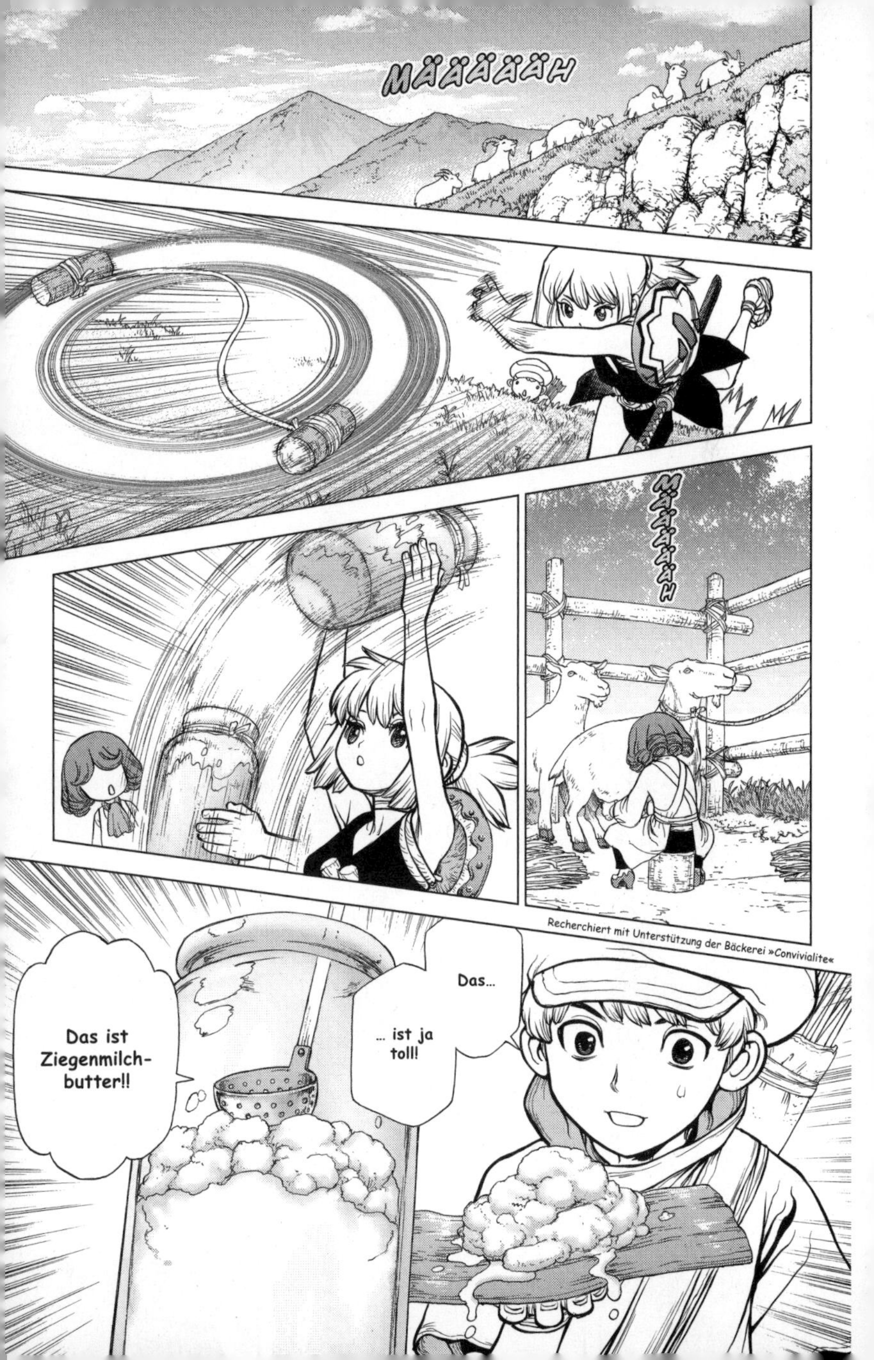
MÄÄÄÄÄH
MÄÄÄÄÄH
Recherchiert mit Unterstützung der Bäckerei »Convivialite«
Das...
... ist ja toll!
Das ist Ziegenmilch-butter!!

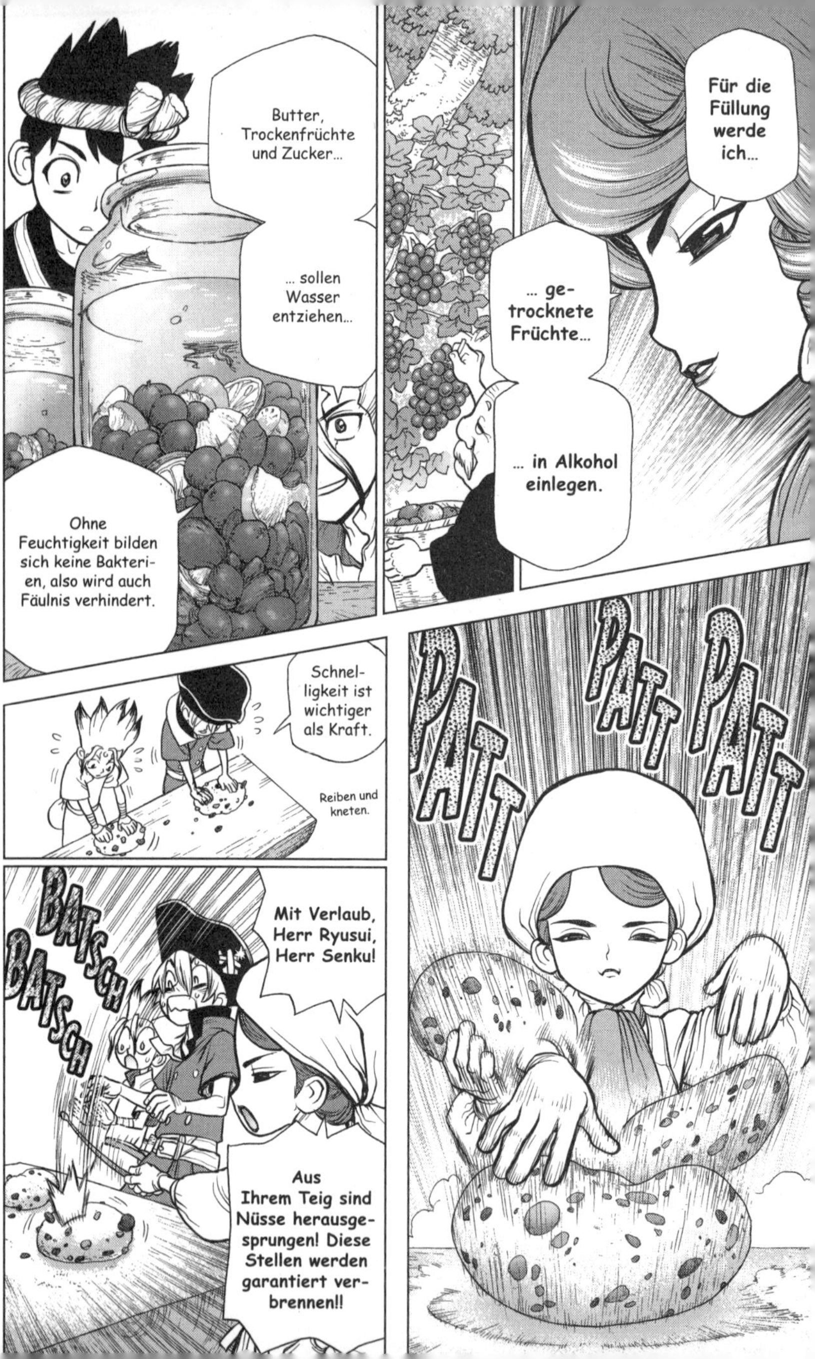
Butter, Trockenfrüchte und Zucker...
... sollen Wasser entziehen...
Ohne Feuchtigkeit bilden sich keine Bakterien, also wird auch Fäulnis verhindert.
... getrocknete Früchte...
... in Alkohol einlegen.
Für die Füllung werde ich...
Schnelligkeit ist wichtiger als Kraft.
Reiben und kneten.
PATT PATT PATT
BATSCH BATSCH
Mit Verlaub, Herr Ryusui, Herr Senku!
Aus Ihrem Teig sind Nüsse herausgesprungen! Diese Stellen werden garantiert verbrennen!!

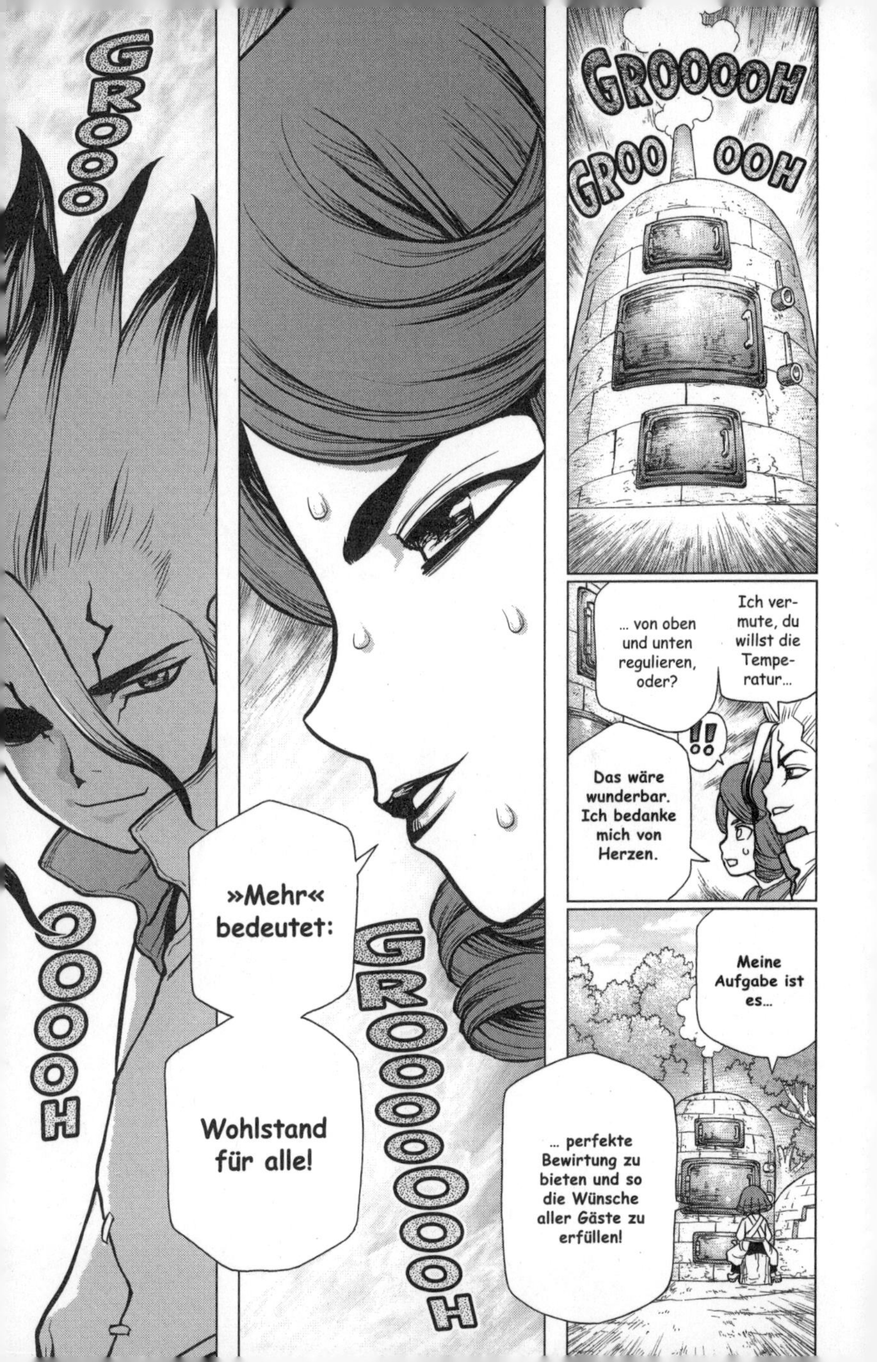
GROOOOOH
GROO OOH
Ich vermute, du willst die Temperatur…
… von oben und unten regulieren, oder?
!!
Das wäre wunderbar. Ich bedanke mich von Herzen.
Meine Aufgabe ist es…
… perfekte Bewirtung zu bieten und so die Wünsche aller Gäste zu erfüllen!
GROOOOOOOOH
»Mehr« bedeutet:
Wohlstand für alle!
GROOO
OOOOOH

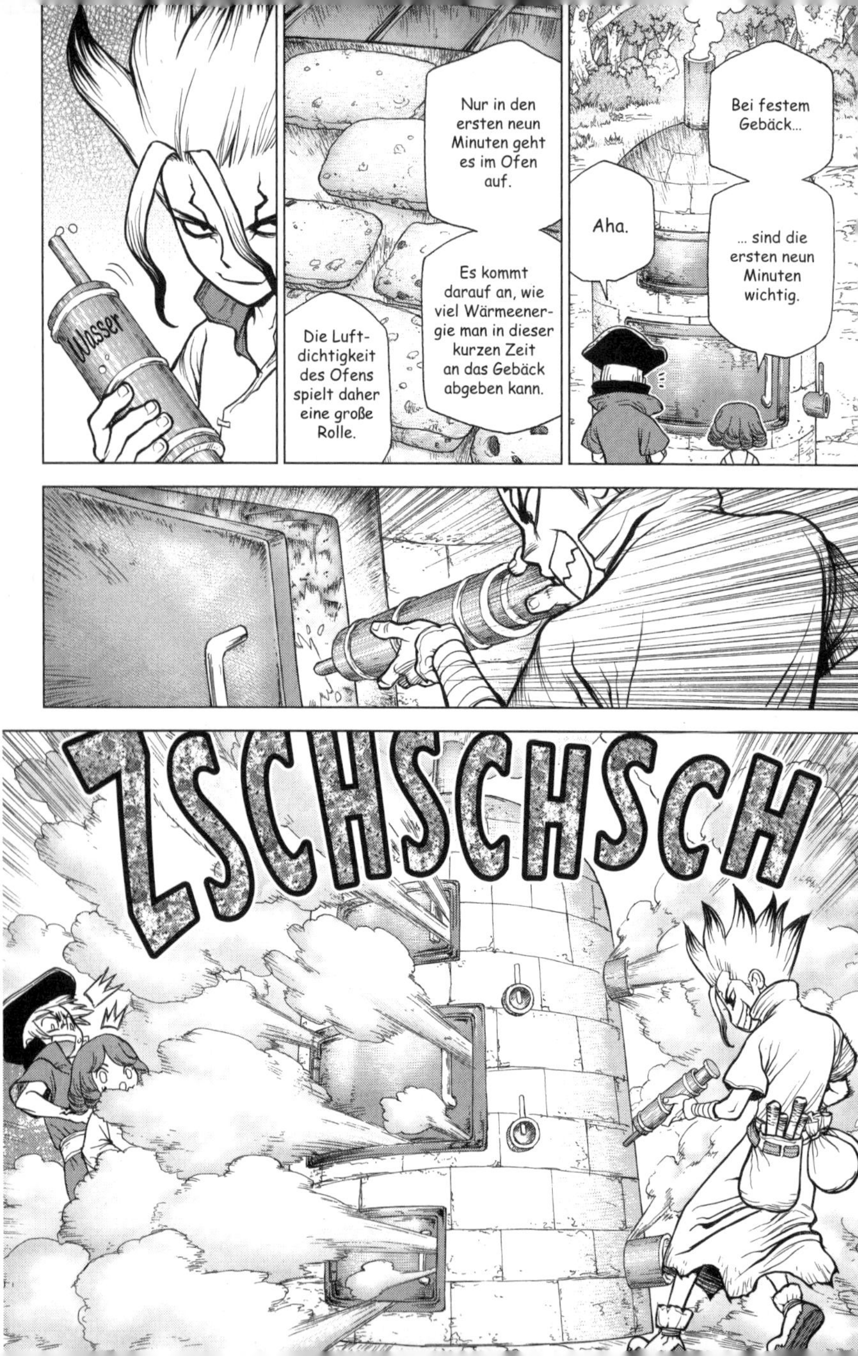

Bei festem Gebäck...
... sind die ersten neun Minuten wichtig.
Aha.
Nur in den ersten neun Minuten geht es im Ofen auf.
Es kommt darauf an, wie viel Wärmeenergie man in dieser kurzen Zeit an das Gebäck abgeben kann.
Die Luftdichtigkeit des Ofens spielt daher eine große Rolle.
Wasser
ZSCHSCHSCH

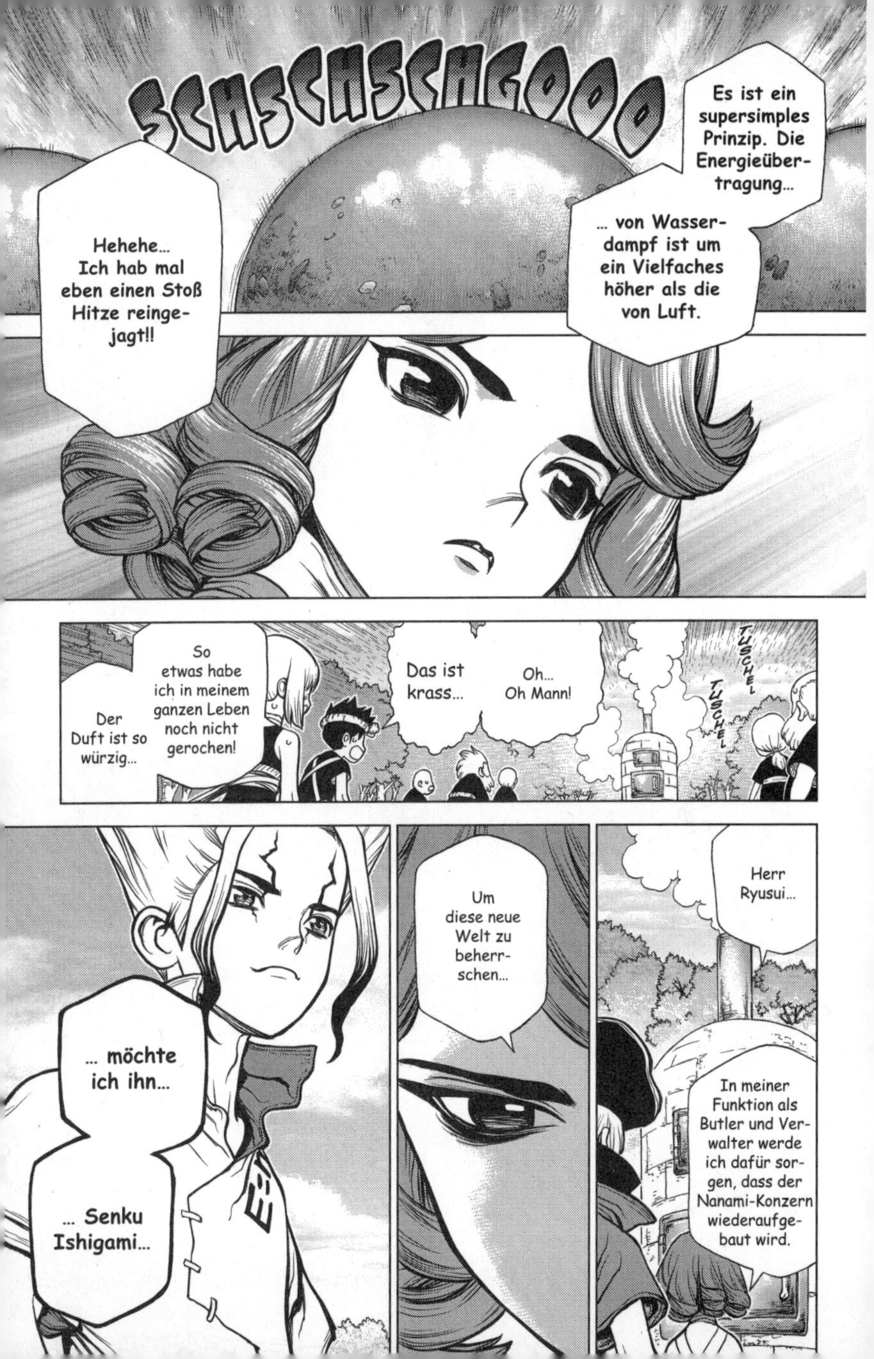
SCHSCHSCHGOOO
Es ist ein supersimples Prinzip. Die Energieübertragung…
… von Wasserdampf ist um ein Vielfaches höher als die von Luft.
Hehehe… Ich hab mal eben einen Stoß Hitze reingejagt!!
TUSCHEL
TUSCHEL
Oh… Oh Mann!
Das ist krass…
So etwas habe ich in meinem ganzen Leben noch nicht gerochen!
Der Duft ist so würzig…
Herr Ryusui…
In meiner Funktion als Butler und Verwalter werde ich dafür sorgen, dass der Nanami-Konzern wiederaufgebaut wird.
Um diese neue Welt zu beherrschen…
… möchte ich ihn…
… Senku Ishigami…

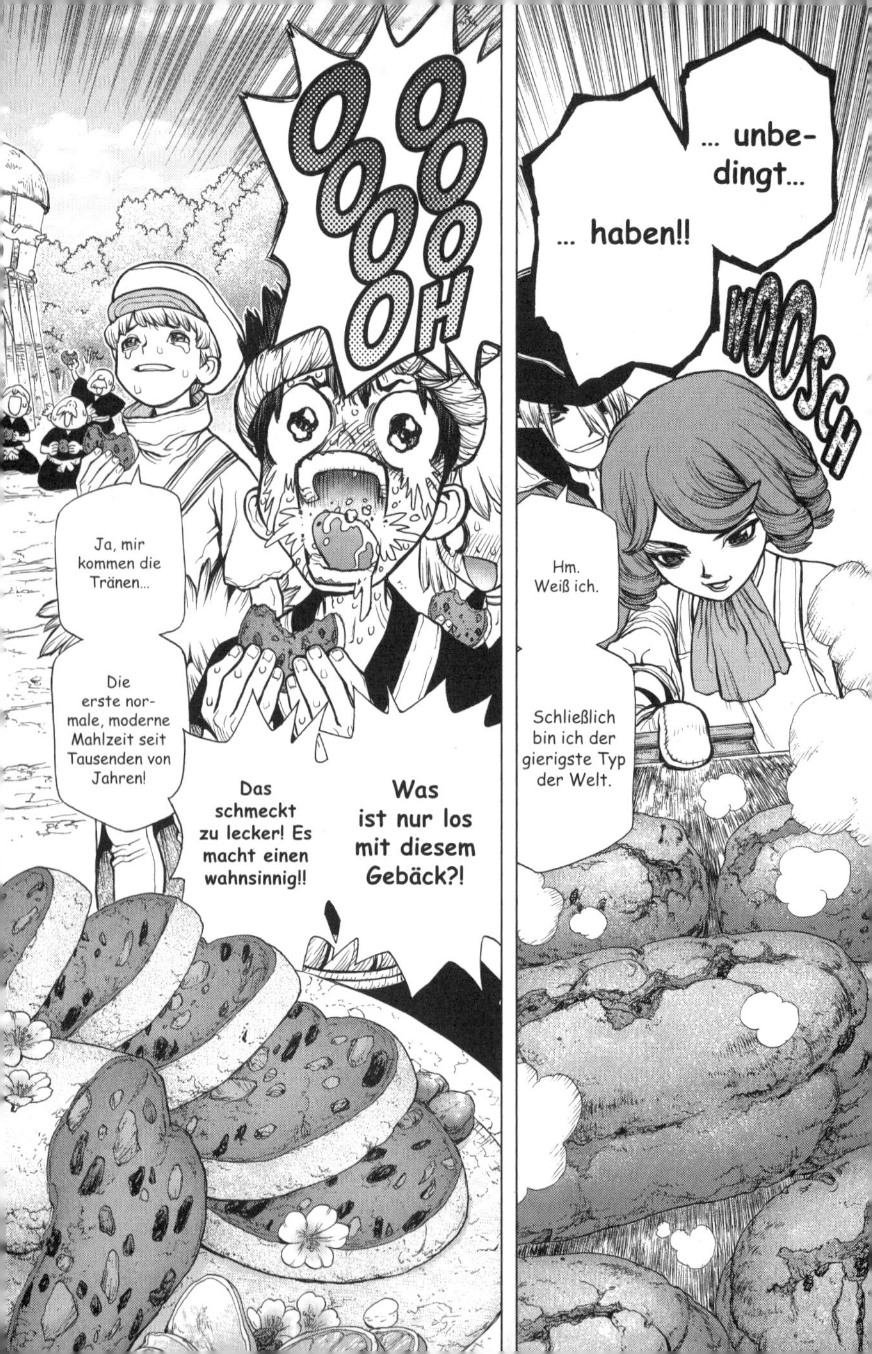
... unbe-
dingt...
... haben!!
WOOSCH
Hm.
Weiß ich.
Schließlich
bin ich der
gierigste Typ
der Welt.
OOOOOOOH
Ja, mir
kommen die
Tränen...
Die
erste nor-
male, moderne
Mahlzeit seit
Tausenden von
Jahren!
Was
ist nur los
mit diesem
Gebäck?!
Das
schmeckt
zu lecker! Es
macht einen
wahnsinnig!!

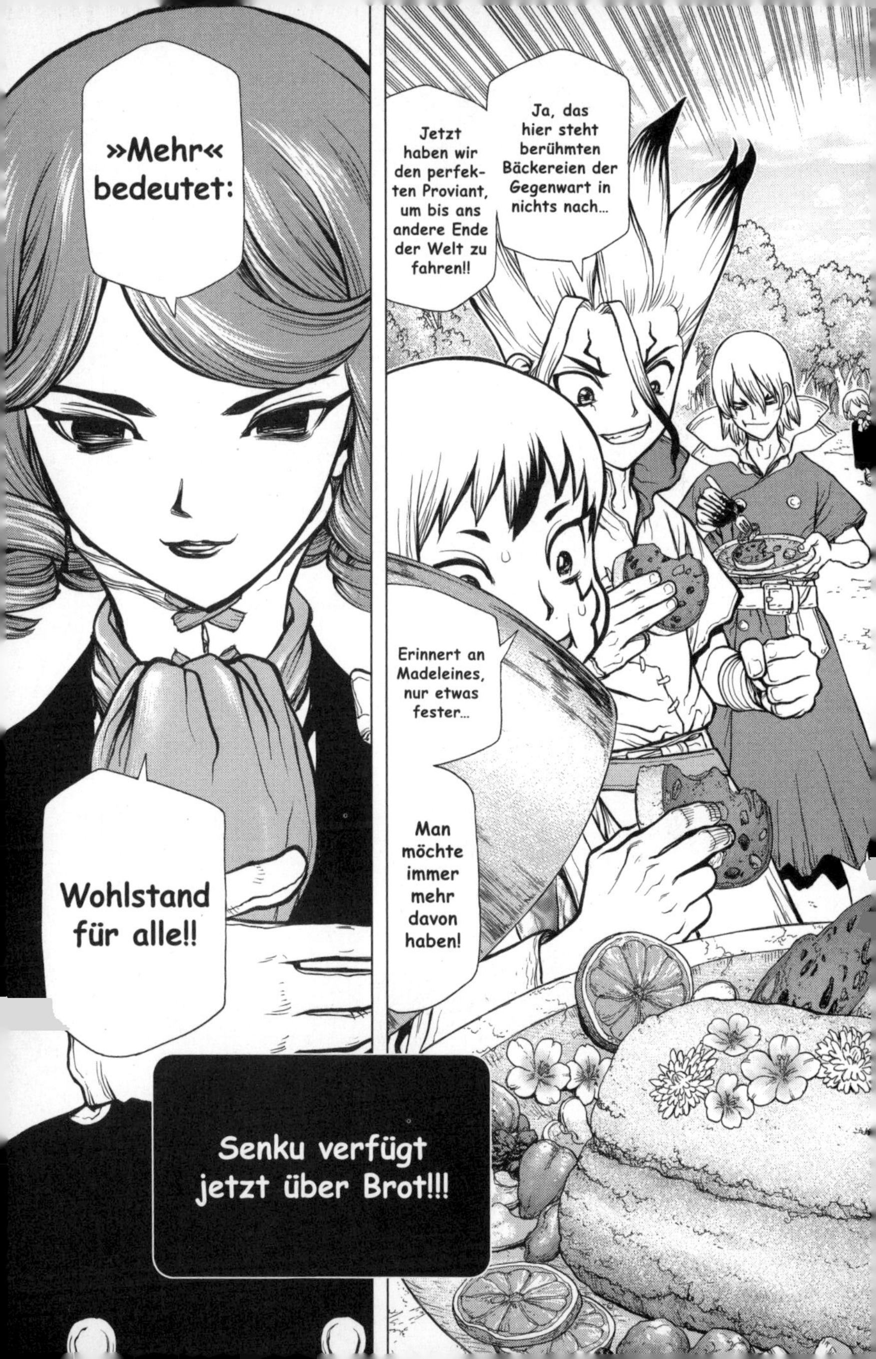
Ja, das hier steht berühmten Bäckereien der Gegenwart in nichts nach...
Jetzt haben wir den perfekten Proviant, um bis ans andere Ende der Welt zu fahren!!
Erinnert an Madeleines, nur etwas fester...
Man möchte immer mehr davon haben!
»Mehr« bedeutet:
Wohlstand für alle!!
Senku verfügt jetzt über Brot!!!

Königreich der Wissenschaft

# WORKER FILE 4

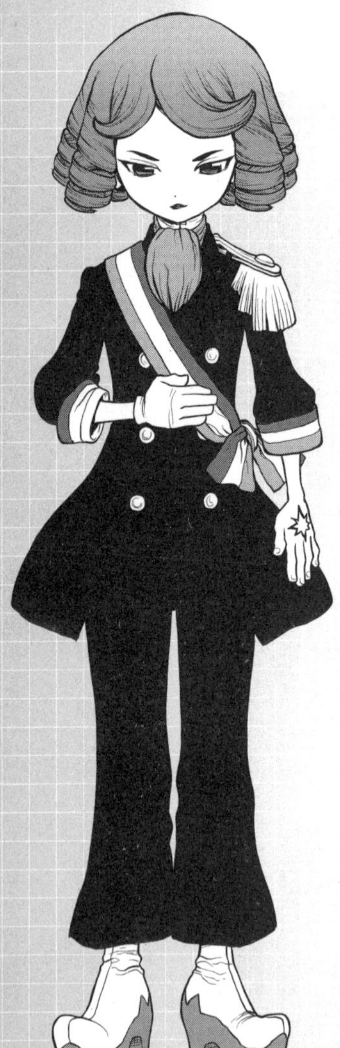

## Francois

| | |
|---|---|
| Kochen | ★★★★★ |
| Pflichterfüllung | ★★★★★ |
| Ausdauer | ★★★ |

**Name:**
**Wahrer Name unbekannt**

**Größe: 160 cm**

**Job im Königreich:**
**Koch, Butler**

Wahrer Name, Geschlecht und Alter sind unbekannt, aber eigentlich handelt es sich nicht wirklich um ein Rätsel. Ryusui interessiert sich nur nicht dafür.

Ist zierlich gebaut, zeigt aber nach außen keine Erschöpfung und wirkt daher sehr ausdauernd.

Ruht sich nur dann aus, wenn niemand guckt. Das gehört schließlich auch zur Arbeit. Für Francois ist das Haushalten mit seinen Kräften auch eine wichtige Aufgabe als Butler.

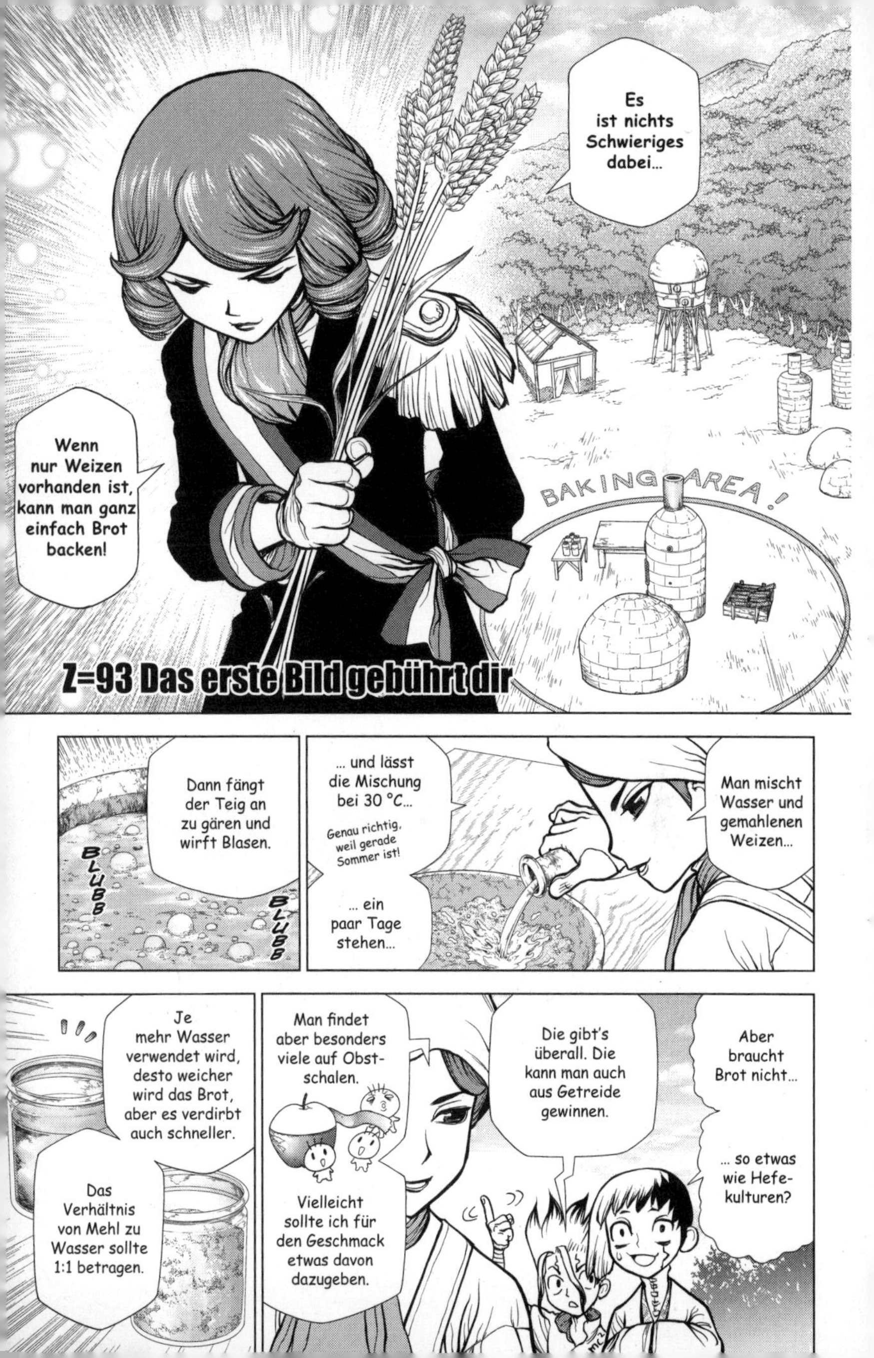
Es ist nichts Schwieriges dabei...
Wenn nur Weizen vorhanden ist, kann man ganz einfach Brot backen!
BAKING AREA!
Z=93 Das erste Bild gebührt dir
Man mischt Wasser und gemahlenen Weizen...
... und lässt die Mischung bei 30 °C...
Genau richtig, weil gerade Sommer ist!
... ein paar Tage stehen...
Dann fängt der Teig an zu gären und wirft Blasen.
BLUBB
BLUBB
Aber braucht Brot nicht...
... so etwas wie Hefe-kulturen?
Die gibt's überall. Die kann man auch aus Getreide gewinnen.
Man findet aber besonders viele auf Obst-schalen.
Vielleicht sollte ich für den Geschmack etwas davon dazugeben.
Je mehr Wasser verwendet wird, desto weicher wird das Brot, aber es verdirbt auch schneller.
Das Verhältnis von Mehl zu Wasser sollte 1:1 betragen.

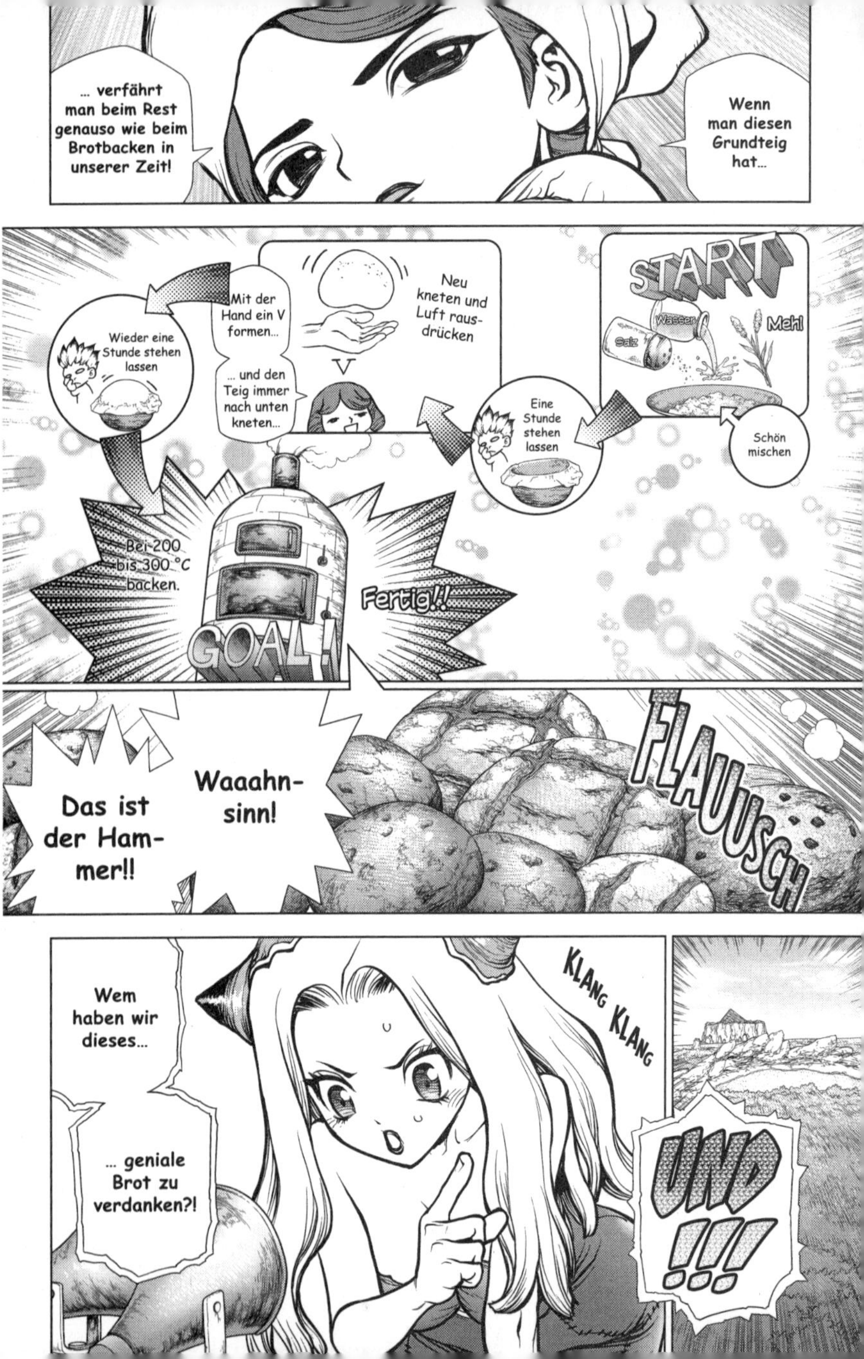
Wenn man diesen Grundteig hat...
... verfährt man beim Rest genauso wie beim Brotbacken in unserer Zeit!
START
Wasser
Salz
Mehl
Schön mischen
Eine Stunde stehen lassen
Neu kneten und Luft raus-drücken
Mit der Hand ein V formen...
... und den Teig immer nach unten kneten...
V
Wieder eine Stunde stehen lassen
Bei 200 bis 300 °C backen.
Fertig!!
GOAL!
FLAUUSCH
Waaahn-sinn!
Das ist der Ham-mer!!
KLANG KLANG
Wem haben wir dieses...
... geniale Brot zu verdanken?!
UND!!!

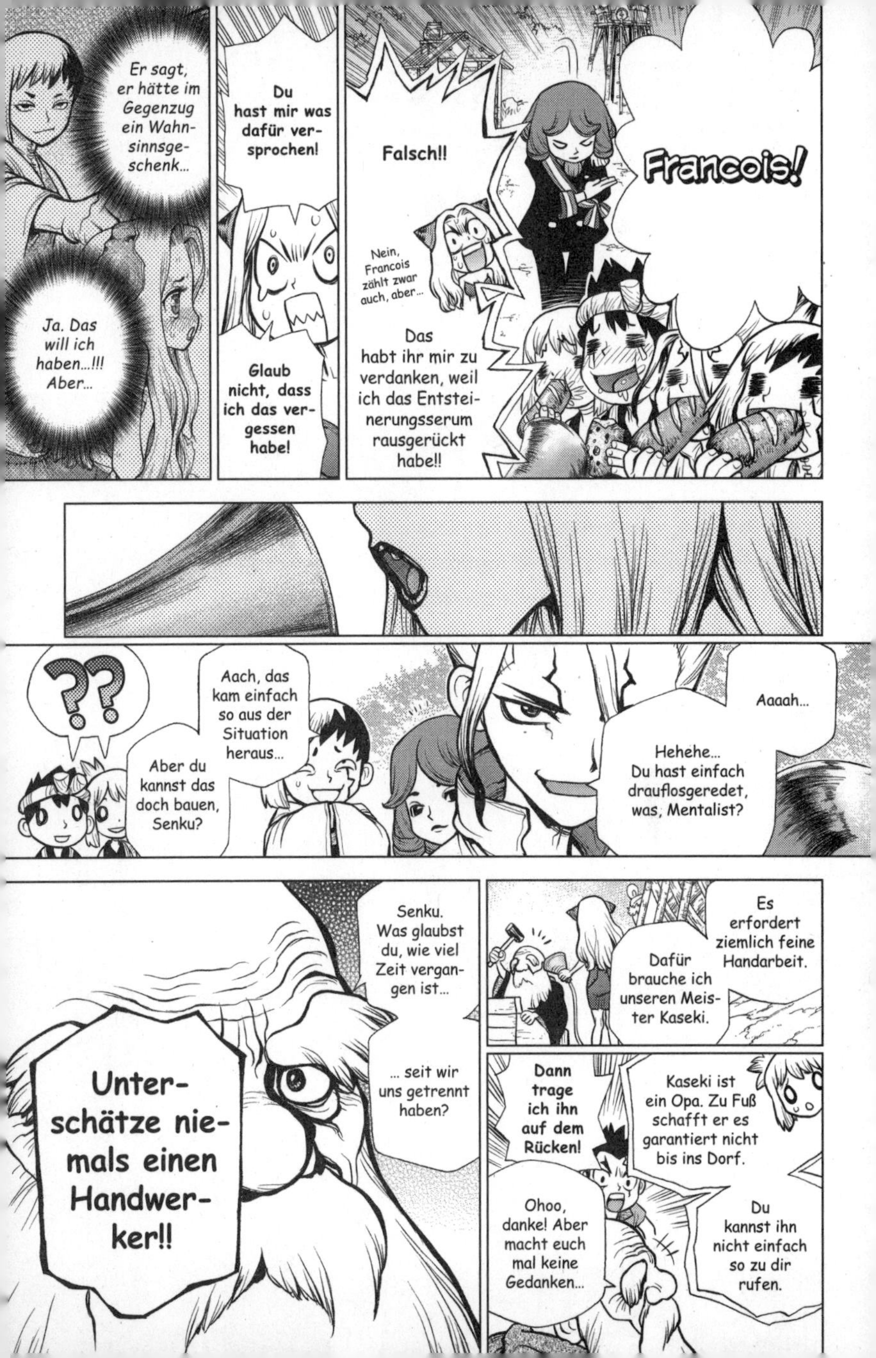

Francois!
Falsch!!
Das habt ihr mir zu verdanken, weil ich das Entsteinerungsserum rausgerückt habe!!
Nein, Francois zählt zwar auch, aber...
Du hast mir was dafür versprochen!
Glaub nicht, dass ich das vergessen habe!
Er sagt, er hätte im Gegenzug ein Wahnsinnsgeschenk...
Ja. Das will ich haben...!!! Aber...
Aaaah...
Hehehe... Du hast einfach drauflosgeredet, was, Mentalist?
Aach, das kam einfach so aus der Situation heraus...
Aber du kannst das doch bauen, Senku?
??
Es erfordert ziemlich feine Handarbeit.
Dafür brauche ich unseren Meister Kaseki.
Kaseki ist ein Opa. Zu Fuß schafft er es garantiert nicht bis ins Dorf.
Dann trage ich ihn auf dem Rücken!
Du kannst ihn nicht einfach so zu dir rufen.
Ohoo, danke! Aber macht euch mal keine Gedanken...
Senku. Was glaubst du, wie viel Zeit vergangen ist...
... seit wir uns getrennt haben?
Unterschätze niemals einen Handwerker!!

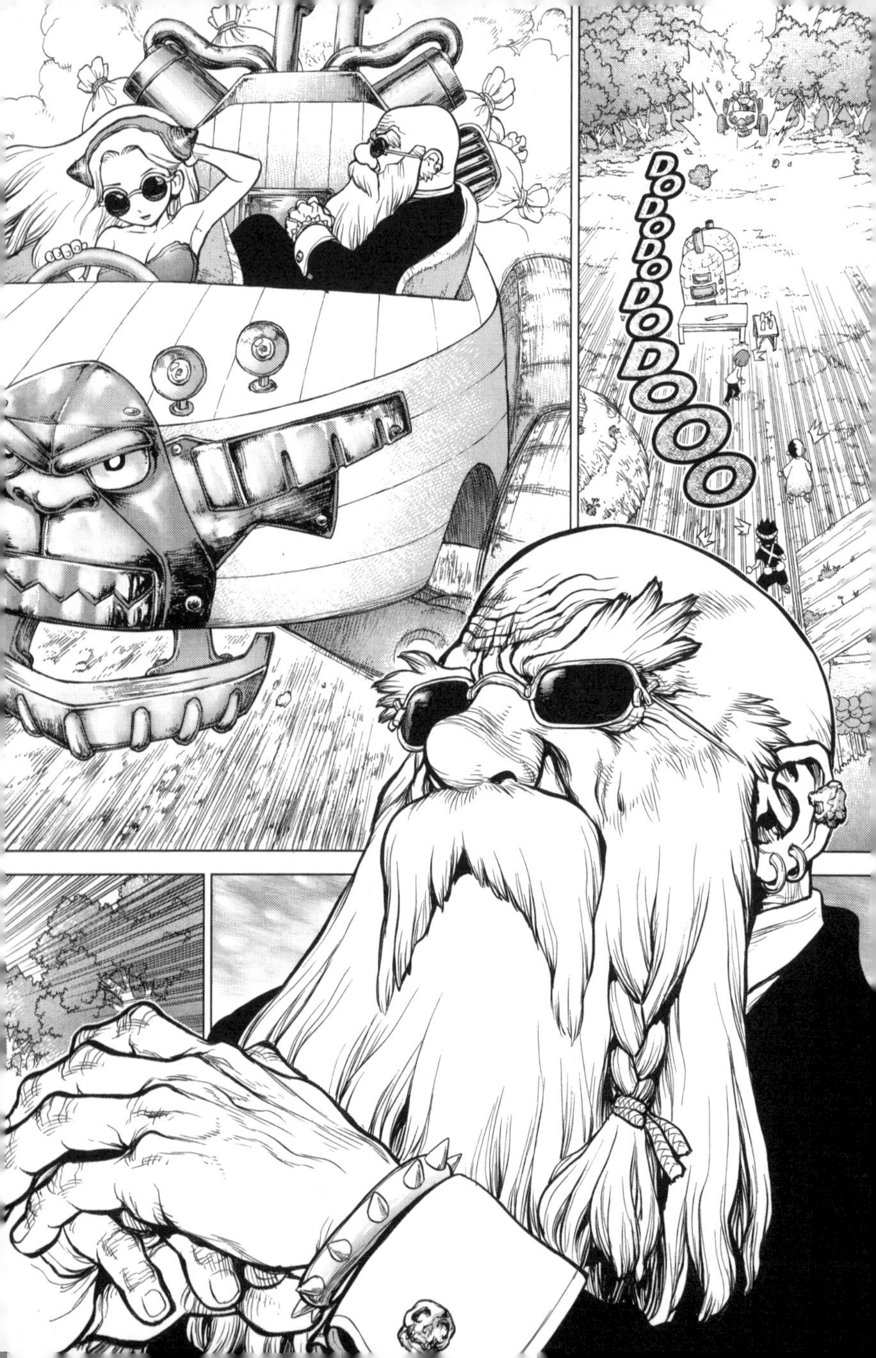
DODODODODOOOO

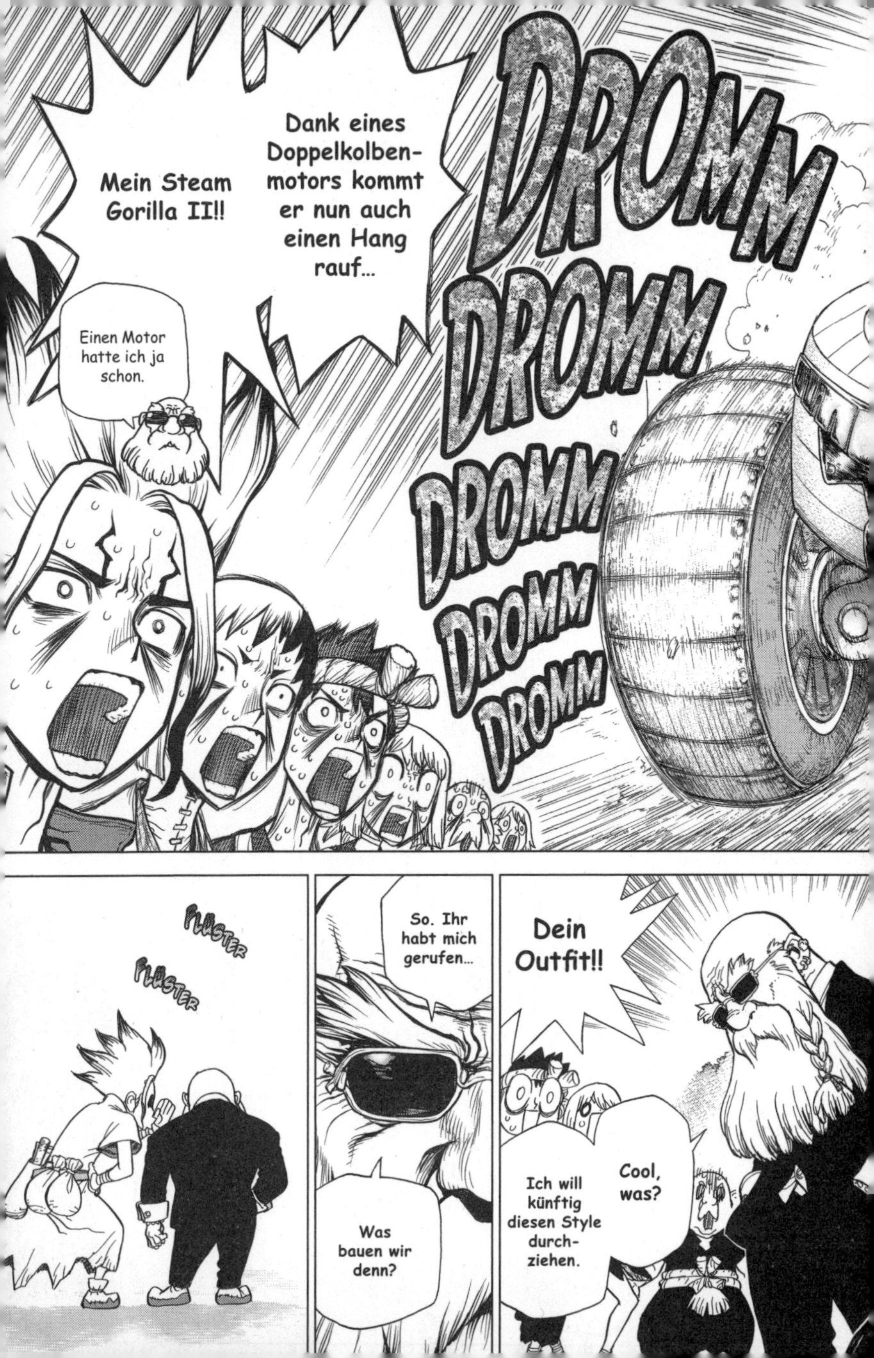
Dank eines Doppelkolben-motors kommt er nun auch einen Hang rauf...
Mein Steam Gorilla II!!
Einen Motor hatte ich ja schon.
DROMM DROMM DROMM DROMM DROMM
FLÜSTER
FLÜSTER
So. Ihr habt mich gerufen...
Was bauen wir denn?
Dein Outfit!!
Cool, was?
Ich will künftig diesen Style durch-ziehen.

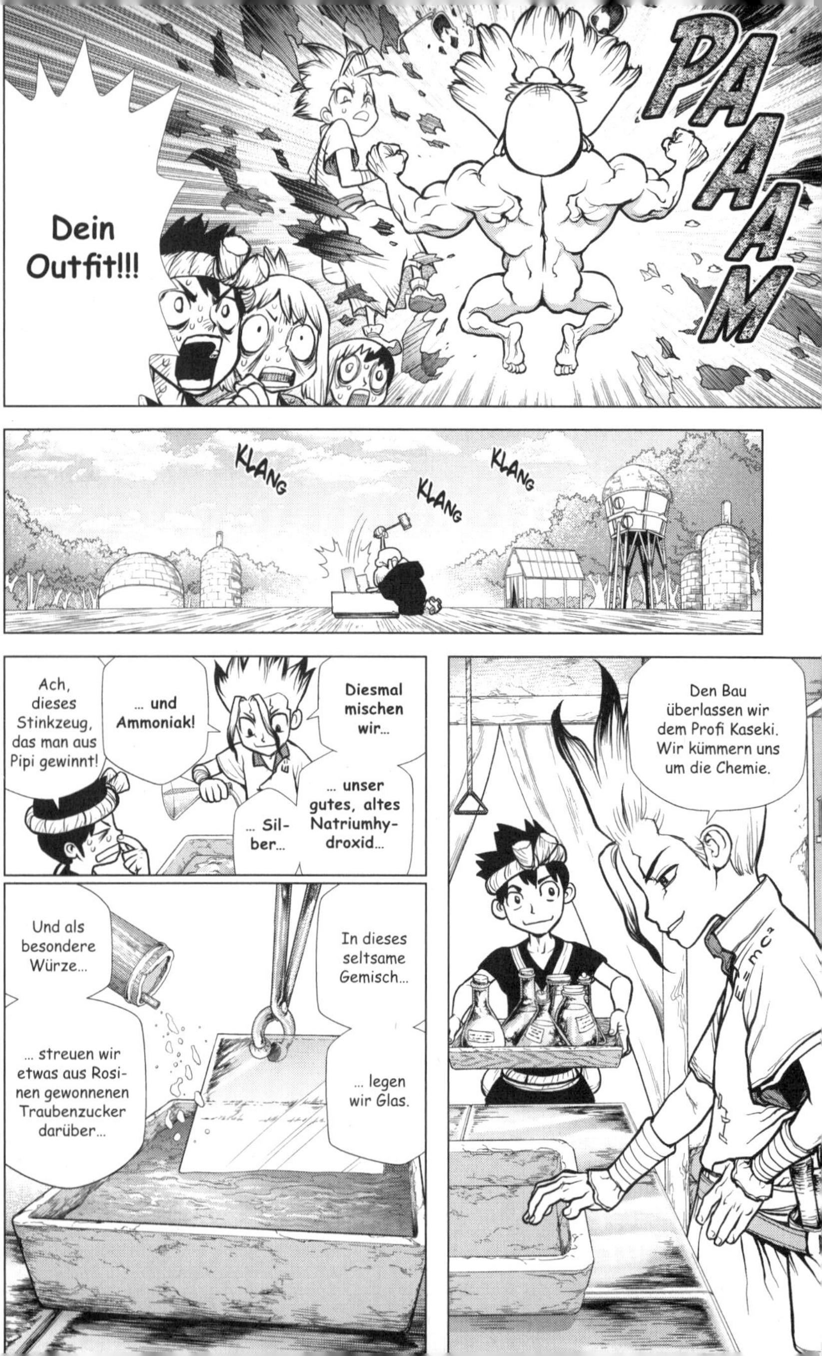
PAAAM
Dein Outfit!!!
KLANG
KLANG
KLANG
Den Bau überlassen wir dem Profi Kaseki. Wir kümmern uns um die Chemie.
Diesmal mischen wir...
... unser gutes, altes Natriumhydroxid...
... Silber...
... und Ammoniak!
Ach, dieses Stinkzeug, das man aus Pipi gewinnt!
In dieses seltsame Gemisch...
... legen wir Glas.
Und als besondere Würze...
... streuen wir etwas aus Rosinen gewonnenen Traubenzucker darüber...

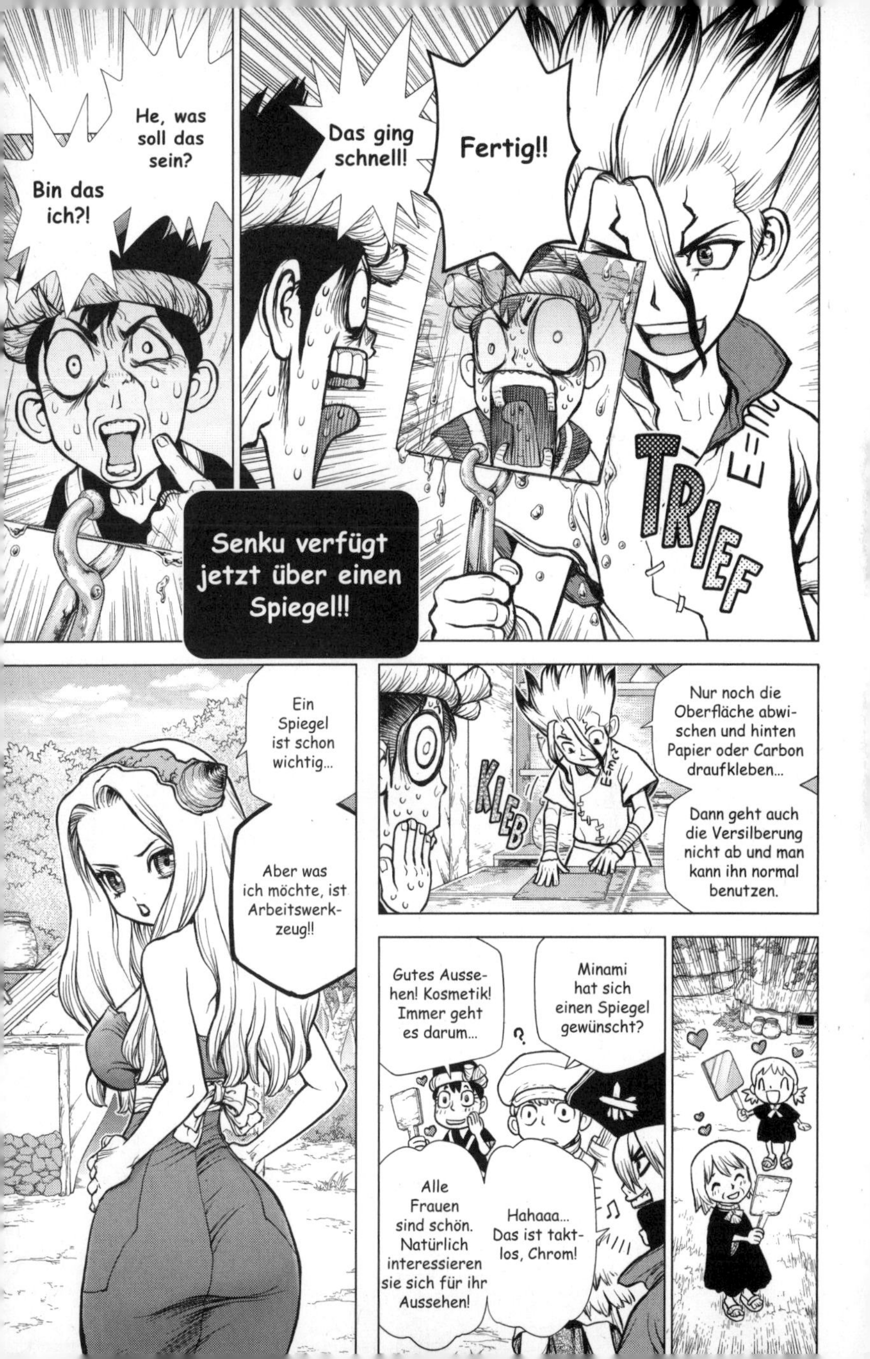
Fertig!!
Das ging schnell!
He, was soll das sein?
Bin das ich?!
TRIEF
Senku verfügt jetzt über einen Spiegel!!
Nur noch die Oberfläche abwischen und hinten Papier oder Carbon draufkleben...
Dann geht auch die Versilberung nicht ab und man kann ihn normal benutzen.
KLEB
Minami hat sich einen Spiegel gewünscht?
Gutes Aussehen! Kosmetik! Immer geht es darum...
Hahaaa... Das ist taktlos, Chrom!
Alle Frauen sind schön. Natürlich interessieren sie sich für ihr Aussehen!
Ein Spiegel ist schon wichtig...
Aber was ich möchte, ist Arbeitswerkzeug!!

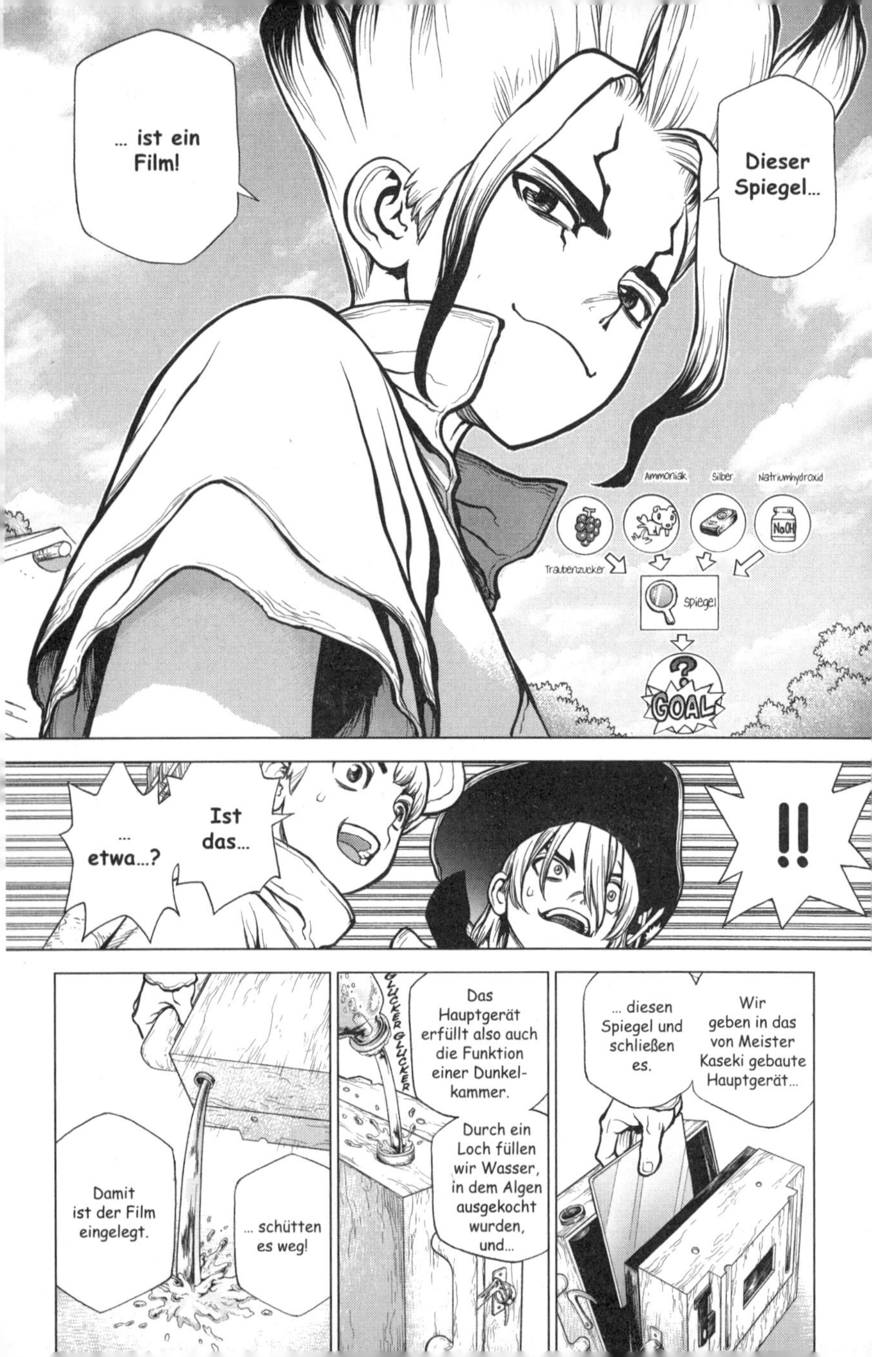
Dieser Spiegel...
... ist ein Film!
Ammoniak
Silber
Natriumhydroxid
NaOH
Traubenzucker
Spiegel
GOAL
!!
Ist das...
... etwa...?
Wir geben in das von Meister Kaseki gebaute Hauptgerät...
... diesen Spiegel und schließen es.
Das Hauptgerät erfüllt also auch die Funktion einer Dunkelkammer.
GLUCKER GLUCKER
Durch ein Loch füllen wir Wasser, in dem Algen ausgekocht wurden, und...
... schütten es weg!
Damit ist der Film eingelegt.

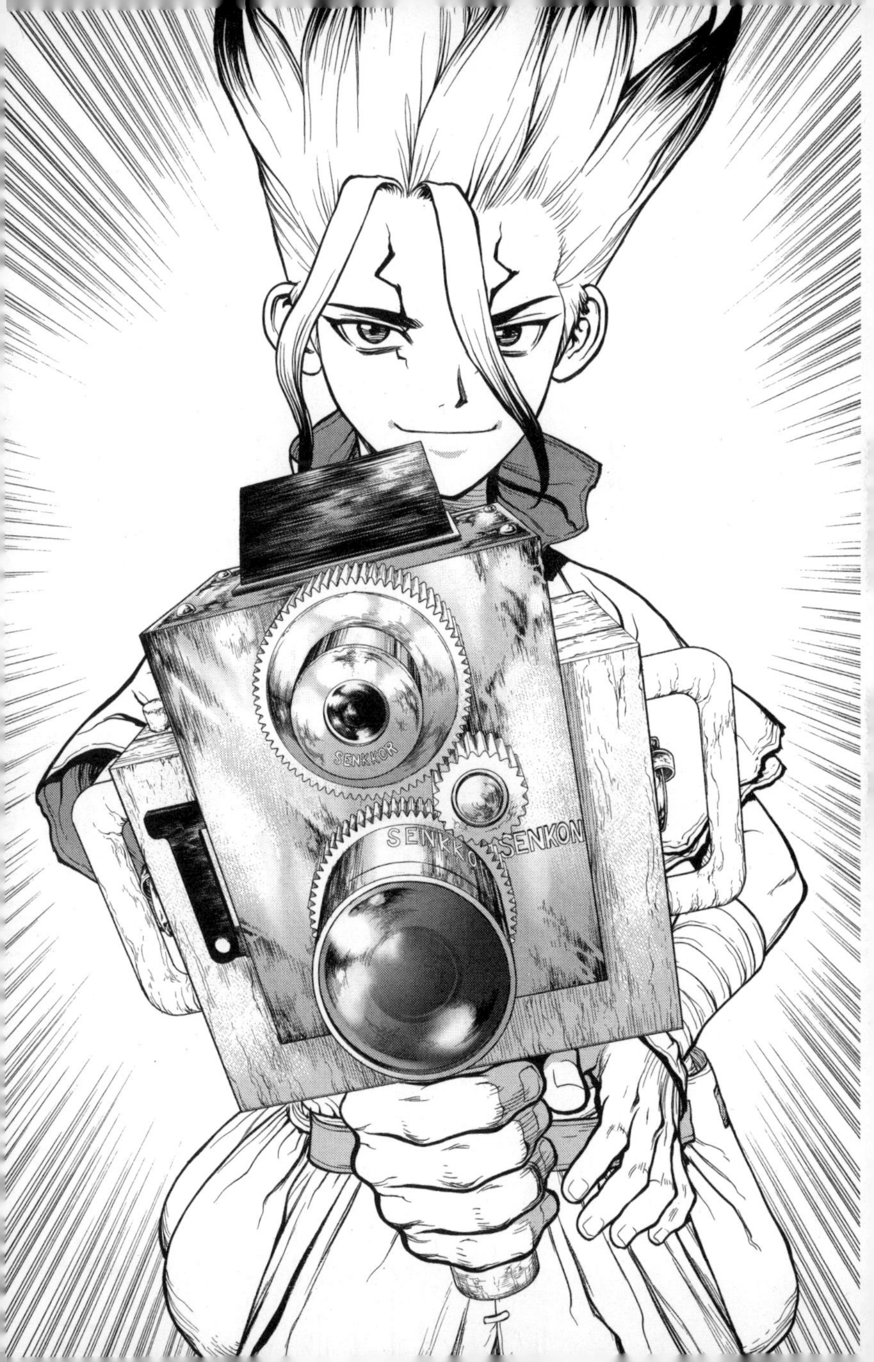
SENKKOR
SENKKO
SENKON

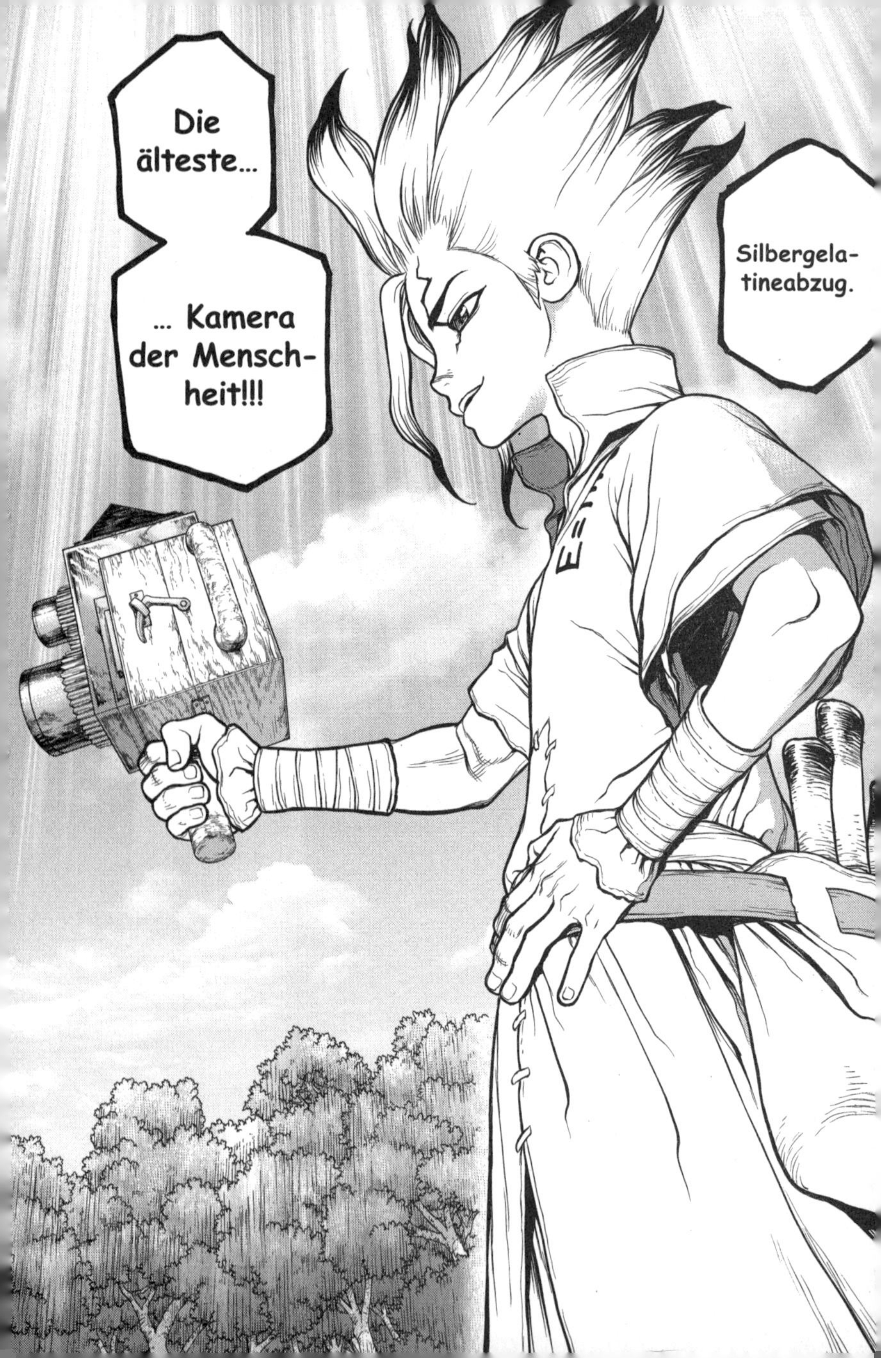
Silbergelatineabzug.
Die älteste...
... Kamera der Menschheit!!!

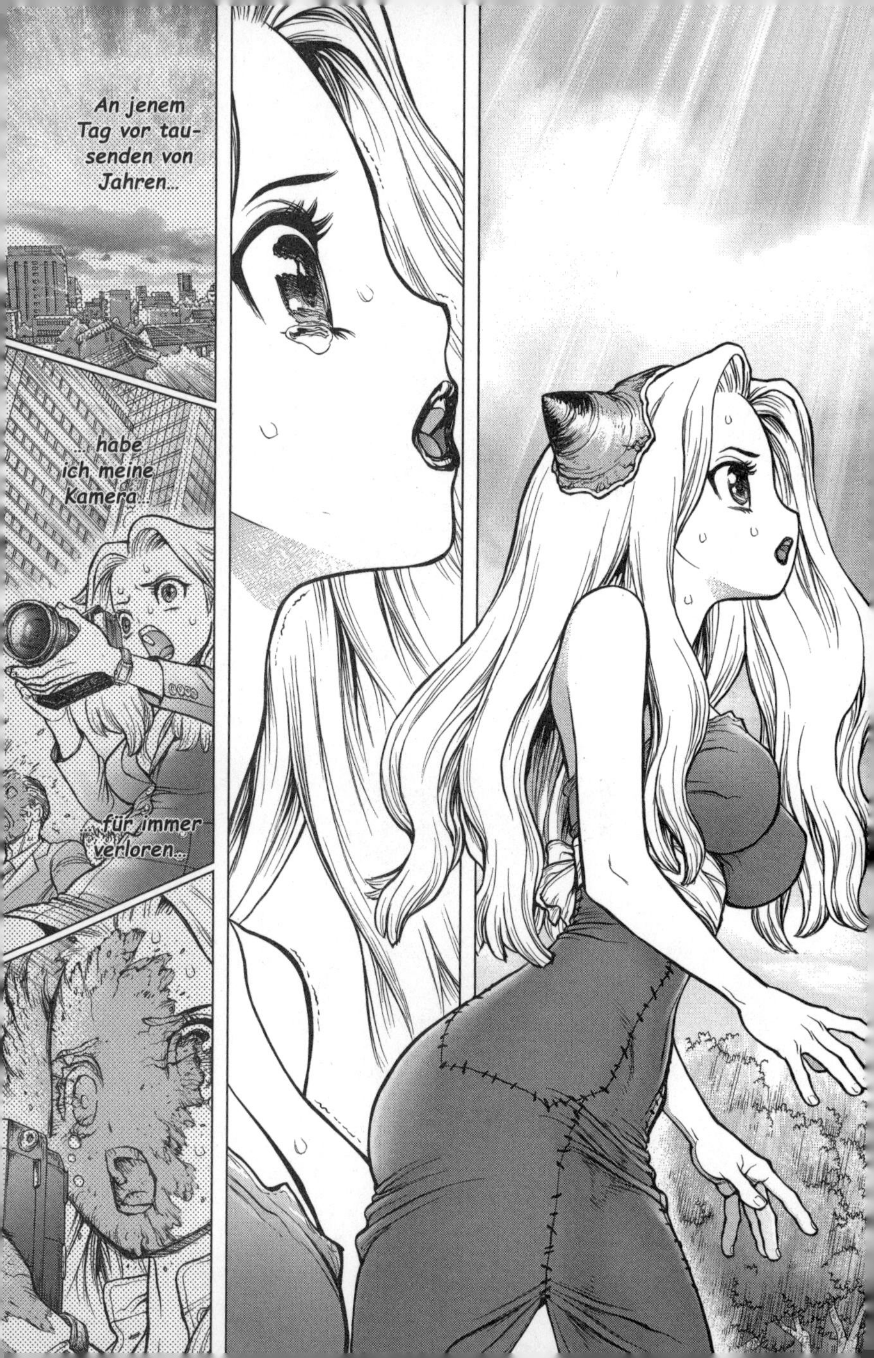

An jenem Tag vor tausenden von Jahren...
... habe ich meine Kamera...
... für immer verloren...

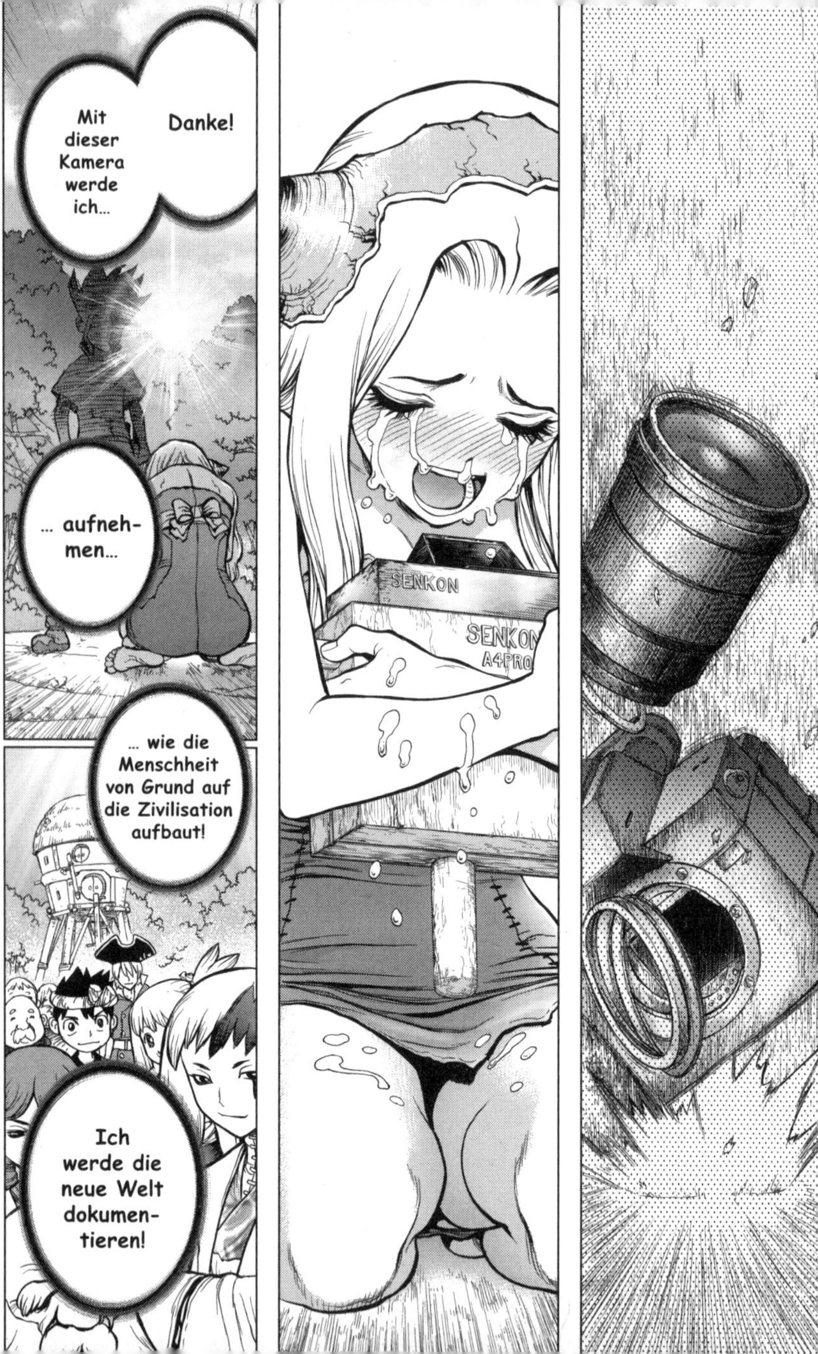
Mit dieser Kamera werde ich...
Danke!
... aufnehmen...
... wie die Menschheit von Grund auf die Zivilisation aufbaut!
Ich werde die neue Welt dokumentieren!
SENKON
SENKON A4PRO

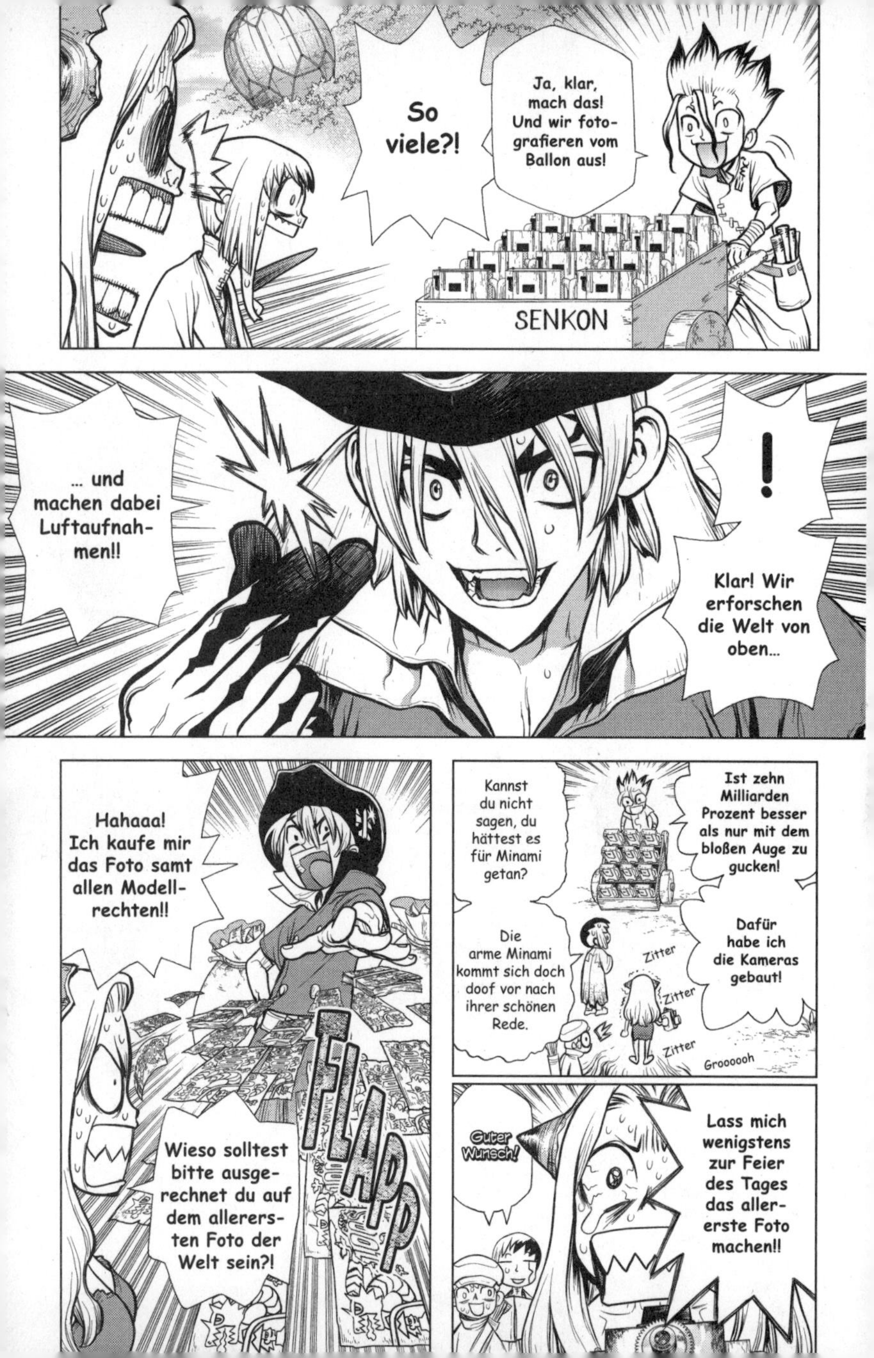

Ja, klar, mach das! Und wir fotografieren vom Ballon aus!
So viele?!
SENKON
!
Klar! Wir erforschen die Welt von oben...
... und machen dabei Luftaufnahmen!!
Ist zehn Milliarden Prozent besser als nur mit dem bloßen Auge zu gucken!
Dafür habe ich die Kameras gebaut!
Kannst du nicht sagen, du hättest es für Minami getan?
Die arme Minami kommt sich doch doof vor nach ihrer schönen Rede.
Zitter
Zitter
Zitter
Groooooh
Lass mich wenigstens zur Feier des Tages das allererste Foto machen!!
Guter Wunsch!
Hahaaa! Ich kaufe mir das Foto samt allen Modellrechten!!
FLAPP
Wieso solltest bitte ausgerechnet du auf dem allerersten Foto der Welt sein?!

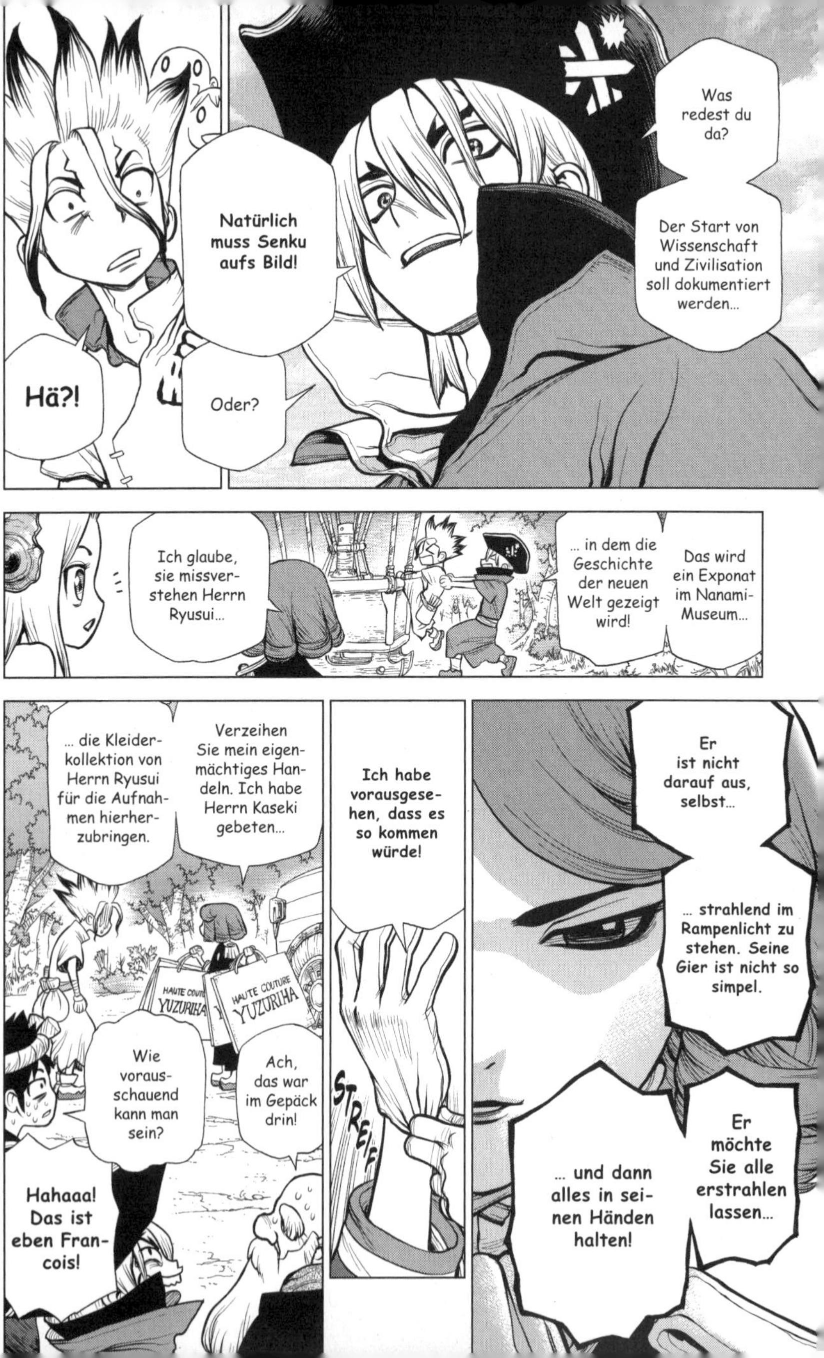

Was redest du da?
Der Start von Wissenschaft und Zivilisation soll dokumentiert werden...
Natürlich muss Senku aufs Bild!
Oder?
Hä?!
Das wird ein Exponat im Nanami-Museum...
... in dem die Geschichte der neuen Welt gezeigt wird!
Ich glaube, sie missverstehen Herrn Ryusui...
Er ist nicht darauf aus, selbst...
... strahlend im Rampenlicht zu stehen. Seine Gier ist nicht so simpel.
Er möchte Sie alle erstrahlen lassen...
... und dann alles in seinen Händen halten!
Ich habe vorausgesehen, dass es so kommen würde!
STREIF
Verzeihen Sie mein eigenmächtiges Handeln. Ich habe Herrn Kaseki gebeten...
... die Kleiderkollektion von Herrn Ryusui für die Aufnahmen hierherzubringen.
HAUTE COUTURE YUZURIHA
HAUTE COUTURE YUZURIHA
Ach, das war im Gepäck drin!
Wie vorausschauend kann man sein?
Hahaaa! Das ist eben Francois!

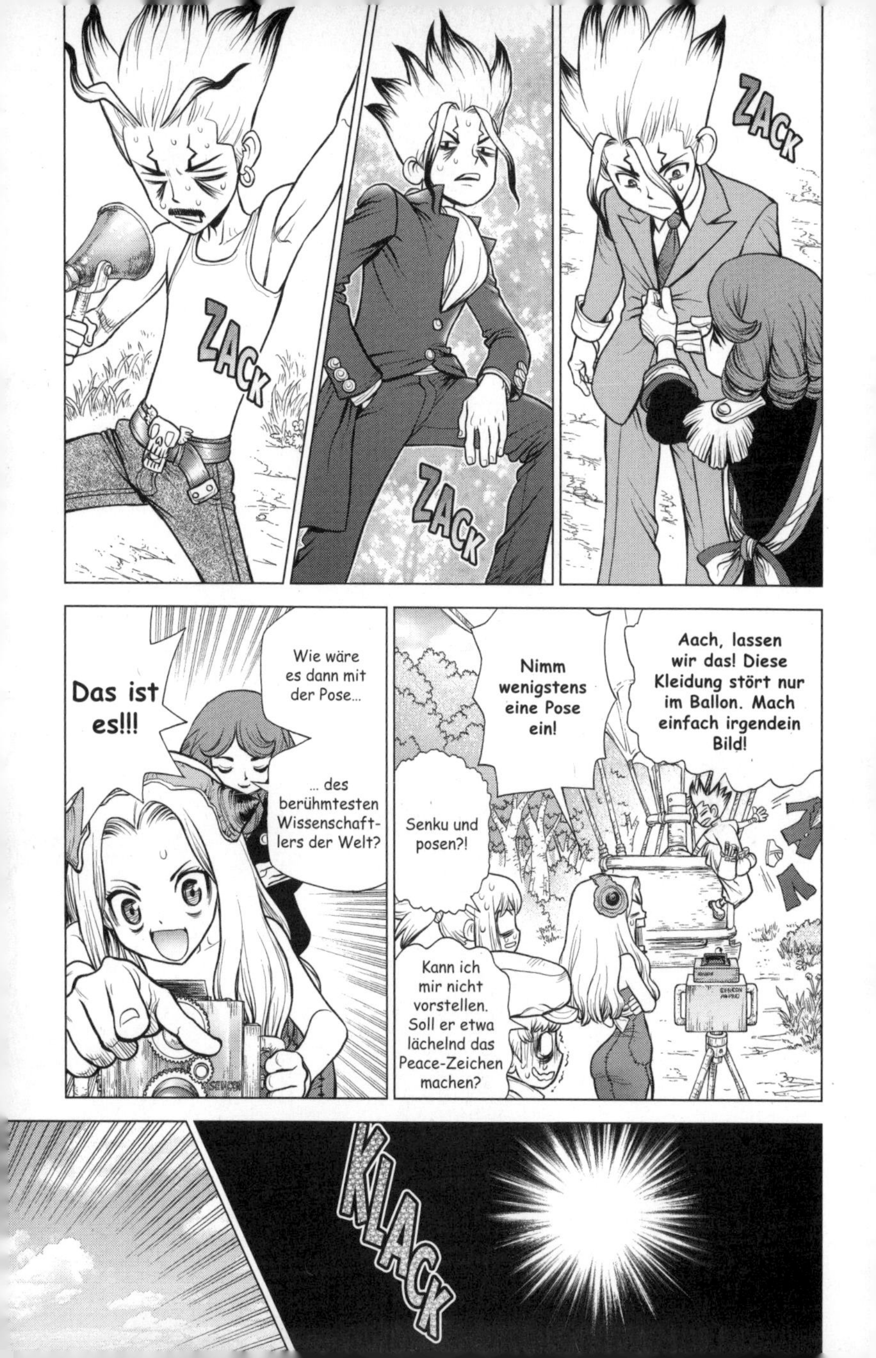
ZACK
ZACK
ZACK
Aach, lassen wir das! Diese Kleidung stört nur im Ballon. Mach einfach irgendein Bild!
Nimm wenigstens eine Pose ein!
Senku und posen?!
Kann ich mir nicht vorstellen. Soll er etwa lächelnd das Peace-Zeichen machen?
Wie wäre es dann mit der Pose...
... des berühmtesten Wissenschaftlers der Welt?
Das ist es!!!
KLACK

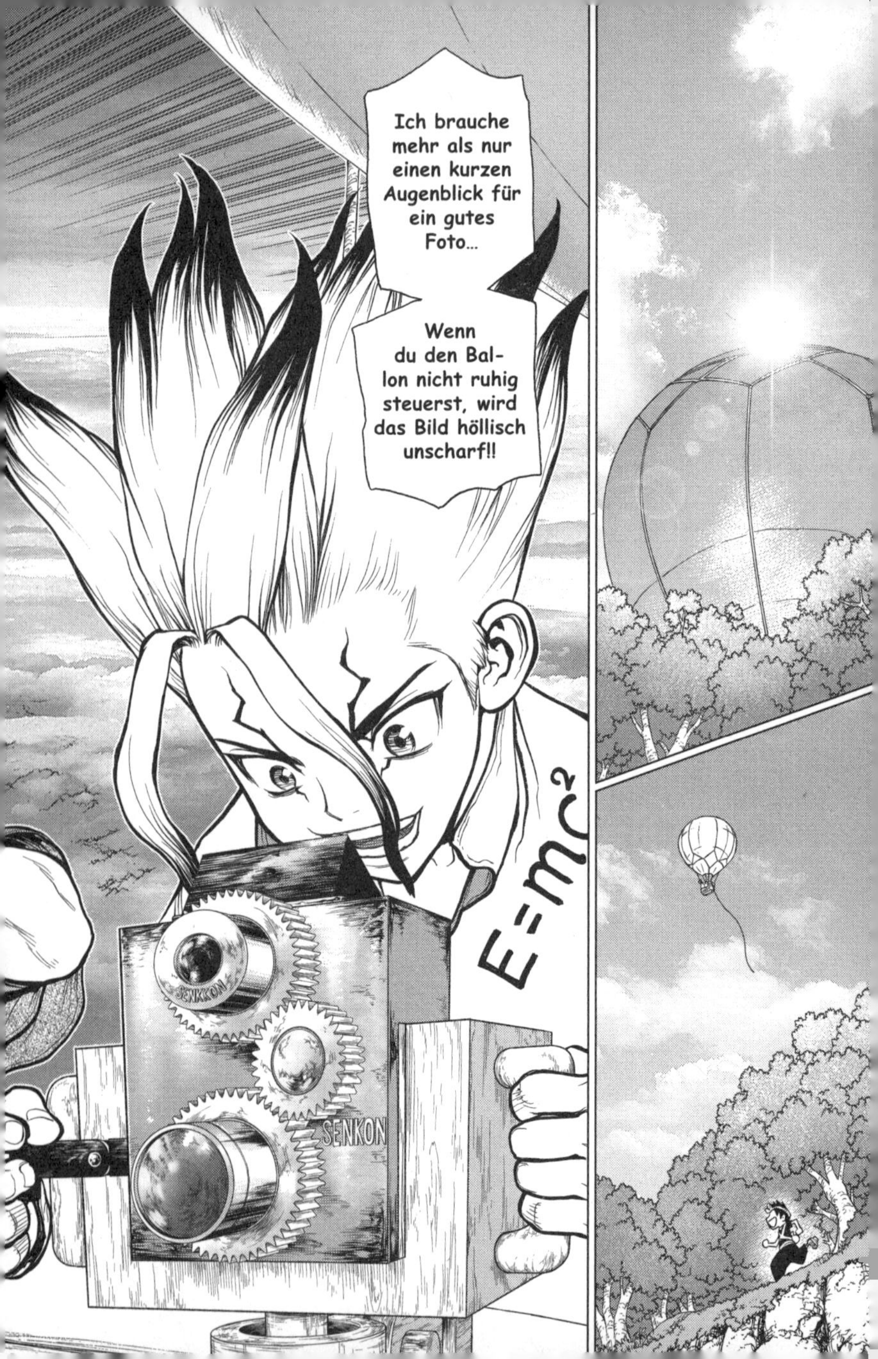
Ich brauche mehr als nur einen kurzen Augenblick für ein gutes Foto...
Wenn du den Ballon nicht ruhig steuerst, wird das Bild höllisch unscharf!!
E=mc²
SENKKON
SENKON

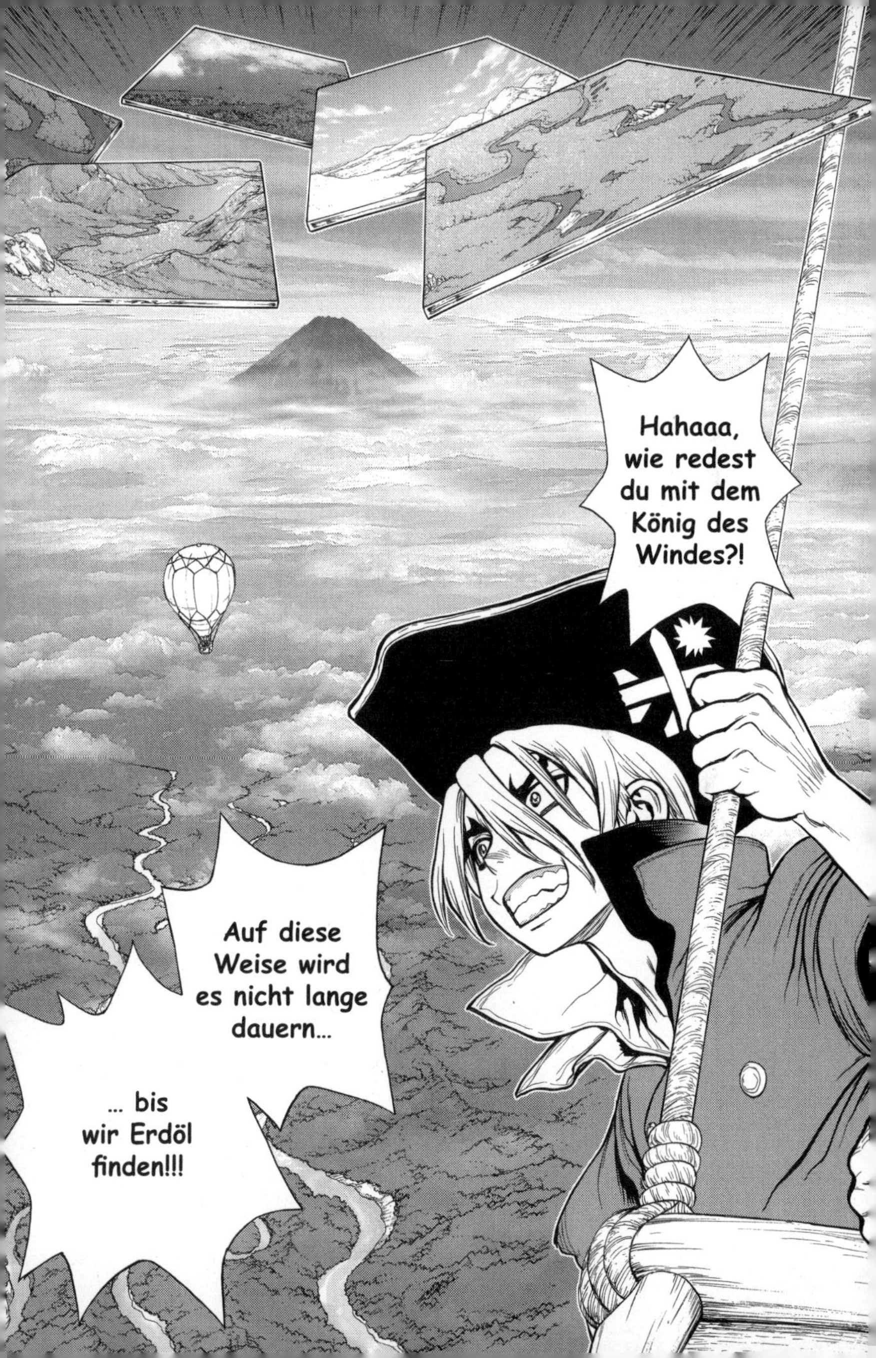
Hahaaa, wie redest du mit dem König des Windes?!
Auf diese Weise wird es nicht lange dauern...
... bis wir Erdöl finden!!!

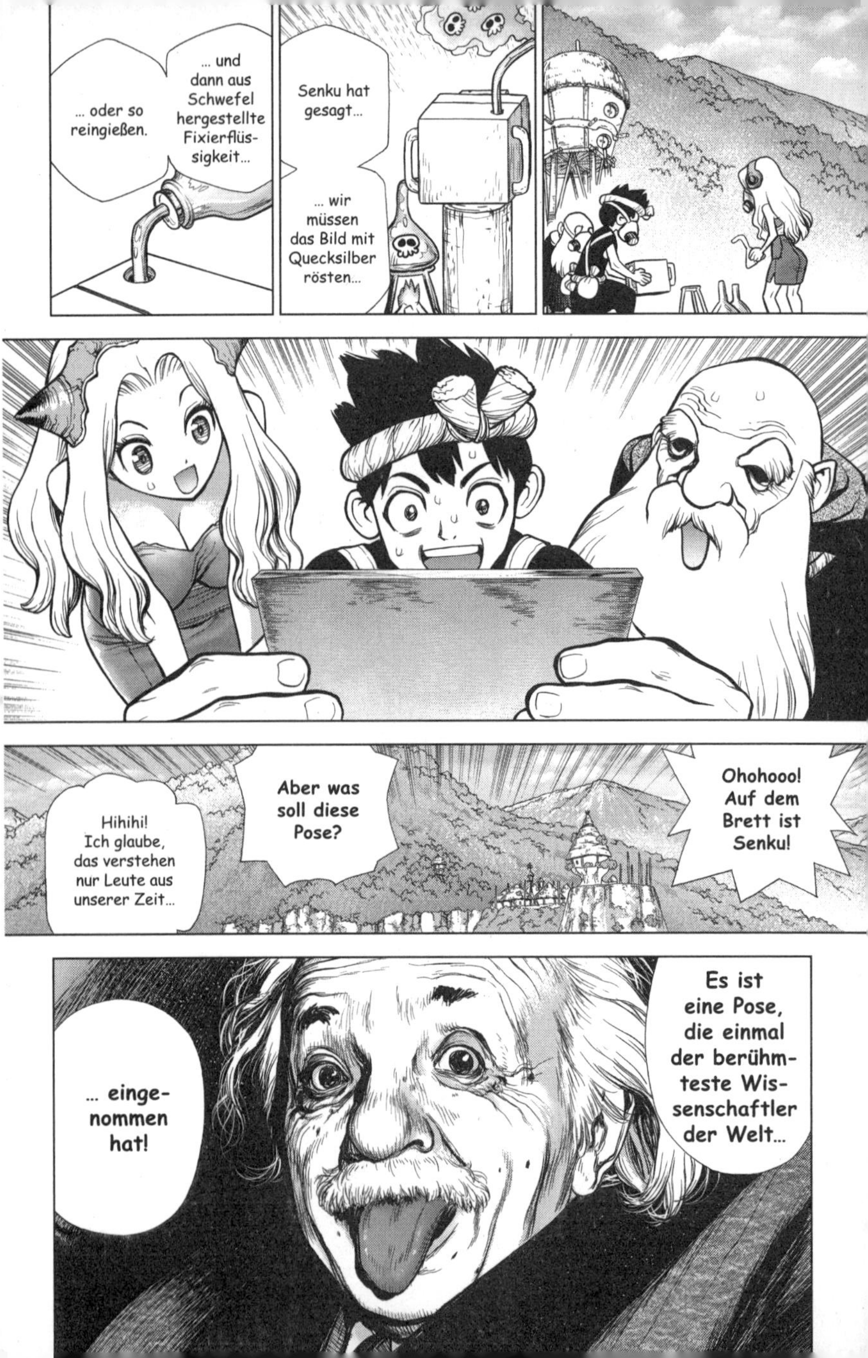
Senku hat gesagt...
... wir müssen das Bild mit Quecksilber rösten...
... und dann aus Schwefel hergestellte Fixierflüssigkeit...
... oder so reingießen.
Ohohooo! Auf dem Brett ist Senku!
Aber was soll diese Pose?
Hihihi! Ich glaube, das verstehen nur Leute aus unserer Zeit...
Es ist eine Pose, die einmal der berühmteste Wissenschaftler der Welt...
... eingenommen hat!

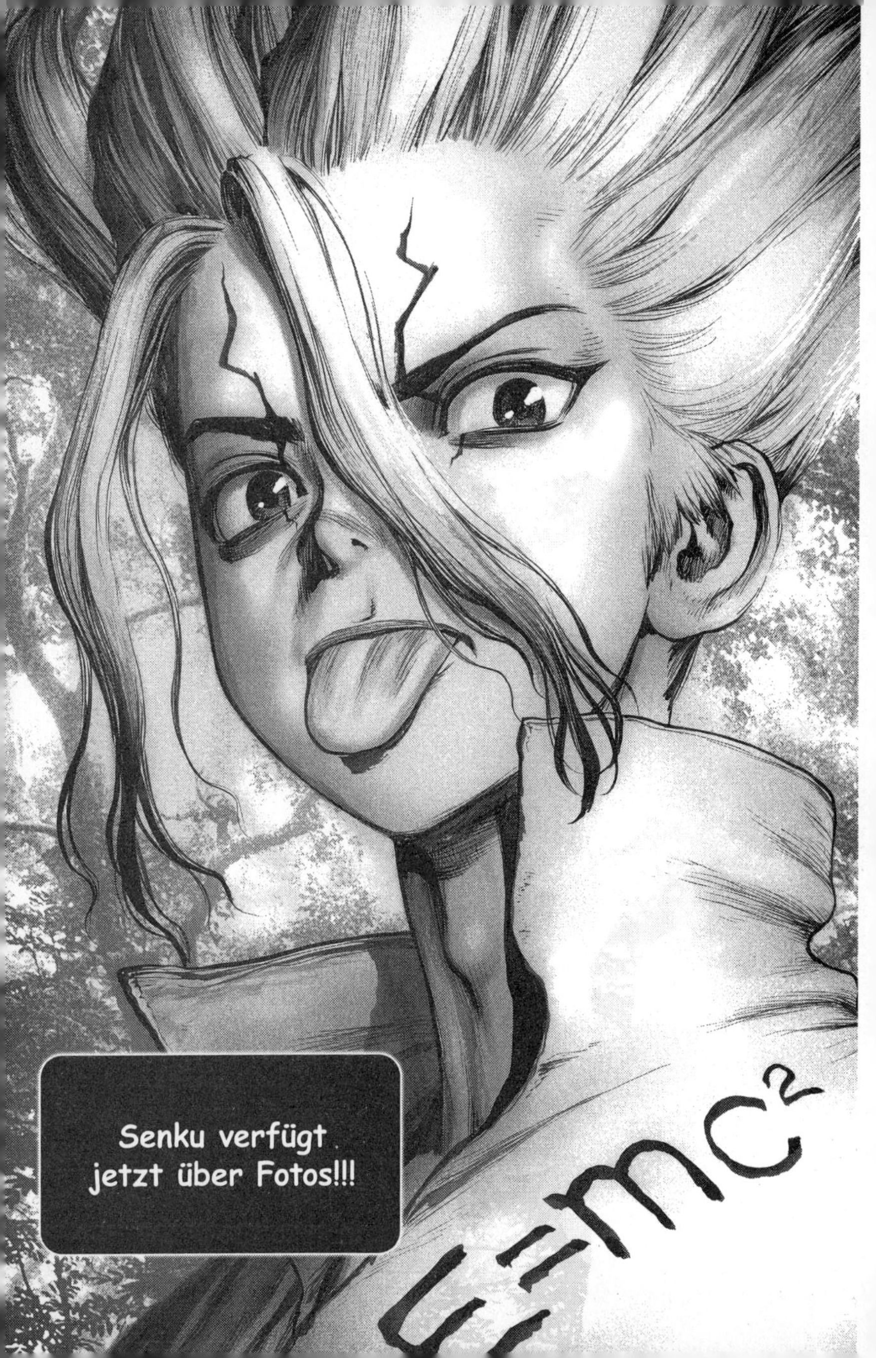
Senku verfügt jetzt über Fotos!!!

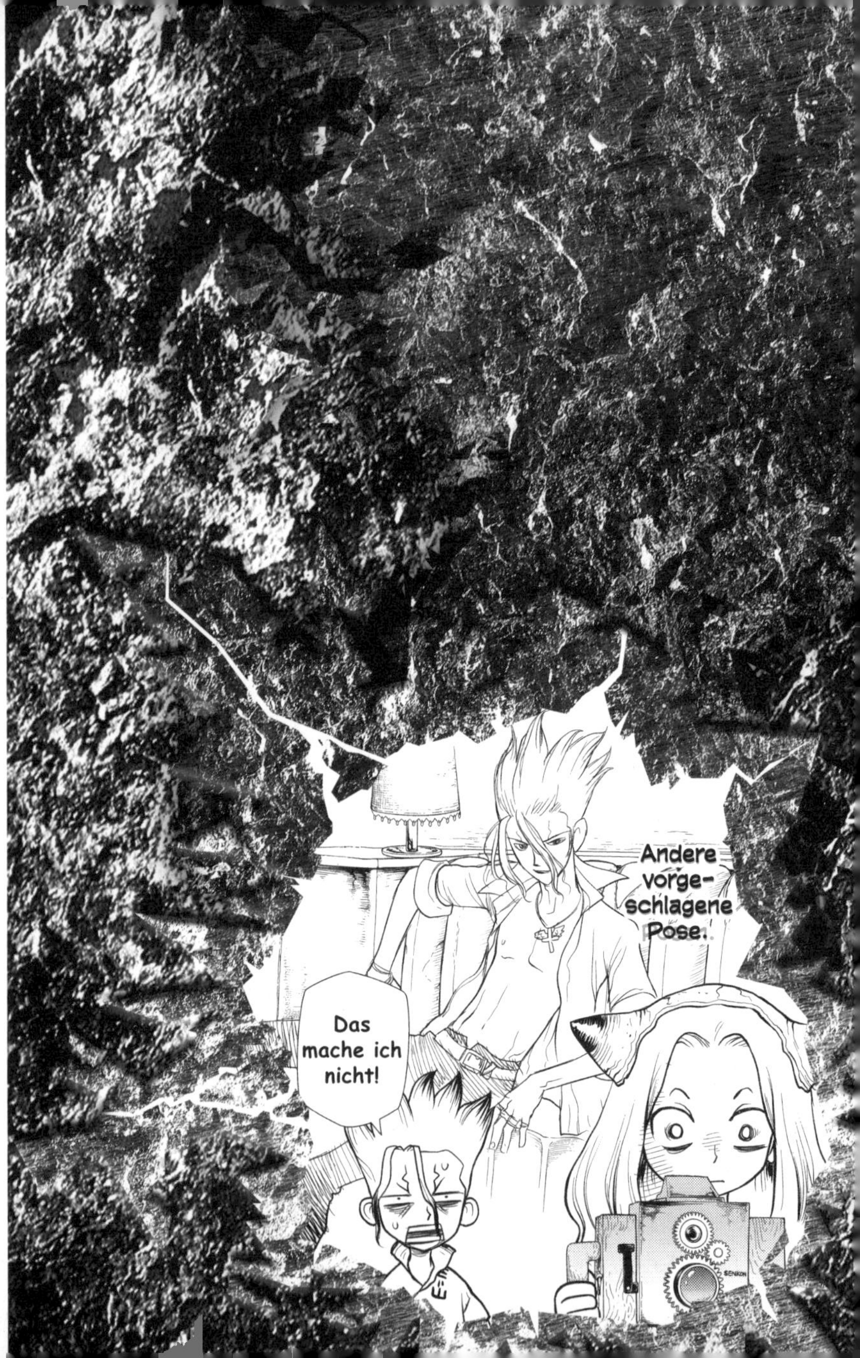
Andere vorge-schlagene Pose.
Das mache ich nicht!

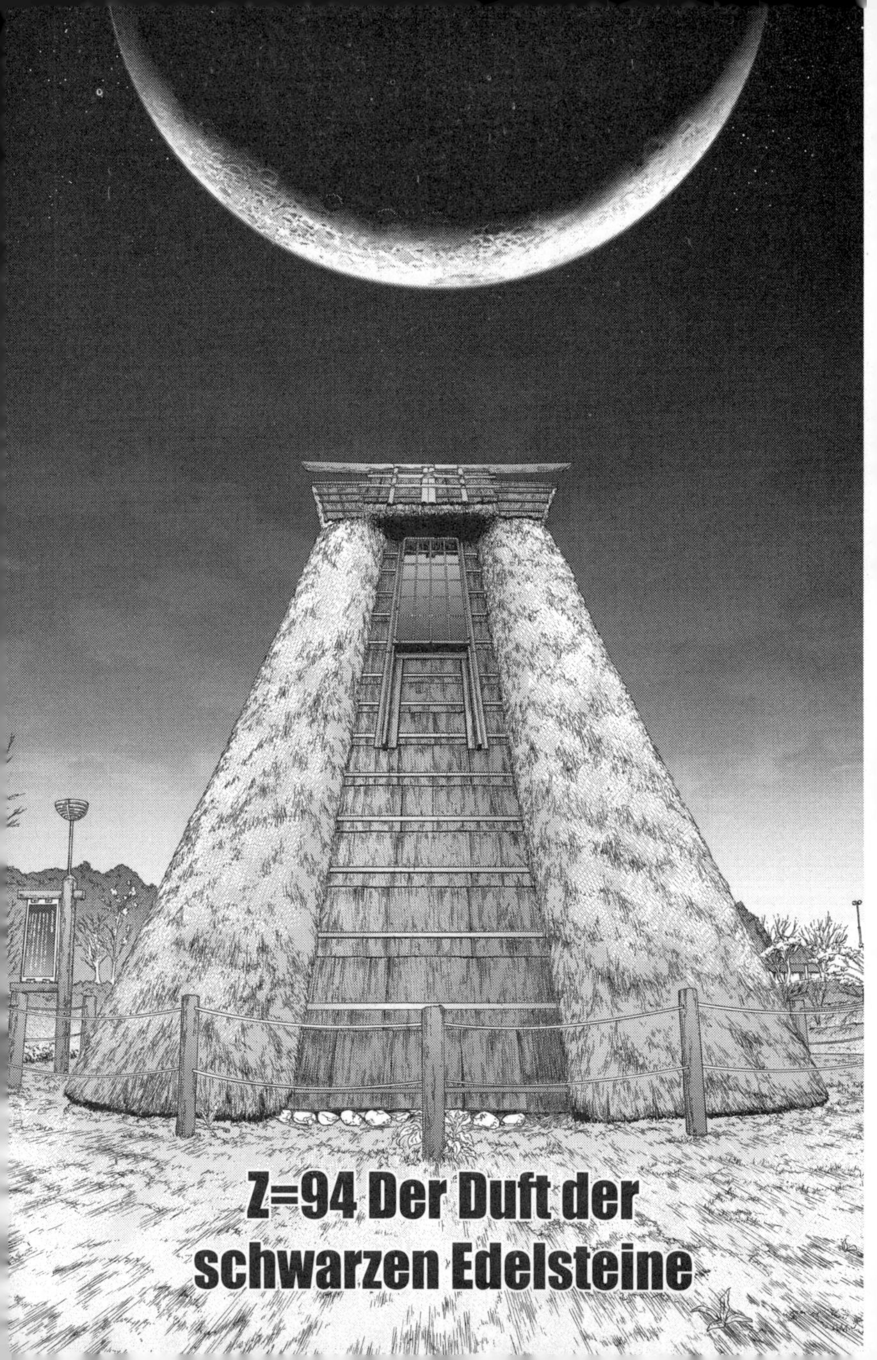
Z=94 Der Duft der
schwarzen Edelsteine

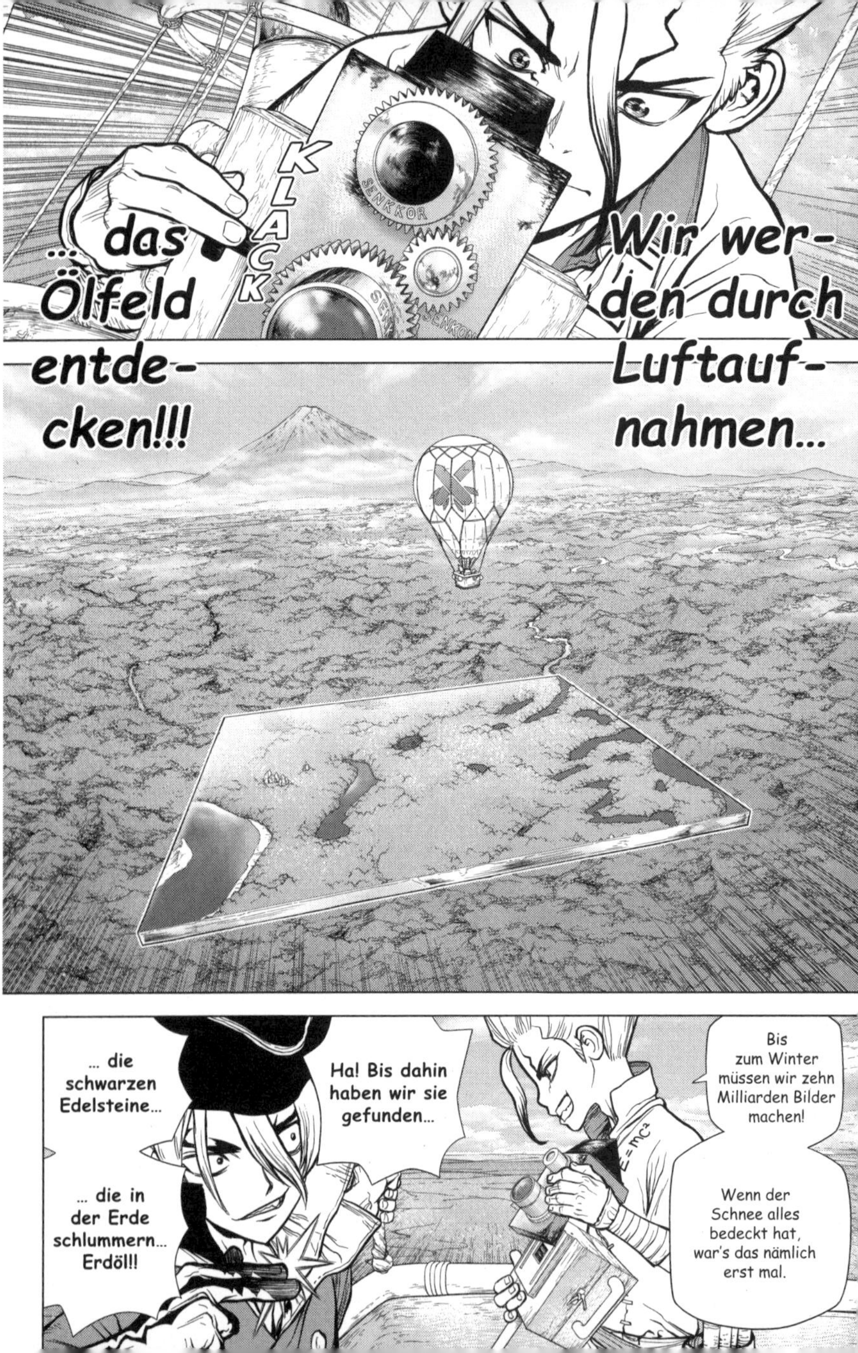
Wir werden durch Luftaufnahmen...
KLACK
... das Ölfeld entdecken!!!
Bis zum Winter müssen wir zehn Milliarden Bilder machen!
Wenn der Schnee alles bedeckt hat, war's das nämlich erst mal.
Ha! Bis dahin haben wir sie gefunden...
... die schwarzen Edelsteine...
... die in der Erde schlummern... Erdöl!!

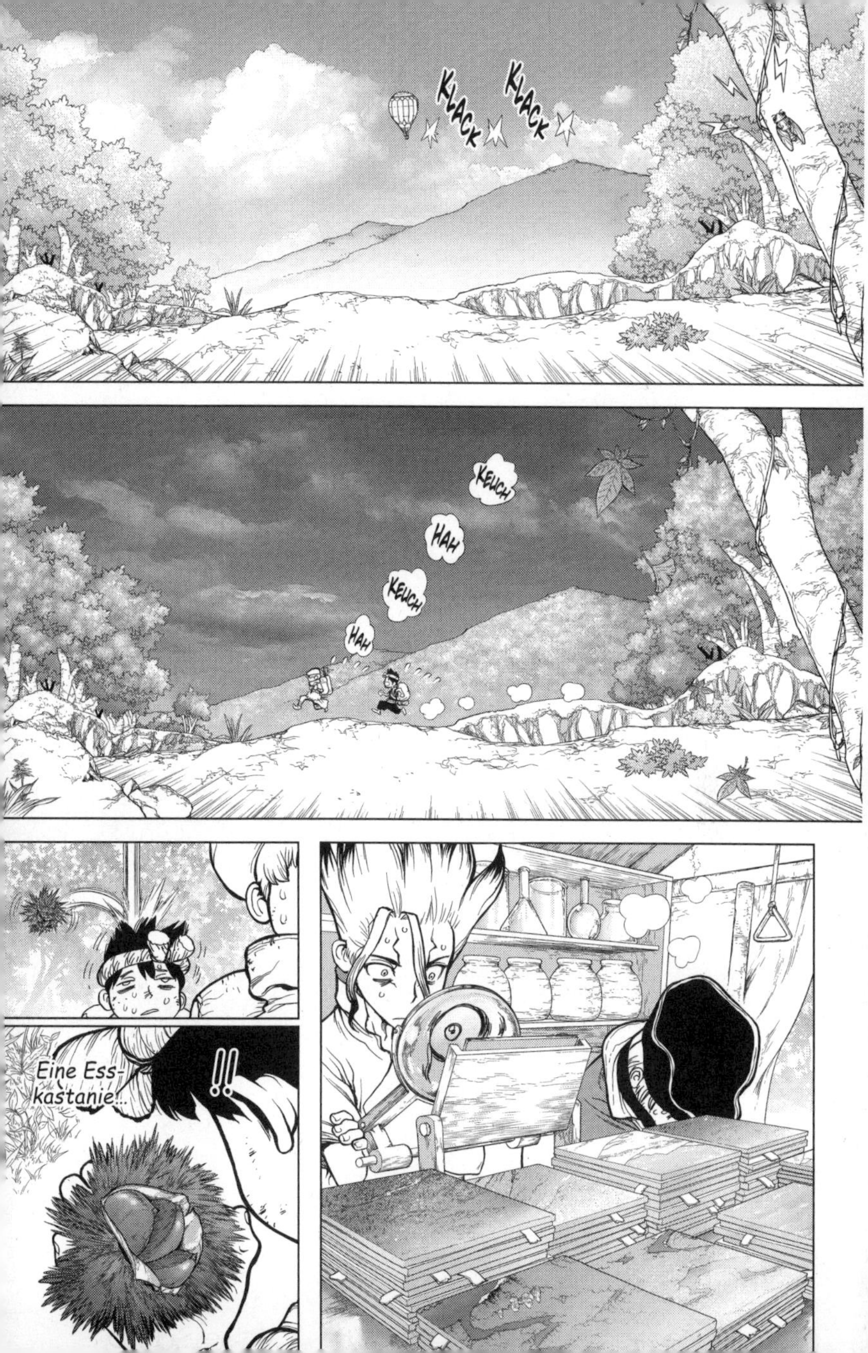
KLACK
KLACK
KEUCH
HAH
KEUCH
HAH
!!
Eine Ess-kastanie ...

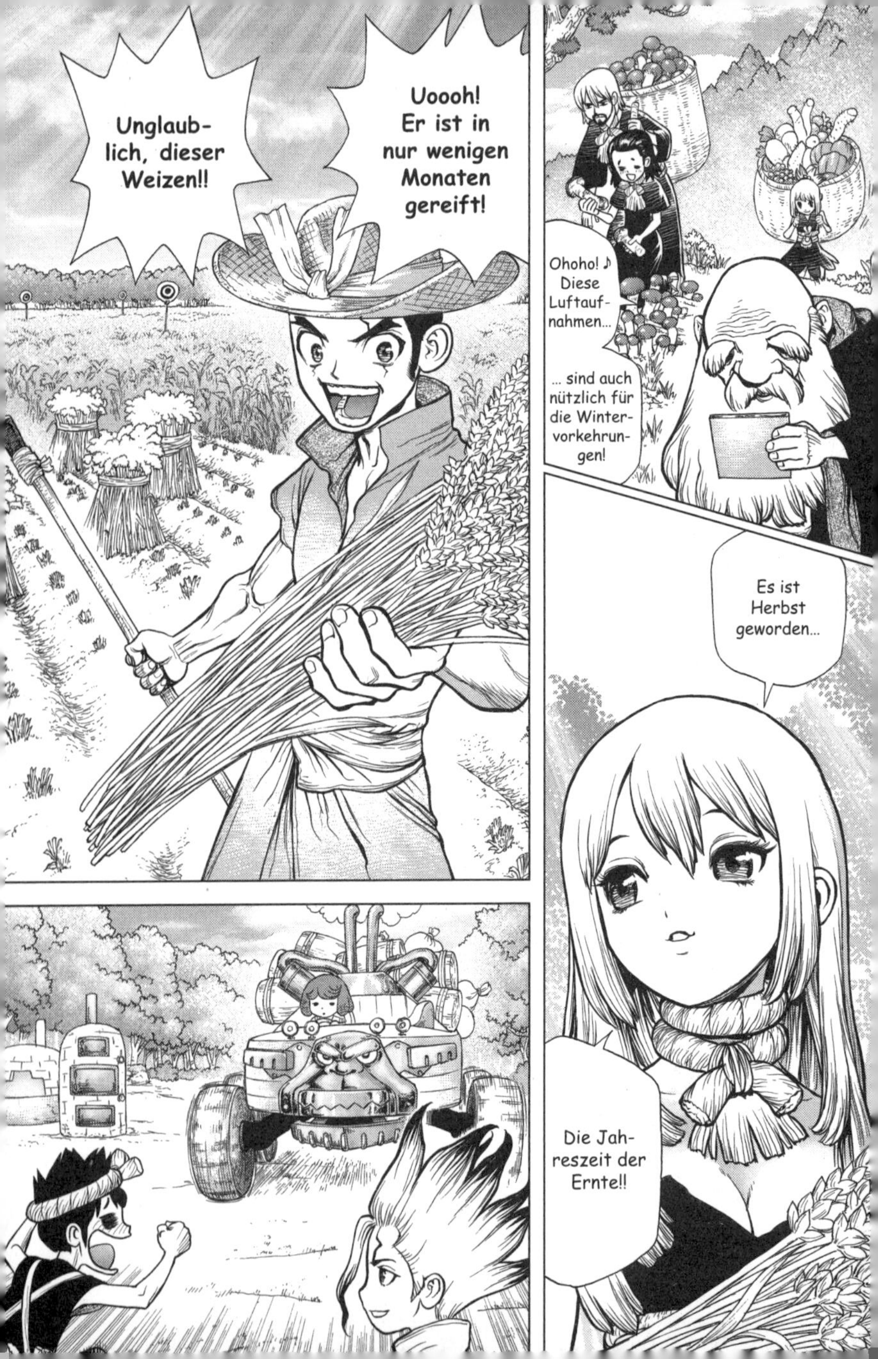
Uoooh! Er ist in nur wenigen Monaten gereift!
Unglaub-lich, dieser Weizen!!
Ohoho! ♪ Diese Luftauf-nahmen...
... sind auch nützlich für die Winter-vorkehrun-gen!
Es ist Herbst geworden...
Die Jah-reszeit der Ernte!!

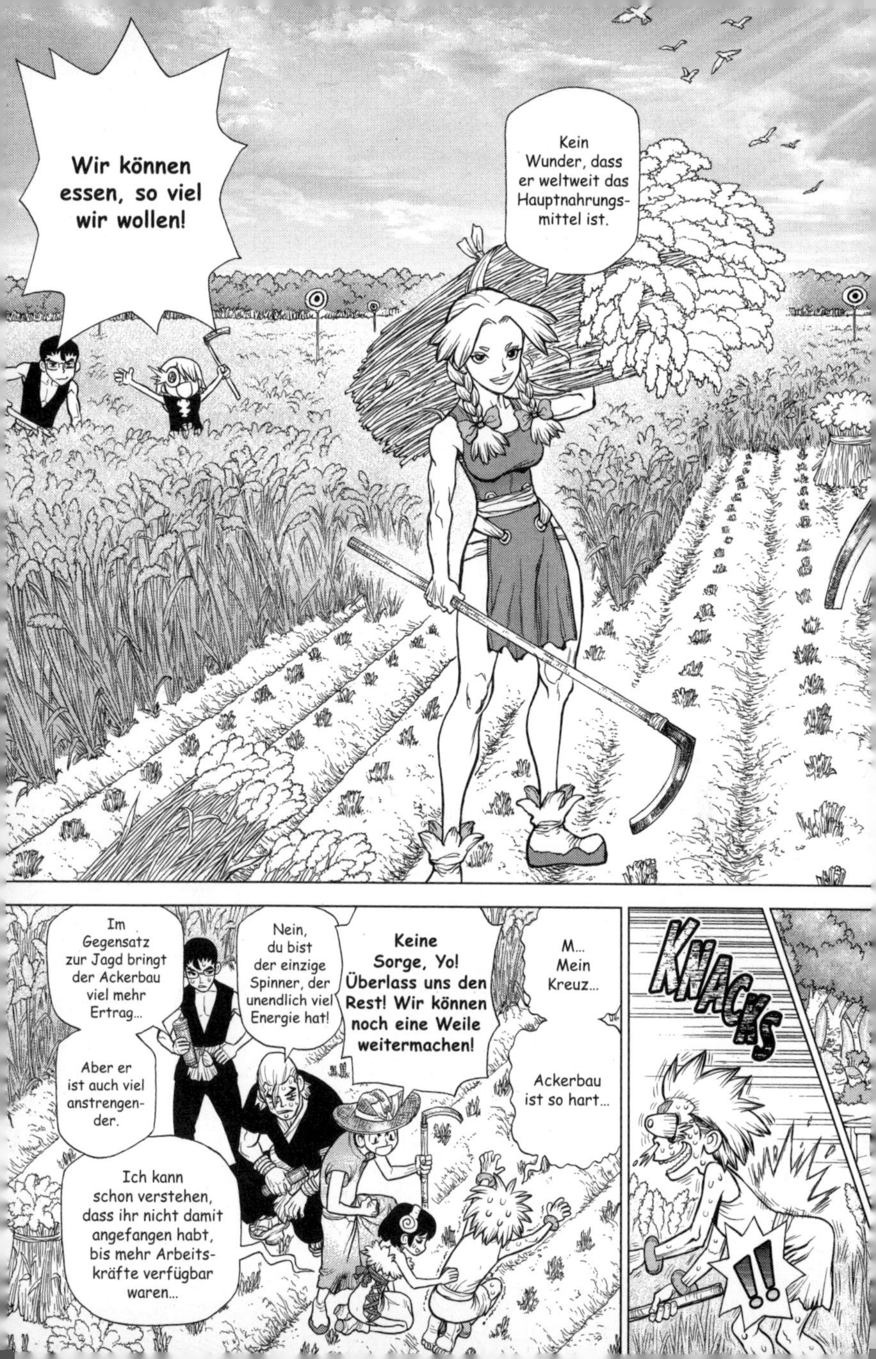

Kein Wunder, dass er weltweit das Hauptnahrungsmittel ist.
Wir können essen, so viel wir wollen!
KNACKS
!!
M... Mein Kreuz...
Ackerbau ist so hart...
Keine Sorge, Yo! Überlass uns den Rest! Wir können noch eine Weile weitermachen!
Nein, du bist der einzige Spinner, der unendlich viel Energie hat!
Im Gegensatz zur Jagd bringt der Ackerbau viel mehr Ertrag...
Aber er ist auch viel anstrengender.
Ich kann schon verstehen, dass ihr nicht damit angefangen habt, bis mehr Arbeitskräfte verfügbar waren...

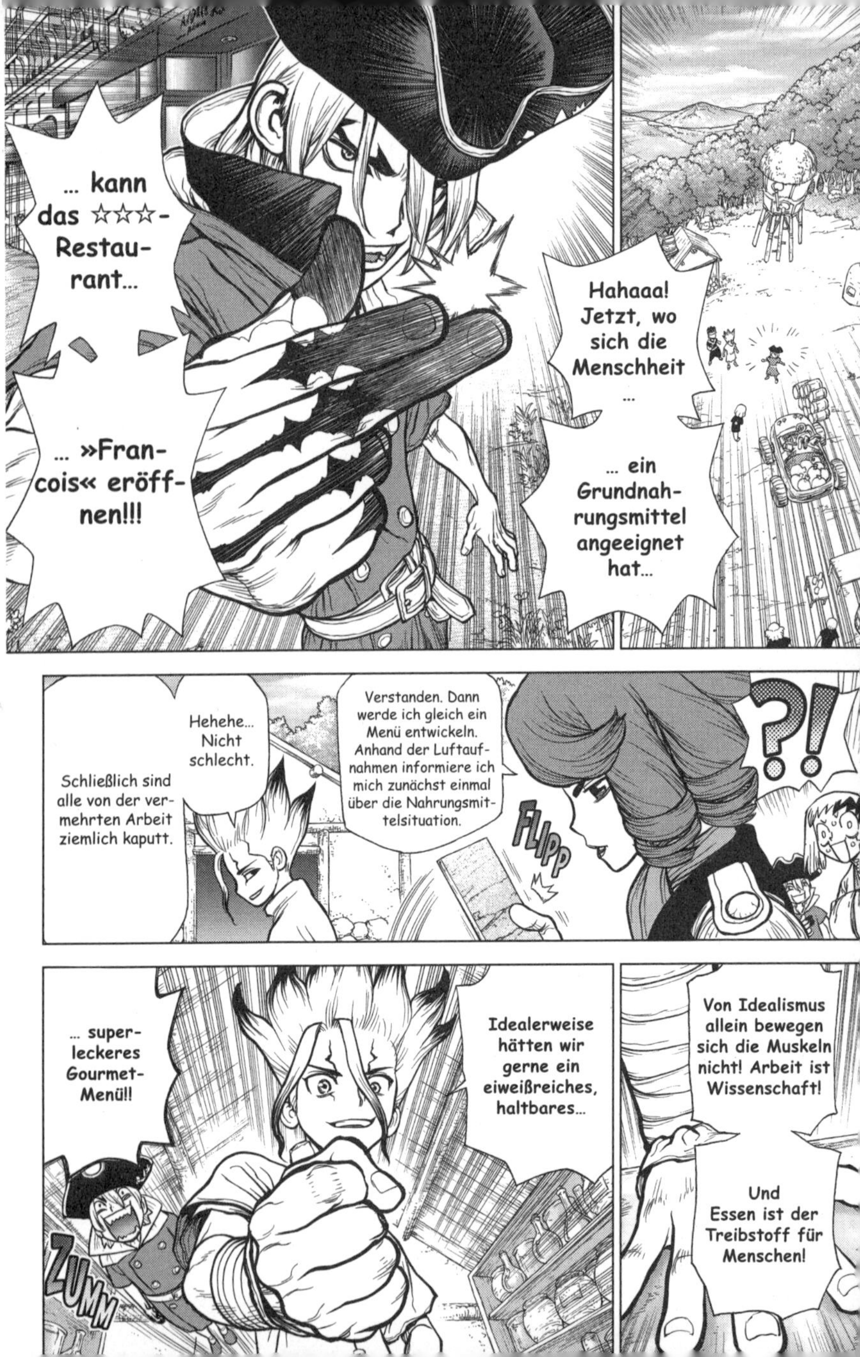

Hahaaa! Jetzt, wo sich die Menschheit ...
... ein Grundnahrungsmittel angeeignet hat...
... kann das ☆☆☆-Restaurant...
... »Francois« eröffnen!!!
?!
FLIPP
Verstanden. Dann werde ich gleich ein Menü entwickeln. Anhand der Luftaufnahmen informiere ich mich zunächst einmal über die Nahrungsmittelsituation.
Hehehe... Nicht schlecht.
Schließlich sind alle von der vermehrten Arbeit ziemlich kaputt.
Von Idealismus allein bewegen sich die Muskeln nicht! Arbeit ist Wissenschaft!
Und Essen ist der Treibstoff für Menschen!
Idealerweise hätten wir gerne ein eiweißreiches, haltbares...
... superleckeres Gourmet-Menü!!
ZUMM

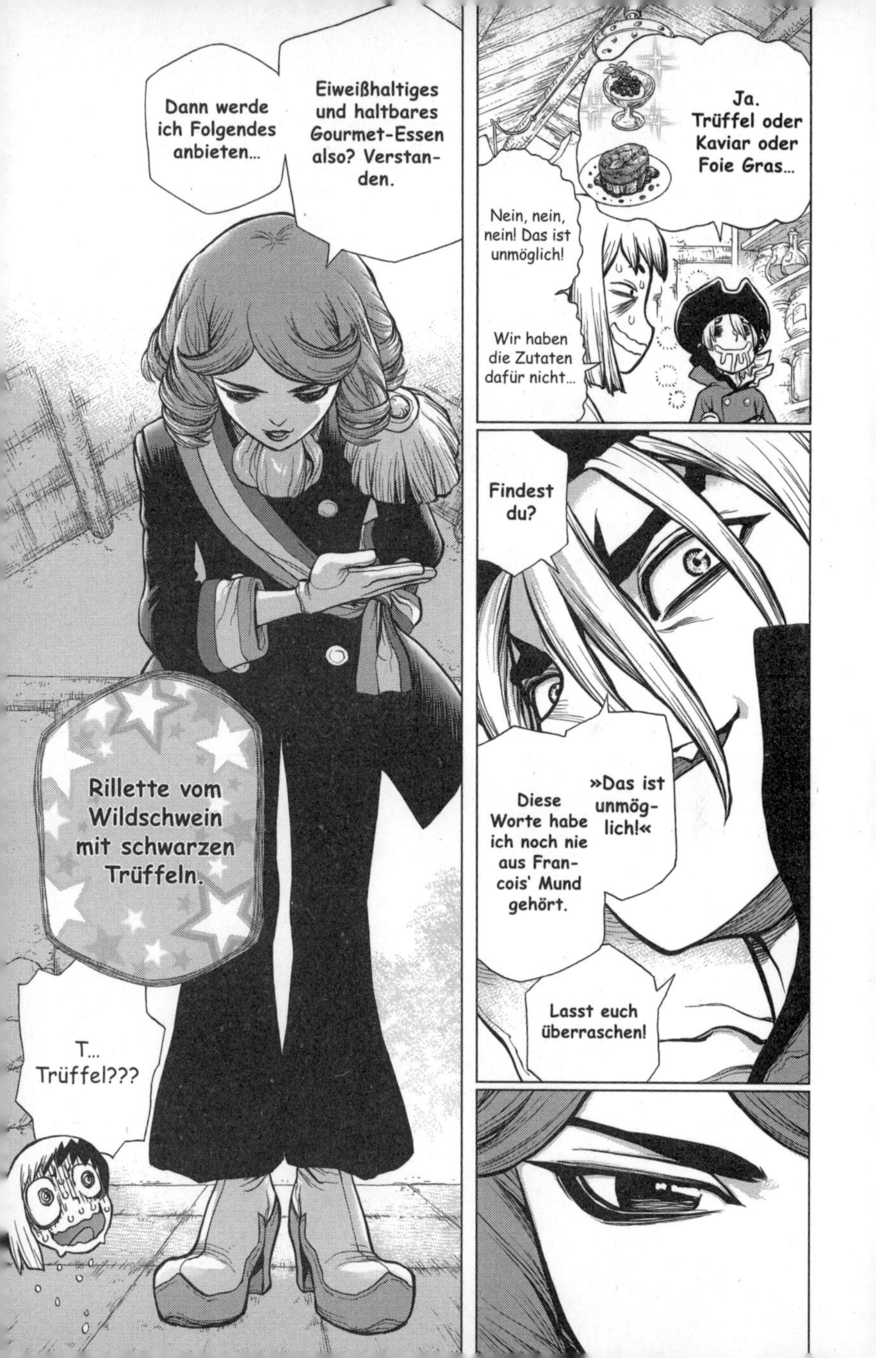
Ja. Trüffel oder Kaviar oder Foie Gras…
Nein, nein, nein! Das ist unmöglich!
Wir haben die Zutaten dafür nicht…
Findest du?
»Das ist unmöglich!«
Diese Worte habe ich noch nie aus Francois' Mund gehört.
Lasst euch überraschen!
Eiweißhaltiges und haltbares Gourmet-Essen also? Verstanden.
Dann werde ich Folgendes anbieten…
Rillette vom Wildschwein mit schwarzen Trüffeln.
T… Trüffel???

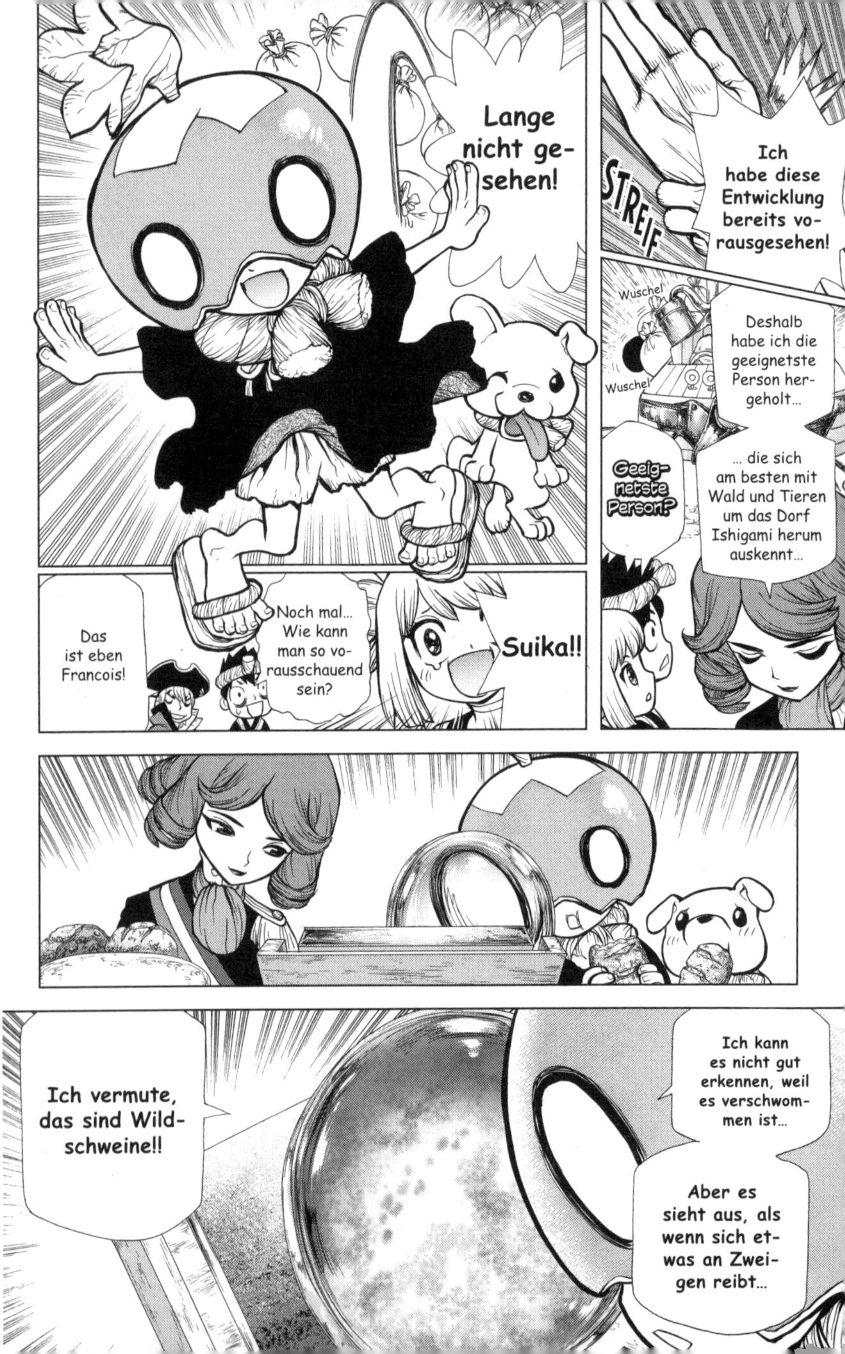
STREIF
Ich habe diese Entwicklung bereits vorausgesehen!
Lange nicht gesehen!
Wuschel
Wuschel
Deshalb habe ich die geeignetste Person hergeholt…
… die sich am besten mit Wald und Tieren um das Dorf Ishigami herum auskennt…
Geeignetste Person?
Suika!!
Noch mal… Wie kann man so vorausschauend sein?
Das ist eben Francois!
Ich kann es nicht gut erkennen, weil es verschwommen ist…
Aber es sieht aus, als wenn sich etwas an Zweigen reibt…
Ich vermute, das sind Wildschweine!!

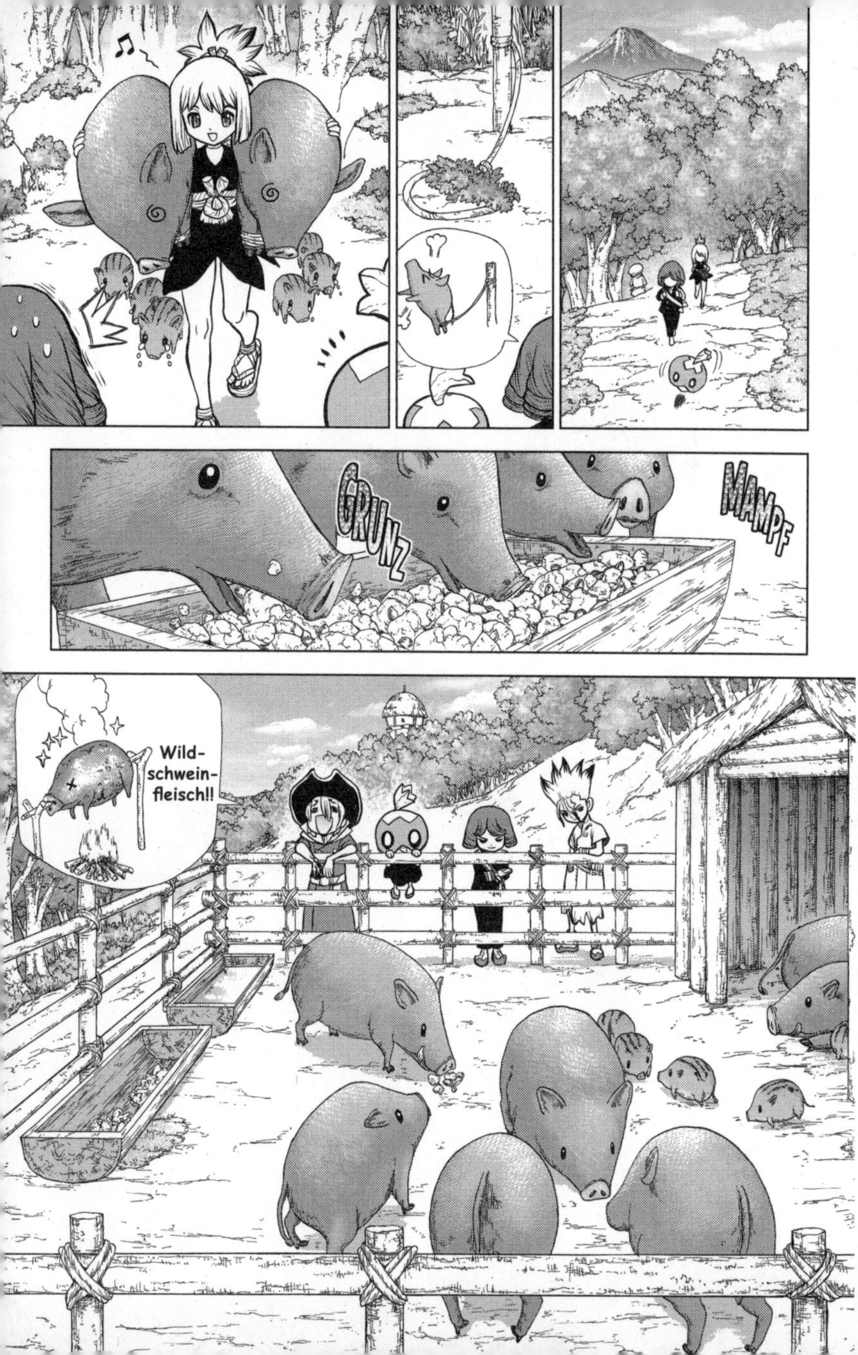
GRUNZ
MAMPF
Wild-
schwein-
fleisch!!

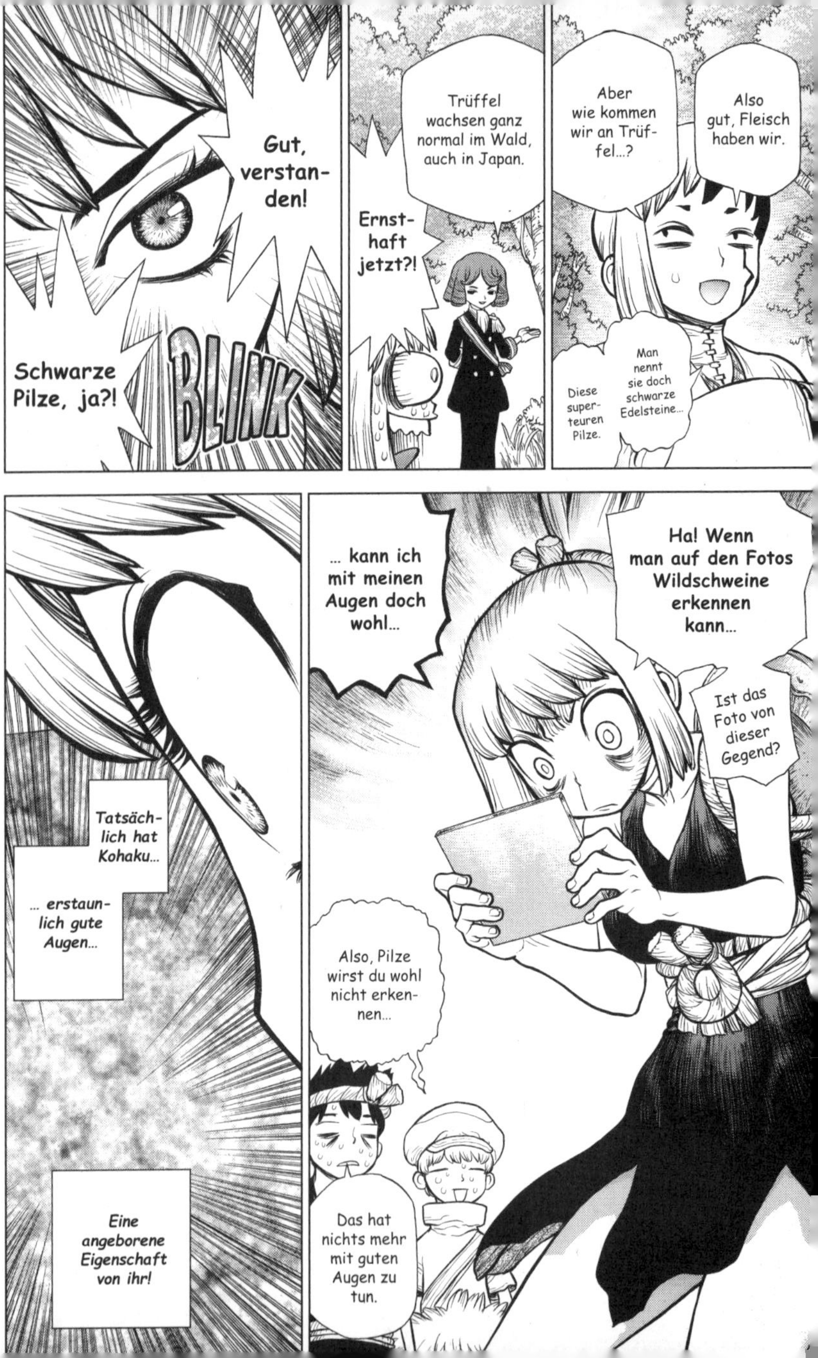
Also gut, Fleisch haben wir.
Aber wie kommen wir an Trüffel...?
Diese superteuren Pilze.
Man nennt sie doch schwarze Edelsteine...
Trüffel wachsen ganz normal im Wald, auch in Japan.
Ernsthaft jetzt?!
Gut, verstanden!
Schwarze Pilze, ja?!
BLINK
Ha! Wenn man auf den Fotos Wildschweine erkennen kann...
... kann ich mit meinen Augen doch wohl...
Ist das Foto von dieser Gegend?
Also, Pilze wirst du wohl nicht erkennen...
Das hat nichts mehr mit guten Augen zu tun.
Tatsächlich hat Kohaku...
... erstaunlich gute Augen...
Eine angeborene Eigenschaft von ihr!

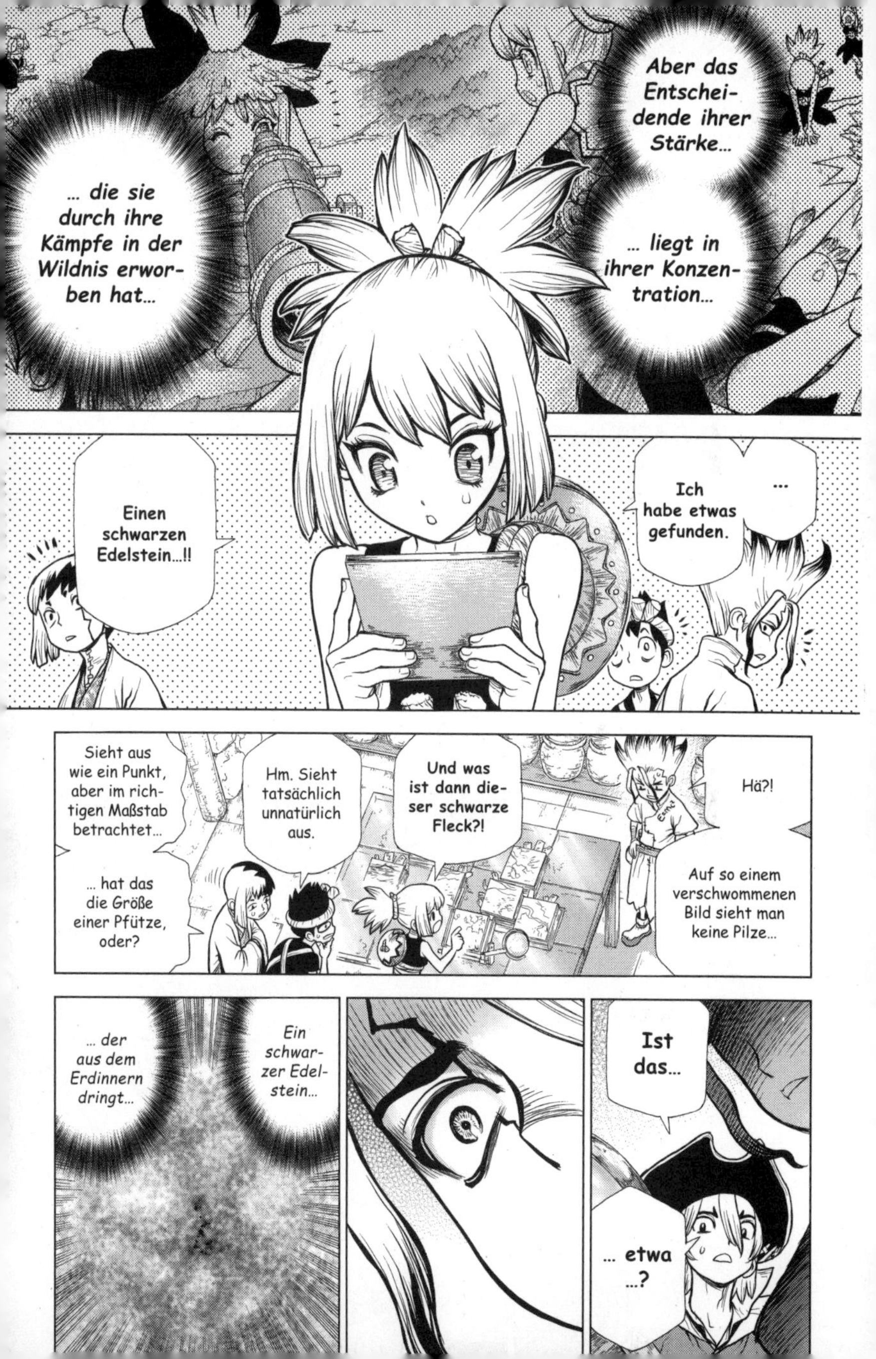
Aber das Entscheidende ihrer Stärke...
... liegt in ihrer Konzentration...
... die sie durch ihre Kämpfe in der Wildnis erworben hat...
...
Ich habe etwas gefunden.
Einen schwarzen Edelstein...!!
Hä?!
Auf so einem verschwommenen Bild sieht man keine Pilze...
Und was ist dann dieser schwarze Fleck?!
Hm. Sieht tatsächlich unnatürlich aus.
Sieht aus wie ein Punkt, aber im richtigen Maßstab betrachtet...
... hat das die Größe einer Pfütze, oder?
Ist das...
... etwa ...?
Ein schwarzer Edelstein...
... der aus dem Erdinnern dringt...

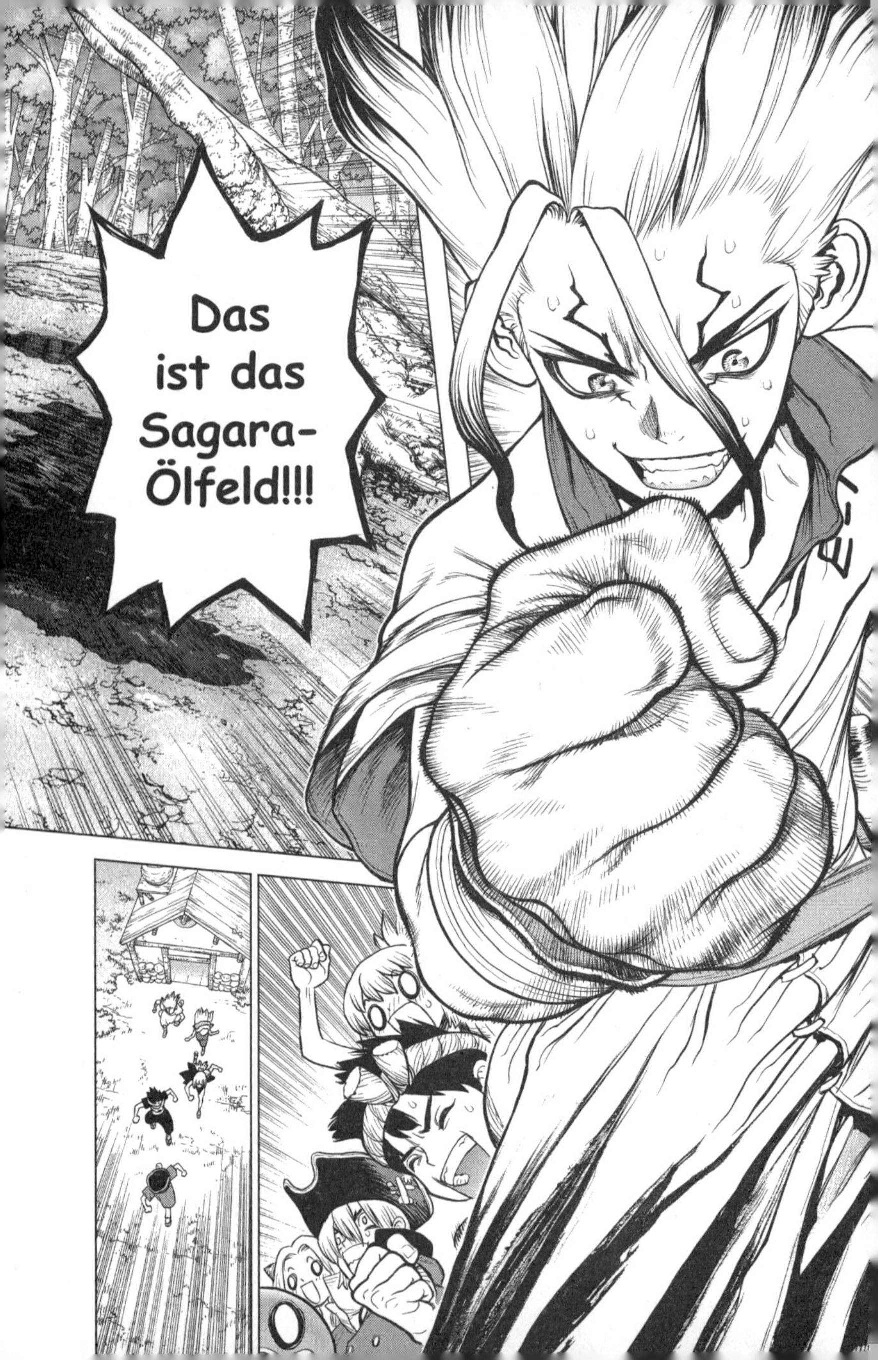
Das ist das Sagara-Ölfeld!!!

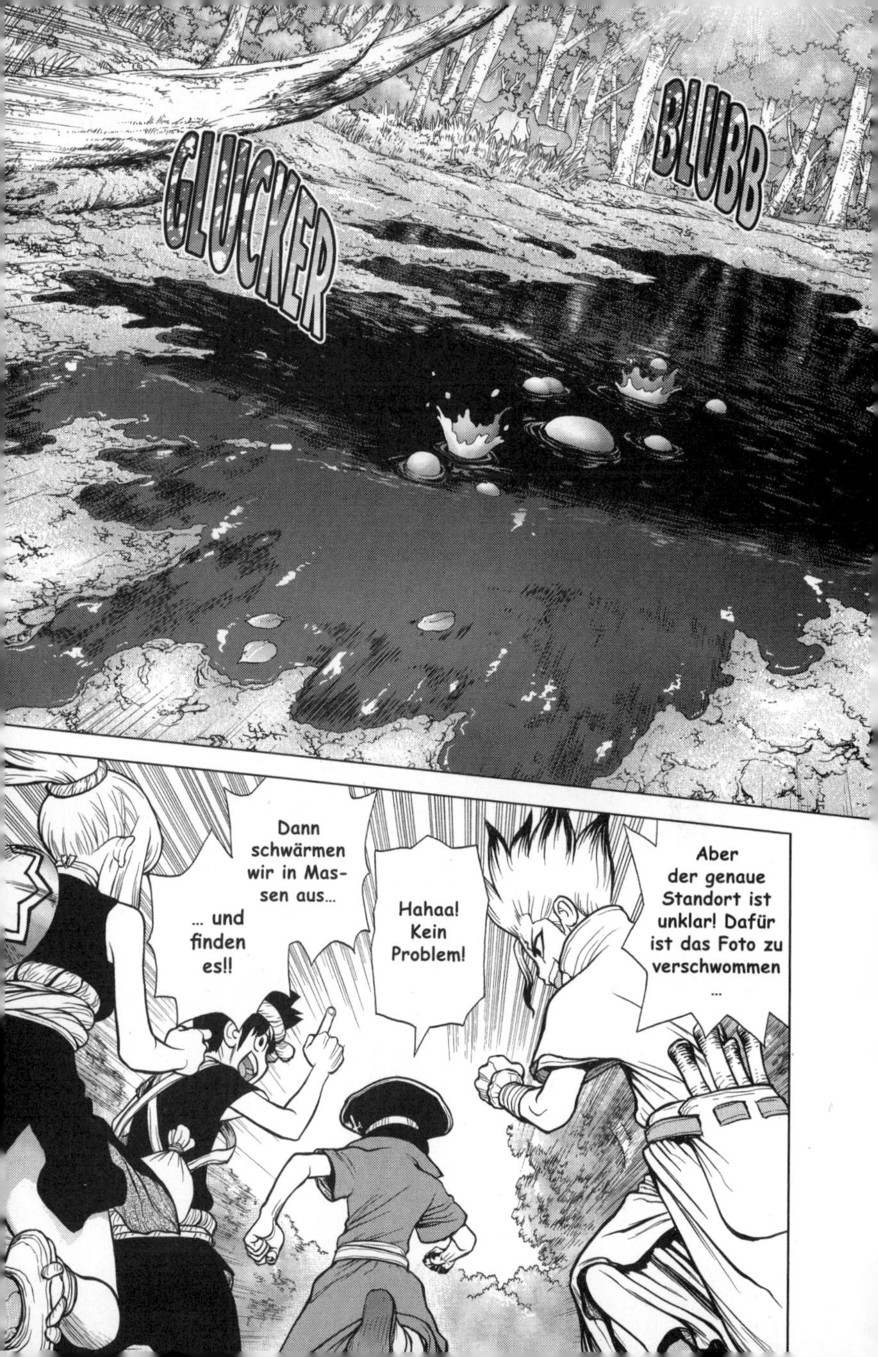
BLUBB
GLUCKER
Aber der genaue Standort ist unklar! Dafür ist das Foto zu verschwommen ...
Hahaa! Kein Problem!
Dann schwärmen wir in Massen aus...
... und finden es!!

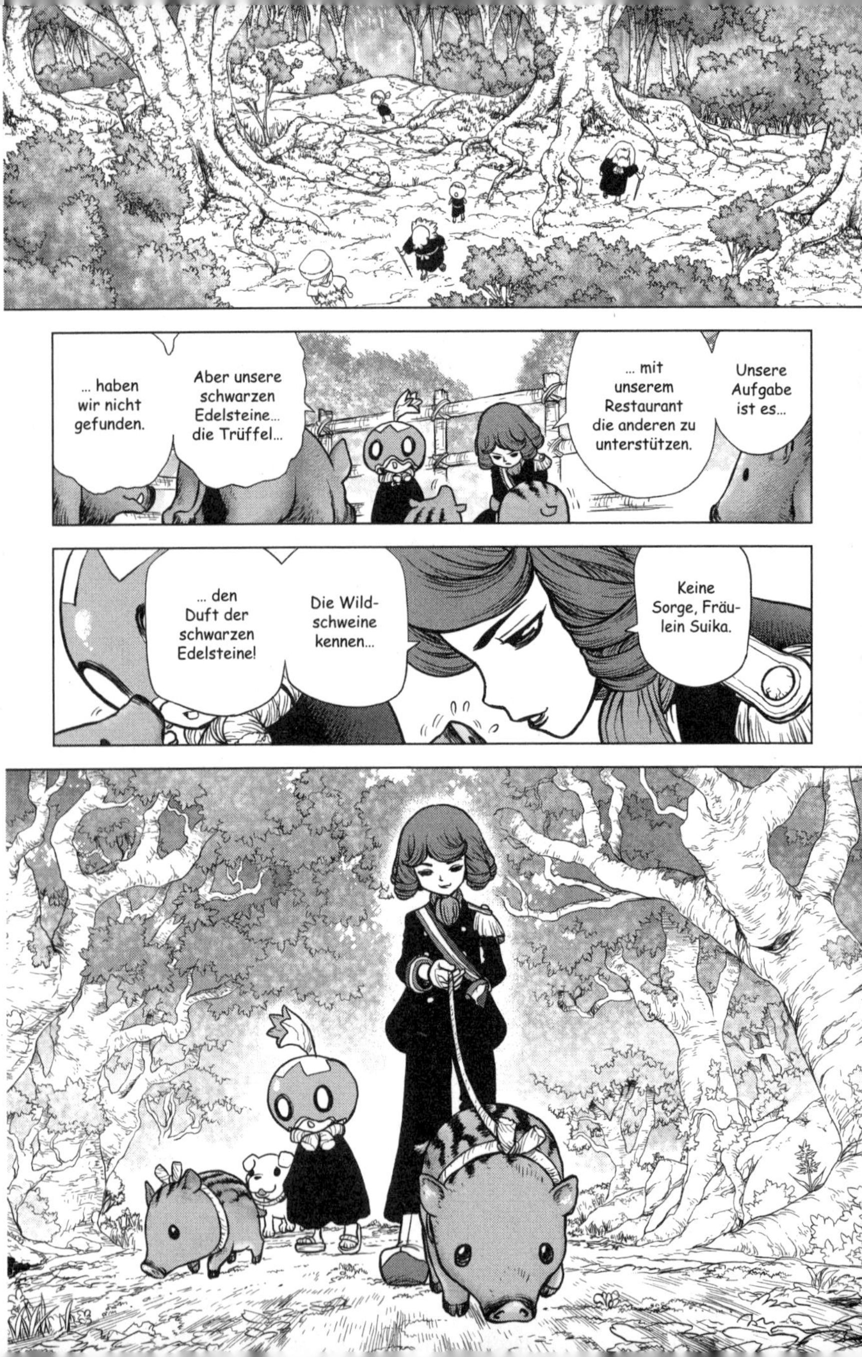
Unsere Aufgabe ist es...
... mit unserem Restaurant die anderen zu unterstützen.
Aber unsere schwarzen Edelsteine... die Trüffel...
... haben wir nicht gefunden.
Keine Sorge, Fräulein Suika.
Die Wild-schweine kennen...
... den Duft der schwarzen Edelsteine!

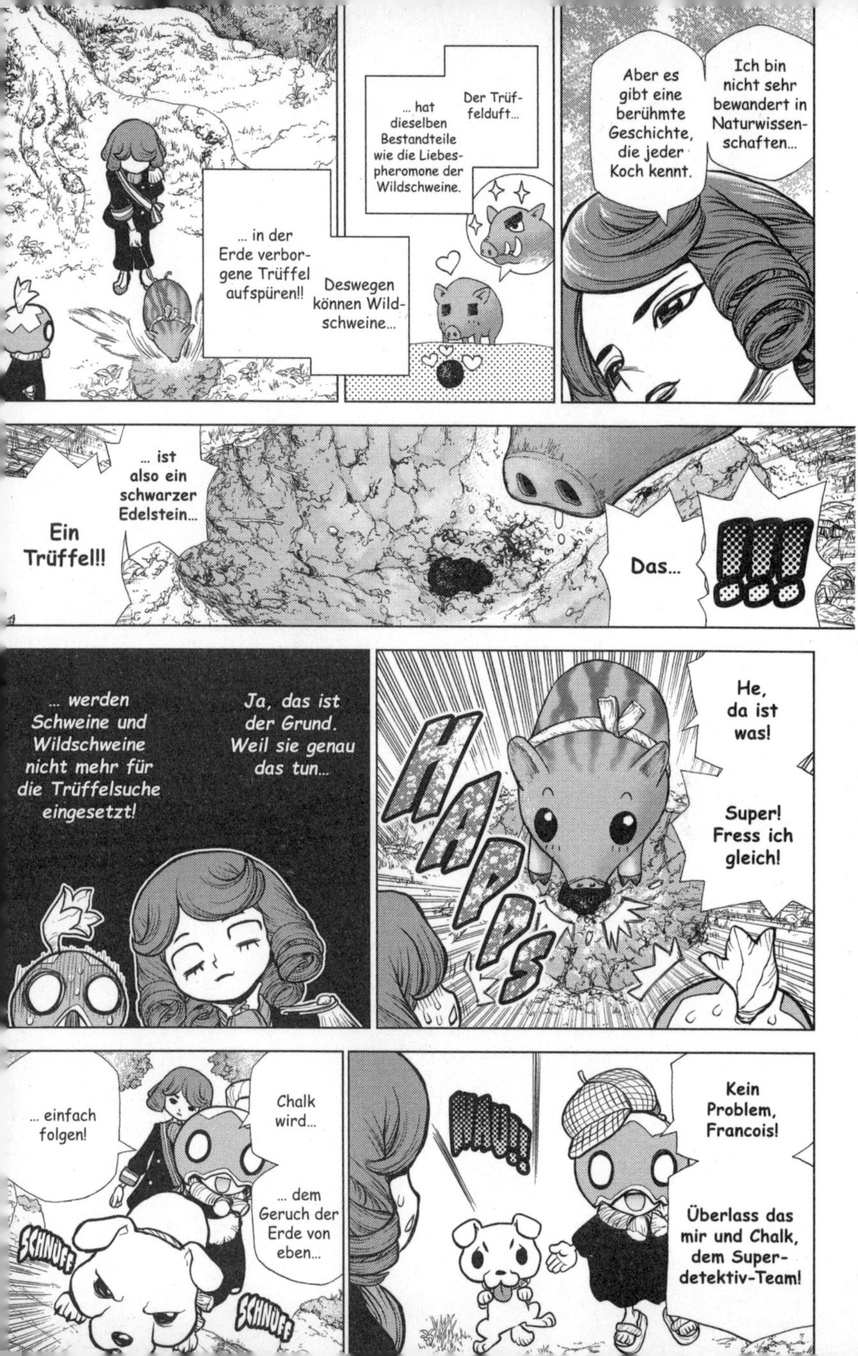
Ich bin nicht sehr bewandert in Naturwissen-schaften...
Aber es gibt eine berühmte Geschichte, die jeder Koch kennt.
Der Trüf-felduft...
... hat dieselben Bestandteile wie die Liebes-pheromone der Wildschweine.
Deswegen können Wild-schweine...
... in der Erde verbor-gene Trüffel aufspüren!!
Das...
!!!
... ist also ein schwarzer Edelstein...
Ein Trüffel!!
He, da ist was!
Super! Fress ich gleich!
HAPPS
Ja, das ist der Grund. Weil sie genau das tun...
... werden Schweine und Wildschweine nicht mehr für die Trüffelsuche eingesetzt!
Kein Problem, Francois!
Überlass das mir und Chalk, dem Super-detektiv-Team!
Chalk wird...
... dem Geruch der Erde von eben...
... einfach folgen!
SCHNUFF
SCHNUFF

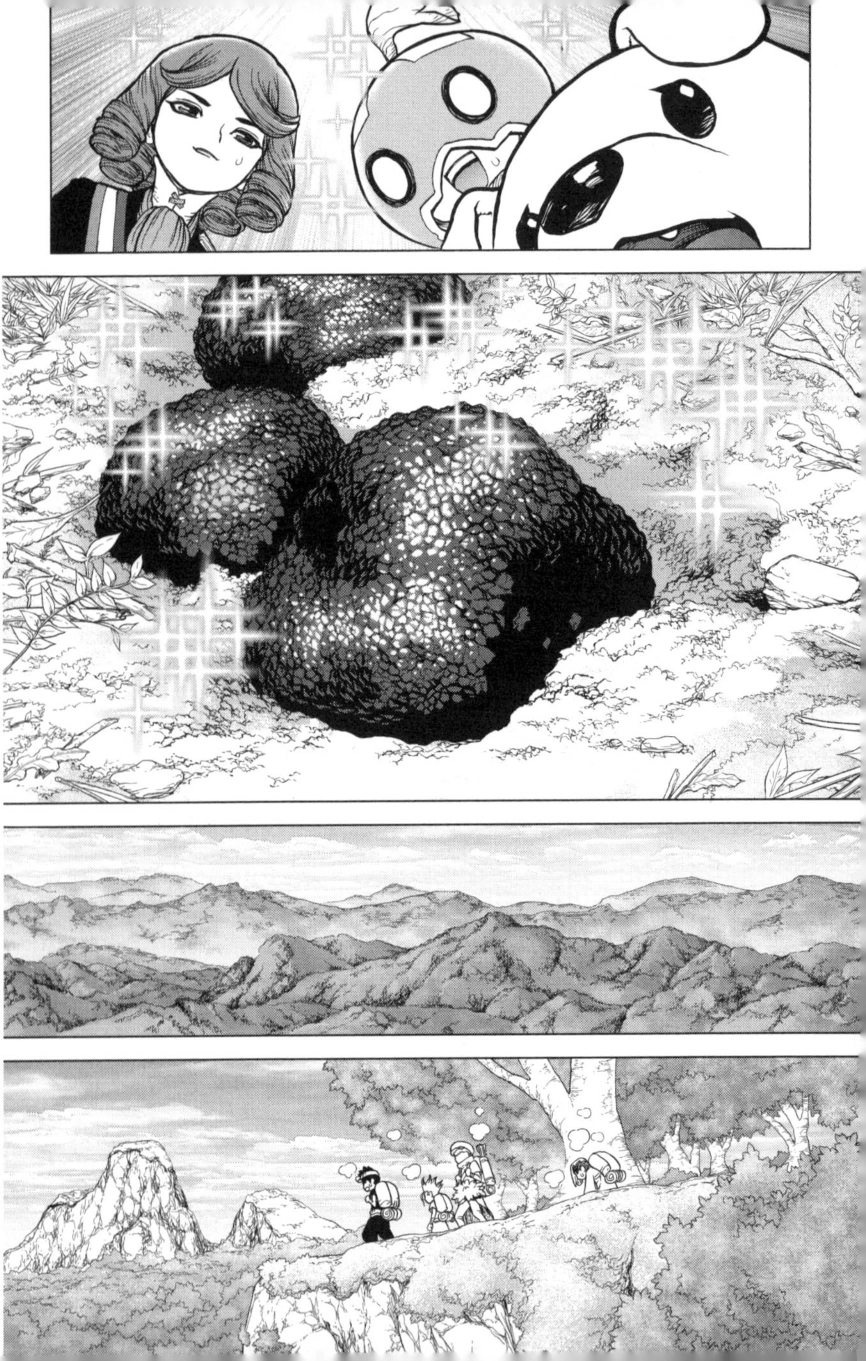

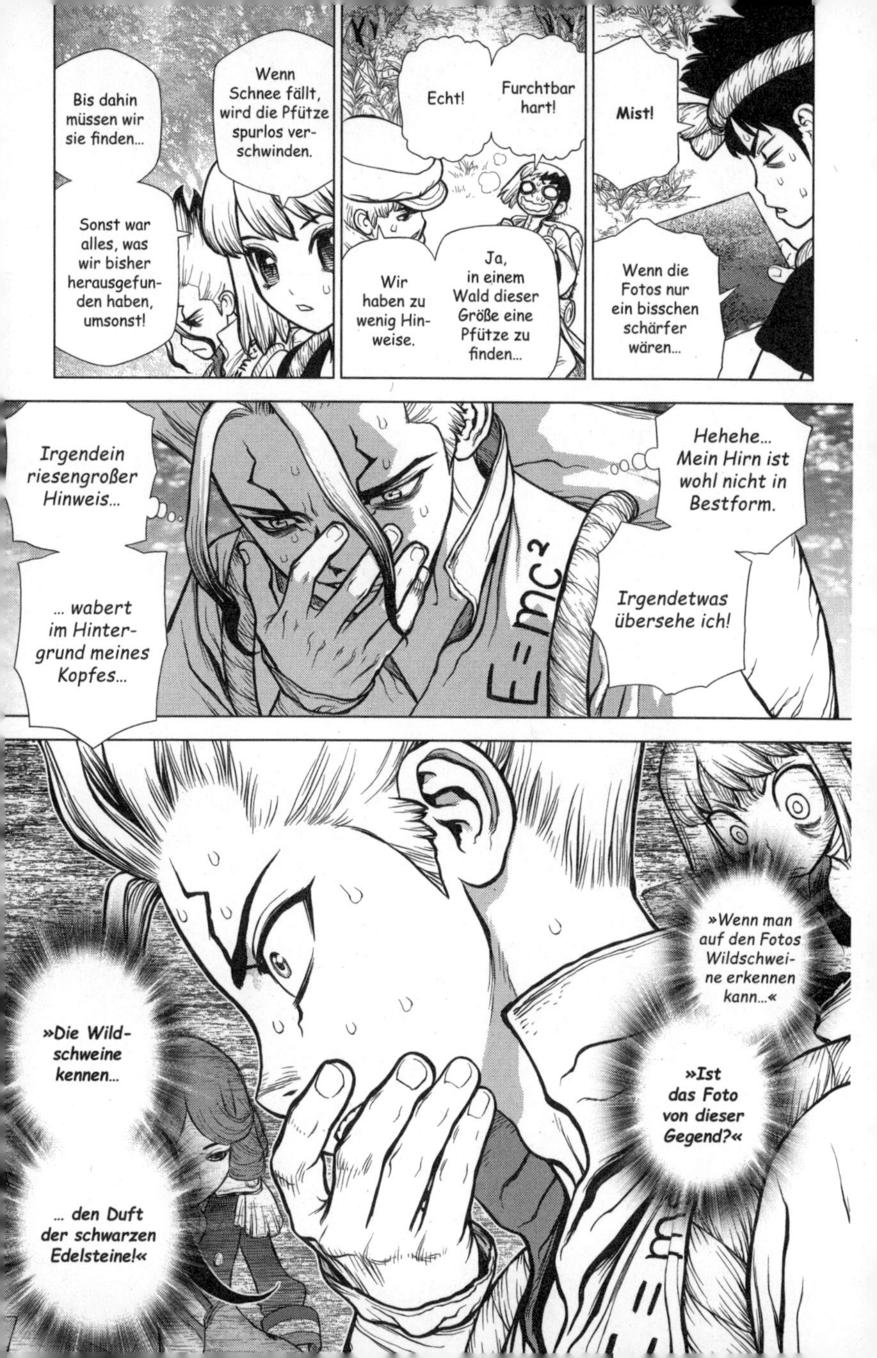
Mist!
Wenn die Fotos nur ein bisschen schärfer wären...
Echt!
Furchtbar hart!
Ja, in einem Wald dieser Größe eine Pfütze zu finden...
Wir haben zu wenig Hinweise.
Wenn Schnee fällt, wird die Pfütze spurlos verschwinden.
Bis dahin müssen wir sie finden...
Sonst war alles, was wir bisher herausgefunden haben, umsonst!
Hehehe... Mein Hirn ist wohl nicht in Bestform.
Irgendetwas übersehe ich!
E=mc²
Irgendein riesengroßer Hinweis...
... wabert im Hintergrund meines Kopfes...
»Wenn man auf den Fotos Wildschweine erkennen kann...«
»Ist das Foto von dieser Gegend?«
»Die Wildschweine kennen...
... den Duft der schwarzen Edelsteine!«

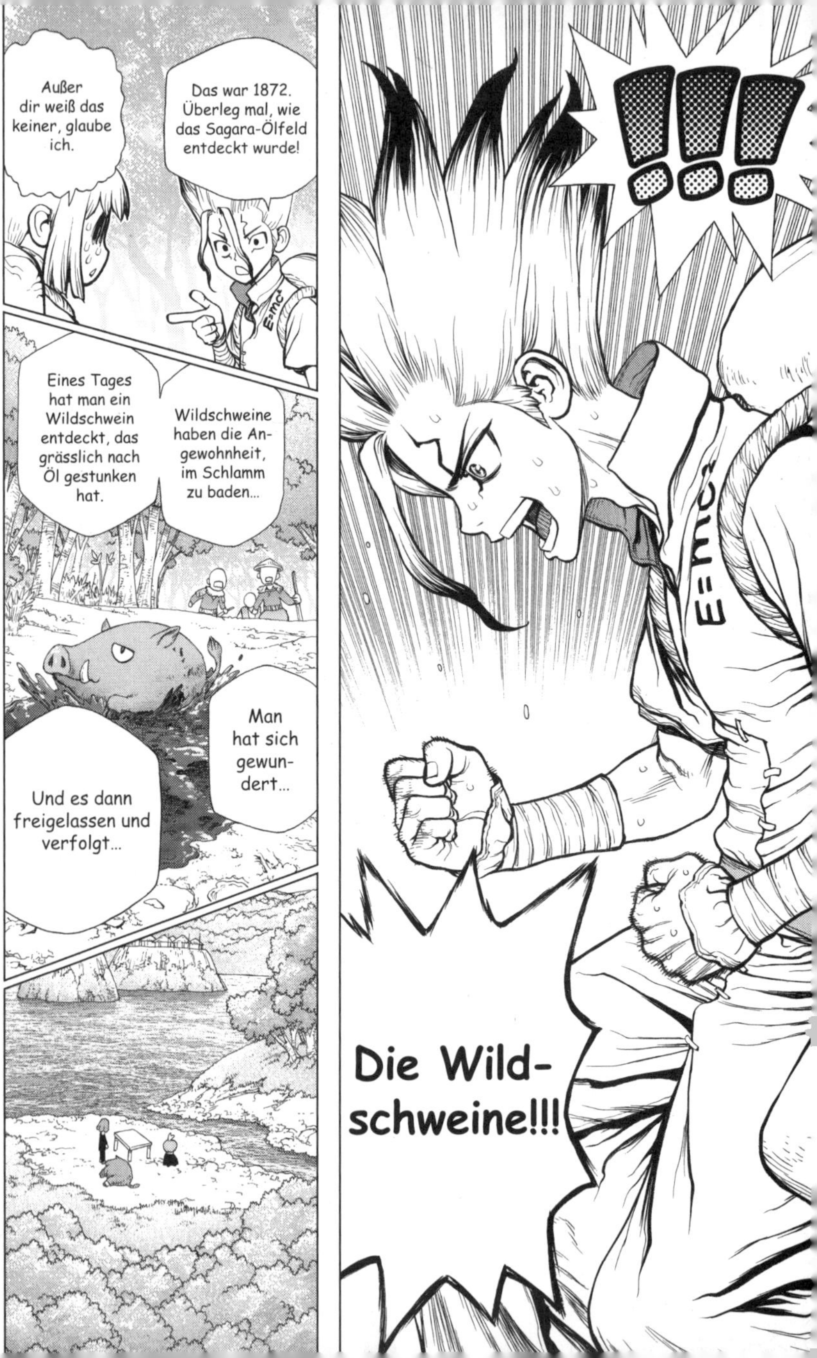

Das war 1872. Überleg mal, wie das Sagara-Ölfeld entdeckt wurde!
Außer dir weiß das keiner, glaube ich.
Wildschweine haben die Angewohnheit, im Schlamm zu baden...
Eines Tages hat man ein Wildschwein entdeckt, das grässlich nach Öl gestunken hat.
Man hat sich gewundert...
Und es dann freigelassen und verfolgt...
!!!
Die Wild-schweine!!!

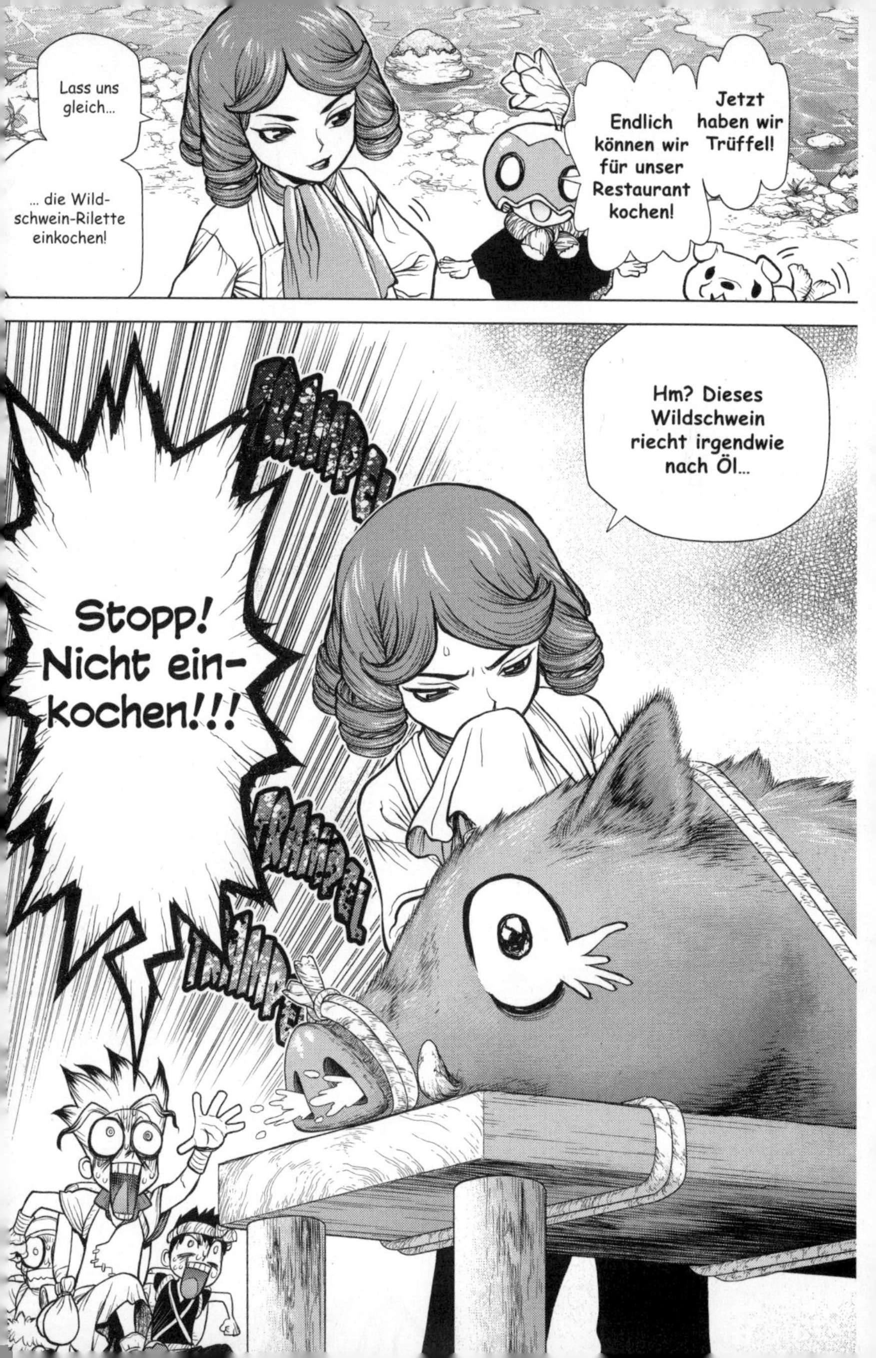
Jetzt haben wir Trüffel!
Endlich können wir für unser Restaurant kochen!
Lass uns gleich...
... die Wild-schwein-Rilette einkochen!
Hm? Dieses Wildschwein riecht irgendwie nach Öl...
Stopp! Nicht ein-kochen!!!

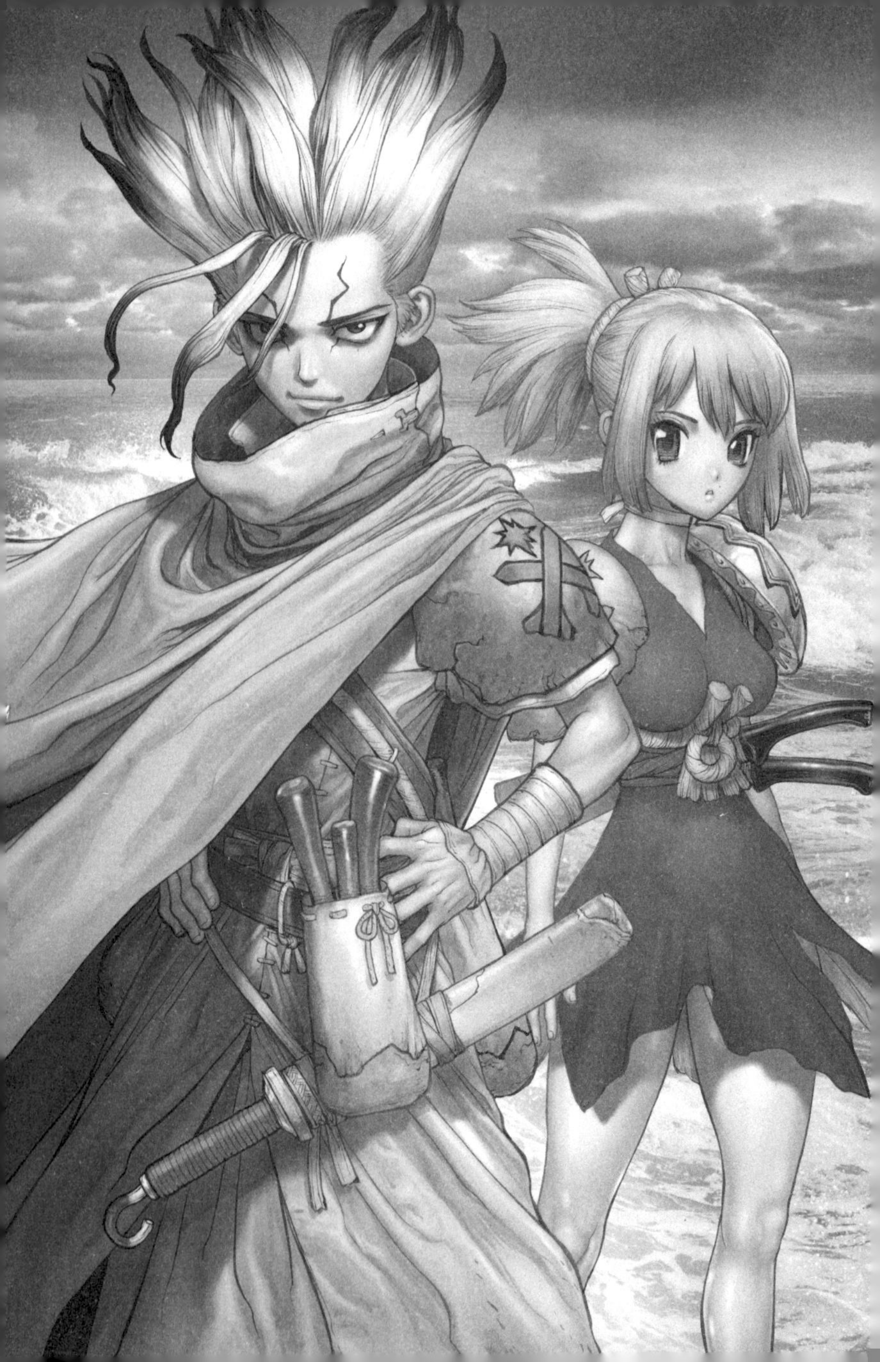

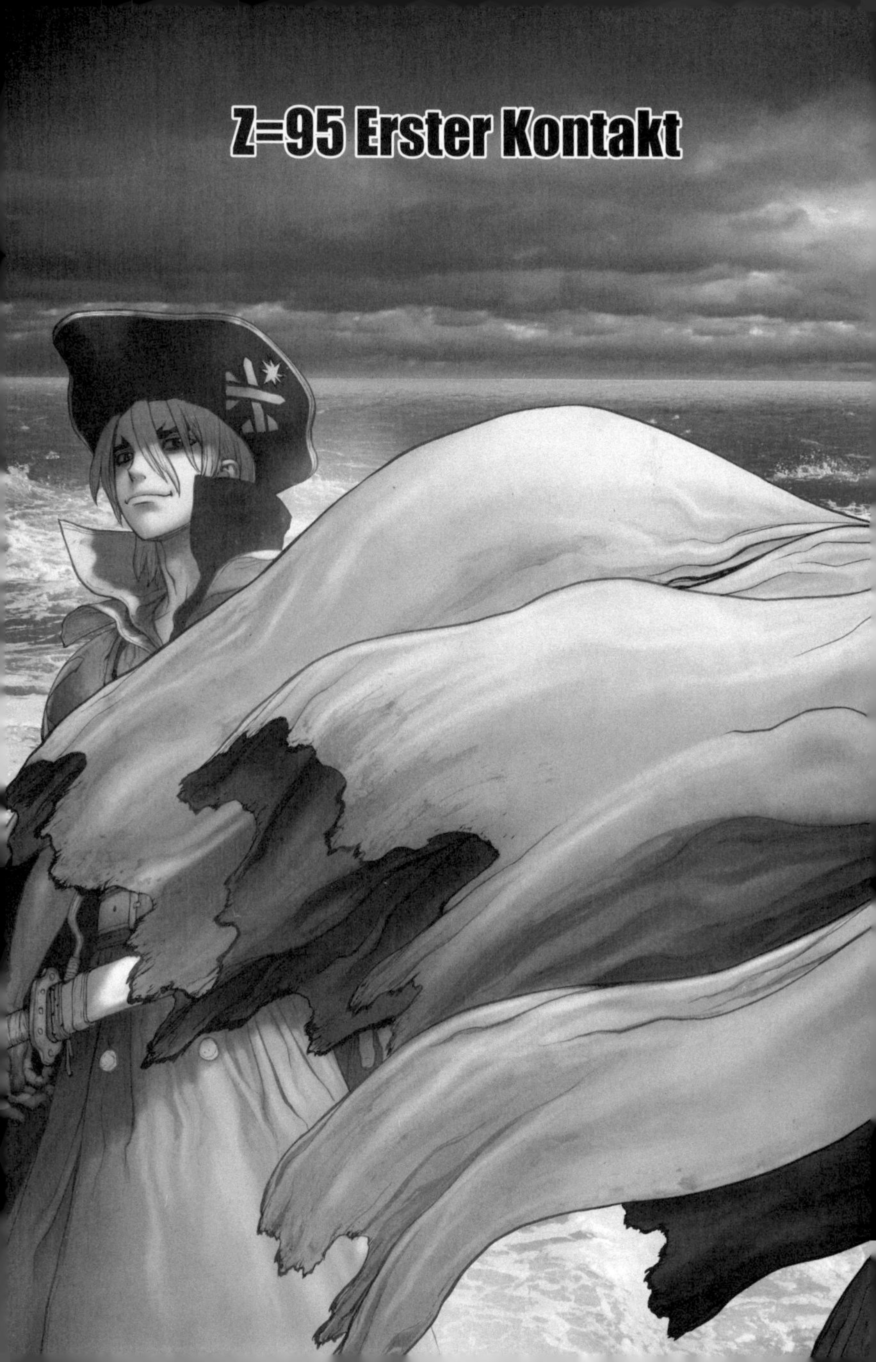
Z=95 Erster Kontakt

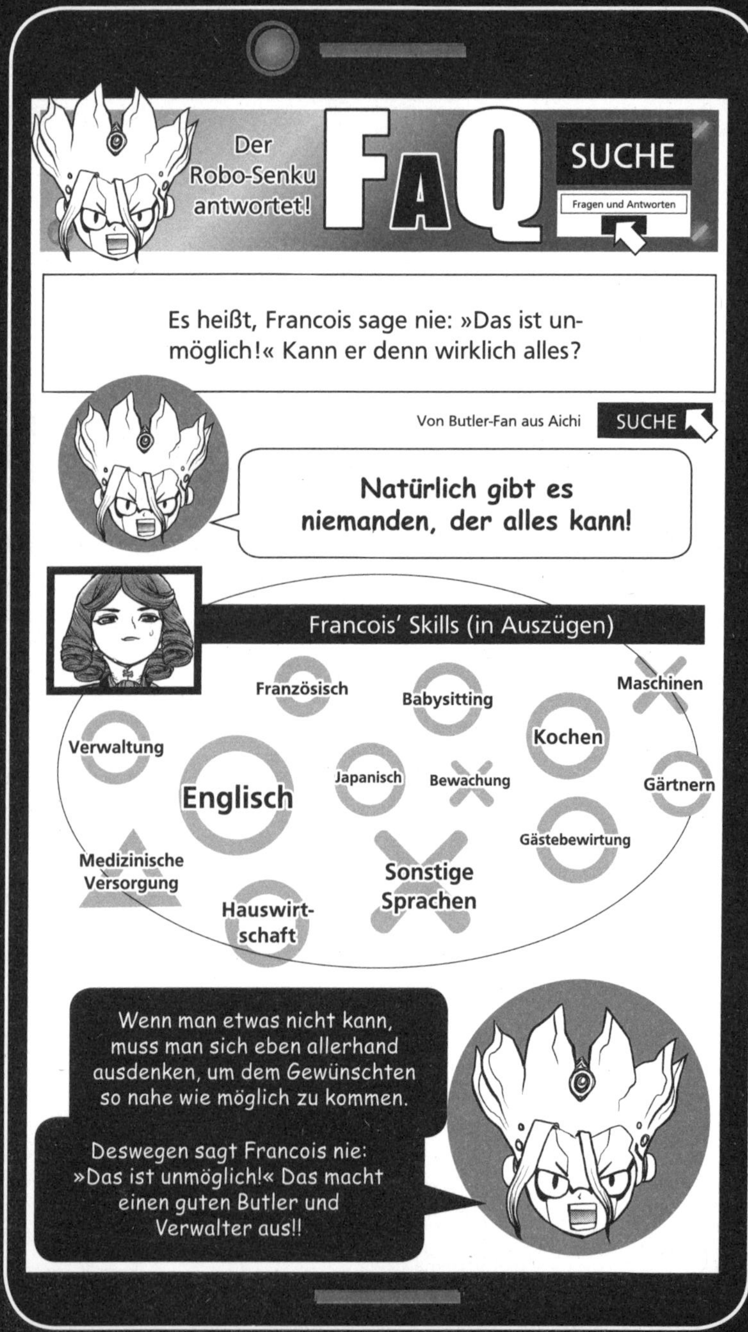

Der Robo-Senku antwortet!
FAQ
SUCHE
Fragen und Antworten
Es heißt, Francois sage nie: »Das ist unmöglich!« Kann er denn wirklich alles?
Von Butler-Fan aus Aichi
SUCHE
Natürlich gibt es niemanden, der alles kann!
Francois' Skills (in Auszügen)
Französisch
Babysitting
Maschinen
Kochen
Verwaltung
Englisch
Japanisch
Bewachung
Gärtnern
Gästebewirtung
Medizinische Versorgung
Sonstige Sprachen
Hauswirtschaft
Wenn man etwas nicht kann, muss man sich eben allerhand ausdenken, um dem Gewünschten so nahe wie möglich zu kommen.
Deswegen sagt Francois nie: »Das ist unmöglich!« Das macht einen guten Butler und Verwalter aus!!

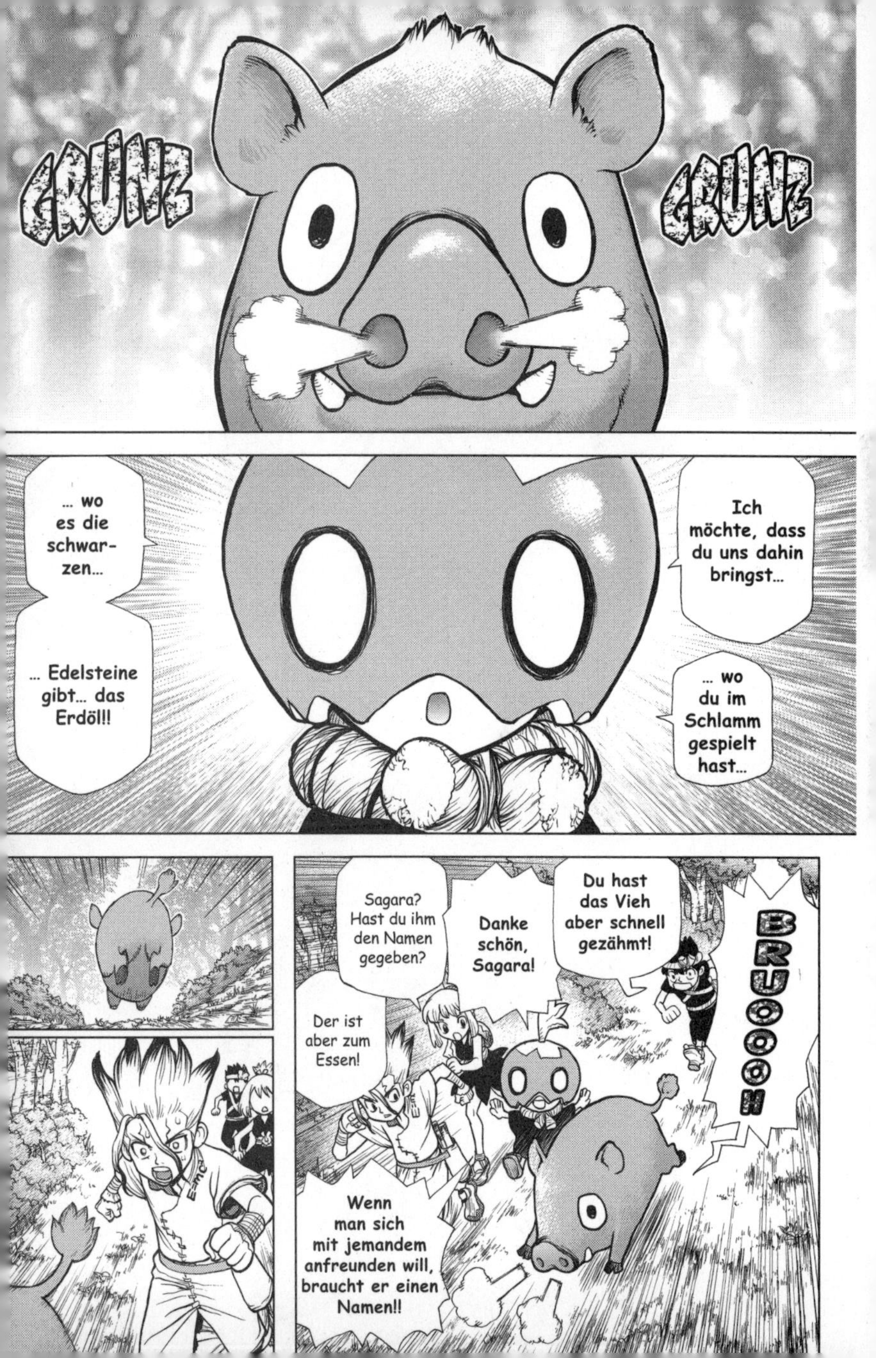
GRUNZ
GRUNZ
Ich möchte, dass du uns dahin bringst…
… wo du im Schlamm gespielt hast…
… wo es die schwarzen…
… Edelsteine gibt… das Erdöl!!
BRUOOOOH
Du hast das Vieh aber schnell gezähmt!
Danke schön, Sagara!
Sagara? Hast du ihm den Namen gegeben?
Der ist aber zum Essen!
Wenn man sich mit jemandem anfreunden will, braucht er einen Namen!!

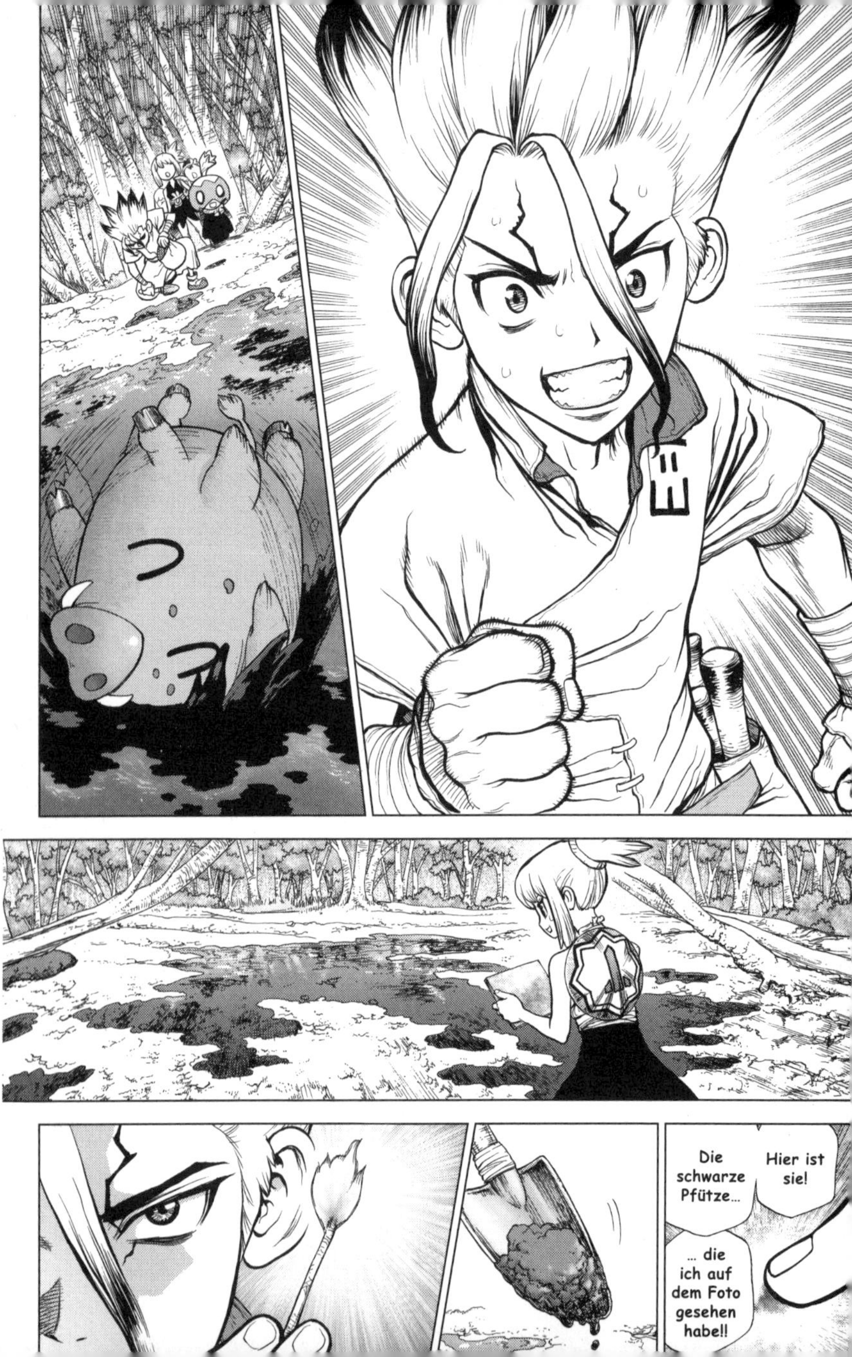
Hier ist sie!
Die schwarze Pfütze...
... die ich auf dem Foto gesehen habe!!

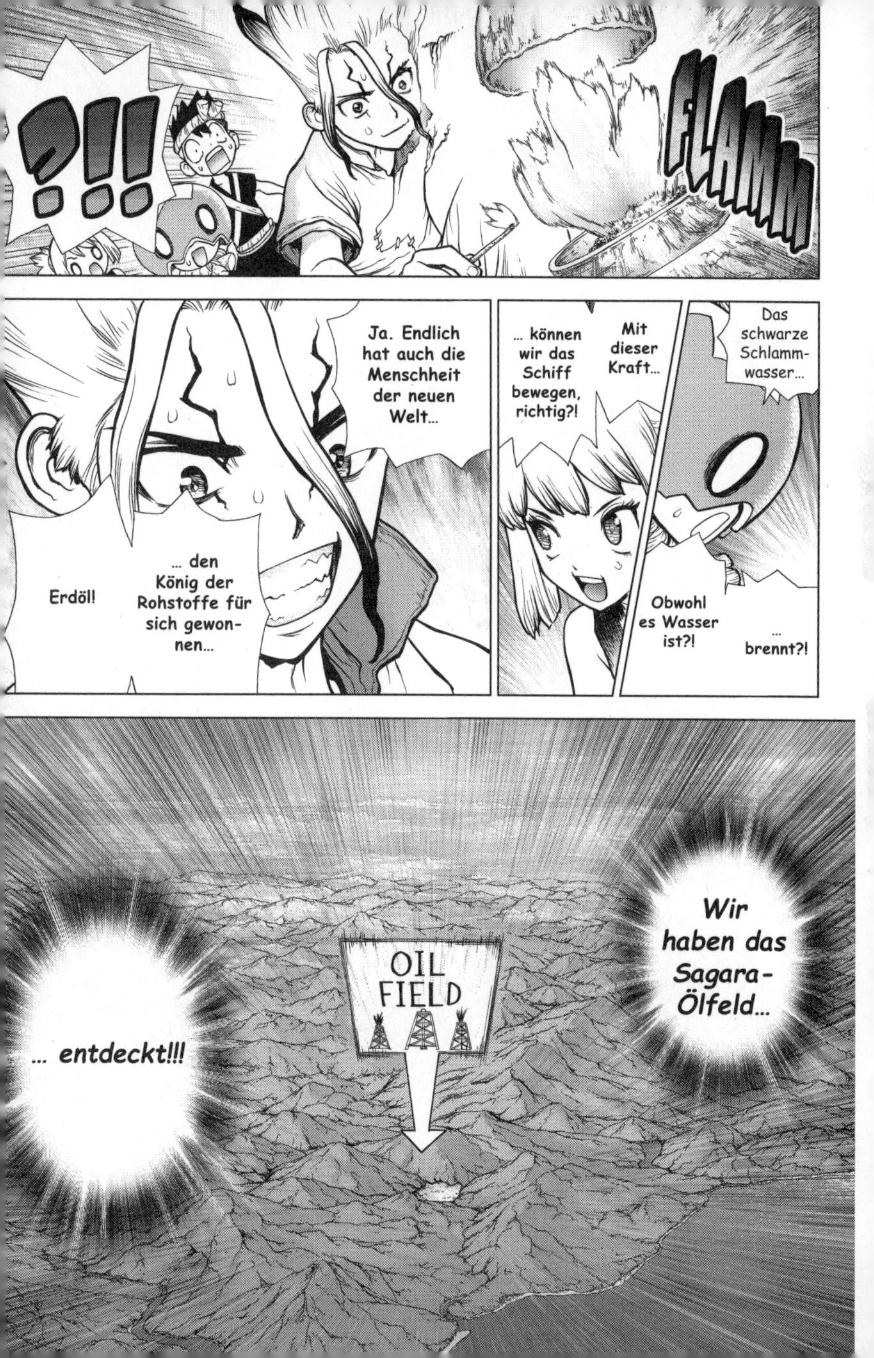

FLAMM
?!!!
Das schwarze Schlammwasser...
... brennt?!
Obwohl es Wasser ist?!
Mit dieser Kraft...
... können wir das Schiff bewegen, richtig?!
Ja. Endlich hat auch die Menschheit der neuen Welt...
... den König der Rohstoffe für sich gewonnen...
Erdöl!
Wir haben das Sagara-Ölfeld...
OIL FIELD
... entdeckt!!!

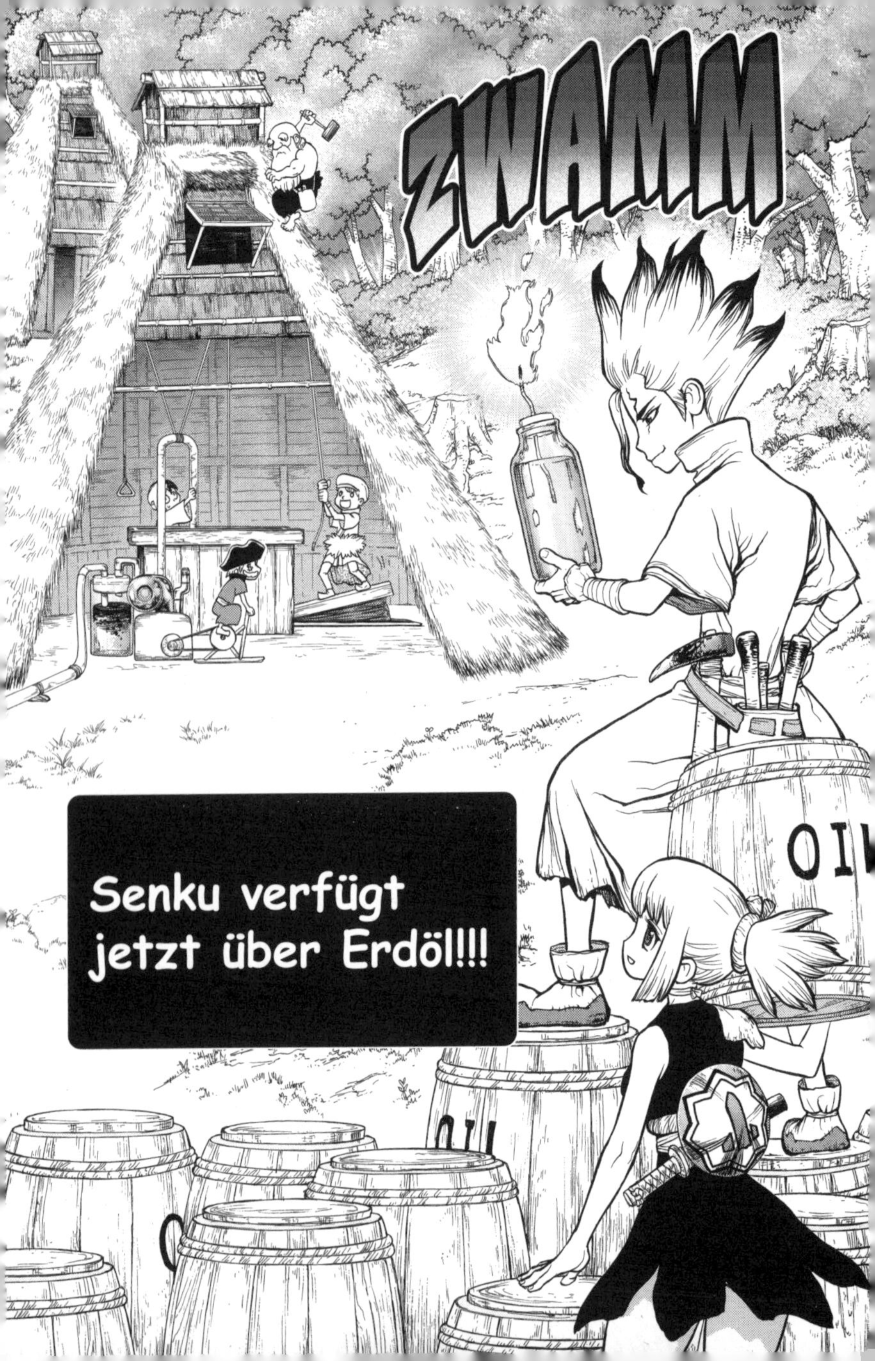
ZWAMM
Senku verfügt
jetzt über Erdöl!!!
OI
OIL

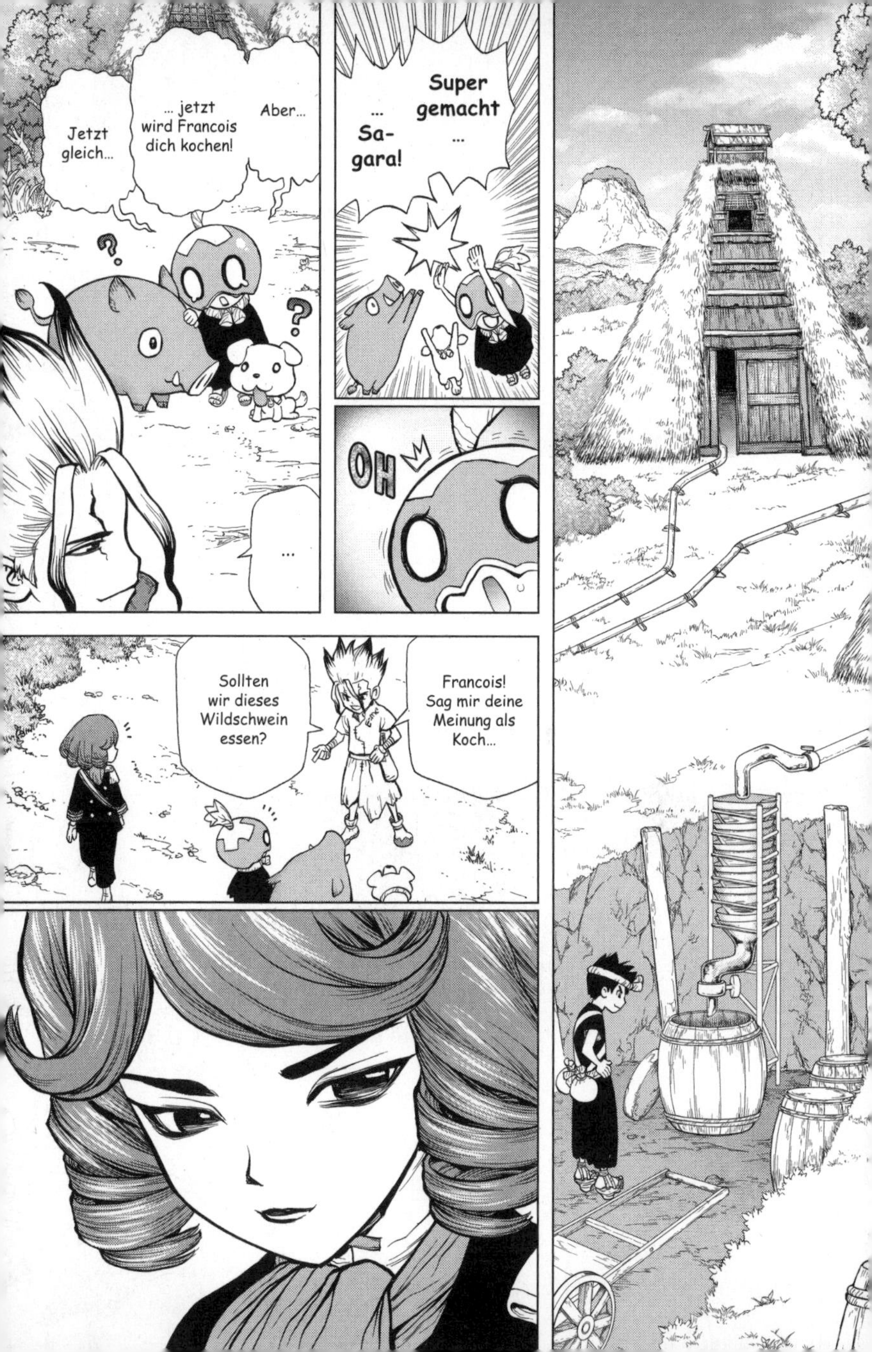
Aber...
... jetzt wird Francois dich kochen!
Jetzt gleich...
Super gemacht ...
... Sa-gara!
OH
...
Francois! Sag mir deine Meinung als Koch...
Sollten wir dieses Wildschwein essen?

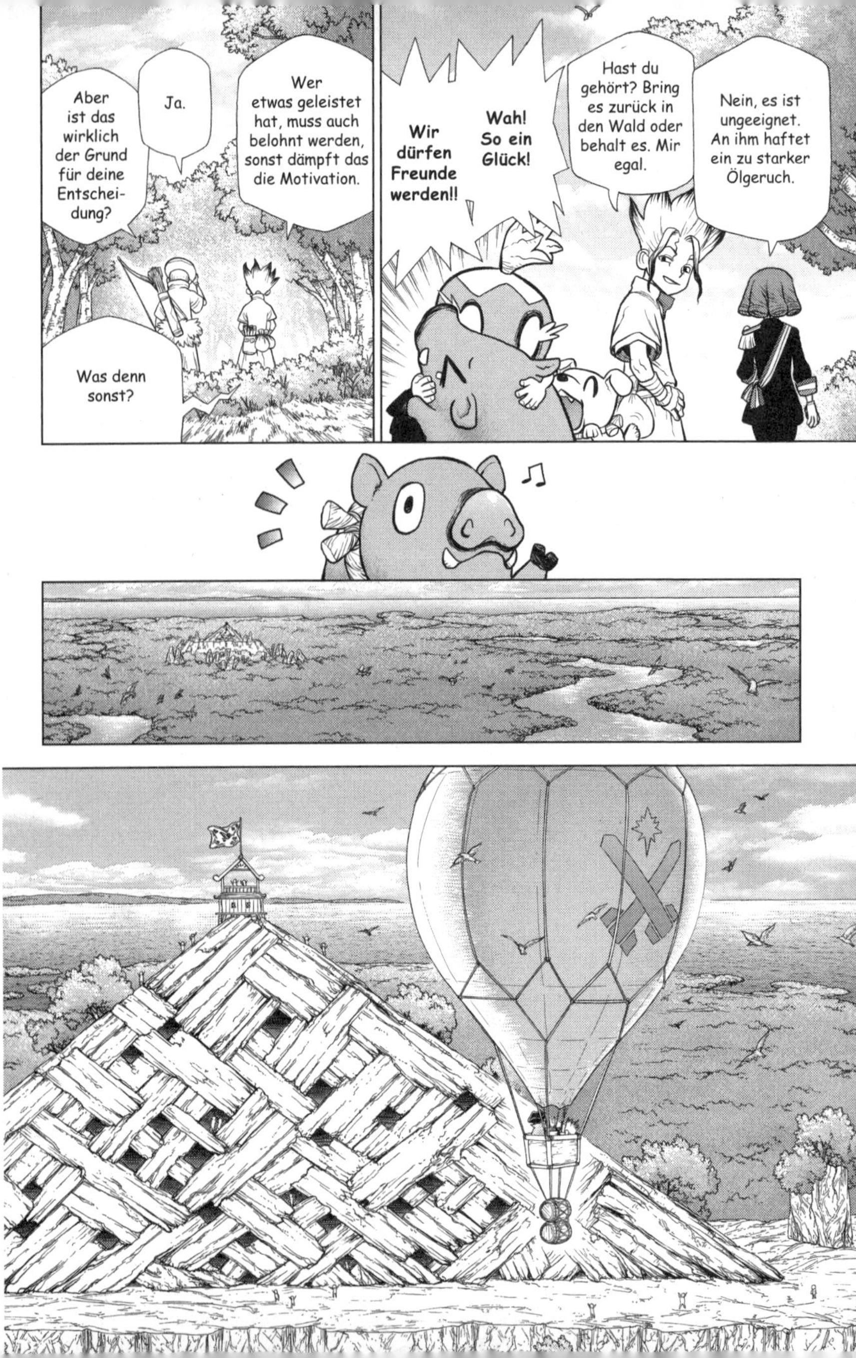
Nein, es ist ungeeignet. An ihm haftet ein zu starker Ölgeruch.
Hast du gehört? Bring es zurück in den Wald oder behalt es. Mir egal.
Wah! So ein Glück!
Wir dürfen Freunde werden!!
Wer etwas geleistet hat, muss auch belohnt werden, sonst dämpft das die Motivation.
Ja.
Aber ist das wirklich der Grund für deine Entscheidung?
Was denn sonst?

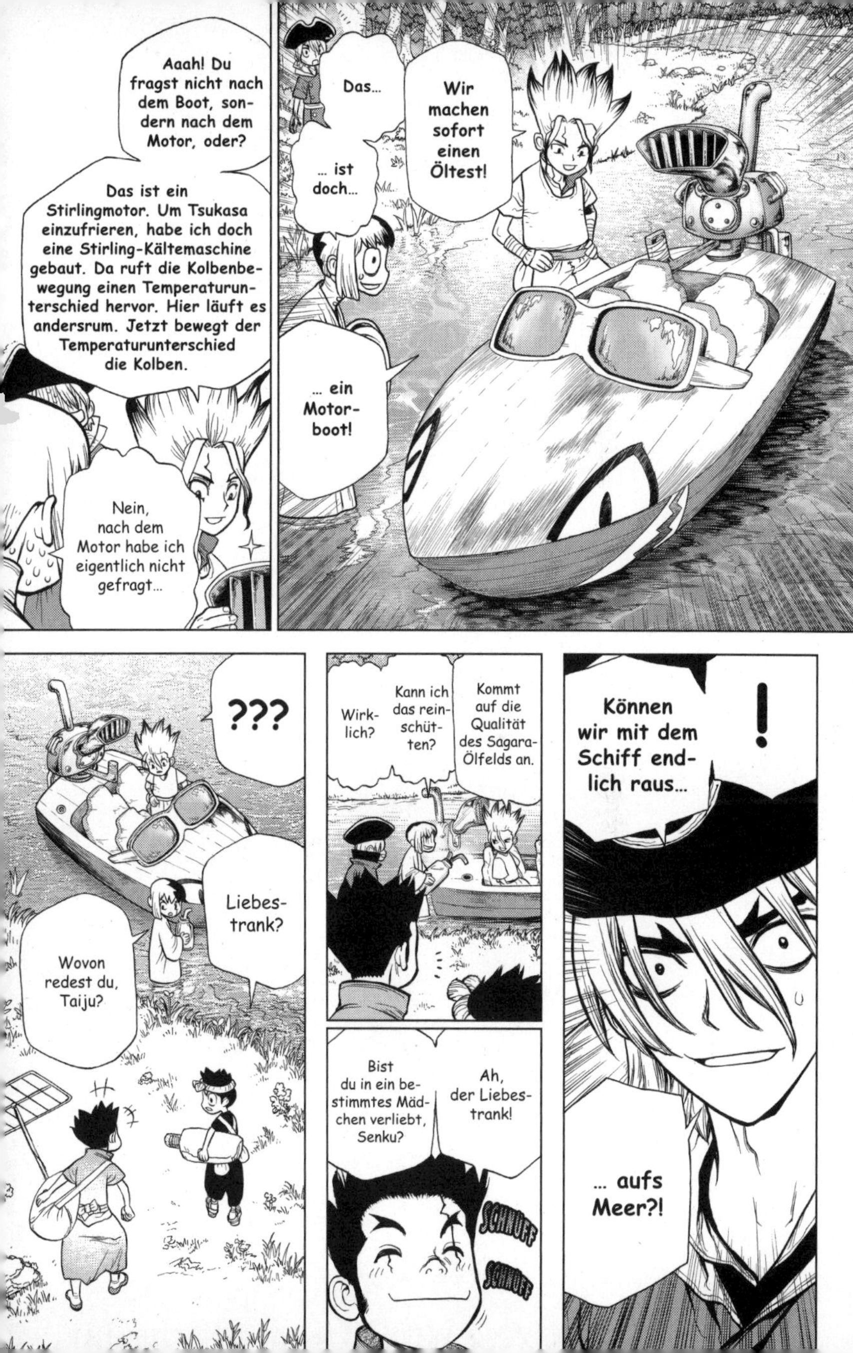
Wir machen sofort einen Öltest!
Das...
... ist doch...
... ein Motorboot!
Aaah! Du fragst nicht nach dem Boot, sondern nach dem Motor, oder?
Das ist ein Stirlingmotor. Um Tsukasa einzufrieren, habe ich doch eine Stirling-Kältemaschine gebaut. Da ruft die Kolbenbewegung einen Temperaturunterschied hervor. Hier läuft es andersrum. Jetzt bewegt der Temperaturunterschied die Kolben.
Nein, nach dem Motor habe ich eigentlich nicht gefragt...
Können wir mit dem Schiff endlich raus...
!
... aufs Meer?!
Kommt auf die Qualität des Sagara-Ölfelds an.
Kann ich das reinschütten?
Wirklich?
Ah, der Liebestrank!
Bist du in ein bestimmtes Mädchen verliebt, Senku?
SCHNUFF
SCHNUFF
???
Liebestrank?
Wovon redest du, Taiju?

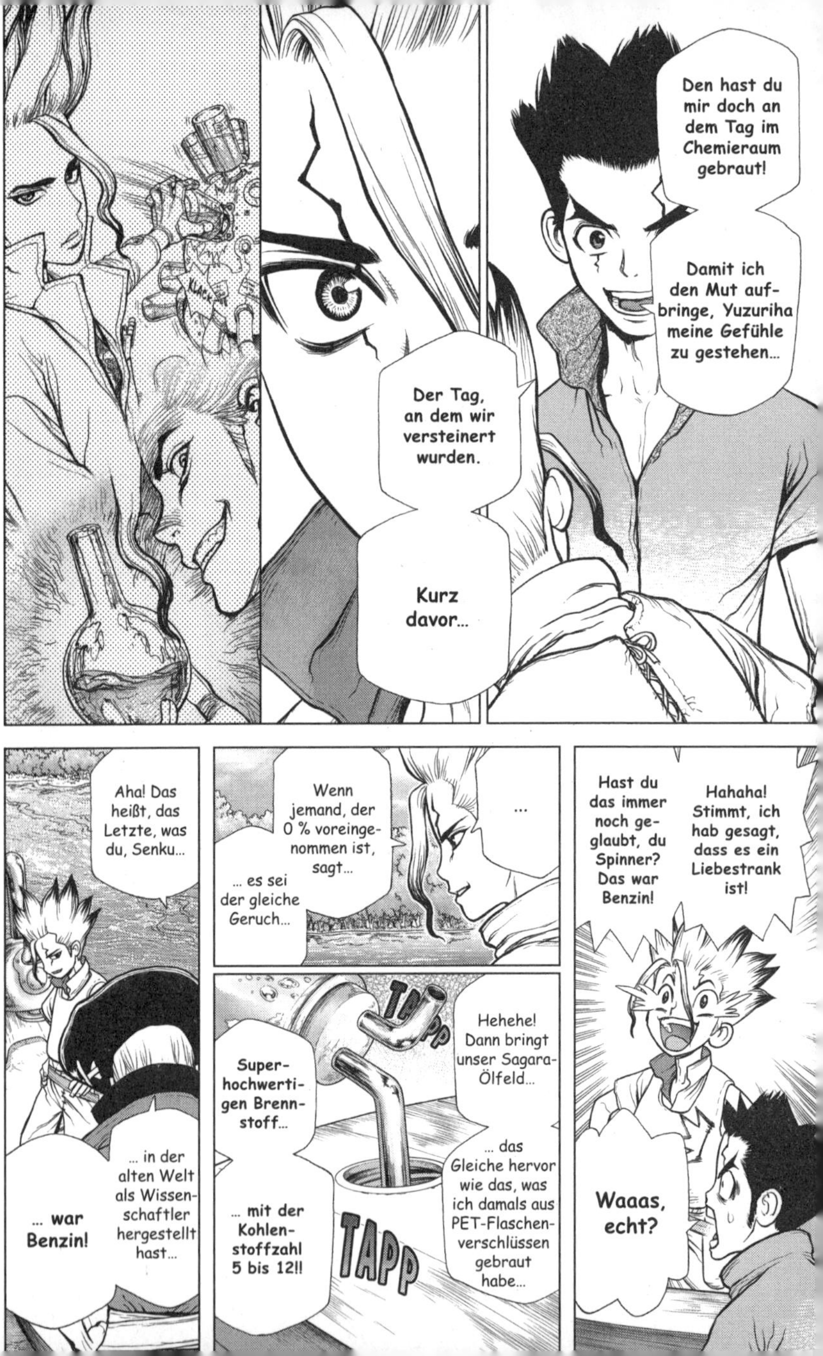

Den hast du mir doch an dem Tag im Chemieraum gebraut!
Damit ich den Mut aufbringe, Yuzuriha meine Gefühle zu gestehen…
Der Tag, an dem wir versteinert wurden.
Kurz davor…
KLACK
Hahaha! Stimmt, ich hab gesagt, dass es ein Liebestrank ist!
Hast du das immer noch geglaubt, du Spinner? Das war Benzin!
Waaas, echt?
…
Wenn jemand, der 0 % voreingenommen ist, sagt…
… es sei der gleiche Geruch…
Hehehe! Dann bringt unser Sagara-Ölfeld…
… das Gleiche hervor wie das, was ich damals aus PET-Flaschenverschlüssen gebraut habe…
TAPP
Super-hochwertigen Brennstoff…
… mit der Kohlenstoffzahl 5 bis 12!!
TAPP
Aha! Das heißt, das Letzte, was du, Senku…
… in der alten Welt als Wissenschaftler hergestellt hast…
… war Benzin!

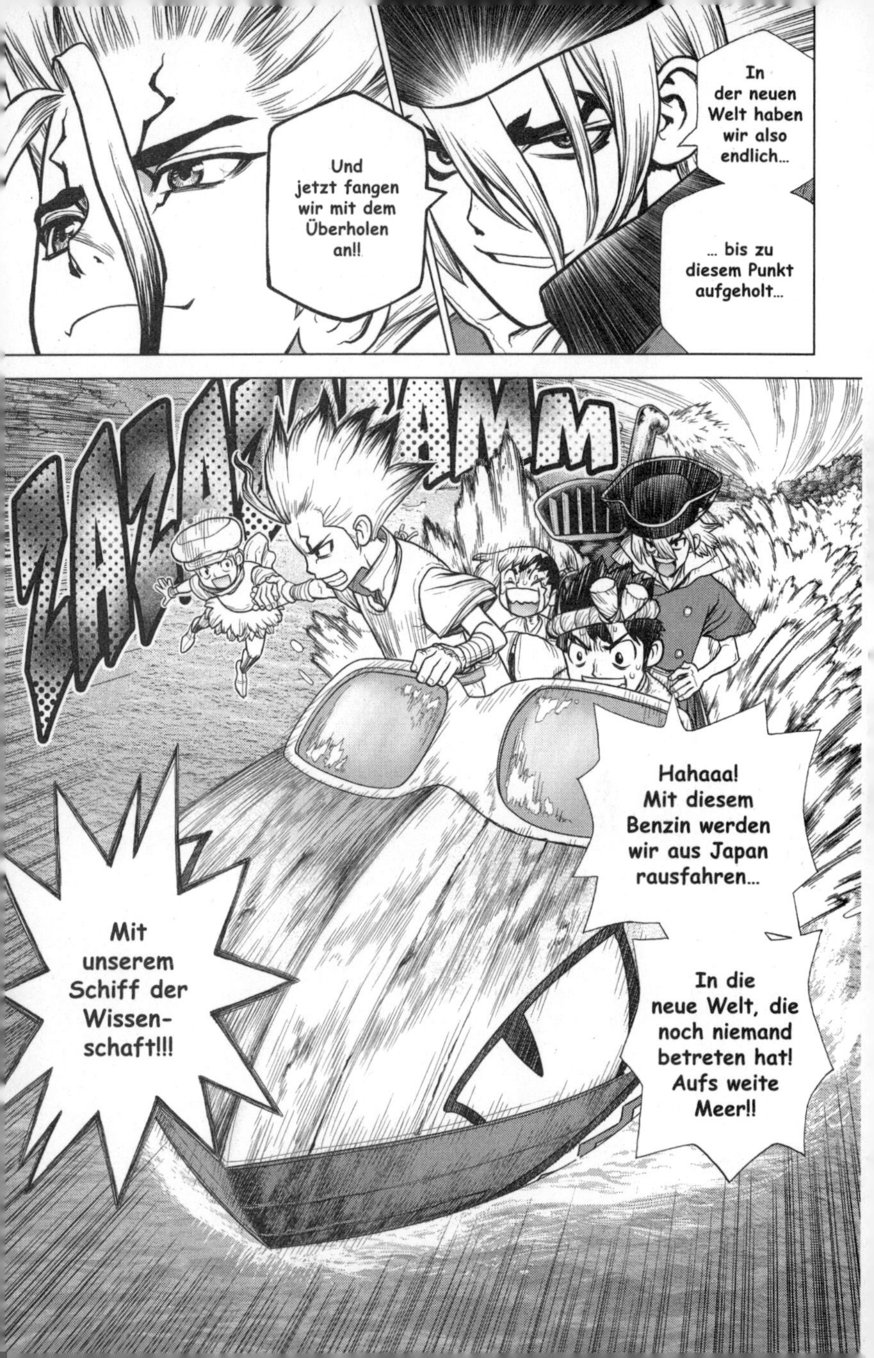
In der neuen Welt haben wir also endlich…
… bis zu diesem Punkt aufgeholt…
Und jetzt fangen wir mit dem Überholen an!!
Hahaaa! Mit diesem Benzin werden wir aus Japan rausfahren…
In die neue Welt, die noch niemand betreten hat! Aufs weite Meer!!
Mit unserem Schiff der Wissen-schaft!!!

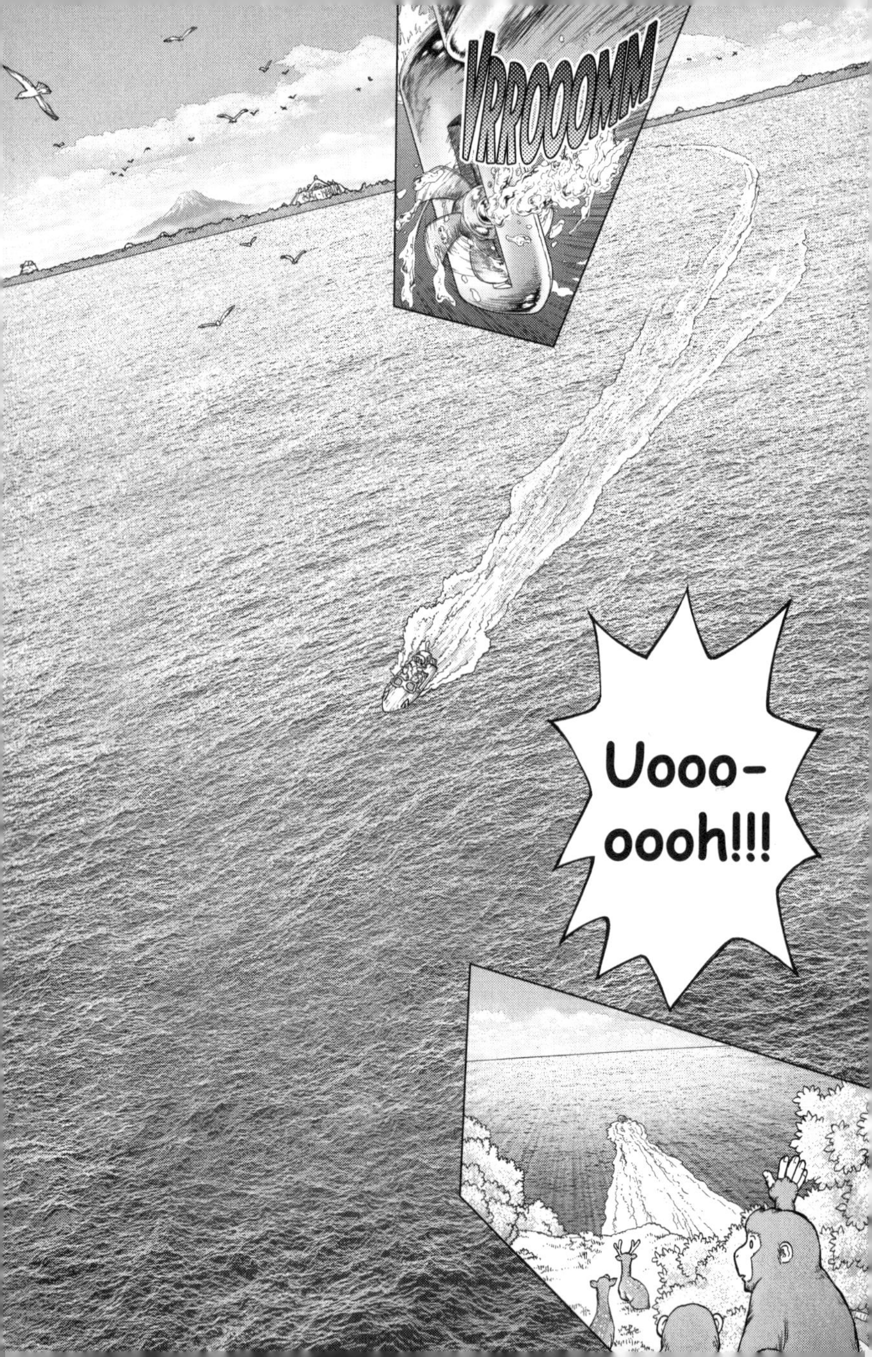
VRROOOMM
Uooo-
oooh!!!

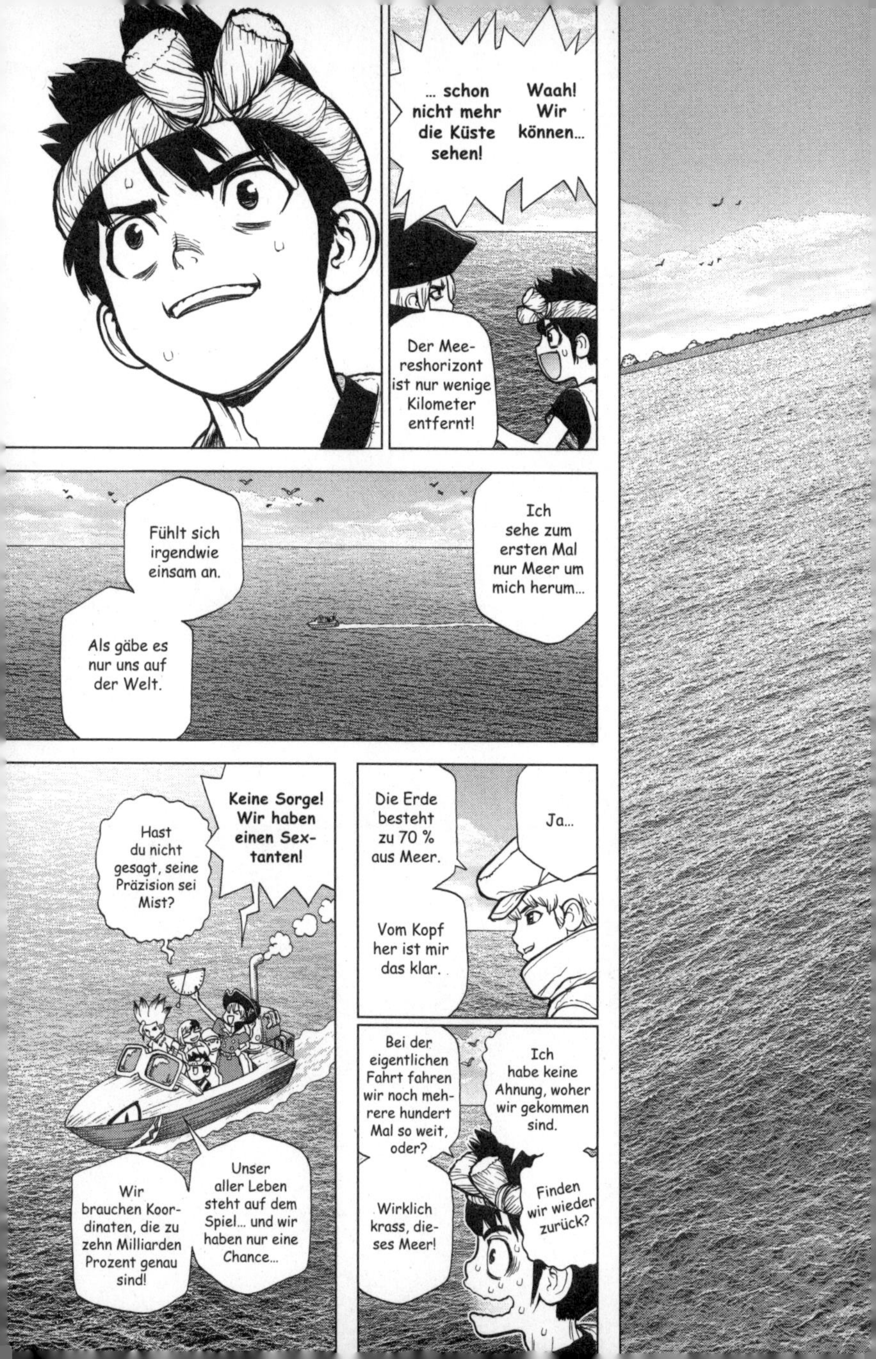

Waah! Wir können...
... schon nicht mehr die Küste sehen!
Der Meereshorizont ist nur wenige Kilometer entfernt!
Ich sehe zum ersten Mal nur Meer um mich herum...
Fühlt sich irgendwie einsam an.
Als gäbe es nur uns auf der Welt.
Ja...
Die Erde besteht zu 70 % aus Meer.
Vom Kopf her ist mir das klar.
Ich habe keine Ahnung, woher wir gekommen sind.
Finden wir wieder zurück?
Bei der eigentlichen Fahrt fahren wir noch mehrere hundert Mal so weit, oder?
Wirklich krass, dieses Meer!
Keine Sorge! Wir haben einen Sextanten!
Hast du nicht gesagt, seine Präzision sei Mist?
Unser aller Leben steht auf dem Spiel... und wir haben nur eine Chance...
Wir brauchen Koordinaten, die zu zehn Milliarden Prozent genau sind!

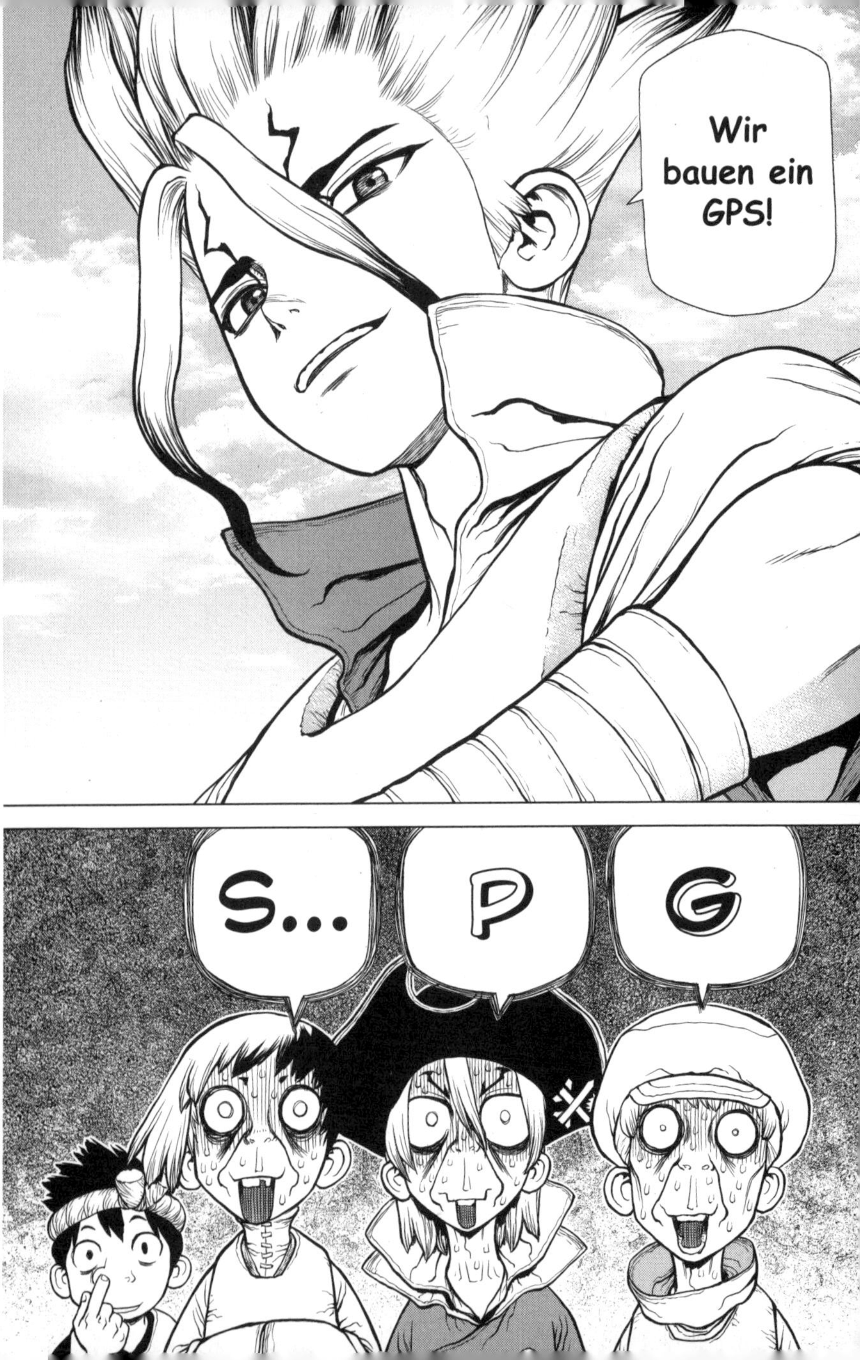
Wir bauen ein GPS!
G
P
S...

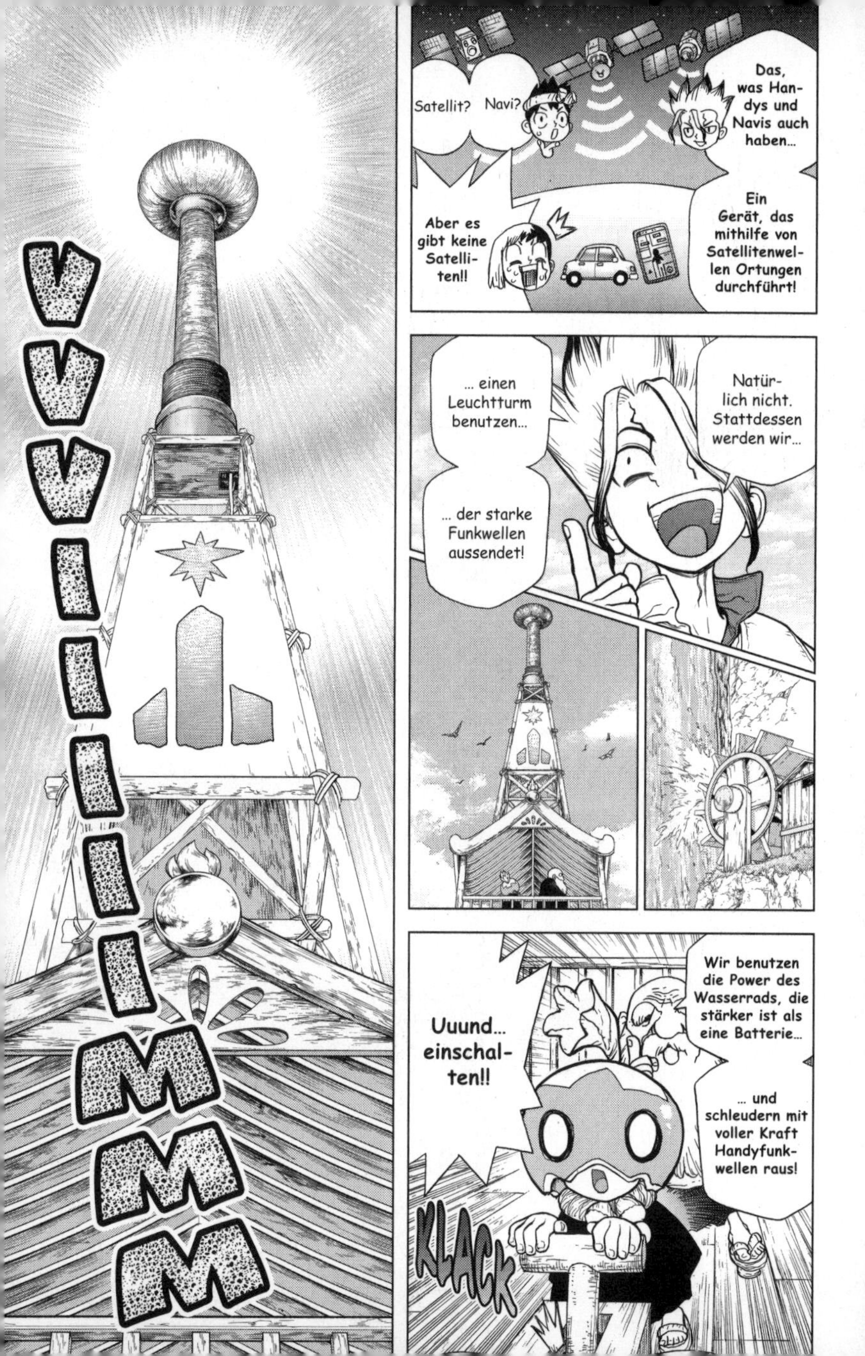
Das, was Handys und Navis auch haben...
Navi?
Satellit?
Ein Gerät, das mithilfe von Satellitenwellen Ortungen durchführt!
Aber es gibt keine Satelliten!!
Natürlich nicht. Stattdessen werden wir...
... einen Leuchtturm benutzen...
... der starke Funkwellen aussendet!
Wir benutzen die Power des Wasserrads, die stärker ist als eine Batterie...
... und schleudern mit voller Kraft Handyfunkwellen raus!
Uuund... einschalten!!
KLACK
VVVIIIIIMMM

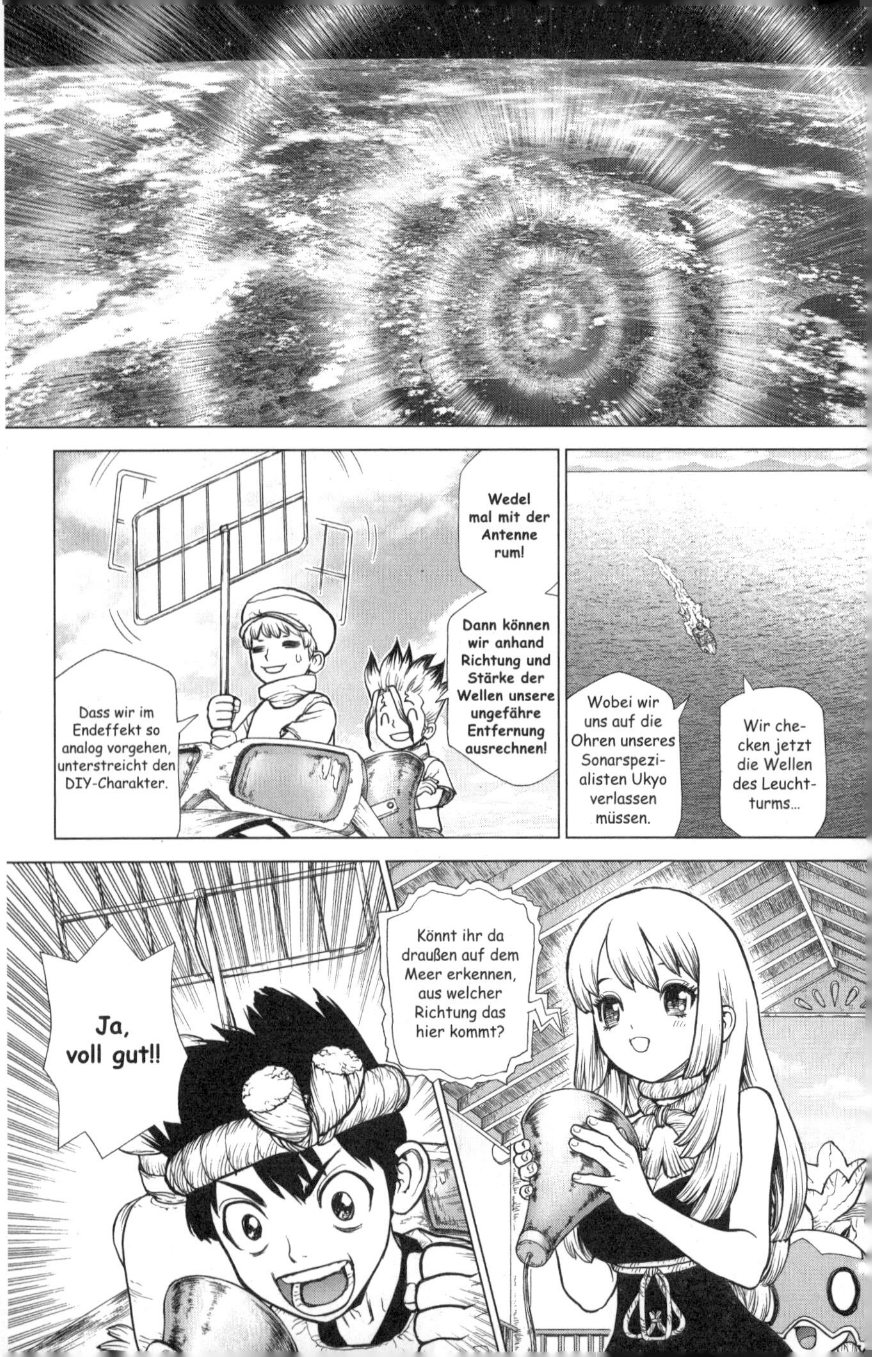
Wir checken jetzt die Wellen des Leuchtturms...
Wobei wir uns auf die Ohren unseres Sonarspezialisten Ukyo verlassen müssen.
Wedel mal mit der Antenne rum!
Dann können wir anhand Richtung und Stärke der Wellen unsere ungefähre Entfernung ausrechnen!
Dass wir im Endeffekt so analog vorgehen, unterstreicht den DIY-Charakter.
Könnt ihr da draußen auf dem Meer erkennen, aus welcher Richtung das hier kommt?
Ja, voll gut!!

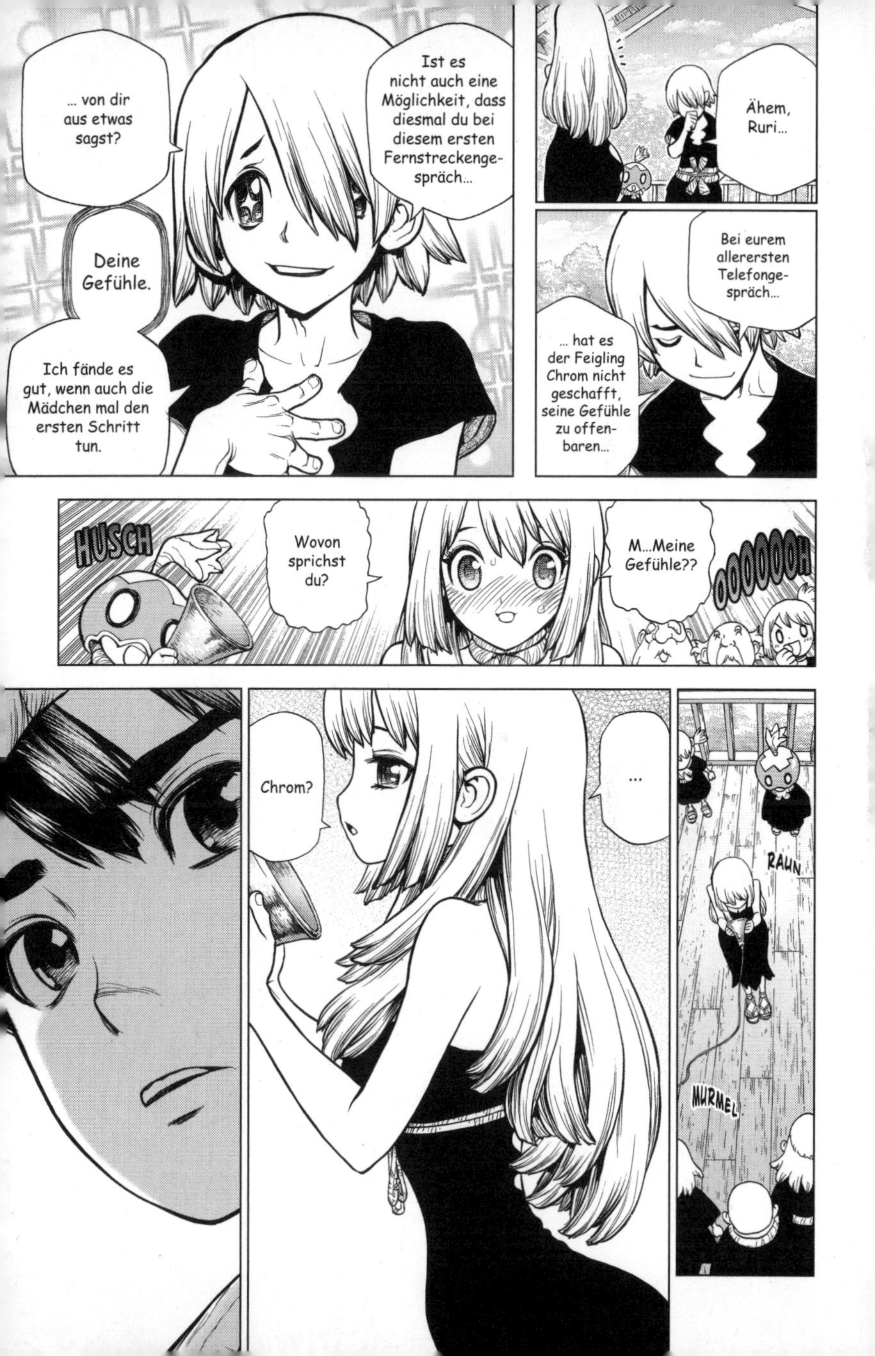
Ähem, Ruri...
Bei eurem allerersten Telefonge-spräch...
... hat es der Feigling Chrom nicht geschafft, seine Gefühle zu offen-baren...
Ist es nicht auch eine Möglichkeit, dass diesmal du bei diesem ersten Fernstreckenge-spräch...
... von dir aus etwas sagst?
Deine Gefühle.
Ich fände es gut, wenn auch die Mädchen mal den ersten Schritt tun.
OOOOOOH
M...Meine Gefühle??
Wovon sprichst du?
HUSCH
RAUN
MURMEL
...
Chrom?

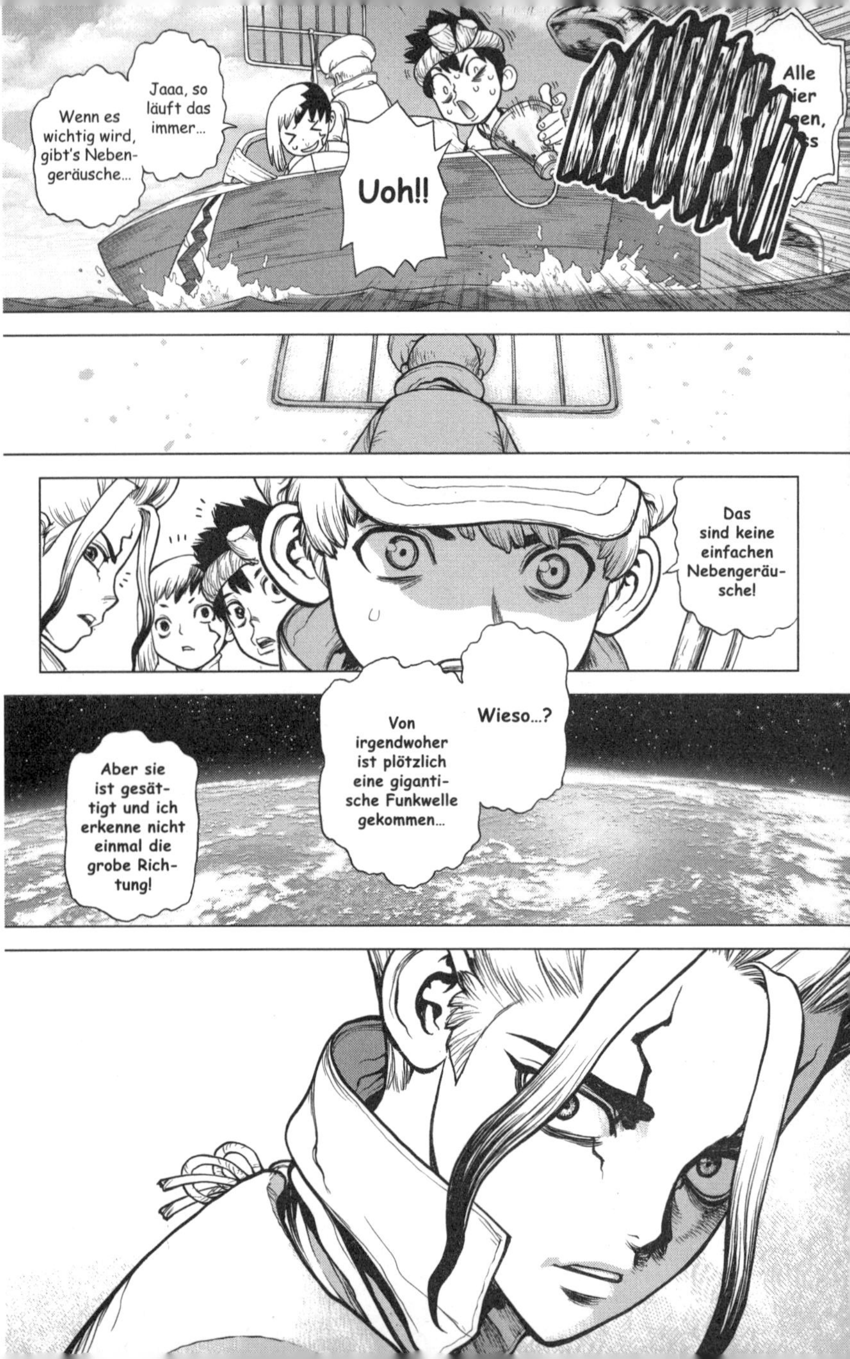

Alle
Uoh!!
Jaaa, so läuft das immer...
Wenn es wichtig wird, gibt's Nebengeräusche...
Das sind keine einfachen Nebengeräusche!
Wieso...?
Von irgendwoher ist plötzlich eine gigantische Funkwelle gekommen...
Aber sie ist gesättigt und ich erkenne nicht einmal die grobe Richtung!

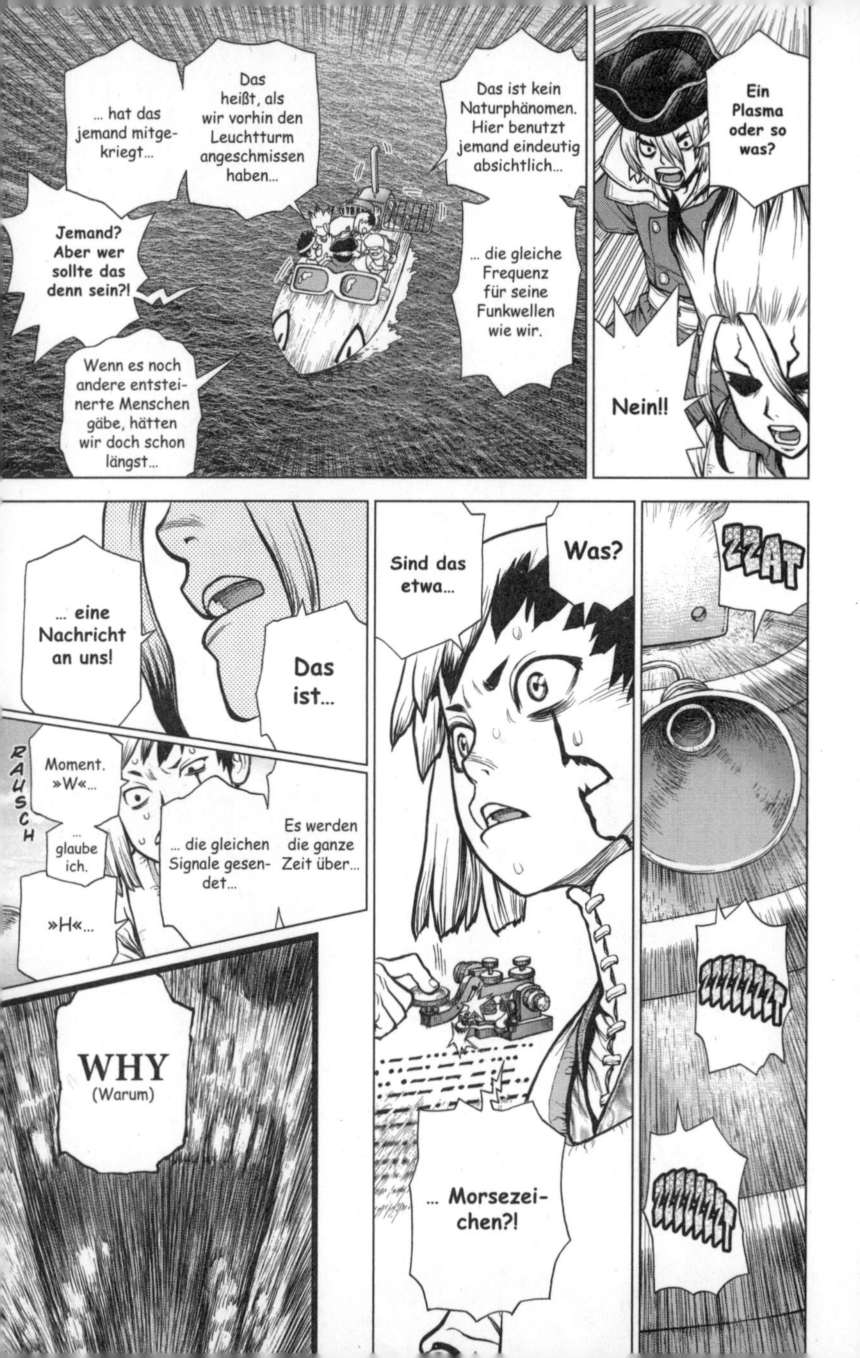
Ein Plasma oder so was?
Nein!!
Das ist kein Naturphänomen. Hier benutzt jemand eindeutig absichtlich...
... die gleiche Frequenz für seine Funkwellen wie wir.
Das heißt, als wir vorhin den Leuchtturm angeschmissen haben...
... hat das jemand mitgekriegt...
Jemand? Aber wer sollte das denn sein?!
Wenn es noch andere entsteinerte Menschen gäbe, hätten wir doch schon längst...
ZZAT
Was?
Sind das etwa...
... Morsezeichen?!
Das ist...
... eine Nachricht an uns!
Es werden die ganze Zeit über...
... die gleichen Signale gesendet...
RAUSCH
Moment. »W«...
... glaube ich.
»H«...
WHY
(Warum)

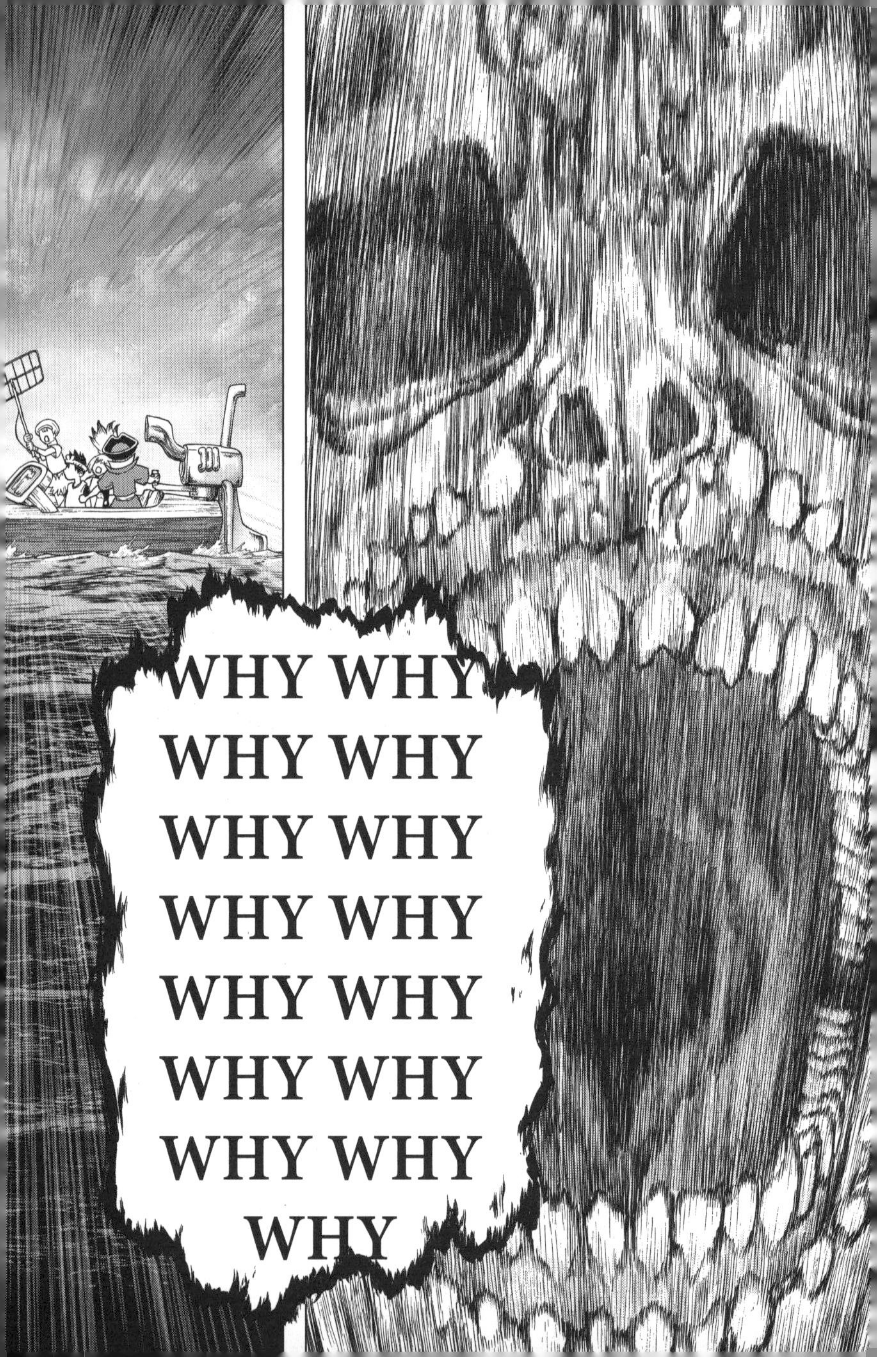
WHY WHY WHY WHY WHY WHY WHY WHY WHY WHY WHY WHY WHY WHY WHY

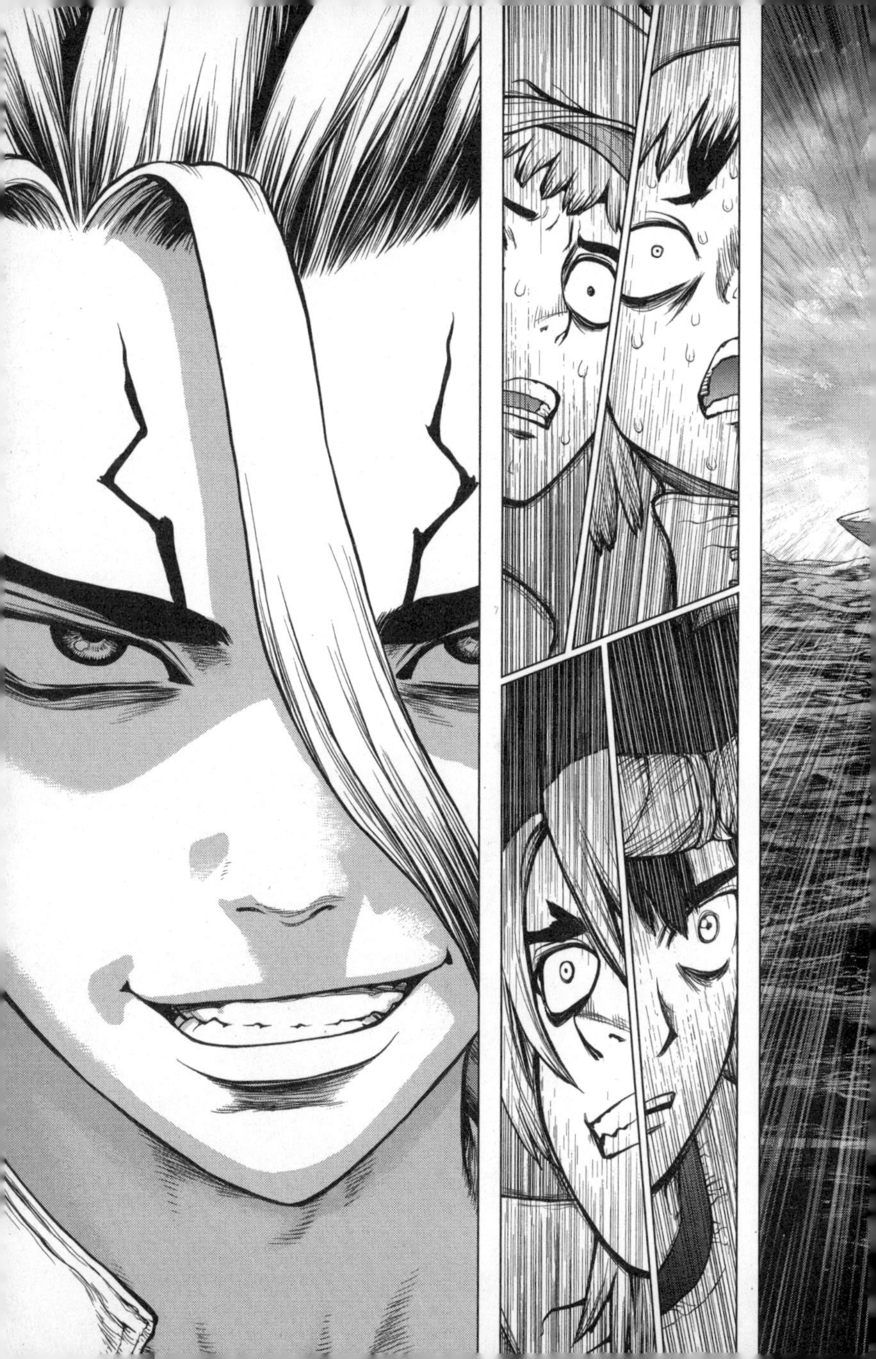

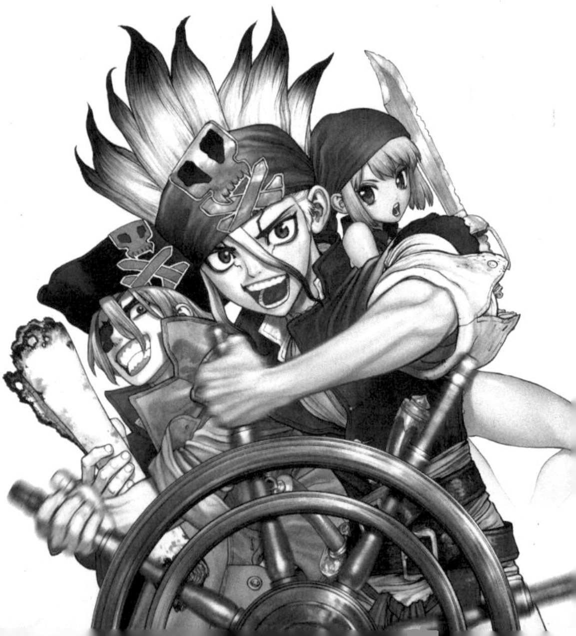

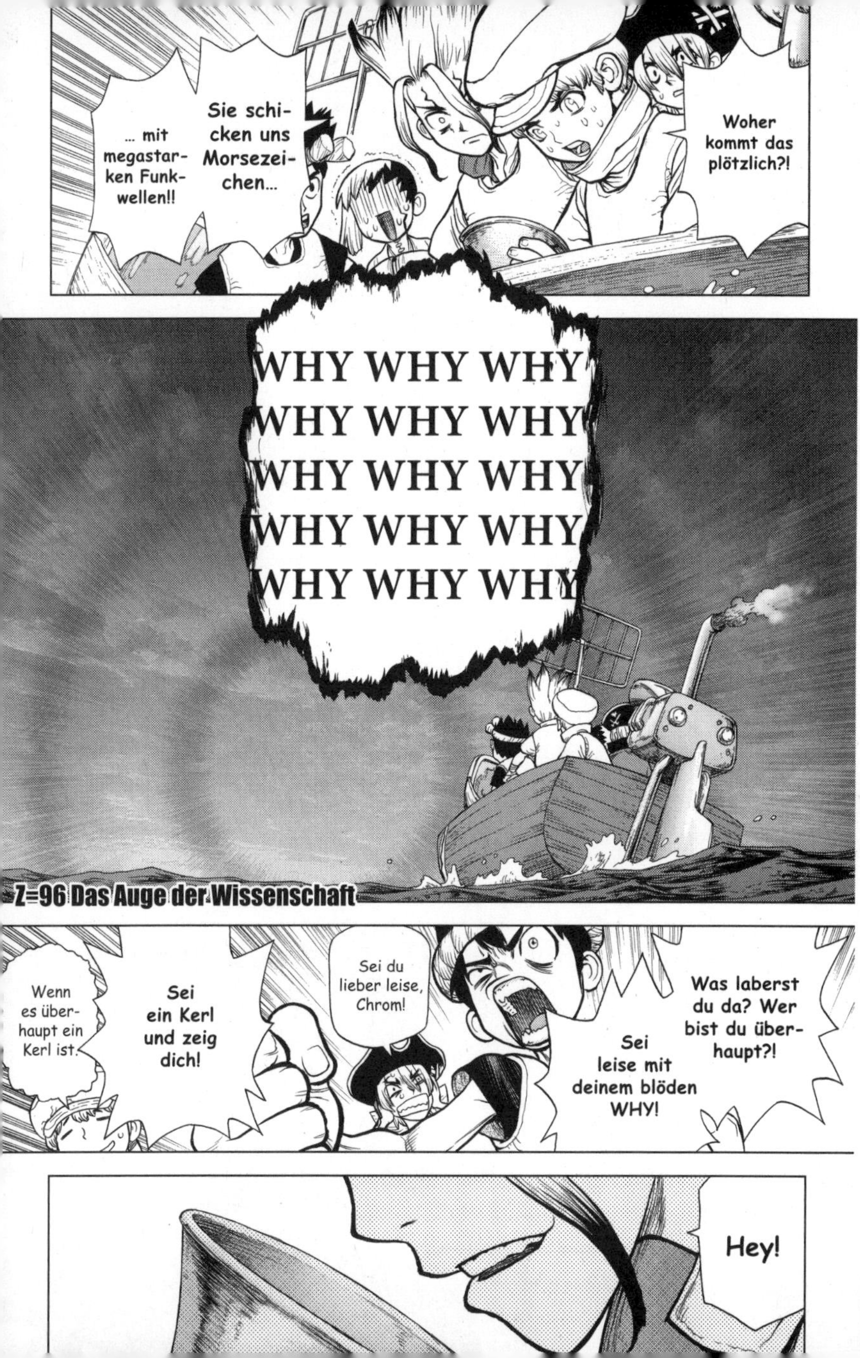
Woher kommt das plötzlich?!
Sie schicken uns Morsezeichen…
… mit megastarken Funkwellen!!
WHY WHY WHY WHY WHY WHY WHY WHY WHY WHY WHY WHY WHY WHY WHY
Z=96 Das Auge der Wissenschaft
Was laberst du da? Wer bist du überhaupt?!
Sei leise mit deinem blöden WHY!
Sei du lieber leise, Chrom!
Sei ein Kerl und zeig dich!
Wenn es überhaupt ein Kerl ist.
Hey!

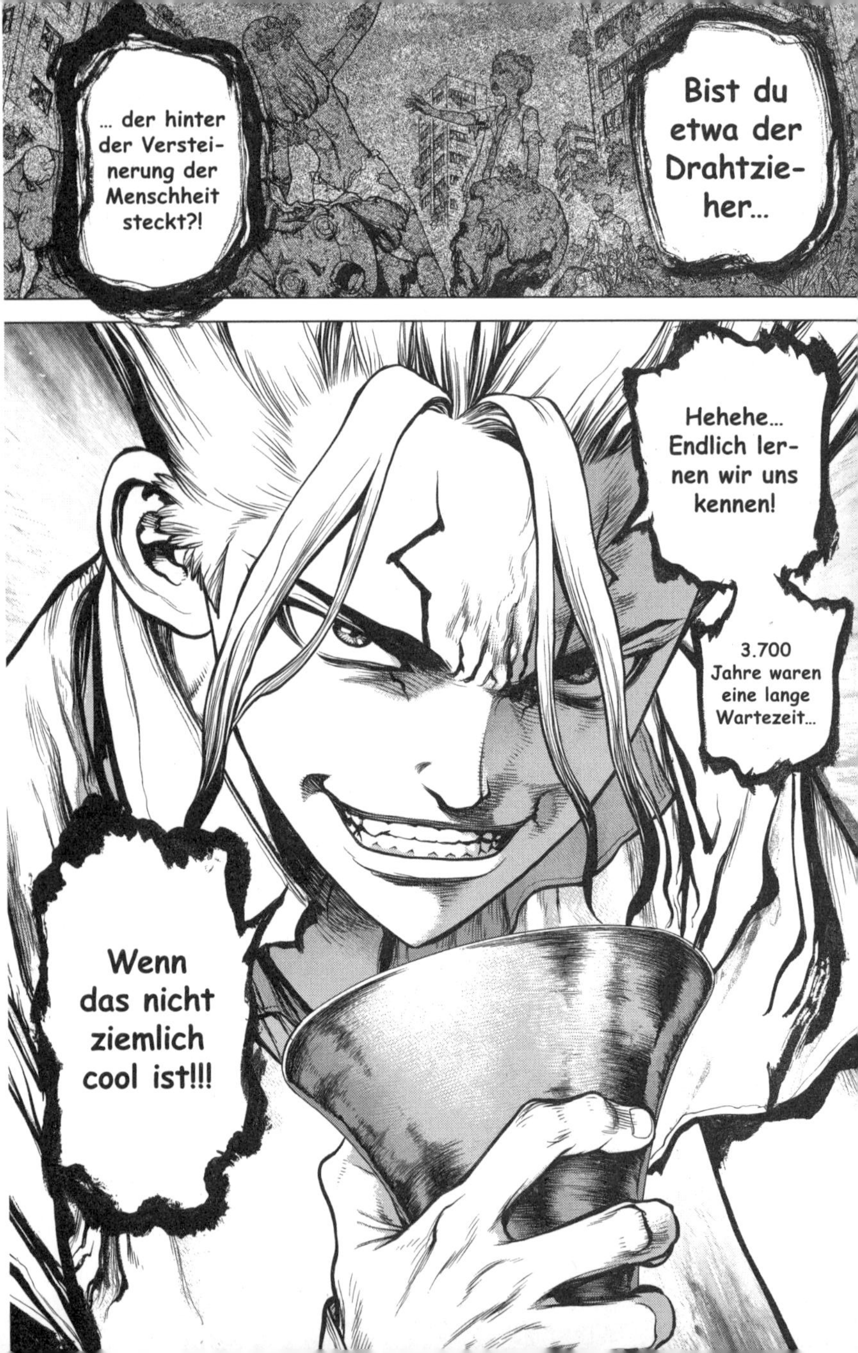
Bist du etwa der Drahtzieher...
... der hinter der Versteinerung der Menschheit steckt?!
Hehehe... Endlich lernen wir uns kennen!
3.700 Jahre waren eine lange Wartezeit...
Wenn das nicht ziemlich cool ist!!!

# Z=96 Das Auge der Wissenschaft

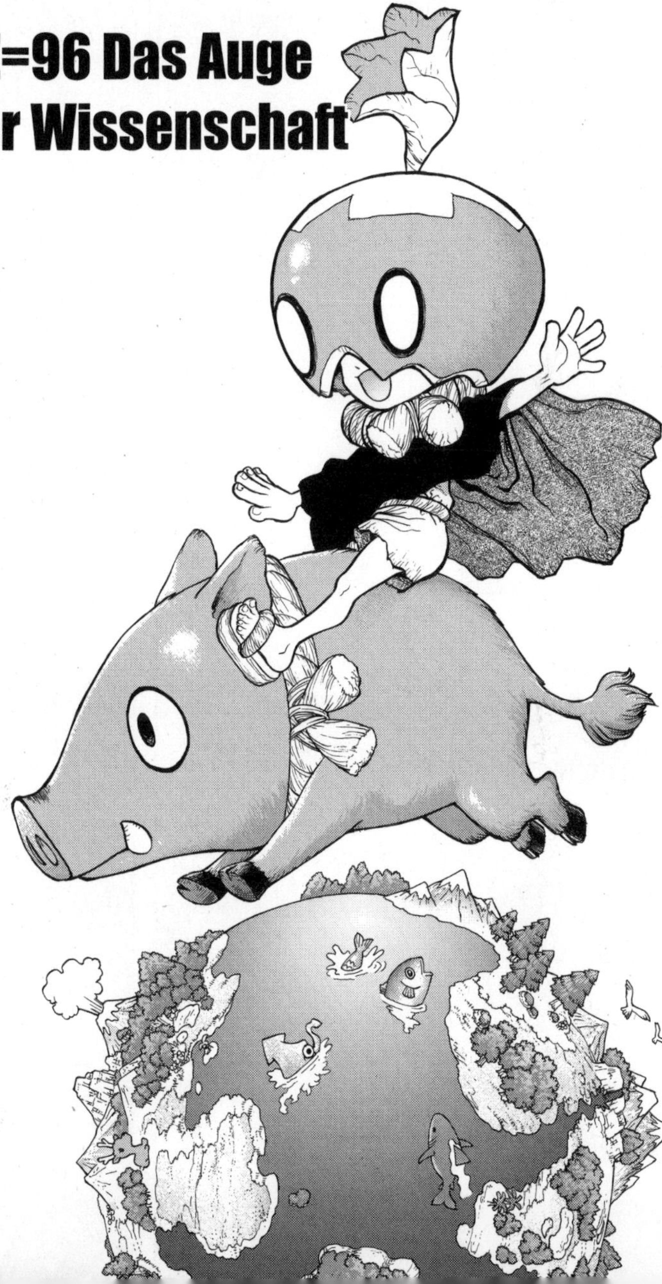

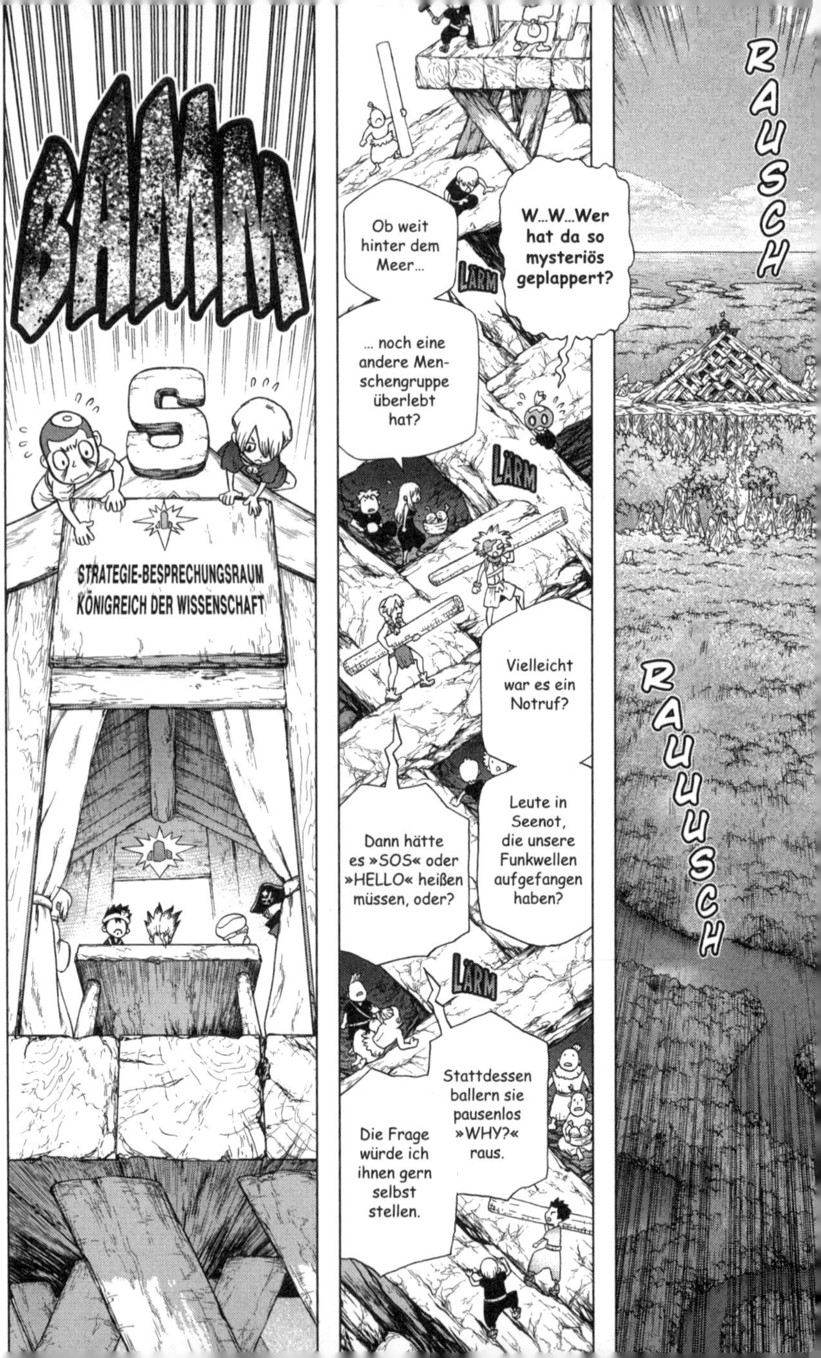
RAUSCH
RAUUUSCH
W…W…Wer hat da so mysteriös geplappert?
Ob weit hinter dem Meer…
LÄRM
… noch eine andere Menschengruppe überlebt hat?
LÄRM
Vielleicht war es ein Notruf?
Leute in Seenot, die unsere Funkwellen aufgefangen haben?
Dann hätte es »SOS« oder »HELLO« heißen müssen, oder?
LÄRM
Stattdessen ballern sie pausenlos »WHY?« raus.
Die Frage würde ich ihnen gern selbst stellen.
BAMM
S
STRATEGIE-BESPRECHUNGSRAUM
KÖNIGREICH DER WISSENSCHAFT

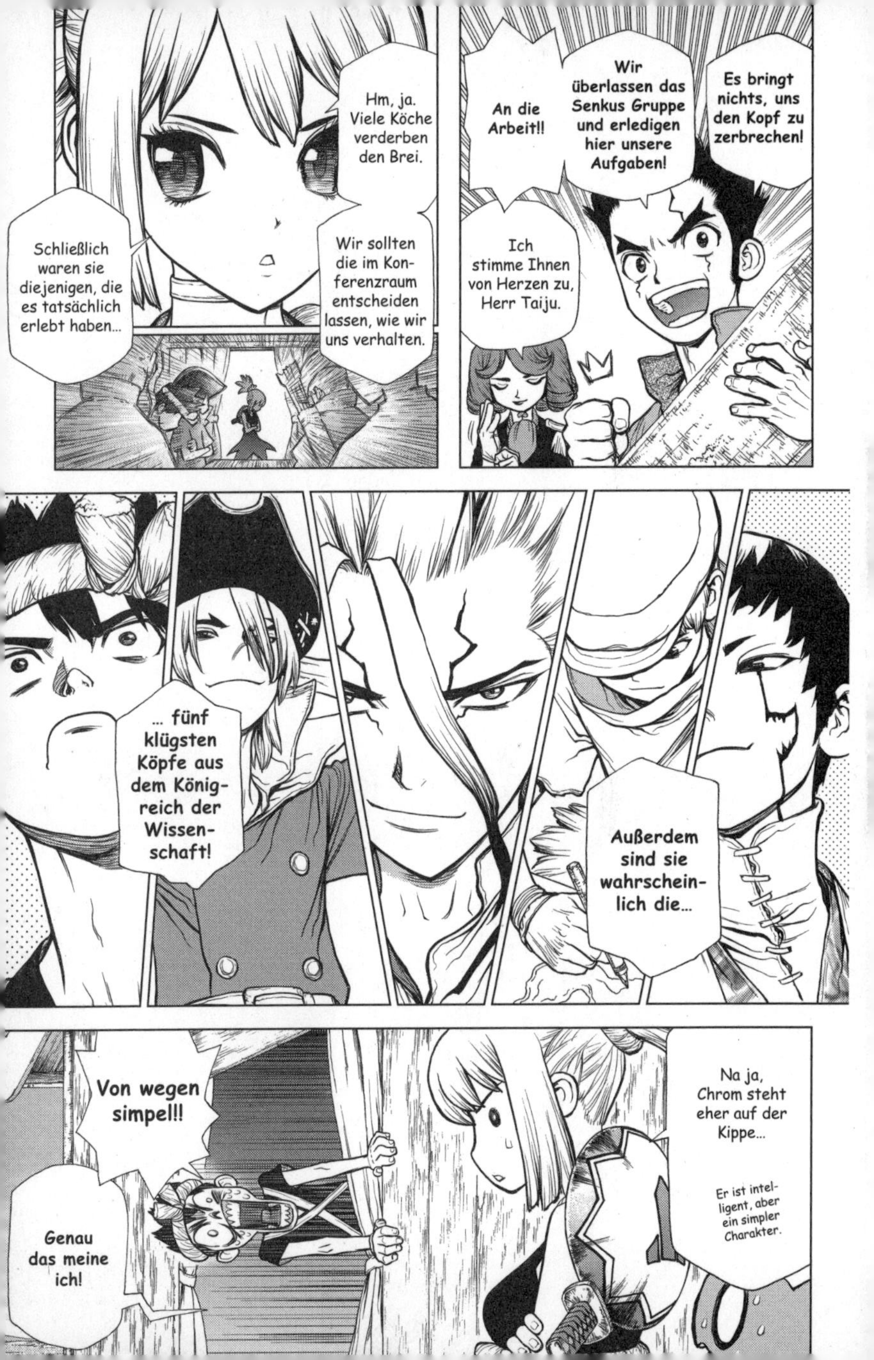

Es bringt nichts, uns den Kopf zu zerbrechen!
Wir überlassen das Senkus Gruppe und erledigen hier unsere Aufgaben!
An die Arbeit!!
Ich stimme Ihnen von Herzen zu, Herr Taiju.
Hm, ja. Viele Köche verderben den Brei.
Wir sollten die im Konferenzraum entscheiden lassen, wie wir uns verhalten.
Schließlich waren sie diejenigen, die es tatsächlich erlebt haben...
Außerdem sind sie wahrscheinlich die...
... fünf klügsten Köpfe aus dem Königreich der Wissenschaft!
Na ja, Chrom steht eher auf der Kippe...
Er ist intelligent, aber ein simpler Charakter.
Von wegen simpel!!
Genau das meine ich!

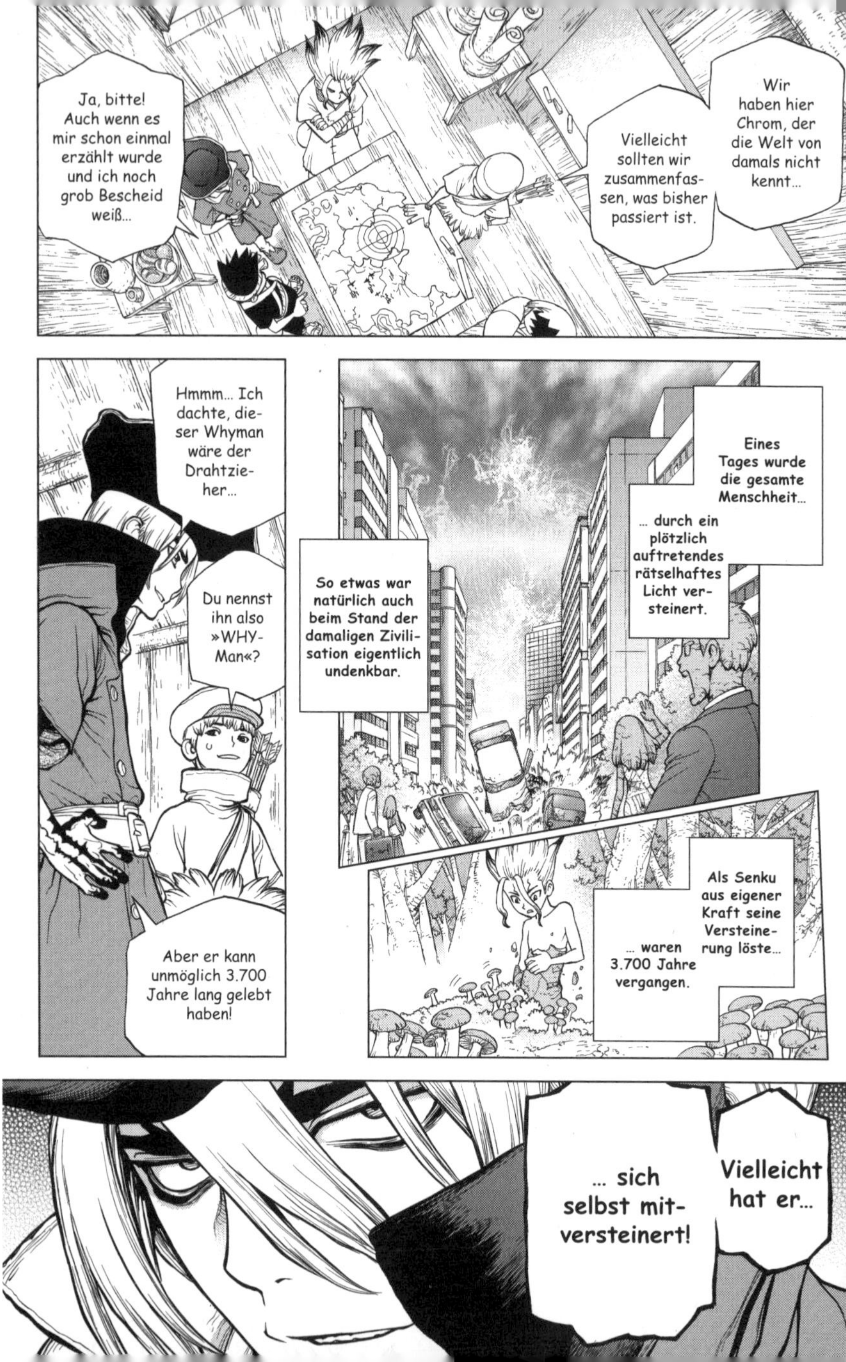
Wir haben hier Chrom, der die Welt von damals nicht kennt...
Vielleicht sollten wir zusammenfassen, was bisher passiert ist.
Ja, bitte! Auch wenn es mir schon einmal erzählt wurde und ich noch grob Bescheid weiß...
Eines Tages wurde die gesamte Menschheit...
... durch ein plötzlich auftretendes rätselhaftes Licht versteinert.
So etwas war natürlich auch beim Stand der damaligen Zivilisation eigentlich undenkbar.
Als Senku aus eigener Kraft seine Versteinerung löste...
... waren 3.700 Jahre vergangen.
Hmmm... Ich dachte, dieser Whyman wäre der Drahtzieher...
Du nennst ihn also »WHY-Man«?
Aber er kann unmöglich 3.700 Jahre lang gelebt haben!
Vielleicht hat er...
... sich selbst mitversteinert!

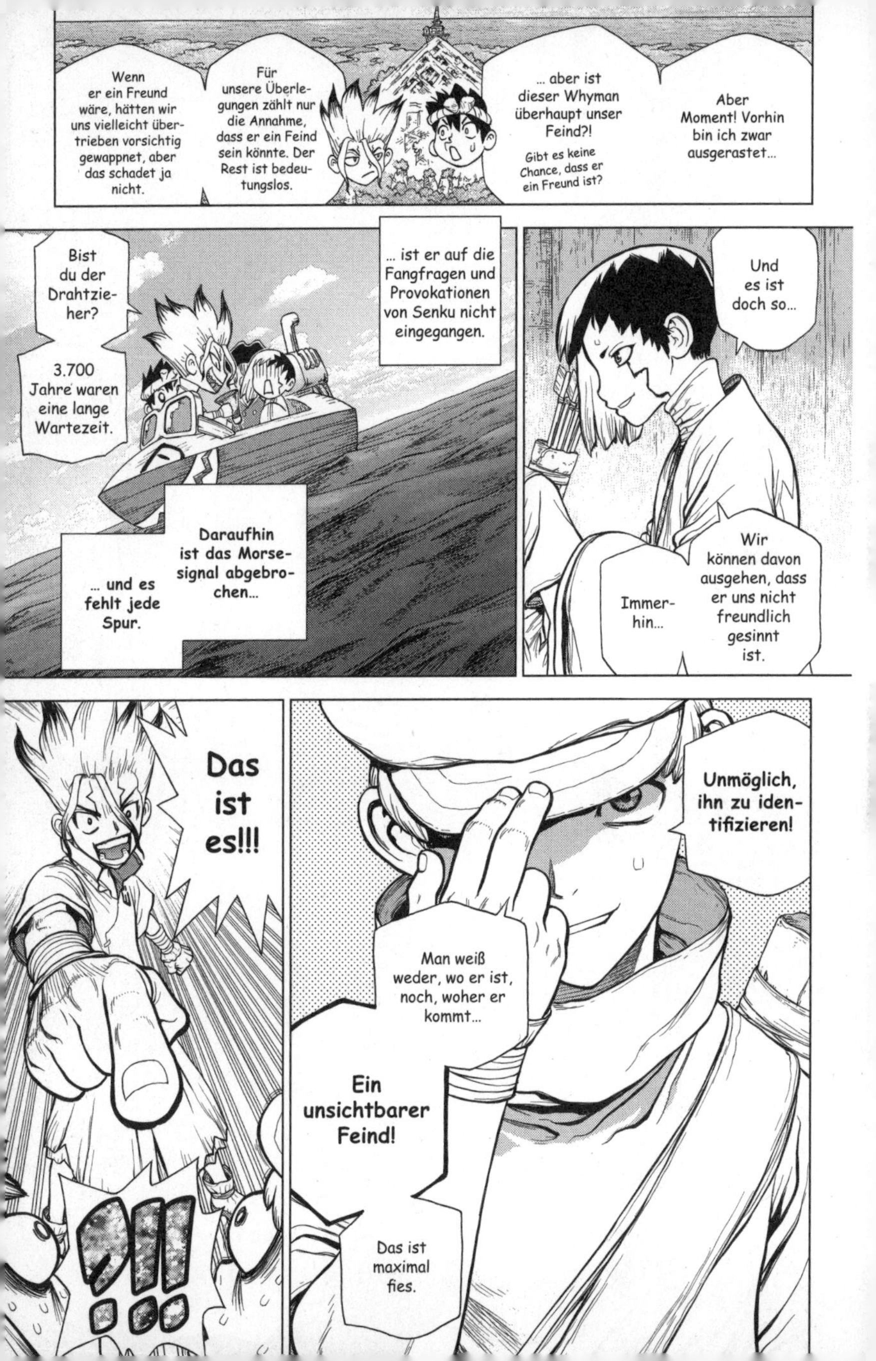
Aber Moment! Vorhin bin ich zwar ausgerastet...
... aber ist dieser Whyman überhaupt unser Feind?!
Gibt es keine Chance, dass er ein Freund ist?
Für unsere Überlegungen zählt nur die Annahme, dass er ein Feind sein könnte. Der Rest ist bedeutungslos.
Wenn er ein Freund wäre, hätten wir uns vielleicht übertrieben vorsichtig gewappnet, aber das schadet ja nicht.
Und es ist doch so...
Wir können davon ausgehen, dass er uns nicht freundlich gesinnt ist.
Immerhin...
... ist er auf die Fangfragen und Provokationen von Senku nicht eingegangen.
Bist du der Drahtzieher?
3.700 Jahre waren eine lange Wartezeit.
Daraufhin ist das Morsesignal abgebrochen...
... und es fehlt jede Spur.
Unmöglich, ihn zu identifizieren!
Man weiß weder, wo er ist, noch, woher er kommt...
Ein unsichtbarer Feind!
Das ist maximal fies.
Das ist es!!!
!!!!

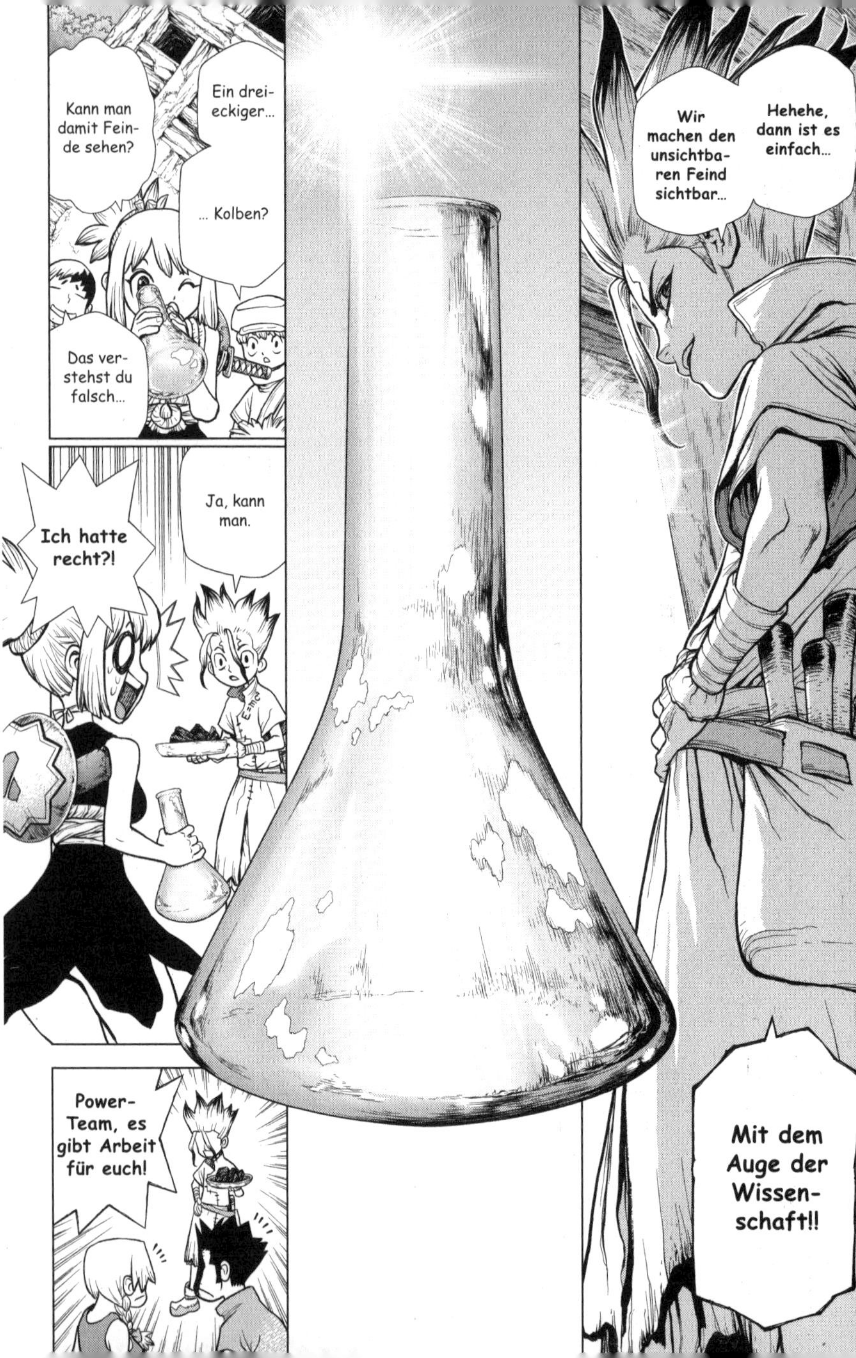

Hehehe, dann ist es einfach…
Wir machen den unsichtbaren Feind sichtbar…
Mit dem Auge der Wissenschaft!!
Ein dreieckiger…
… Kolben?
Kann man damit Feinde sehen?
Das verstehst du falsch…
Ja, kann man.
Ich hatte recht?!
Power-Team, es gibt Arbeit für euch!

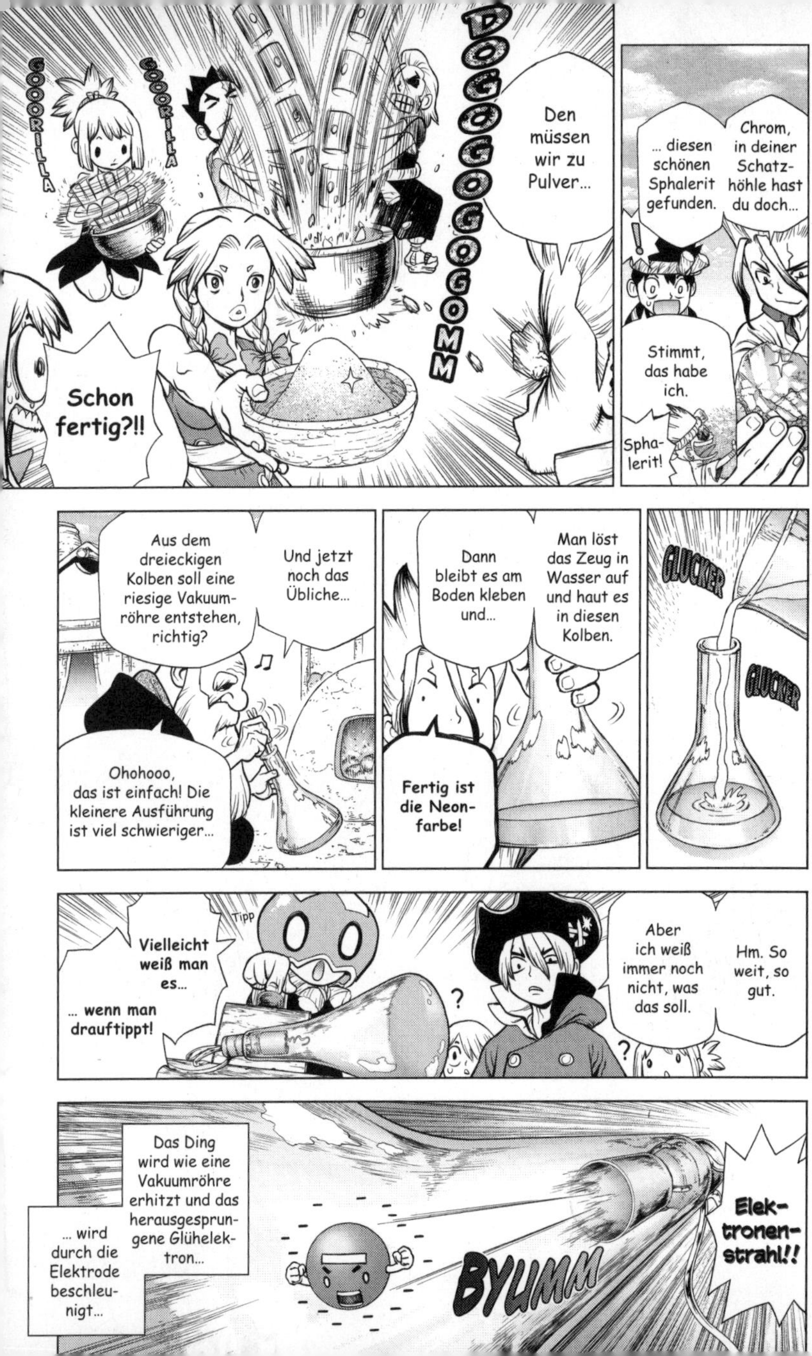
Chrom, in deiner Schatzhöhle hast du doch...
... diesen schönen Sphalerit gefunden.
!
Stimmt, das habe ich.
Sphalerit!
Den müssen wir zu Pulver...
DOGOGOGOGOGOGOMM
GOOORILLA
GOOORILLA
Schon fertig?!!
GLUCKER
GLUCKER
Man löst das Zeug in Wasser auf und haut es in diesen Kolben.
Dann bleibt es am Boden kleben und...
Fertig ist die Neonfarbe!
Und jetzt noch das Übliche...
Aus dem dreieckigen Kolben soll eine riesige Vakuumröhre entstehen, richtig?
Ohohooo, das ist einfach! Die kleinere Ausführung ist viel schwieriger...
Hm. So weit, so gut.
Aber ich weiß immer noch nicht, was das soll.
Tipp
Vielleicht weiß man es...
... wenn man drauftippt!
Elektronenstrahl!!
Das Ding wird wie eine Vakuumröhre erhitzt und das herausgesprungene Glühelektron...
... wird durch die Elektrode beschleunigt...
BYUMM

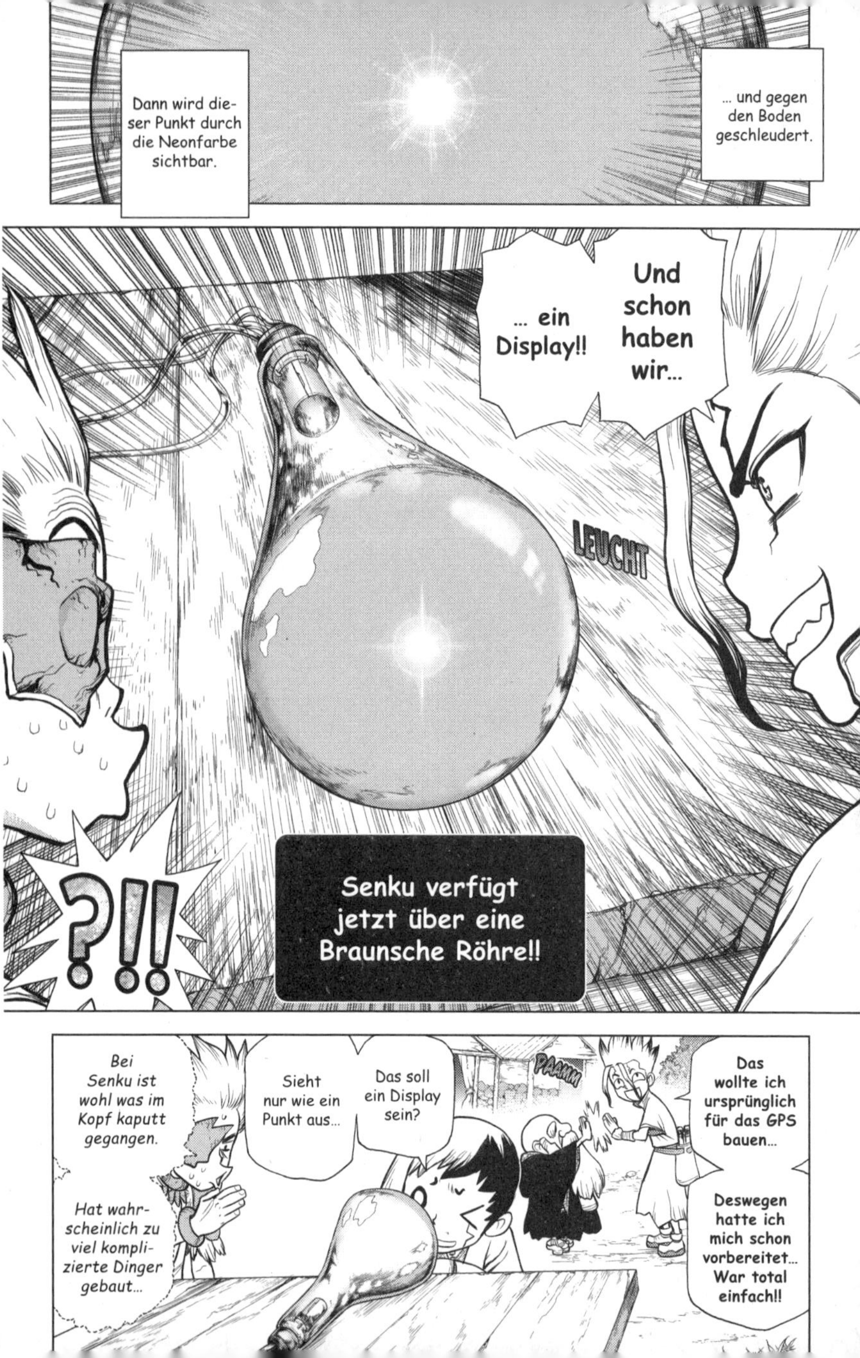
... und gegen
den Boden
geschleudert.
Dann wird die-
ser Punkt durch
die Neonfarbe
sichtbar.
Und
schon
haben
wir...
... ein
Display!!
LEUCHT
?!!
Senku verfügt
jetzt über eine
Braunsche Röhre!!
Das
wollte ich
ursprünglich
für das GPS
bauen...
Deswegen
hatte ich
mich schon
vorbereitet...
War total
einfach!!
PAAAM
Das soll
ein Display
sein?
Sieht
nur wie ein
Punkt aus...
Bei
Senku ist
wohl was im
Kopf kaputt
gegangen.
Hat wahr-
scheinlich zu
viel kompli-
zierte Dinger
gebaut...

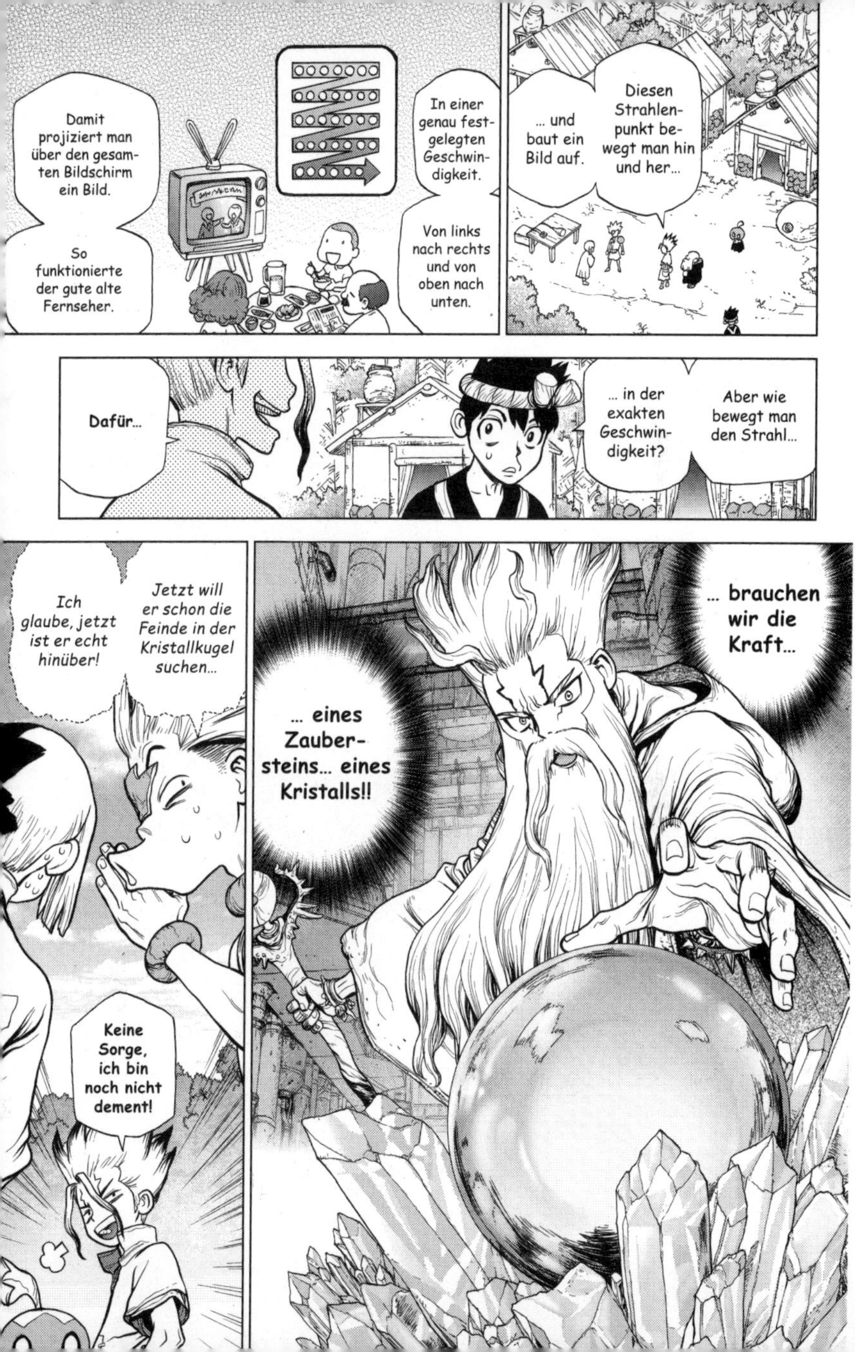
Diesen Strahlenpunkt bewegt man hin und her...
... und baut ein Bild auf.
In einer genau festgelegten Geschwindigkeit.
Von links nach rechts und von oben nach unten.
Damit projiziert man über den gesamten Bildschirm ein Bild.
So funktionierte der gute alte Fernseher.
Aber wie bewegt man den Strahl...
... in der exakten Geschwindigkeit?
Dafür...
... brauchen wir die Kraft...
... eines Zaubersteins... eines Kristalls!!
Jetzt will er schon die Feinde in der Kristallkugel suchen...
Ich glaube, jetzt ist er echt hinüber!
Keine Sorge, ich bin noch nicht dement!

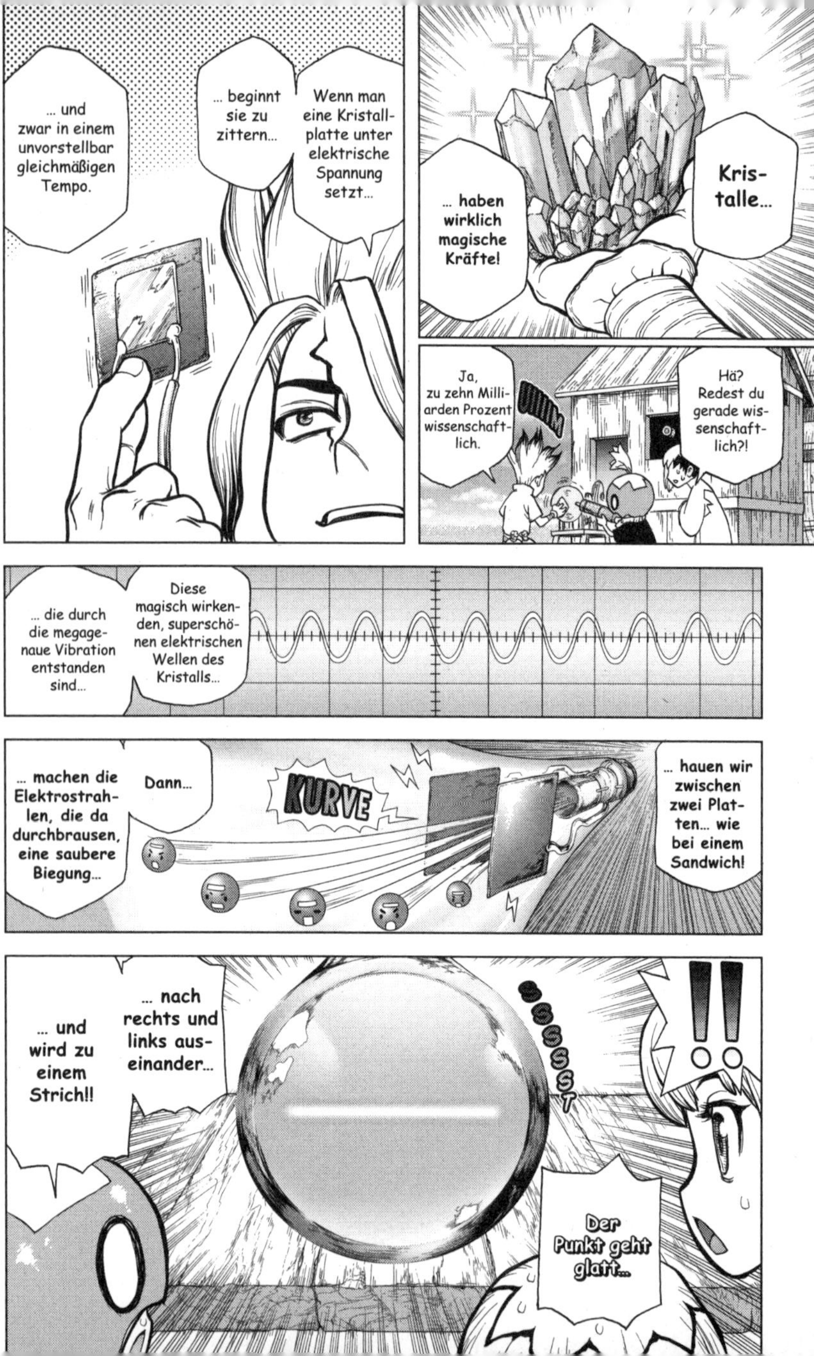
Kris-
talle...
... haben wirklich magische Kräfte!
Hä? Redest du gerade wissenschaftlich?!
Ja, zu zehn Milliarden Prozent wissenschaftlich.
UIIIIM
Wenn man eine Kristallplatte unter elektrische Spannung setzt...
... beginnt sie zu zittern...
... und zwar in einem unvorstellbar gleichmäßigen Tempo.
Diese magisch wirkenden, superschönen elektrischen Wellen des Kristalls...
... die durch die megagenaue Vibration entstanden sind...
Dann...
... hauen wir zwischen zwei Platten... wie bei einem Sandwich!
... machen die Elektrostrahlen, die da durchbrausen, eine saubere Biegung...
KURVE
!!
Der Punkt geht glatt...
SSSSST
... nach rechts und links auseinander...
... und wird zu einem Strich!!

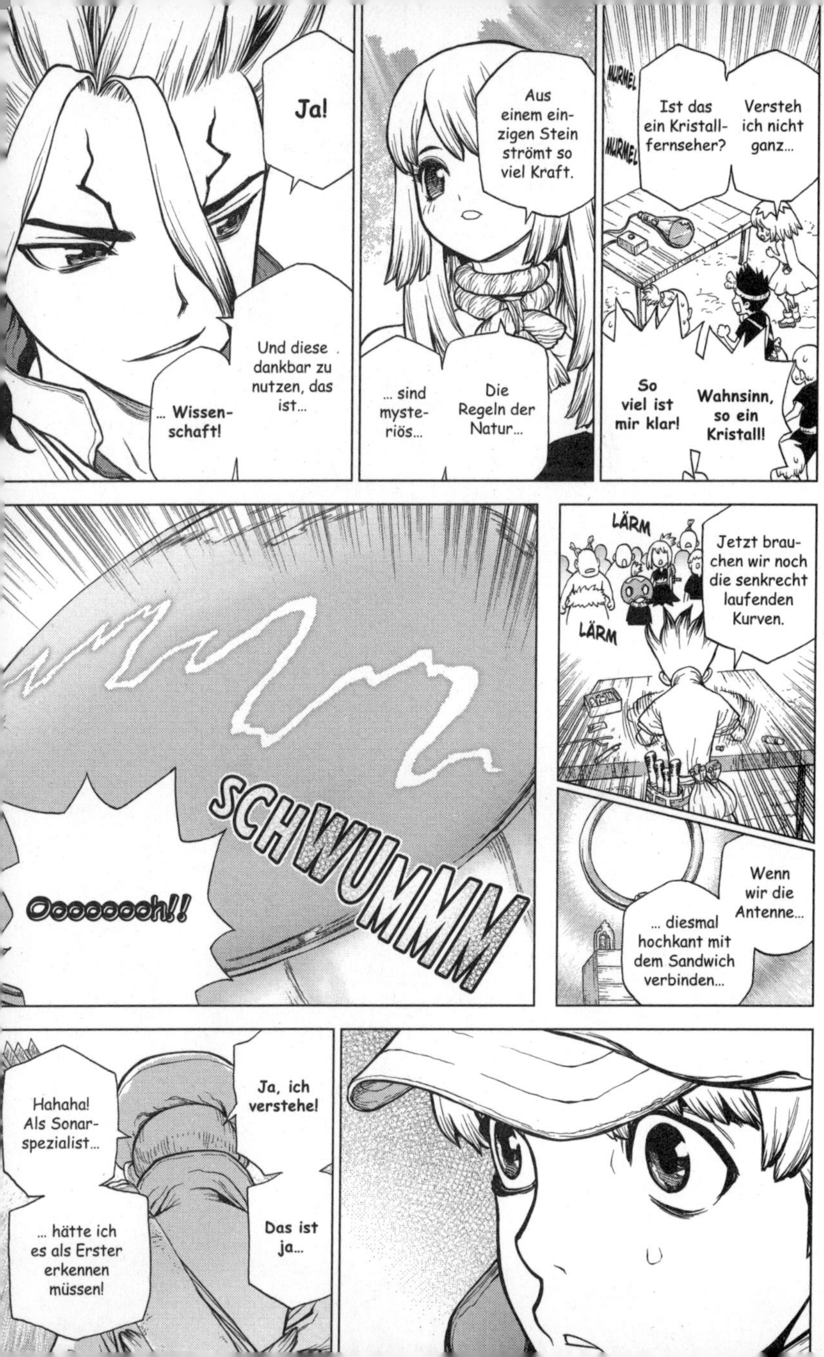
MURMEL
MURMEL
Versteh ich nicht ganz...
Ist das ein Kristall-fernseher?
Wahnsinn, so ein Kristall!
So viel ist mir klar!
Aus einem ein-zigen Stein strömt so viel Kraft.
Die Regeln der Natur...
... sind myste-riös...
Ja!
Und diese dankbar zu nutzen, das ist...
... Wissen-schaft!
LÄRM
LÄRM
Jetzt brau-chen wir noch die senkrecht laufenden Kurven.
Wenn wir die Antenne...
... diesmal hochkant mit dem Sandwich verbinden...
SCHWUMMM
Oooooooh!!
Ja, ich verstehe!
Das ist ja...
Hahaha! Als Sonar-spezialist...
... hätte ich es als Erster erkennen müssen!

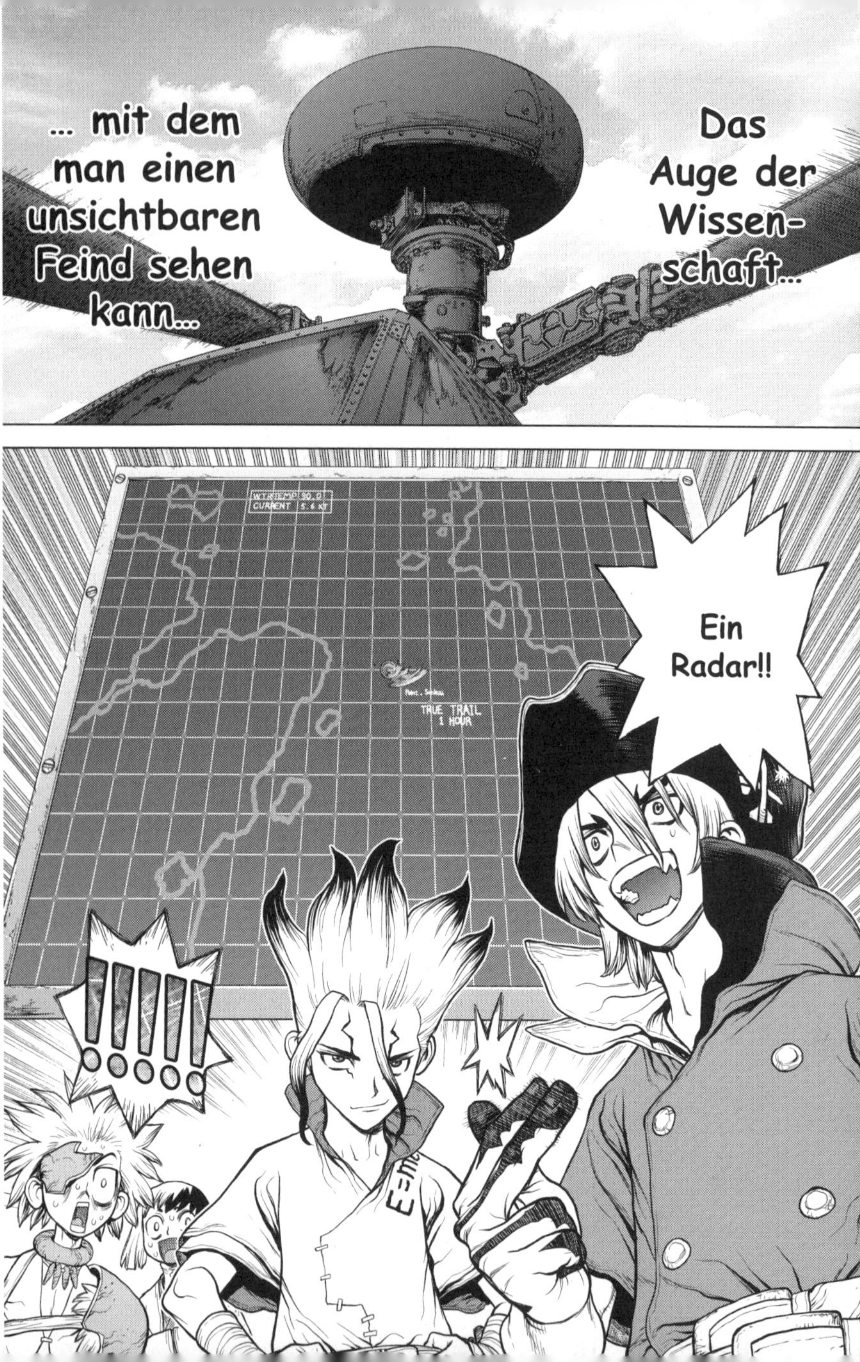
Das Auge der Wissen-schaft...
... mit dem man einen unsichtbaren Feind sehen kann...
Ein Radar!!
TRUE TRAIL 1 HOUR
!!!!!

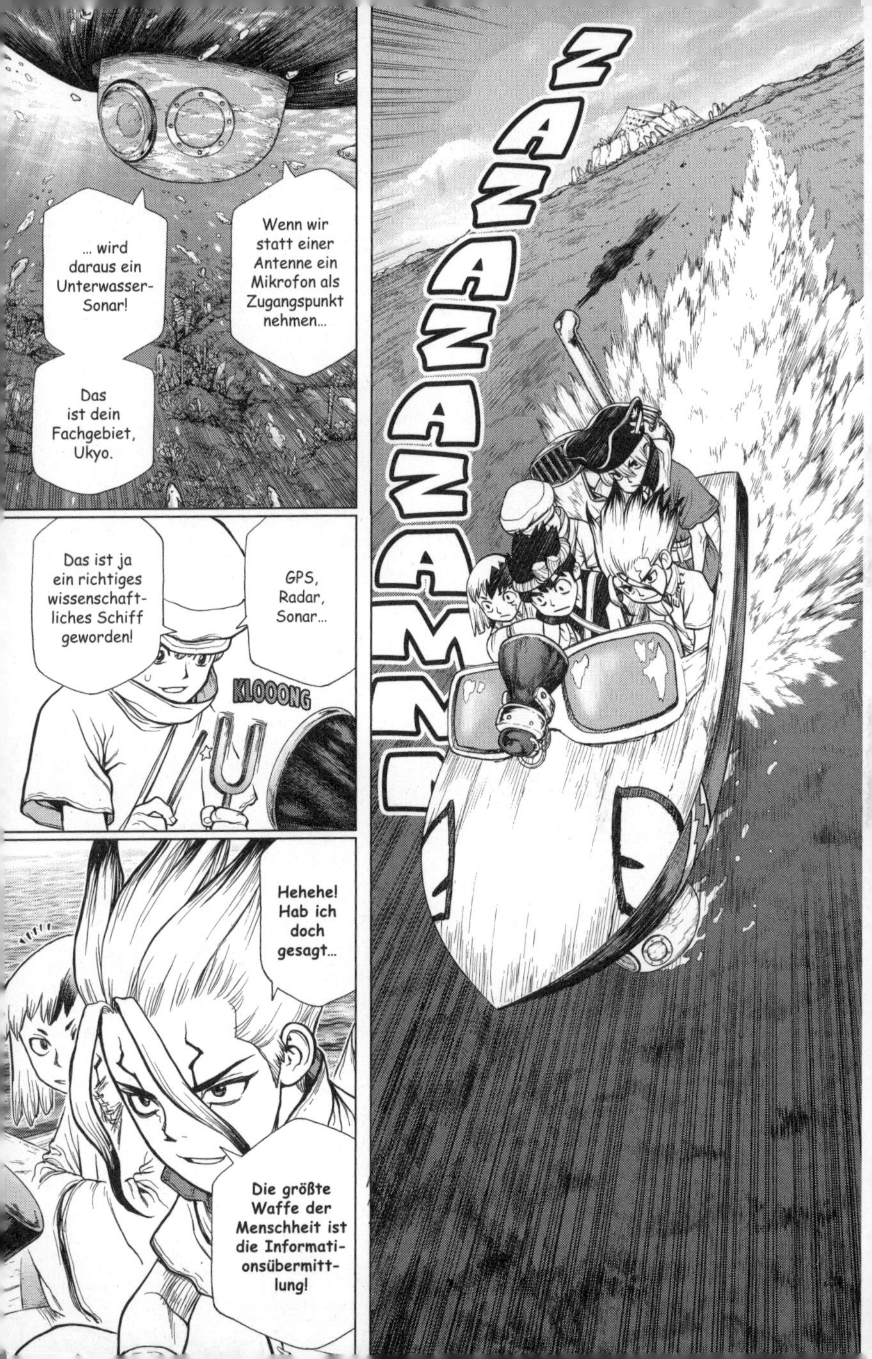
ZAZAZAZAMM
Wenn wir statt einer Antenne ein Mikrofon als Zugangspunkt nehmen...
... wird daraus ein Unterwasser-Sonar!
Das ist dein Fachgebiet, Ukyo.
GPS, Radar, Sonar...
Das ist ja ein richtiges wissenschaftliches Schiff geworden!
KLOOONG
Hehehe! Hab ich doch gesagt...
Die größte Waffe der Menschheit ist die Informationsübermittlung!

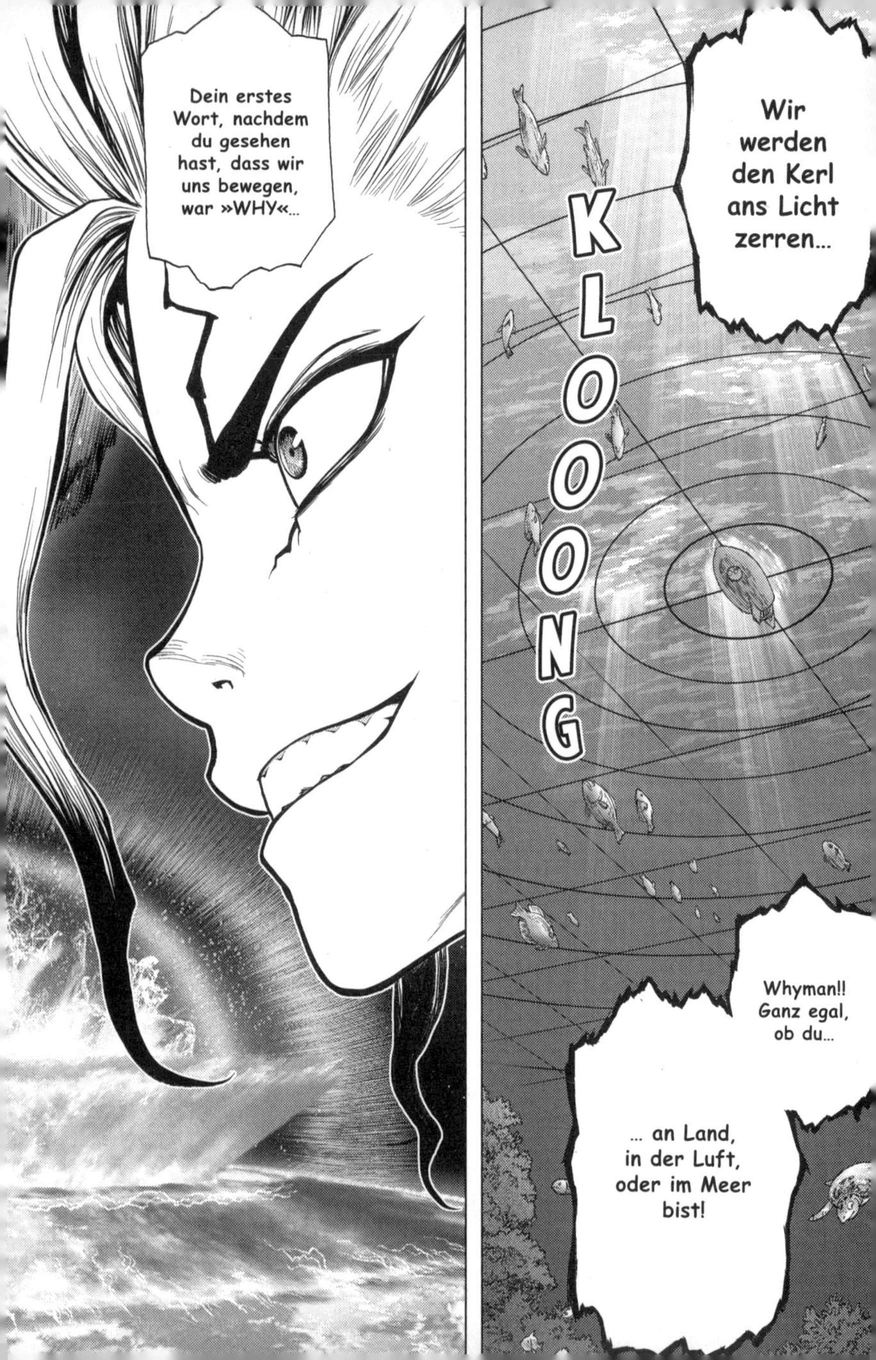
Wir werden den Kerl ans Licht zerren…
KLOOOONG
Whyman!! Ganz egal, ob du…
… an Land, in der Luft, oder im Meer bist!
Dein erstes Wort, nachdem du gesehen hast, dass wir uns bewegen, war »WHY«…

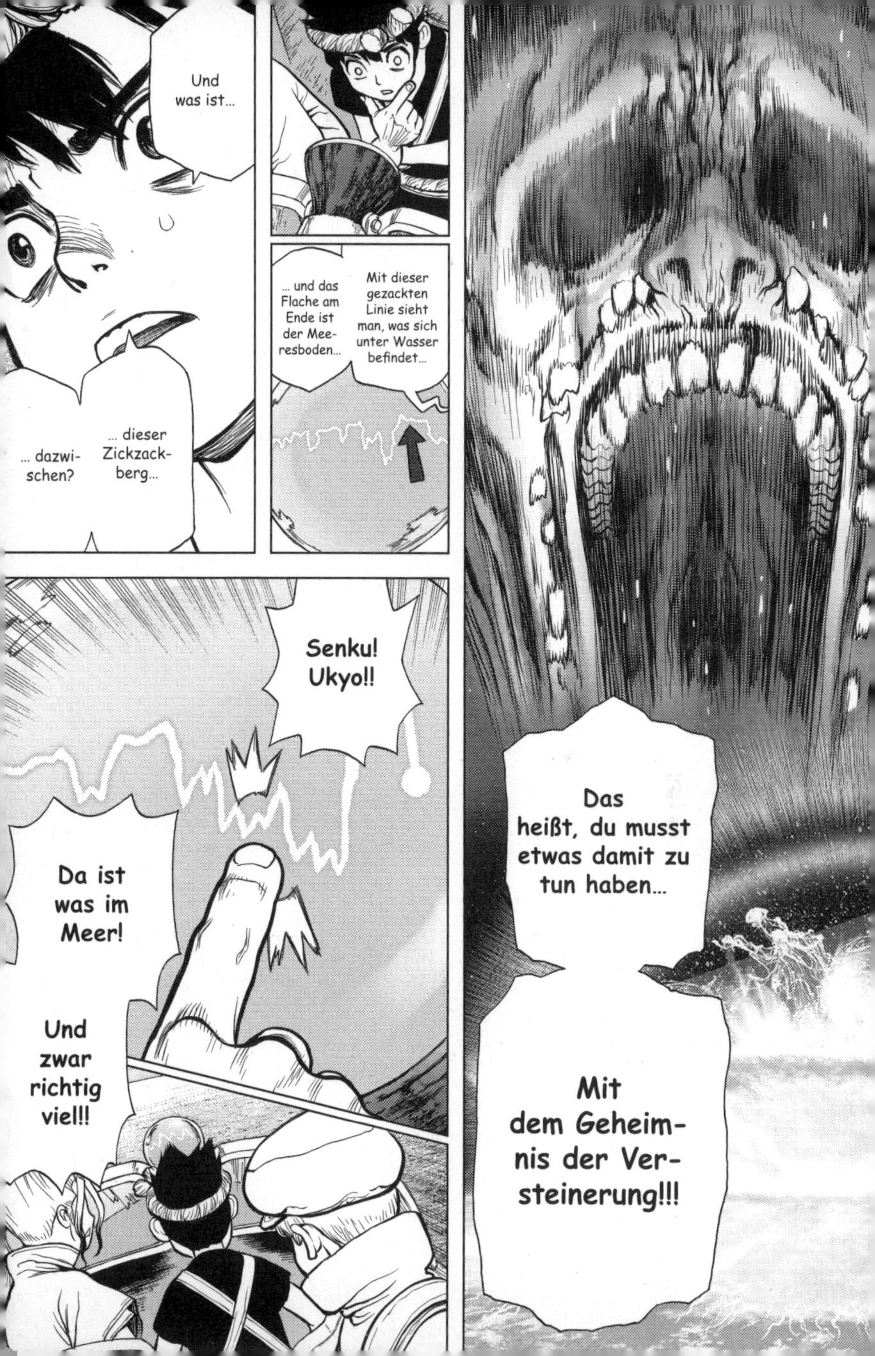
Mit dieser gezackten Linie sieht man, was sich unter Wasser befindet…
… und das Flache am Ende ist der Meeresboden…
Und was ist…
… dieser Zickzackberg…
… dazwischen?
Senku! Ukyo!!
Da ist was im Meer!
Und zwar richtig viel!!
Das heißt, du musst etwas damit zu tun haben…
Mit dem Geheimnis der Versteinerung!!!

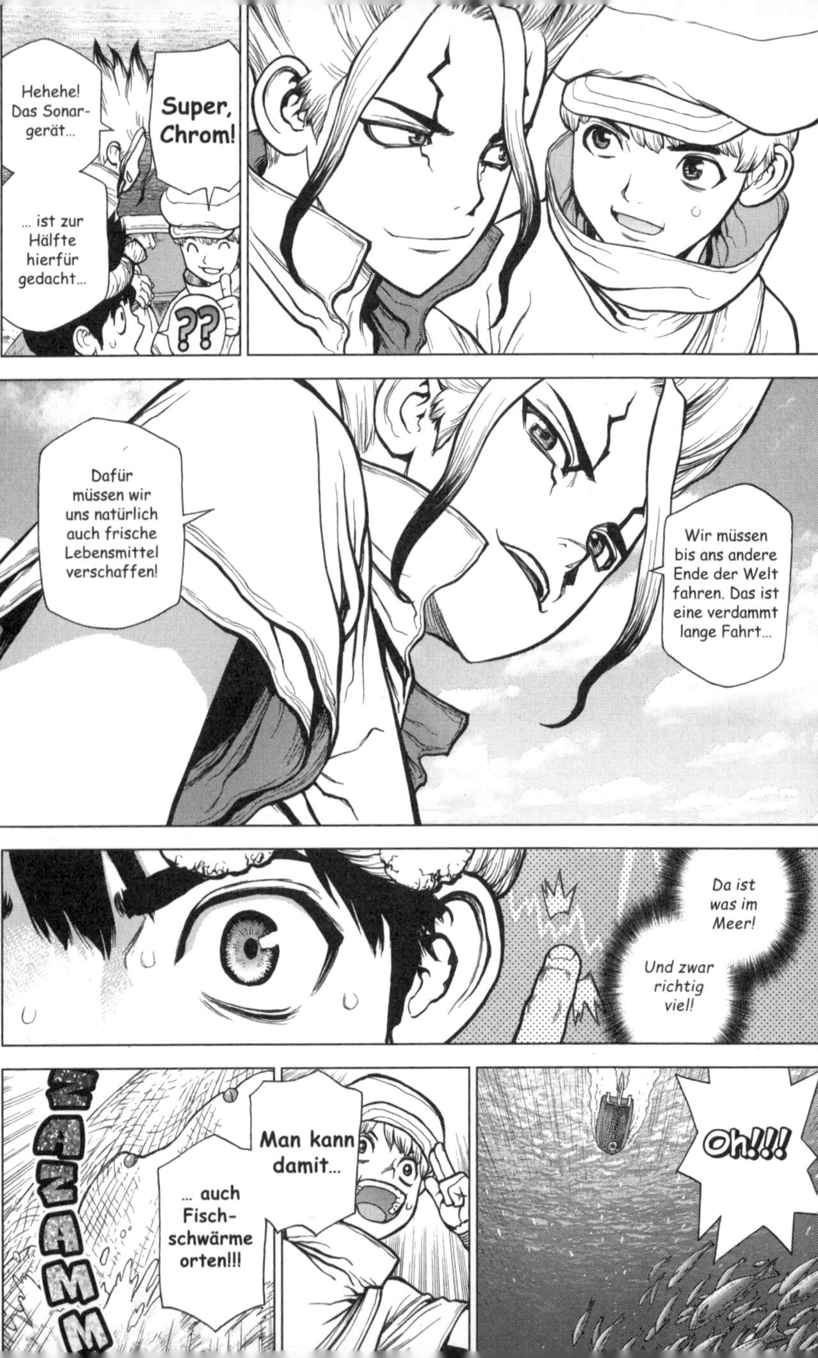
Super, Chrom!
Hehehe! Das Sonargerät...
... ist zur Hälfte hierfür gedacht...
??
Wir müssen bis ans andere Ende der Welt fahren. Das ist eine verdammt lange Fahrt...
Dafür müssen wir uns natürlich auch frische Lebensmittel verschaffen!
Da ist was im Meer!
Und zwar richtig viel!
Oh!!!
Man kann damit...
... auch Fischschwärme orten!!!

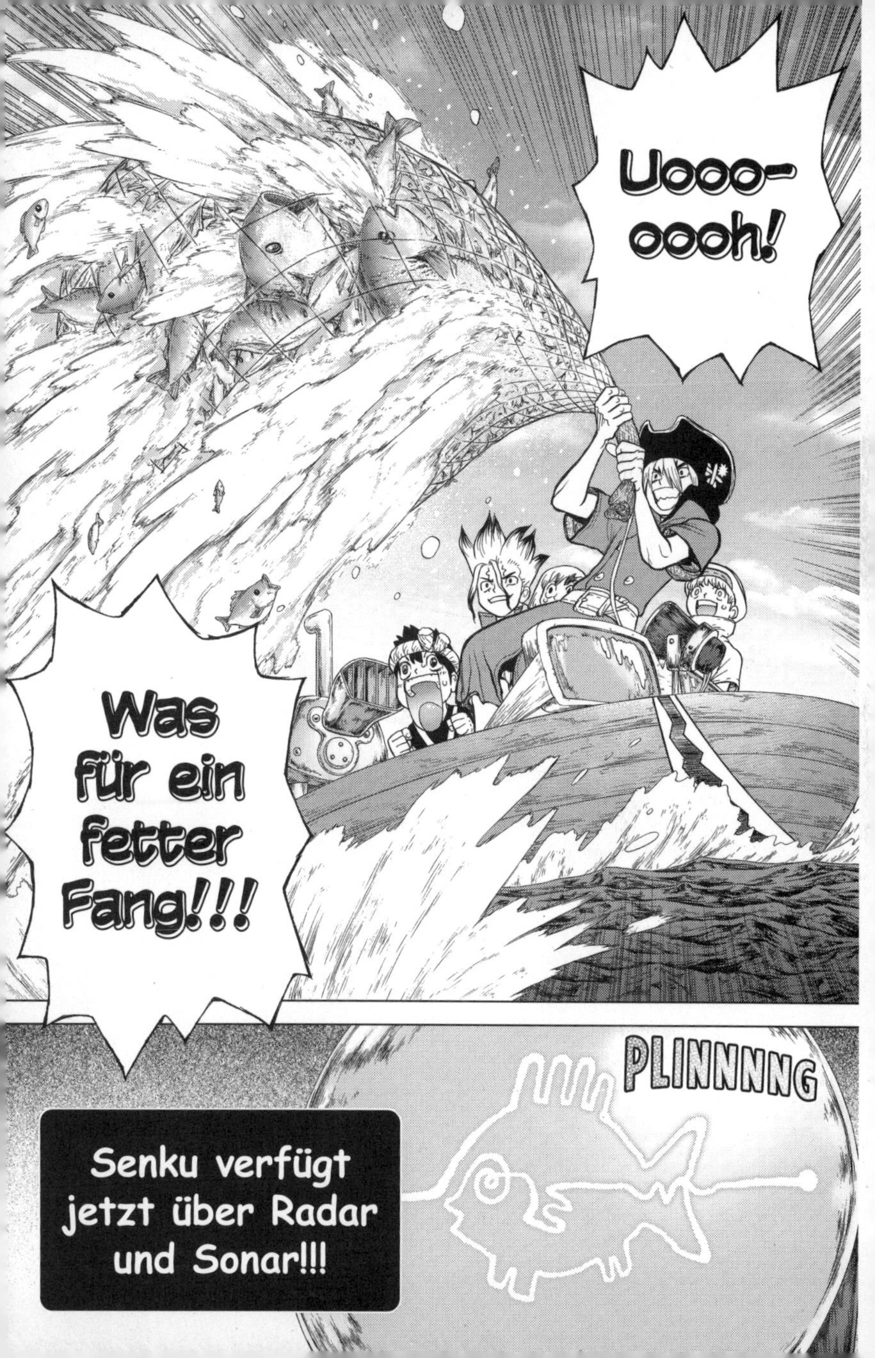
Uooo-oooh!
Was für ein fetter Fang!!!
PLINNNNG
Senku verfügt jetzt über Radar und Sonar!!!

Königreich der Wissenschaft

# WORKER FILE ⑤

## Sagara

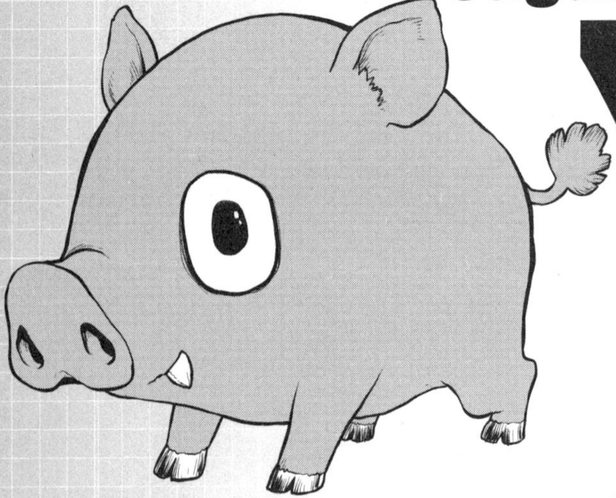

Ein Wildschwein, das ganz allein war.

Da es ihm an Vorsicht und Wachsamkeit mangelt, hätte es in freier Wildbahn wahrscheinlich ein frühes und grausames Ende gefunden. Im Endeffekt hatte es also wahrscheinlich Glück.

Zusammen mit dem Hund Chalk, mit dem es sich angefreundet hat, ist es für die Pilz- und Wildgemüsesuche zuständig.

| | |
|---|---|
| Geruchssinn | ★★★★★ |
| Intelligenz | ★★★ |
| Wachsamkeit | ★ |

**Name: Sagara**

**Größe: 60 cm**

**Job im Königreich: Nahrungsmittel finden**

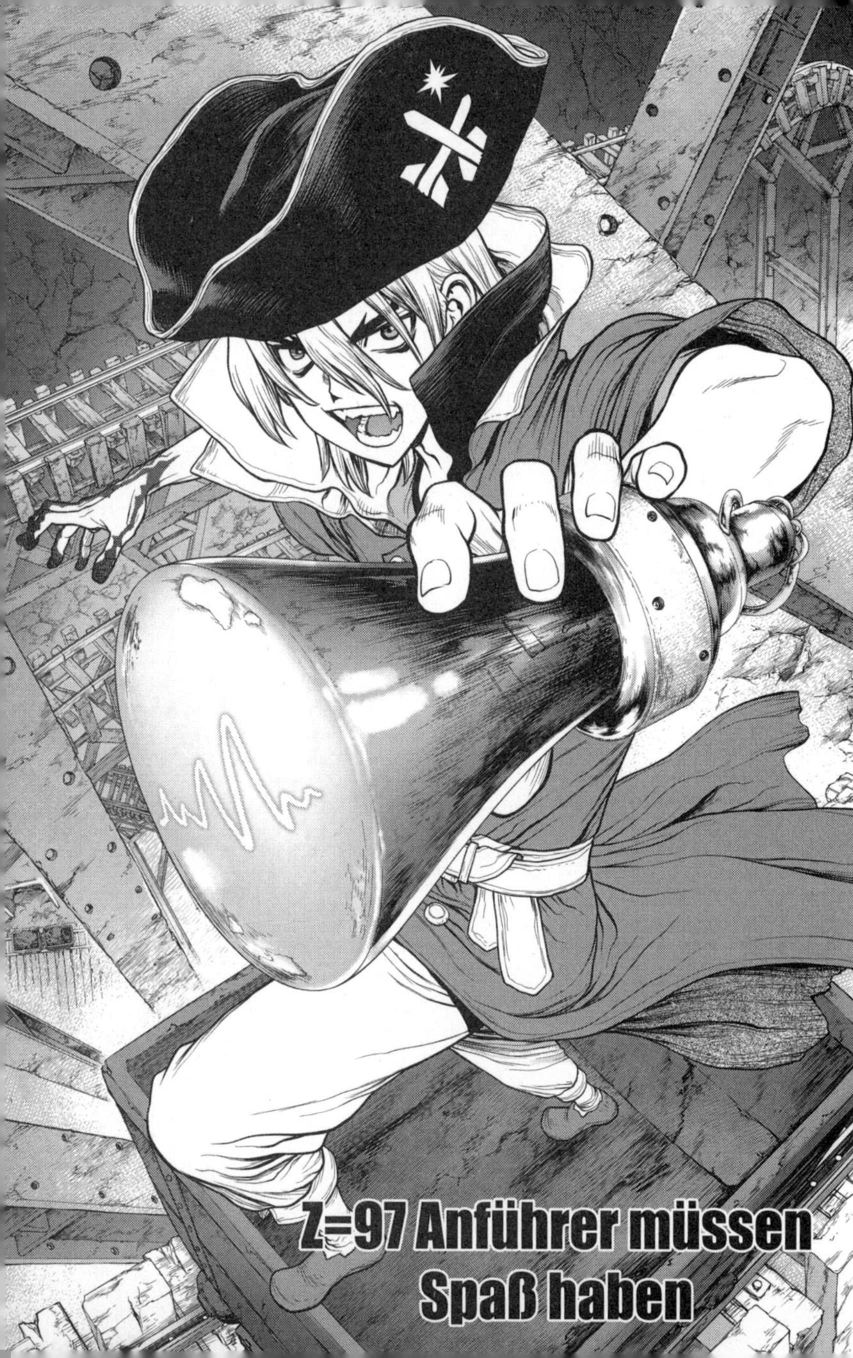
Z=97 Anführer müssen
Spaß haben

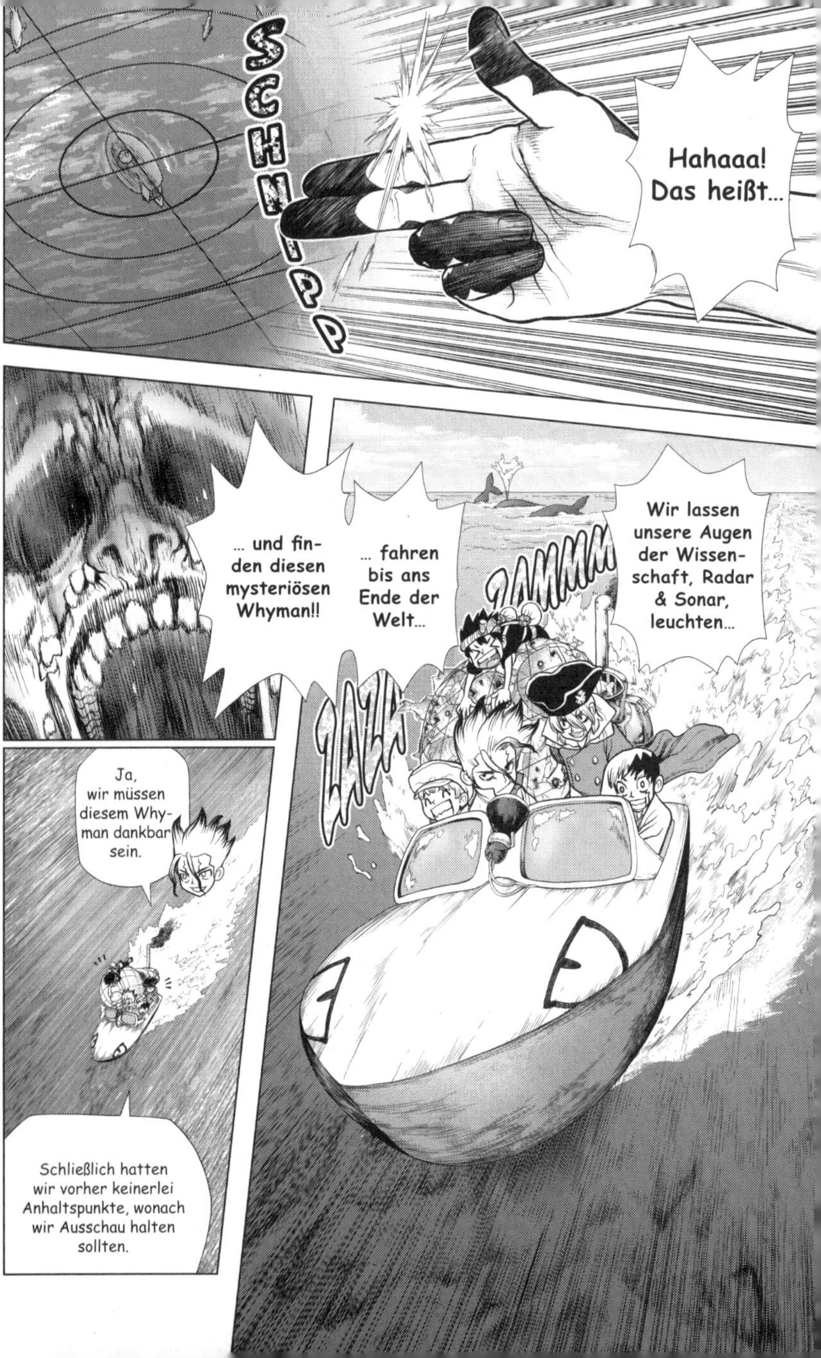
Hahaaa! Das heißt...
SCHNIPP
Wir lassen unsere Augen der Wissenschaft, Radar & Sonar, leuchten...
... fahren bis ans Ende der Welt...
... und finden diesen mysteriösen Whyman!!
Ja, wir müssen diesem Whyman dankbar sein.
Schließlich hatten wir vorher keinerlei Anhaltspunkte, wonach wir Ausschau halten sollten.

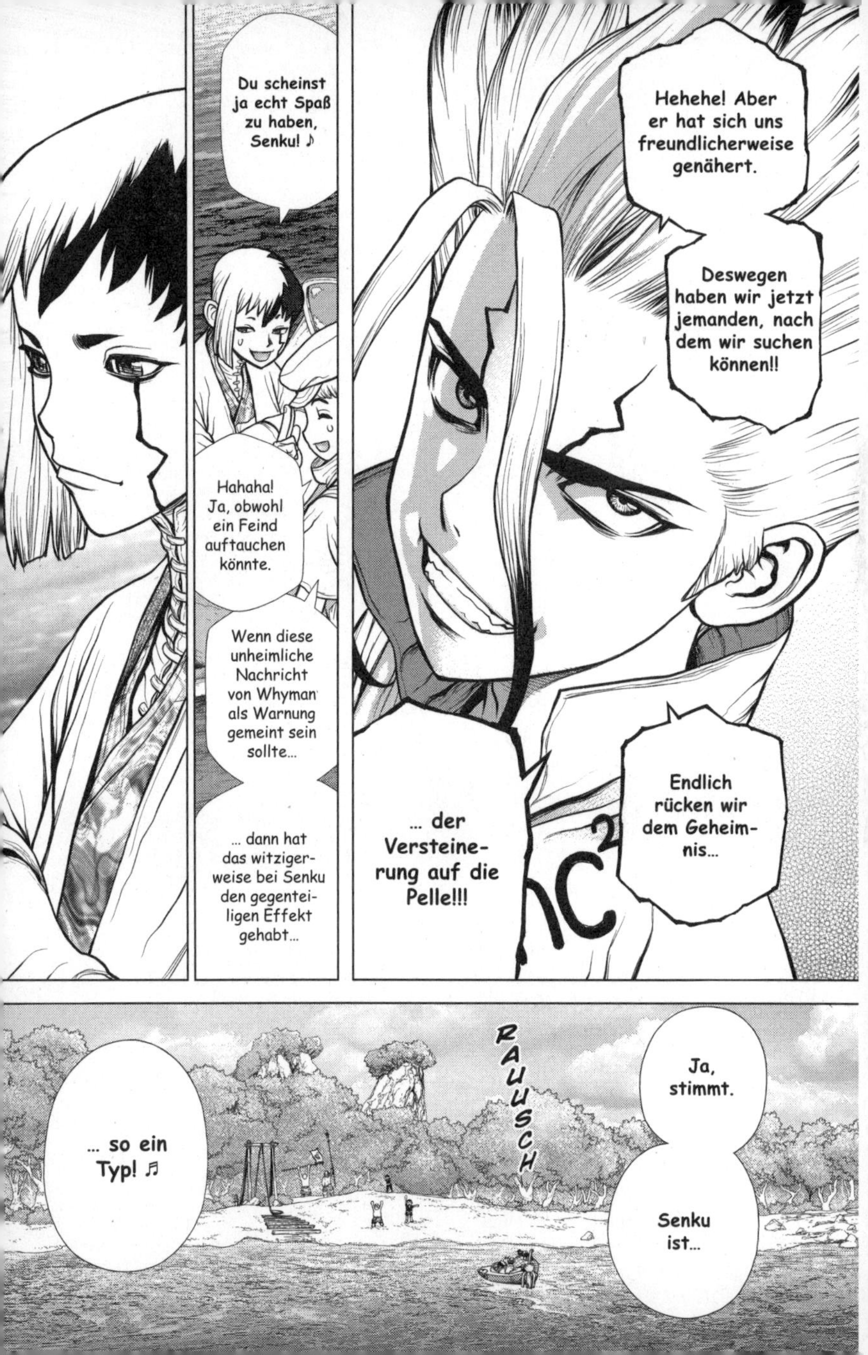
Hehehe! Aber er hat sich uns freundlicherweise genähert.
Deswegen haben wir jetzt jemanden, nach dem wir suchen können!!
Endlich rücken wir dem Geheimnis...
... der Versteinerung auf die Pelle!!!
Du scheinst ja echt Spaß zu haben, Senku! ♪
Hahaha! Ja, obwohl ein Feind auftauchen könnte.
Wenn diese unheimliche Nachricht von Whyman als Warnung gemeint sein sollte...
... dann hat das witzigerweise bei Senku den gegenteiligen Effekt gehabt...
RAUSCH
Ja, stimmt.
Senku ist...
... so ein Typ! ♬

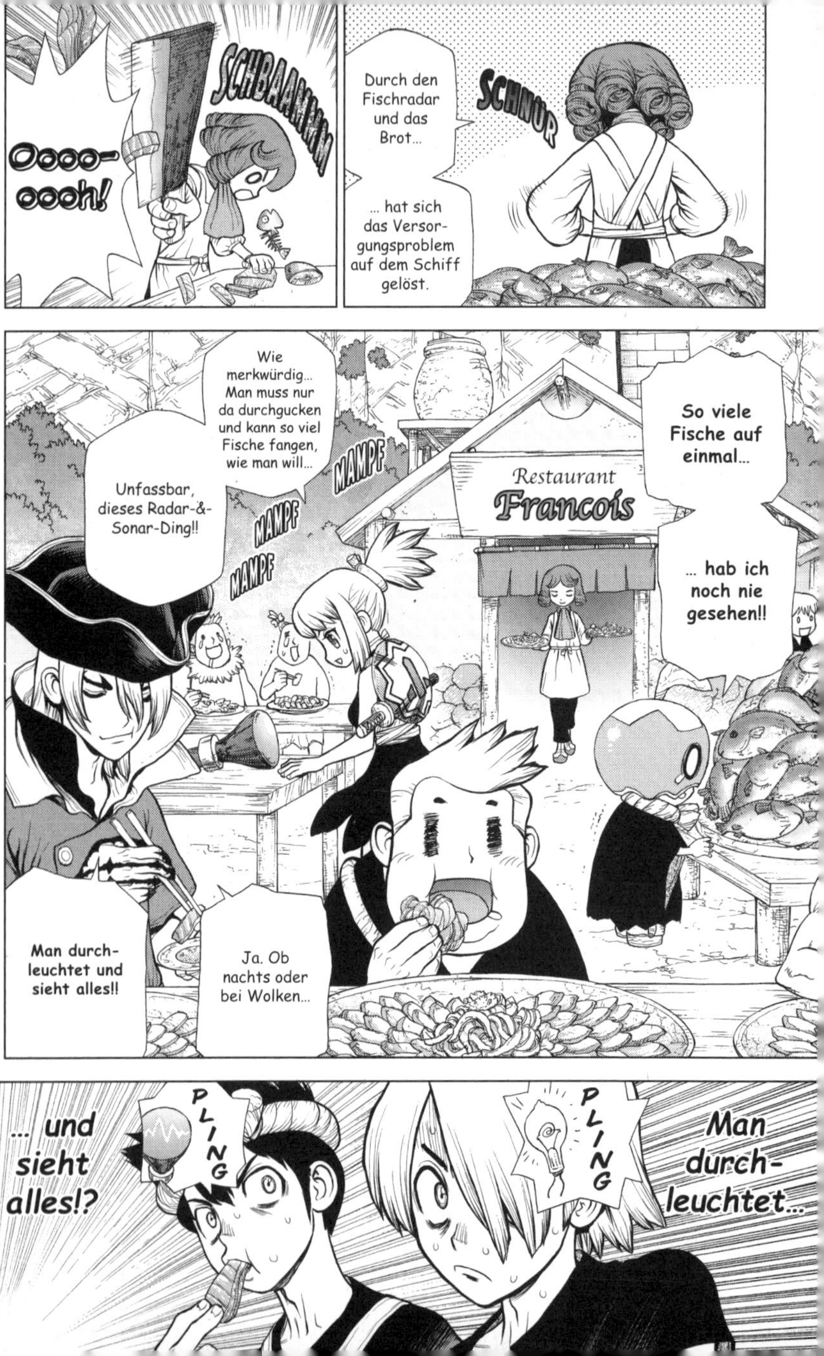

SCHNUR
Durch den Fischradar und das Brot...
... hat sich das Versorgungsproblem auf dem Schiff gelöst.
SCHBAAMMM
Ooooo-oooh!
So viele Fische auf einmal...
... hab ich noch nie gesehen!!
Restaurant Francois
Wie merkwürdig... Man muss nur da durchgucken und kann so viel Fische fangen, wie man will...
MAMPF
MAMPF
MAMPF
Unfassbar, dieses Radar-&-Sonar-Ding!!
Ja. Ob nachts oder bei Wolken...
Man durchleuchtet und sieht alles!!
PLING
PLING
Man durchleuchtet...
... und sieht alles!?

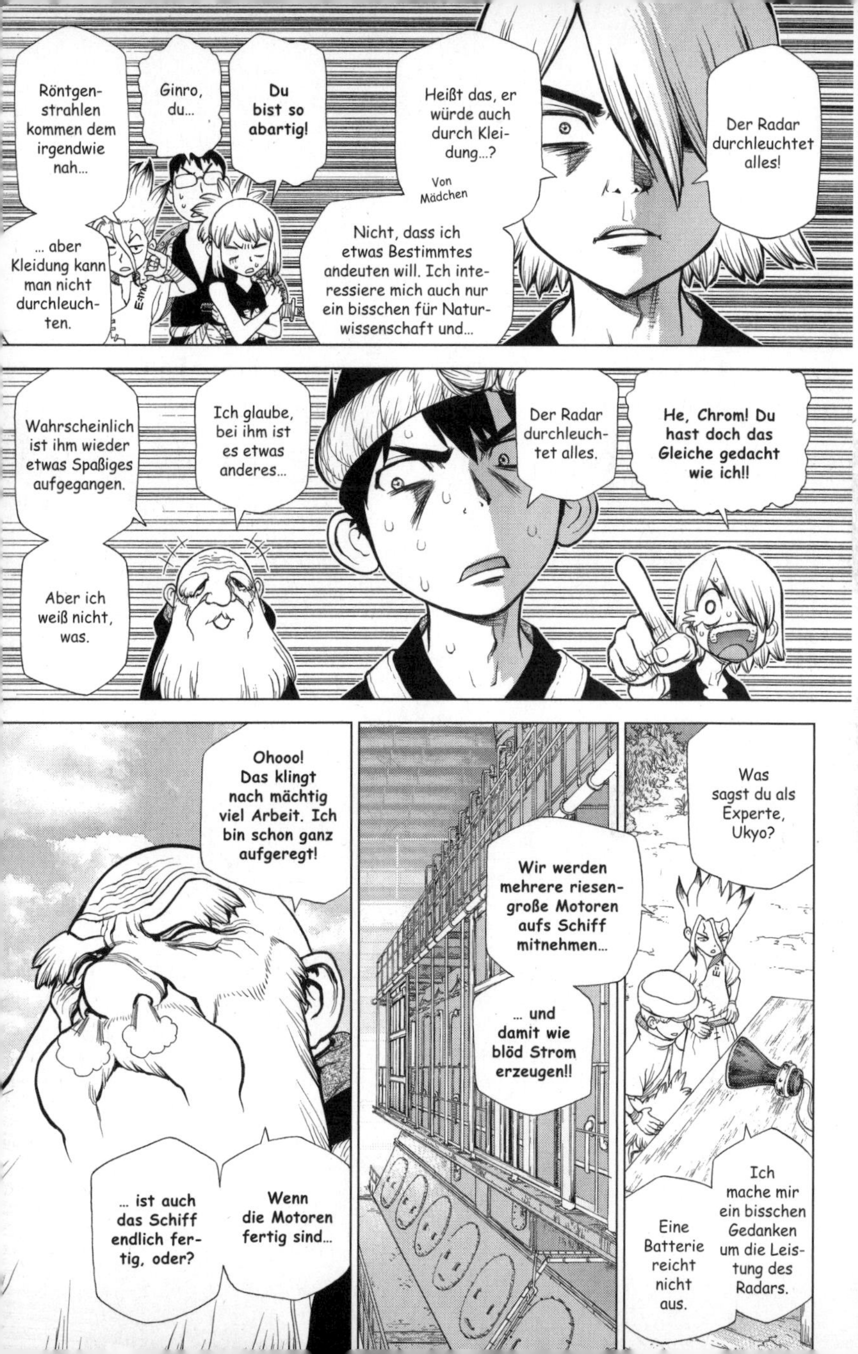

Der Radar durchleuchtet alles!
Heißt das, er würde auch durch Kleidung...?
Von Mädchen
Nicht, dass ich etwas Bestimmtes andeuten will. Ich interessiere mich auch nur ein bisschen für Naturwissenschaft und...
Du bist so abartig!
Ginro, du...
Röntgenstrahlen kommen dem irgendwie nah...
... aber Kleidung kann man nicht durchleuchten.
He, Chrom! Du hast doch das Gleiche gedacht wie ich!!
Der Radar durchleuchtet alles.
Ich glaube, bei ihm ist es etwas anderes...
Wahrscheinlich ist ihm wieder etwas Spaßiges aufgegangen.
Aber ich weiß nicht, was.
Was sagst du als Experte, Ukyo?
Ich mache mir ein bisschen Gedanken um die Leistung des Radars.
Eine Batterie reicht nicht aus.
Wir werden mehrere riesengroße Motoren aufs Schiff mitnehmen...
... und damit wie blöd Strom erzeugen!!
Ohooo! Das klingt nach mächtig viel Arbeit. Ich bin schon ganz aufgeregt!
Wenn die Motoren fertig sind...
... ist auch das Schiff endlich fertig, oder?

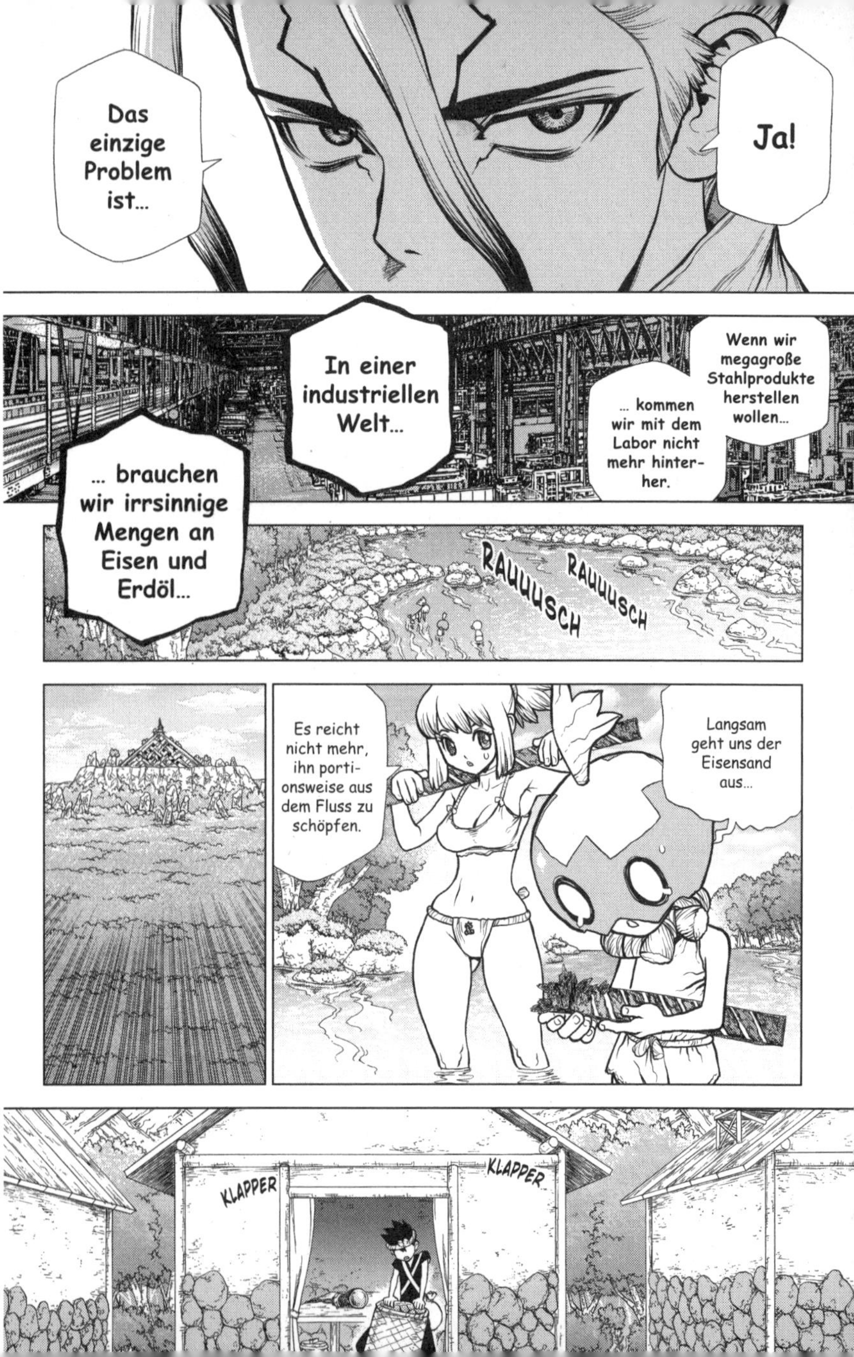
Ja!
Das einzige Problem ist...
Wenn wir megagroße Stahlprodukte herstellen wollen...
... kommen wir mit dem Labor nicht mehr hinter-her.
In einer industriellen Welt...
... brauchen wir irrsinnige Mengen an Eisen und Erdöl...
RAUUUSCH
RAUUUSCH
Langsam geht uns der Eisensand aus...
Es reicht nicht mehr, ihn portionsweise aus dem Fluss zu schöpfen.
KLAPPER
KLAPPER

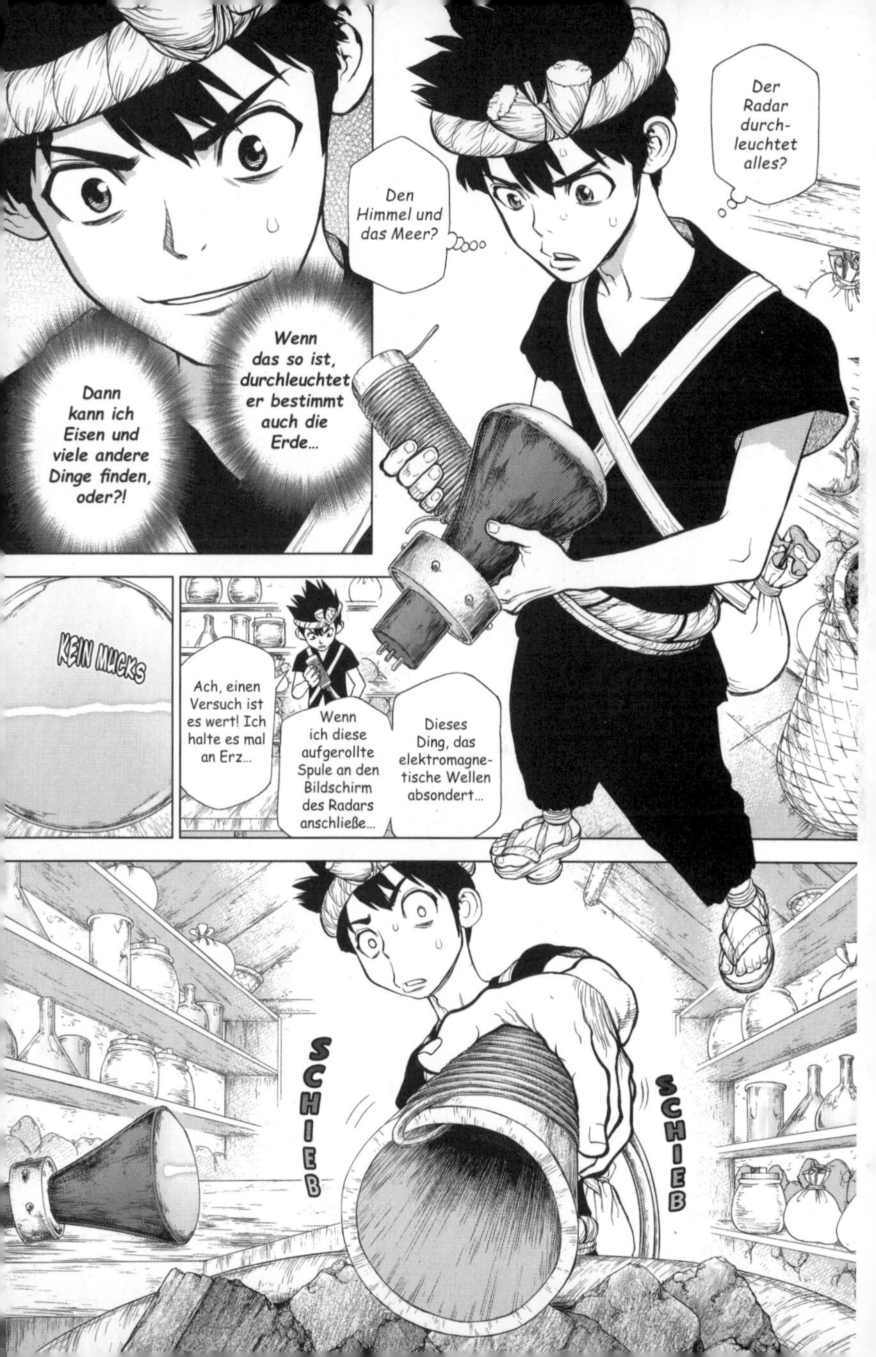
Der Radar durchleuchtet alles?
Den Himmel und das Meer?
Wenn das so ist, durchleuchtet er bestimmt auch die Erde…
Dann kann ich Eisen und viele andere Dinge finden, oder?!
Dieses Ding, das elektromagnetische Wellen absondert…
Wenn ich diese aufgerollte Spule an den Bildschirm des Radars anschließe…
Ach, einen Versuch ist es wert! Ich halte es mal an Erz…
KEIN MUCKS
SCHIEB
SCHIEB

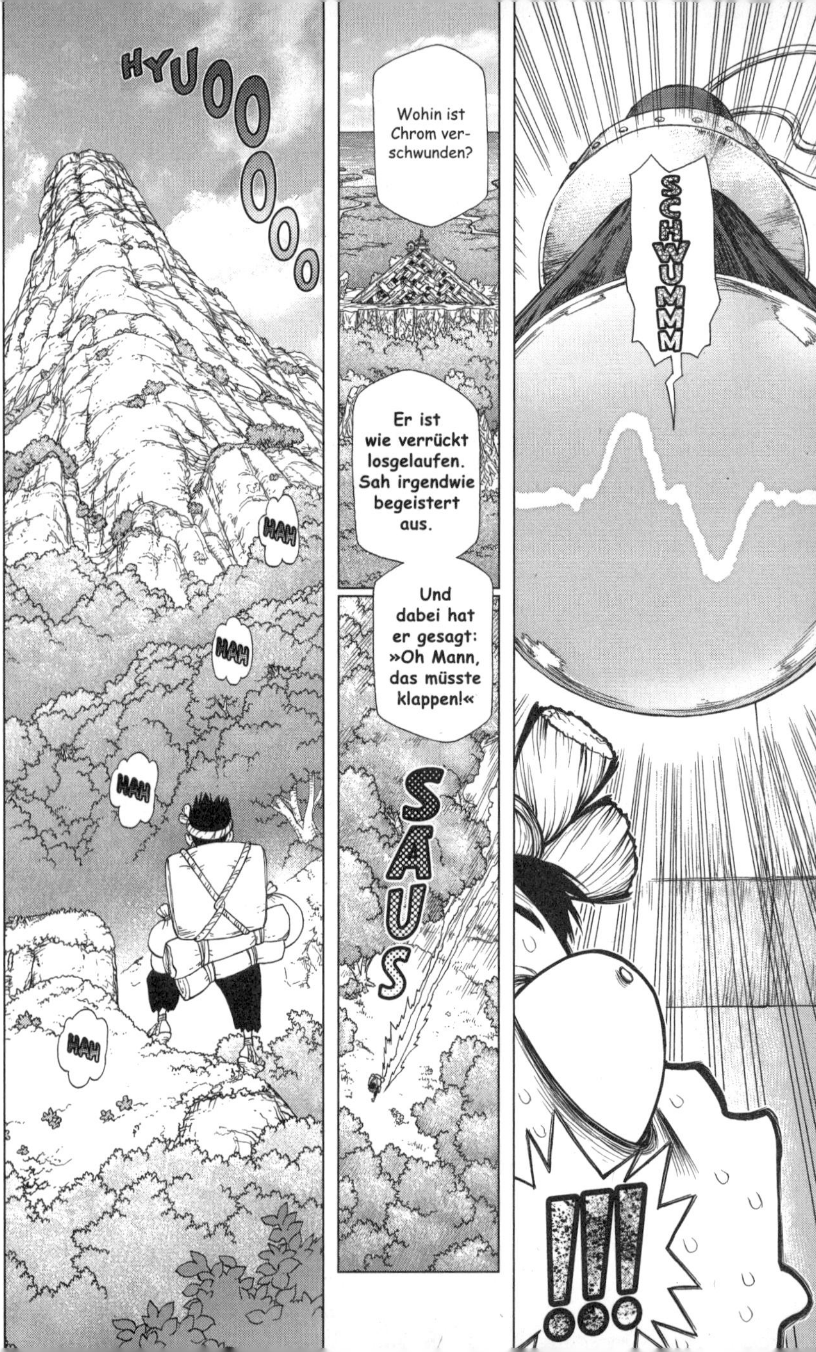
SCHWUMMM
!!!
Wohin ist Chrom verschwunden?
Er ist wie verrückt losgelaufen. Sah irgendwie begeistert aus.
Und dabei hat er gesagt: »Oh Mann, das müsste klappen!«
SAUS
HYUOOOOOOOO
HAH
HAH
HAH
HAH

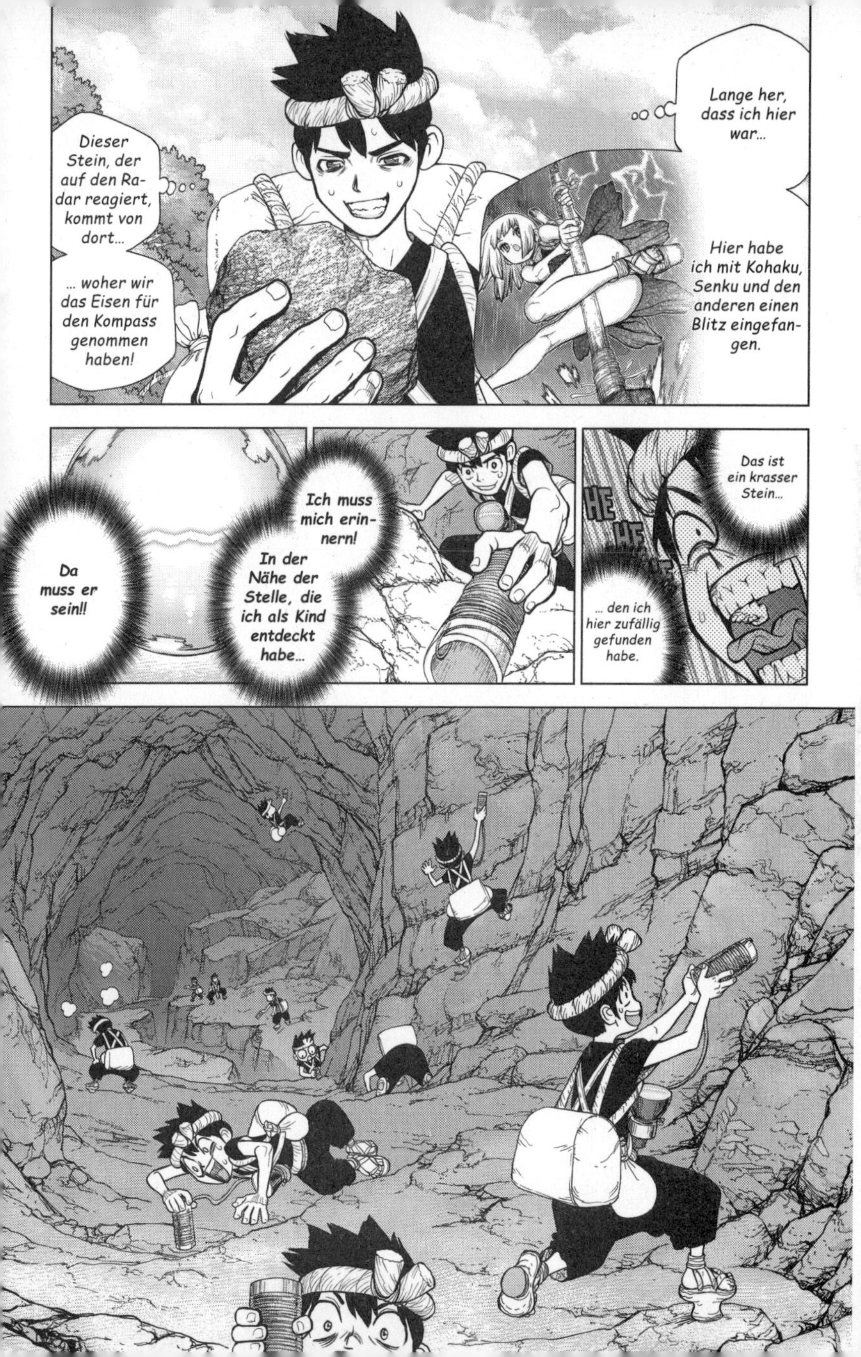
Lange her, dass ich hier war...
Hier habe ich mit Kohaku, Senku und den anderen einen Blitz eingefangen.
Dieser Stein, der auf den Radar reagiert, kommt von dort...
... woher wir das Eisen für den Kompass genommen haben!
Das ist ein krasser Stein...
HE HE
... den ich hier zufällig gefunden habe.
Ich muss mich erinnern!
In der Nähe der Stelle, die ich als Kind entdeckt habe...
Da muss er sein!!

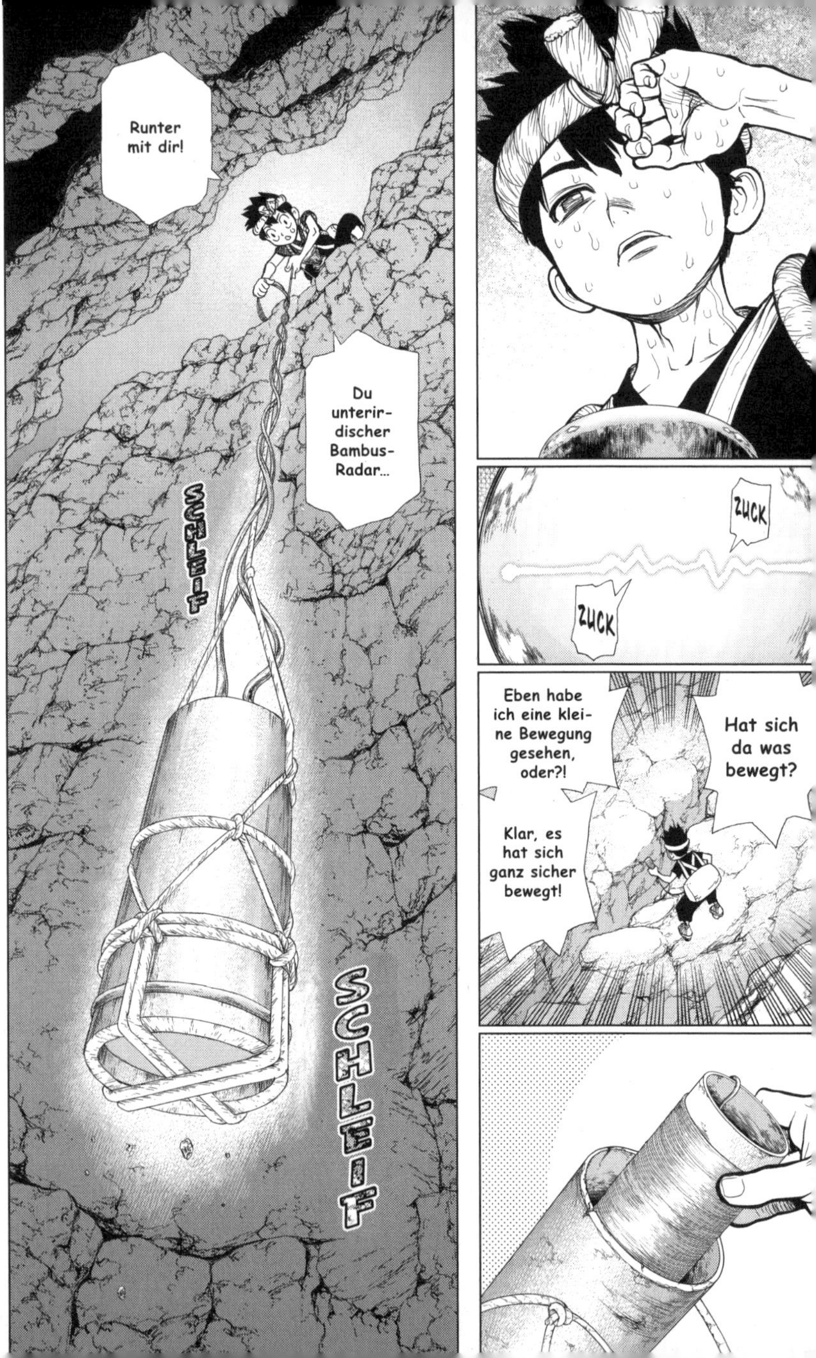
ZUCK
ZUCK
Hat sich da was bewegt?
Eben habe ich eine kleine Bewegung gesehen, oder?!
Klar, es hat sich ganz sicher bewegt!
Runter mit dir!
Du unterirdischer Bambus-Radar...
SCHLEIF
SCHLEIF

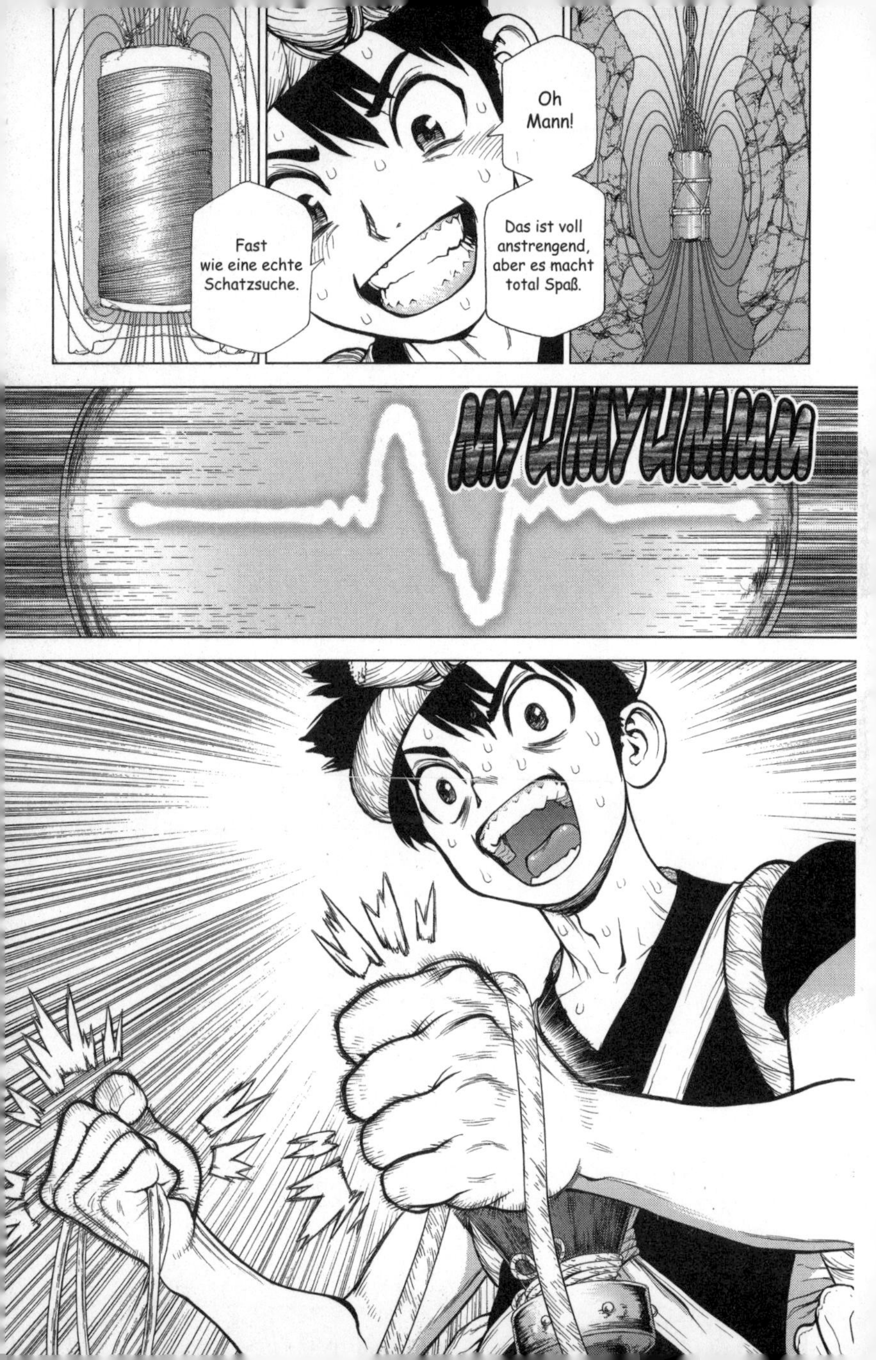
Oh Mann!
Das ist voll anstrengend, aber es macht total Spaß.
Fast wie eine echte Schatzsuche.
MYUMYUMMMM

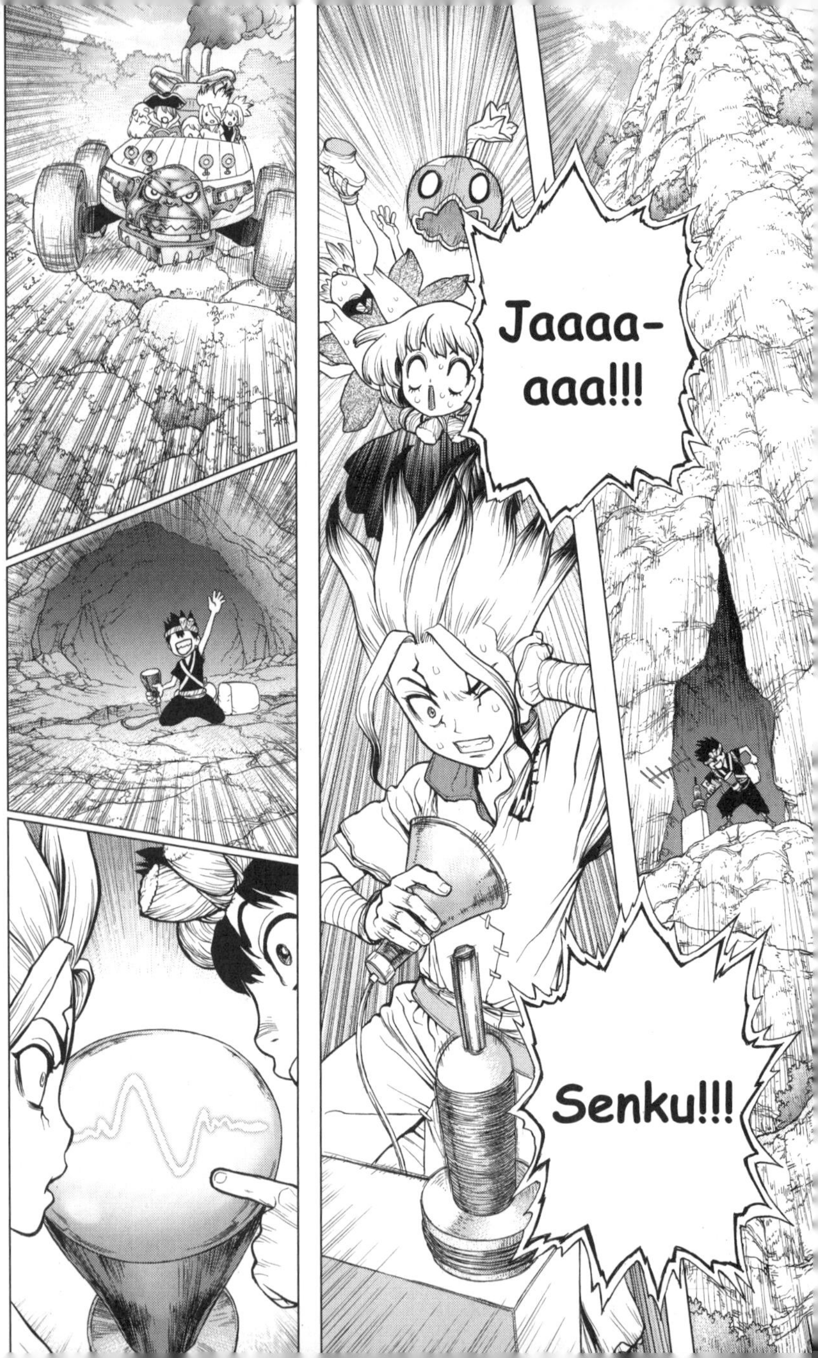
Jaaaa-
aaa!!!
Senku!!!

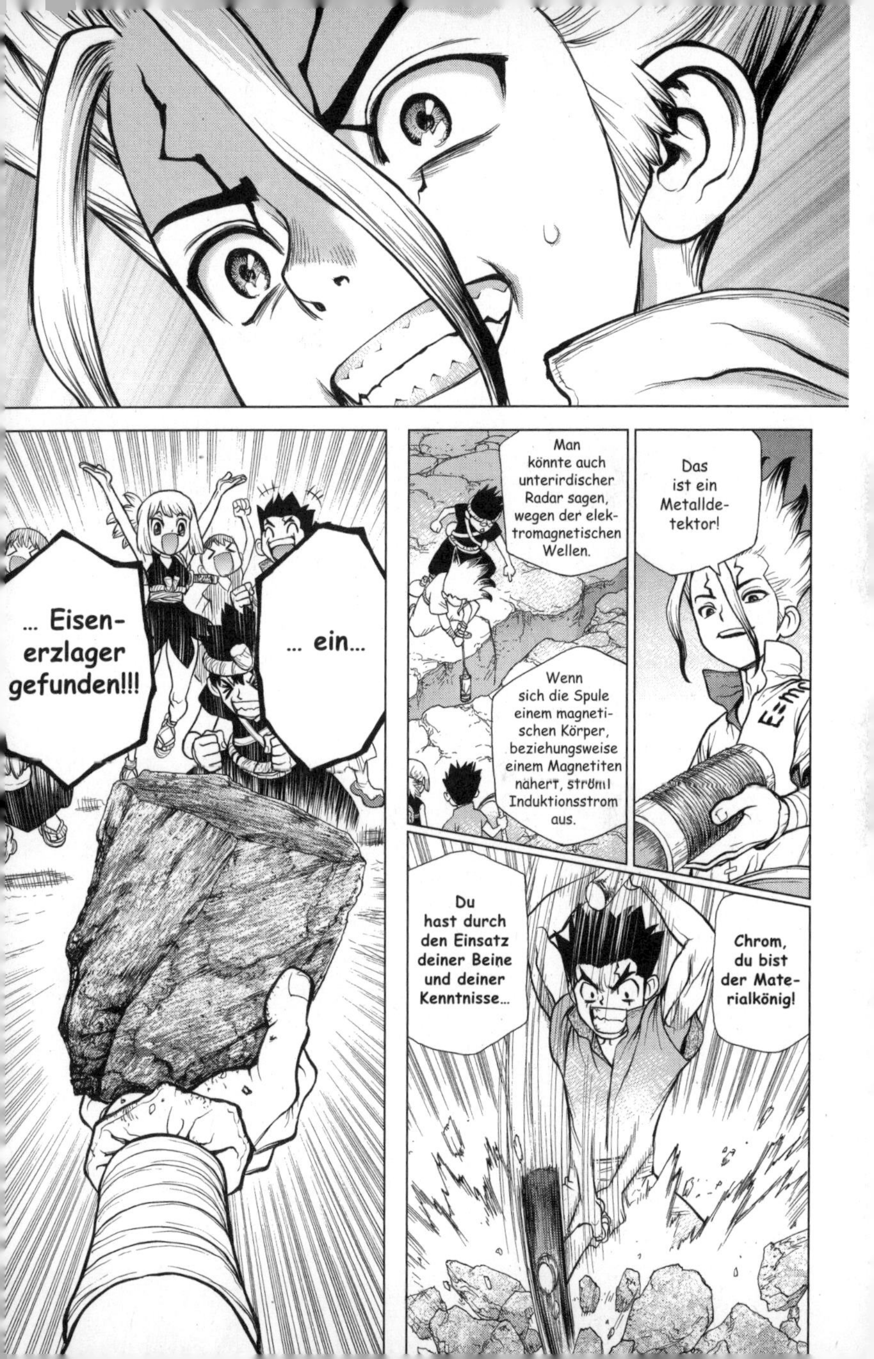

Das ist ein Metalldetektor!
Man könnte auch unterirdischer Radar sagen, wegen der elektromagnetischen Wellen.
Wenn sich die Spule einem magnetischen Körper, beziehungsweise einem Magnetiten nähert, strömt Induktionsstrom aus.
Chrom, du bist der Materialkönig!
Du hast durch den Einsatz deiner Beine und deiner Kenntnisse...
... ein...
... Eisenerzlager gefunden!!!

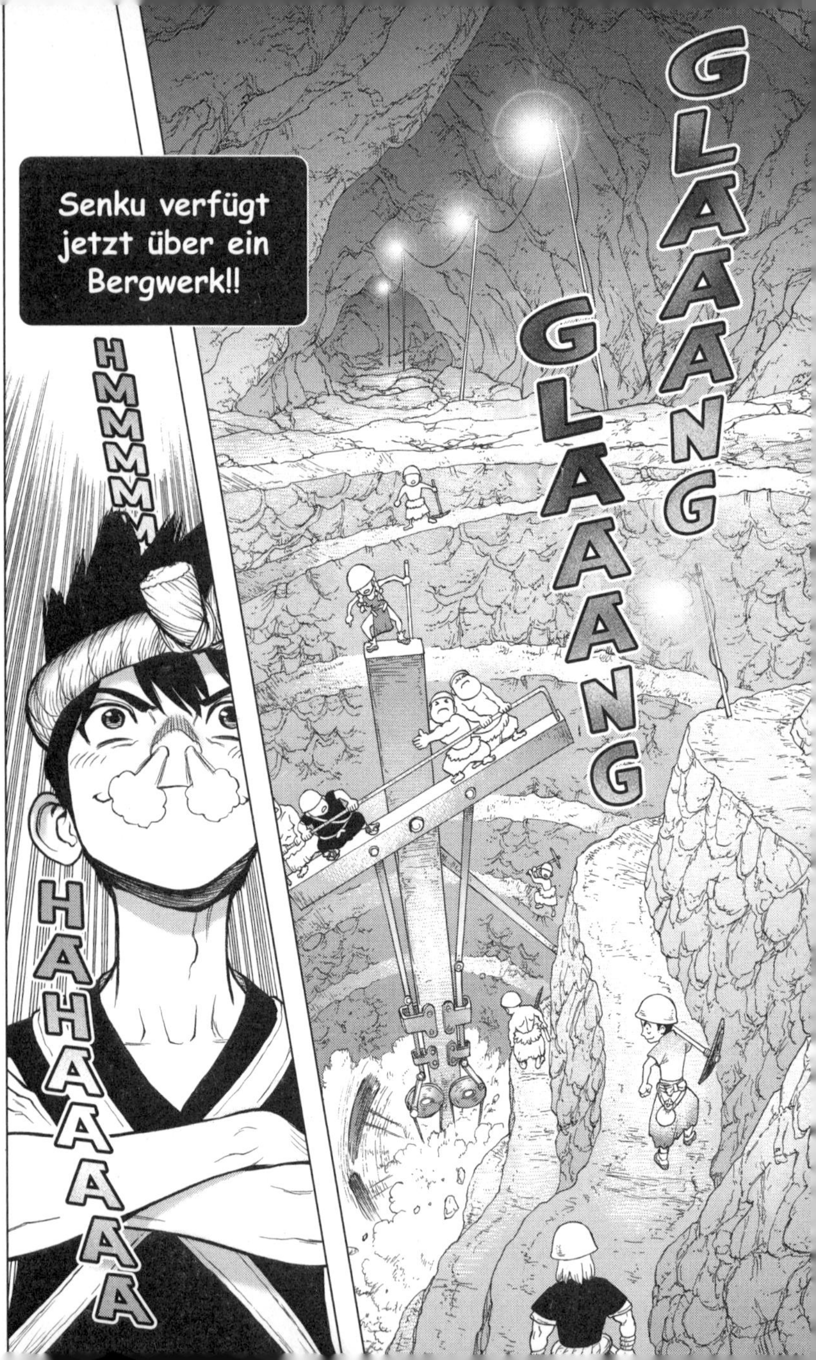
GLAAANG
GLAAANG
Senku verfügt jetzt über ein Bergwerk!!
HMMMMM
HAHAAAAAA

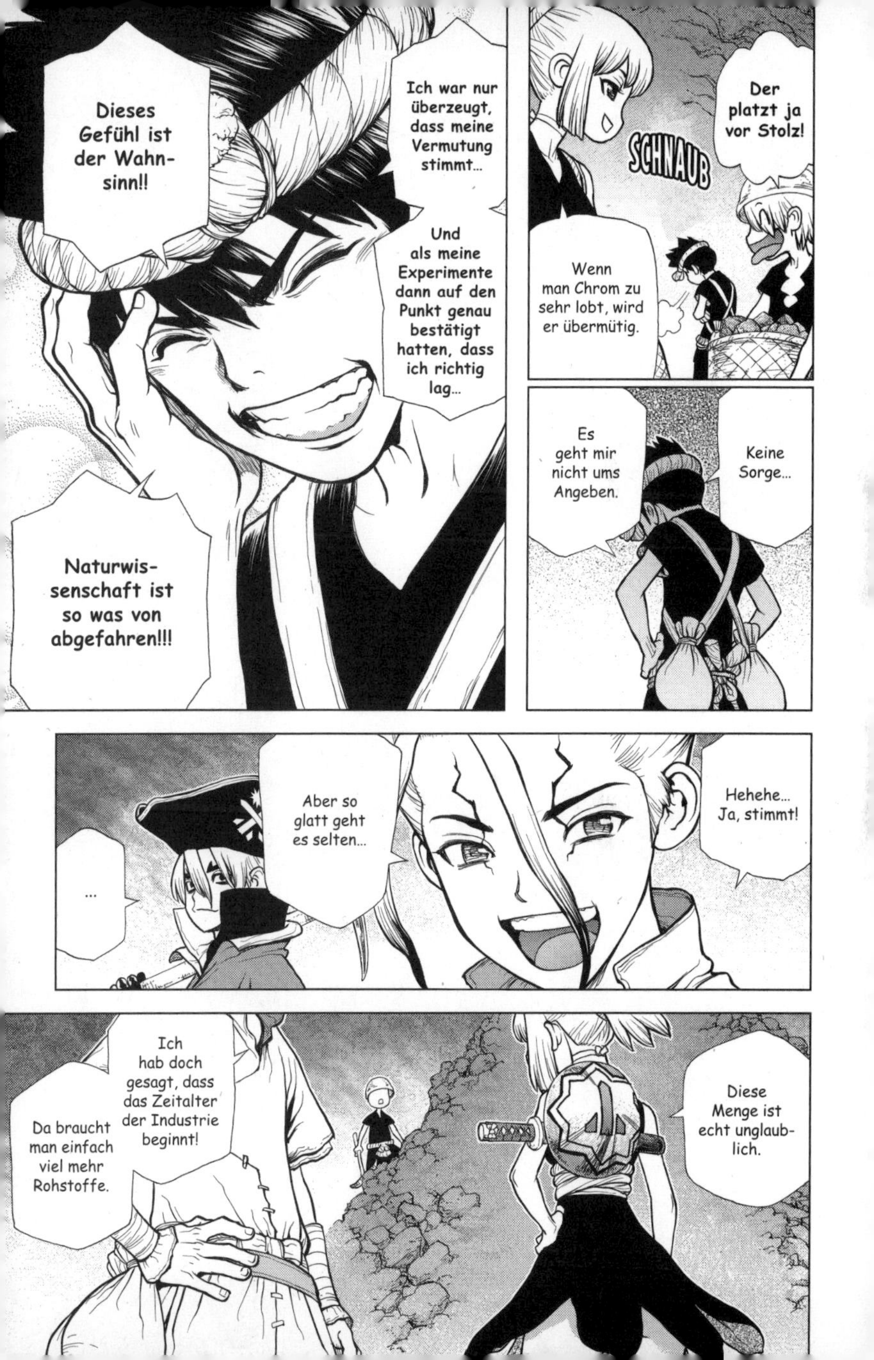
Der platzt ja vor Stolz!
SCHNAUB
Wenn man Chrom zu sehr lobt, wird er übermütig.
Ich war nur überzeugt, dass meine Vermutung stimmt...
Und als meine Experimente dann auf den Punkt genau bestätigt hatten, dass ich richtig lag...
Dieses Gefühl ist der Wahnsinn!!
Naturwissenschaft ist so was von abgefahren!!!
Keine Sorge...
Es geht mir nicht ums Angeben.
Hehehe... Ja, stimmt!
Aber so glatt geht es selten...
...
Diese Menge ist echt unglaublich.
Ich hab doch gesagt, dass das Zeitalter der Industrie beginnt!
Da braucht man einfach viel mehr Rohstoffe.

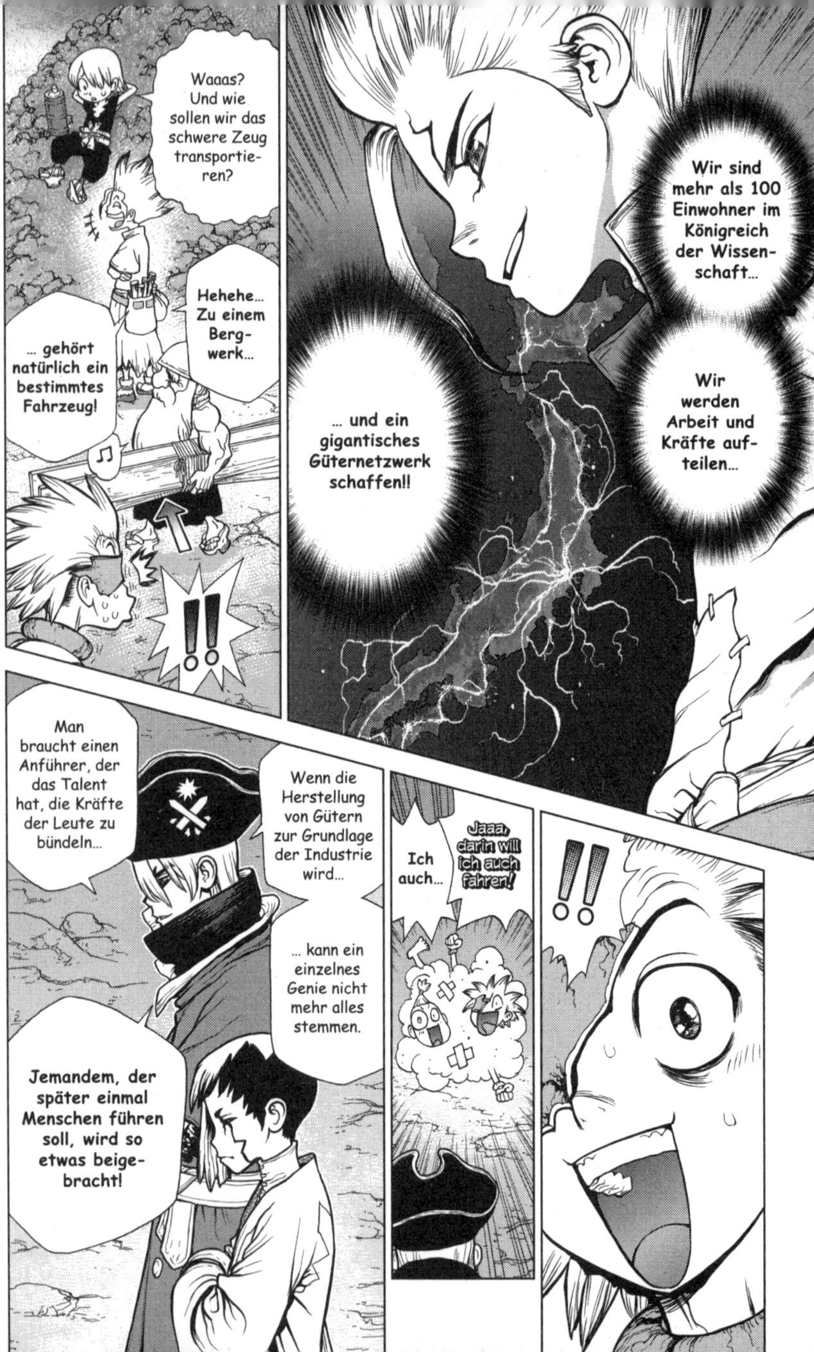
Wir sind mehr als 100 Einwohner im Königreich der Wissenschaft...
Wir werden Arbeit und Kräfte aufteilen...
... und ein gigantisches Güternetzwerk schaffen!!
Waaas? Und wie sollen wir das schwere Zeug transportieren?
Hehehe... Zu einem Bergwerk...
... gehört natürlich ein bestimmtes Fahrzeug!
!!
!!
Jaaa, darin will ich auch fahren!
Ich auch...
Wenn die Herstellung von Gütern zur Grundlage der Industrie wird...
... kann ein einzelnes Genie nicht mehr alles stemmen.
Man braucht einen Anführer, der das Talent hat, die Kräfte der Leute zu bündeln...
Jemandem, der später einmal Menschen führen soll, wird so etwas beigebracht!

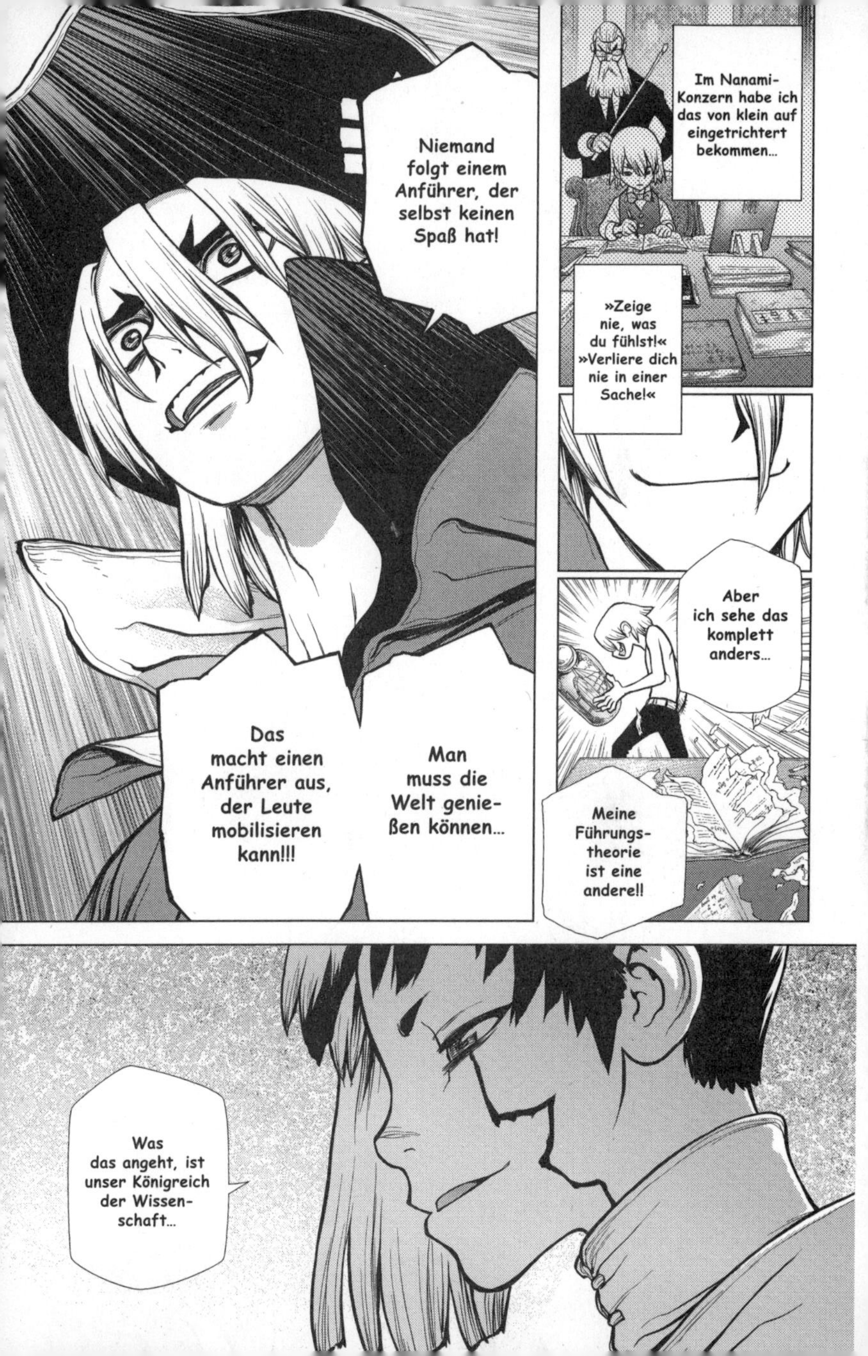

Im Nanami-Konzern habe ich das von klein auf eingetrichtert bekommen…
»Zeige nie, was du fühlst!« »Verliere dich nie in einer Sache!«
Aber ich sehe das komplett anders…
Meine Führungs-theorie ist eine andere!!
Niemand folgt einem Anführer, der selbst keinen Spaß hat!
Man muss die Welt genie-ßen können…
Das macht einen Anführer aus, der Leute mobilisieren kann!!!
Was das angeht, ist unser Königreich der Wissen-schaft…

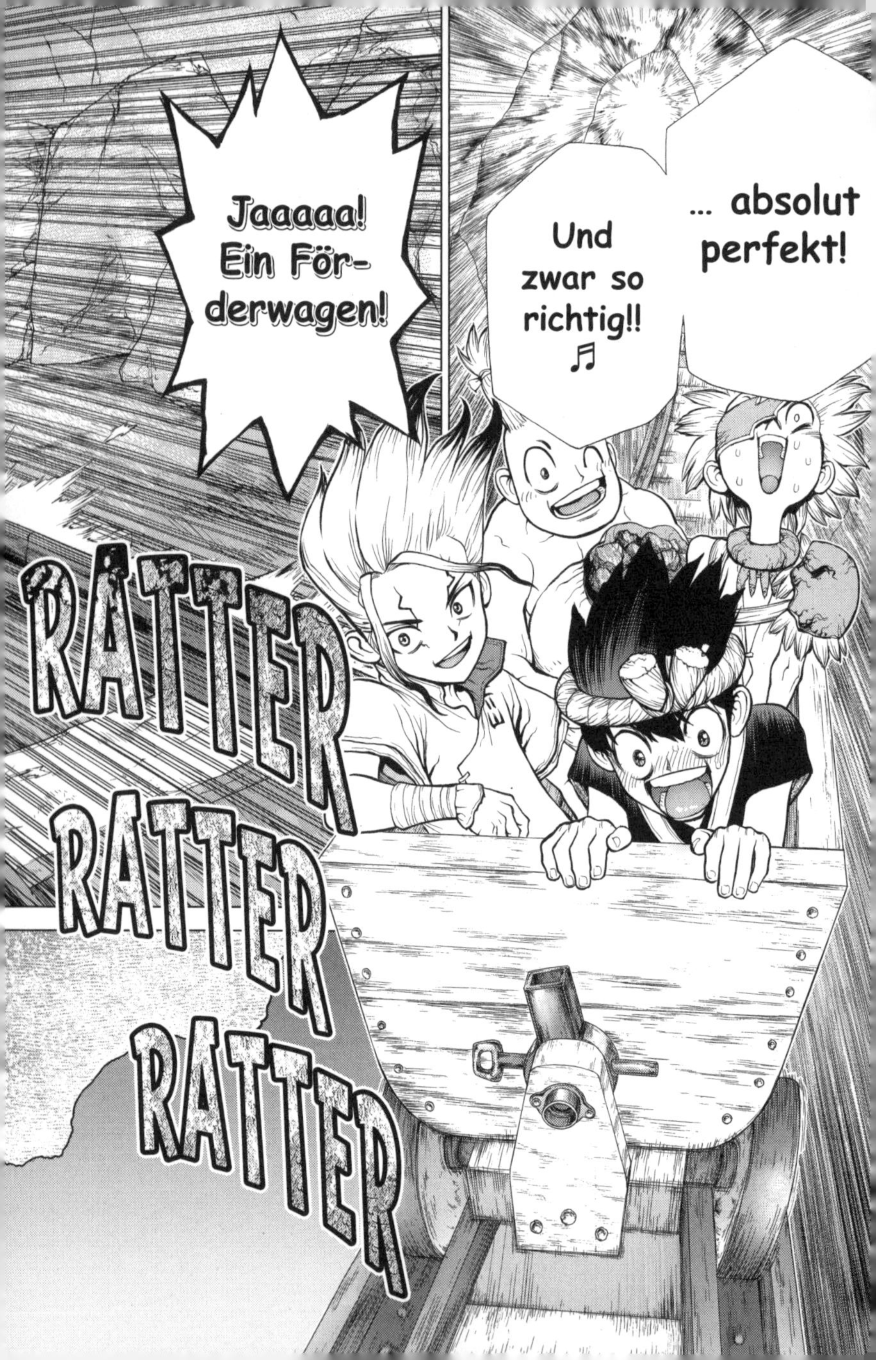

... absolut perfekt!
Und zwar so richtig!! ♬
Jaaaaa! Ein Förderwagen!
RATTER RATTER RATTER

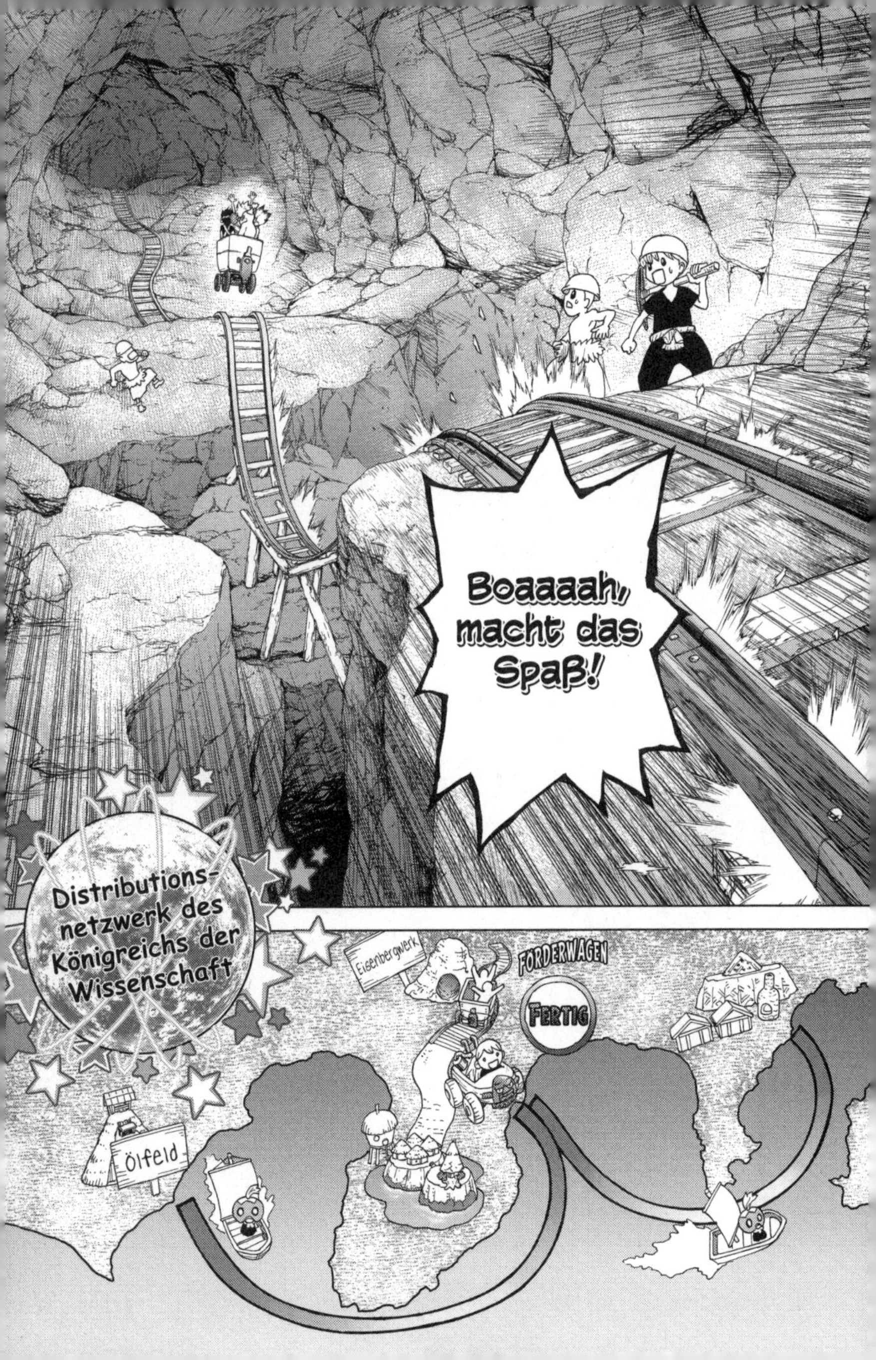

Boaaaaah, macht das Spaß!
Distributions-netzwerk des Königreichs der Wissenschaft
Eisenbergwerk
FÖRDERWAGEN
FERTIG
Ölfeld

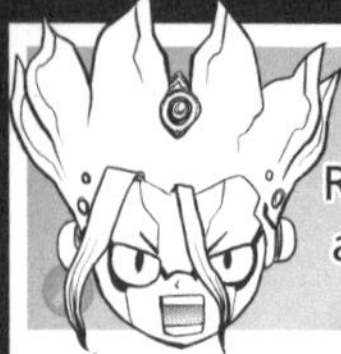

Der Robo-Senku antwortet!

# FAQ

SUCHE

Fragen und Antworten

Es war von den »fünf klügsten Köpfen aus dem Königreich der Wissenschaft« die Rede. Wer von ihnen ist wirklich der Klügste?

Von N. S. aus Okayama SUCHE

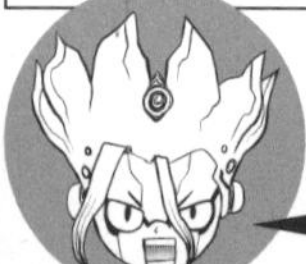

**Sie sind alle nur verschiedene Typen!**

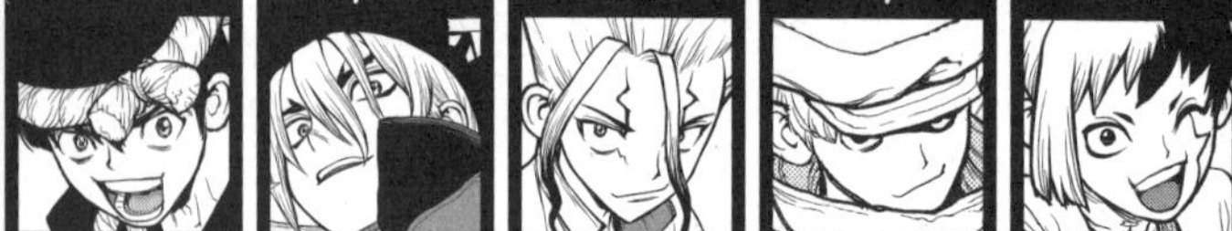

| Chrom | Ryusui | Senku | Ukyo | Gen |
|---|---|---|---|---|
| Ideenreichtum | Entscheidungskraft | Denkvermögen | Beobachtungsgabe | Strategie |

| | |
|---|---|
| Wissenschaftliche Fragen | Wie kann man aus Verschlusskappen von Plastikflaschen Brennstoff gewinnen? |
| Fragen zu den Figuren | Angenommen, es käme wirklich zu dem Duell Taiju vs. Tsukasa... Wer würde gewinnen? |
| Fragen, die eigentlich keine Fragen sind | Mich würde interessieren, wie lange ich die Sekunden zählen könnte, wenn ich versteinert wäre... |

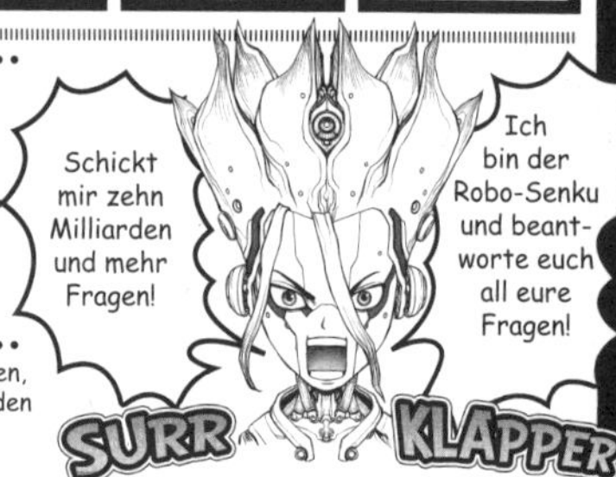


Auch im nächsten Band beantwortet Robo-Senku spannende und verrückte Fragen von japanischen Fans!

Das ist mehr als bloß unnützes Wissen, ihr Mistkerle!

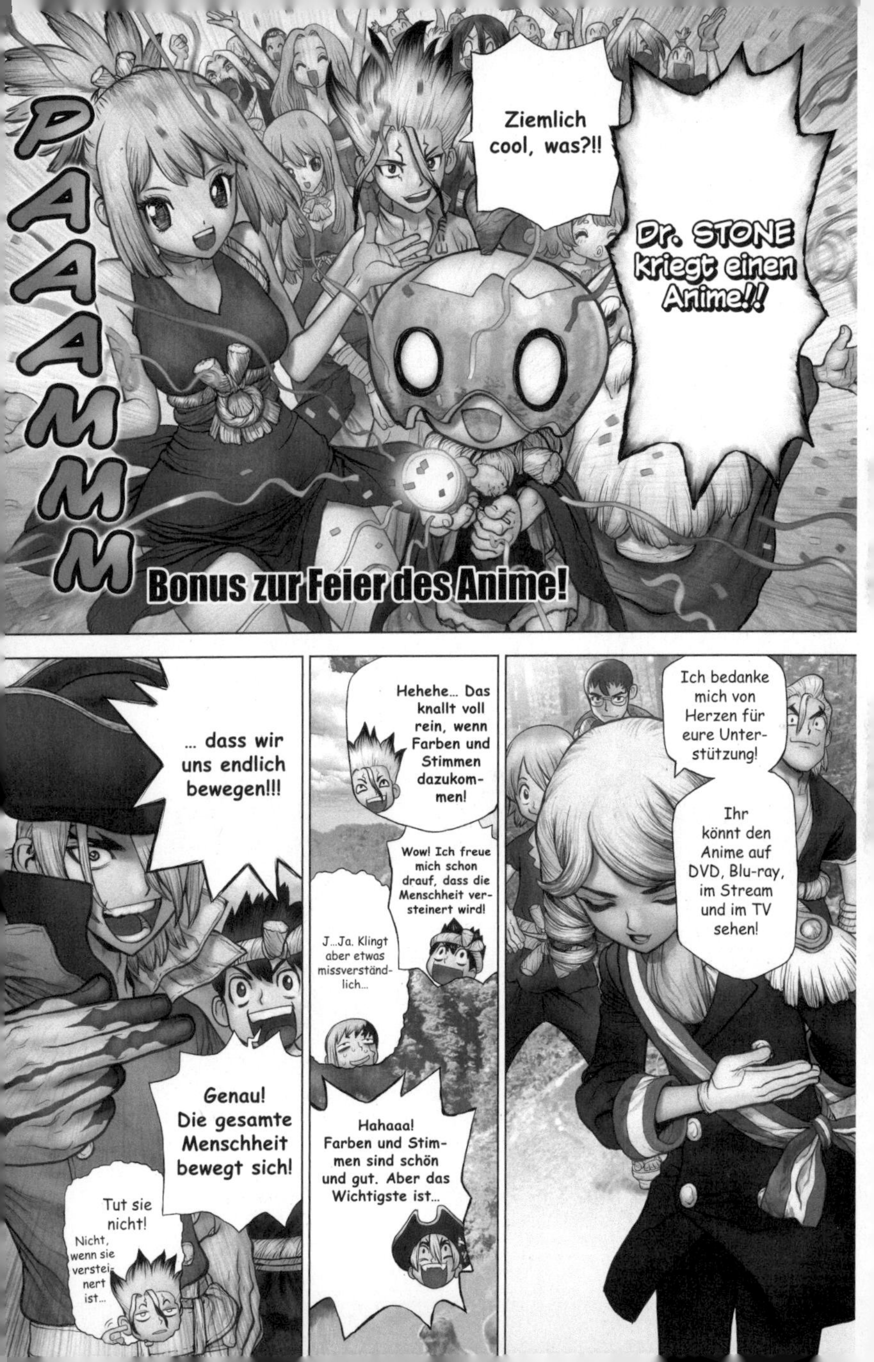

Dr. STONE kriegt einen Anime!!
Ziemlich cool, was?!!
PAAAMMM
Bonus zur Feier des Anime!
Ich bedanke mich von Herzen für eure Unterstützung!
Ihr könnt den Anime auf DVD, Blu-ray, im Stream und im TV sehen!
Hehehe... Das knallt voll rein, wenn Farben und Stimmen dazukommen!
Wow! Ich freue mich schon drauf, dass die Menschheit versteinert wird!
J...Ja. Klingt aber etwas missverständlich...
Hahaaa! Farben und Stimmen sind schön und gut. Aber das Wichtigste ist...
... dass wir uns endlich bewegen!!!
Genau! Die gesamte Menschheit bewegt sich!
Tut sie nicht!
Nicht, wenn sie versteinert ist...

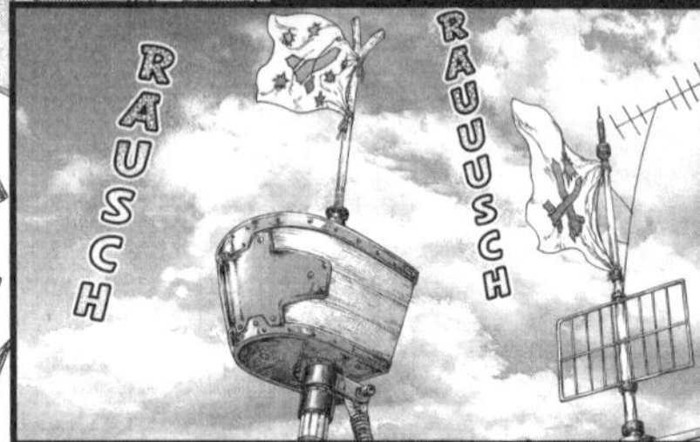


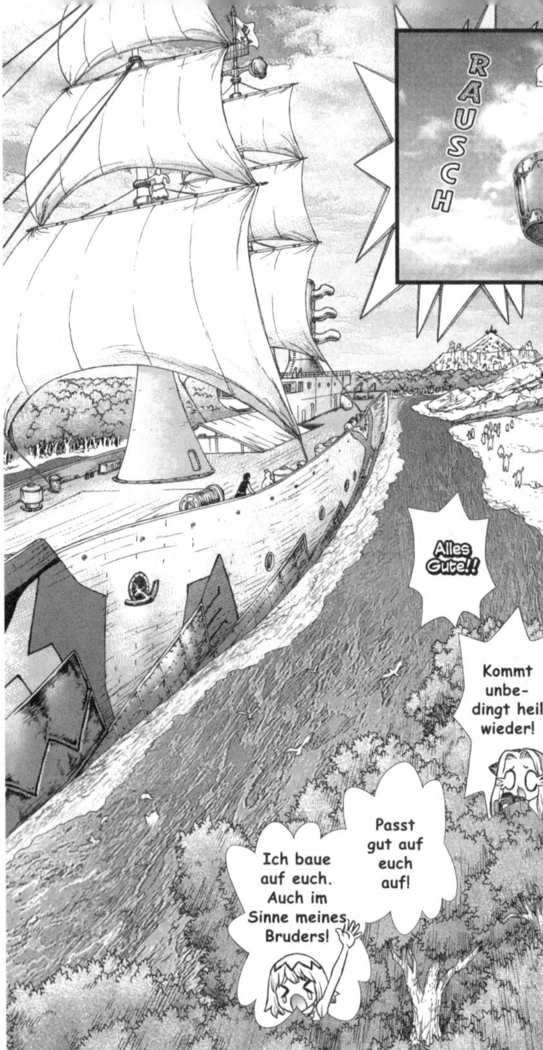


Im nächsten Band wird das Schiff der Wissenschaft endlich fertiggestellt!!

ist bereits erschienen!!

# Die Story öffnet sich der weiten Welt!! Und das Ziel ist eine Schatz-insel?!

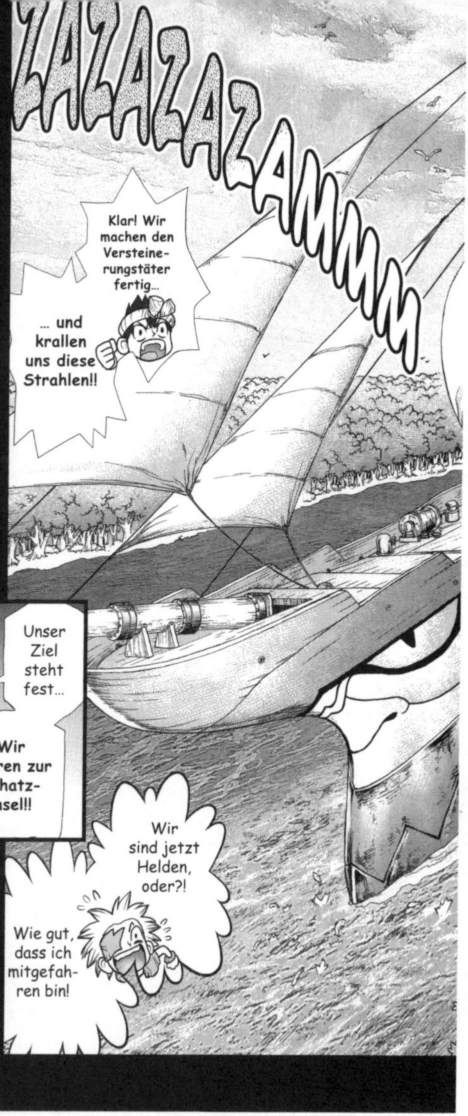


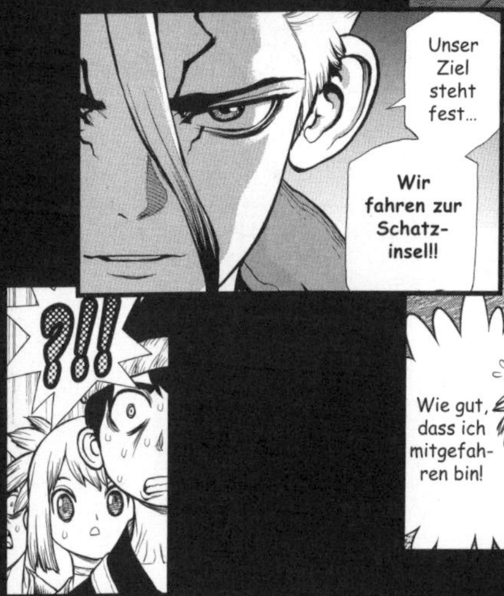


# Dr.STONE 12

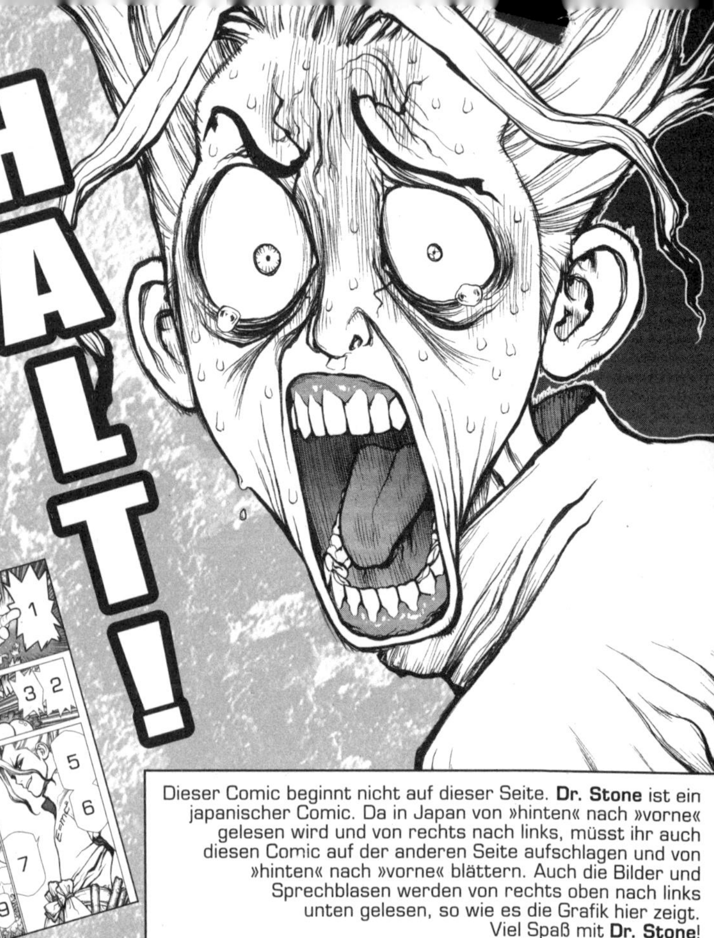


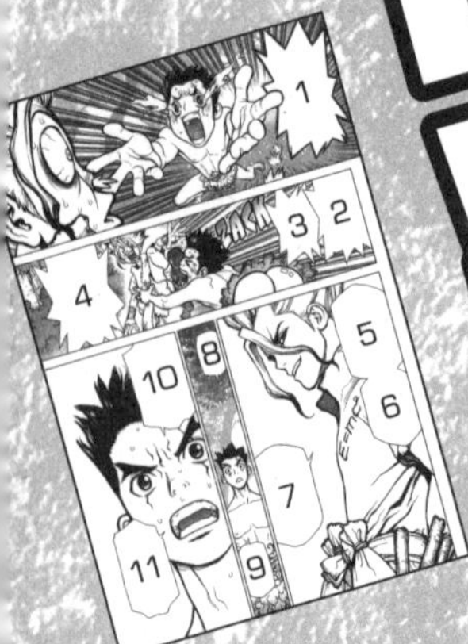


Dieser Comic beginnt nicht auf dieser Seite. **Dr. Stone** ist ein japanischer Comic. Da in Japan von »hinten« nach »vorne« gelesen wird und von rechts nach links, müsst ihr auch diesen Comic auf der anderen Seite aufschlagen und von »hinten« nach »vorne« blättern. Auch die Bilder und Sprechblasen werden von rechts oben nach links unten gelesen, so wie es die Grafik hier zeigt. Viel Spaß mit **Dr. Stone**!

**Wir produzieren nachhaltig**

- Klimaneutrales Produkt
- Papiere aus nachhaltigen und kontrollierten Quellen
- Hergestellt in Europa

**Carlsen Manga! News – jeden Monat neu per E-Mail!**
**www.carlsenmanga.de**
**www.carlsen.de**

CARLSEN MANGA
Deutsche Ausgabe/German Edition

Aus dem Japanischen von Yuki Kowalsky

First published in Japan in 2017 by SHUEISHA Inc., Tokyo.
German translation rights in Germany, Austria, Luxembourg and German-speaking Switzerland arranged by SHUEISHA Inc. through VME PLB SAS, France.
Redaktion: Philipp Nakata · Textbearbeitung: Steffen Haubner
Herstellung: Tobias Hametner

ISBN: 978-3-551-75018-1